Ralph-Rainer Wuthenow

Die erfahrene Welt

Europäische Reiseliteratur im
Zeitalter der Aufklärung
Mit zeitgenössischen
Illustrationen

Insel

Erste Auflage 1980
© Insel Verlag Frankfurt am Main 1980
Alle Rechte vorbehalten
Verzeichnis der Bildrechte am Schluß des Bandes
Druck: Poeschel & Schulz-Schomburgk, Eschwege
Printed in Germany

Inhalt

Die erfahrene Welt

Europäische Reiseliteratur im
Zeitalter der Aufklärung

»Les particuliers ont beau aller et venir, il semble que la philosophie ne voyage point!«
Jean-Jacques Rousseau: »De l'inegalité parmi les hommes«

»Künstliche, vervielfältigte, complicirte Bedürfnisse, wie die unsrigen, und Leidenschaften, die sich darauf beziehen, sind vielleicht unmäßig in ihren Forderungen; allein sie geben den menschlichen Kräften zugleich einen Schwung, wodurch sie oft unglaubliche Dinge verrichten. Nur das gegenwärtige Jahrhundert konnte Cook's brennende Ehrbegierde mit allen Hülfsmitteln ausrüsten, wodurch er zum Entdekker ward; und nur Cook konnte diesem Zeitalter Genüge leisten. Verschiedene europäische Staaten haben so rasche Fortschritte zur Vervollkommnung gethan, daß sie auch dem blödesten Auge nicht mehr entgehen können. Selbst ihre trägeren oder mehr bedrückten Nachbarn fangen an einzusehen, wie weit sie zurückgeblieben sind, und welche Vortheile sie entbehren müssen. Auch in Despotien fühlt man endlich die große Wahrheit, daß die Sclaverei die Menschen entadelt und entnervt; man nimmt ihnen daher die schwersten Fesseln ab, und lockt auf diese Art die Industrie hervor. Vor der Morgenröthe der Wissenschaften verschwindet die menschliche Unfehlbarkeit. Duldung und Gewissensfreiheit verkündigen den Sieg der Vernunft, und bahnen den Weg zur Preszfreiheit und zur freien Untersuchung aller Verhältnisse, die dem Menschen unter dem Namen der Wahrheit wichtig sind. Endlich geben Luxus und Fleiß dem Leben einen neuen Werth; die Künste erreichen den Gipfel der Vollkommenheit und Einfalt; Beobachtung und Erfahrung erweitern und verbinden alle Wissenschaften mit einander; alle politischen Kräfte neigen sich ins Gleichgewicht; kurz, es ist oder es wird schon Blüthezeit.«
Georg Forster: »Cook, der Entdecker«

»Der Weltumsegler Forster sagte zu Friedrich dem Großen:
›Sire, ich habe bereits fünf Könige gesehen, drei wilde, zwei
zahme; aber wie Ew. Majestät *keinen.*‹«
Graf Gustav von Schlabrendorf in Paris über Ereignisse
und Personen seiner Zeit

Nicht um eine Erfassung und Übersicht der gesamten, so reichen Reiseliteratur des 18. Jahrhunderts soll es in der folgenden Darstellung gehen, auch nicht um eine Geschichte des Reisens, wie sehr hin und wieder auch daran wird erinnert werden können, noch weniger um eine Geschichte der Entdeckungen, die Bestandteil einer historischen Rekonstruktion der Entwicklungsschritte der Geographie im Zusammenhange mit der Entfaltung der Nautik und überhaupt der wachsenden Weltkenntnis sein müßte, es geht um weniger: um die wichtige Phase der Entwicklung der europäischen Reiseliteratur als einer weitgehend vernachlässigten Gattung mit eigenen Merkmalen, eigenen Ansprüchen verschiedener Art, die im alten Sinne naturhistorisch, im moderneren philosophisch-wissenschaftlich sein können, die aber auch einfach Bericht von Pilgerschaften, vom großen Abenteuer oder eine verkappte Form der Selbstdarstellung zu sein vermag. Insofern der Reisende nicht selten weniger auf die fremde Welt als auf sich selbst gerichtet ist, ergeben sich Überschneidungen mit der autobiographischen Literatur, die weiter auszuführen sich erübrigt. Es genügt zunächst der Hinweis auf die Tatsache, daß bedeutende Autobiographien von Reiseschilderungen stark durchsetzt sind wie etwa die von Felix Platter, die von Hippel, auch Seume nimmt in seine Autobiographie die erzwungene Amerika-›Reise‹ notwendig auf. Umgekehrt rechnen wir Goethes »Italienische Reise« zu seinen autobiographischen Schriften. Hier wird die genaue Abgrenzung weniger wichtig sein als die jeweils ganz dem Gegenstand gewidmete Charakterisierung, indes die Definition, wie fast immer, vorwiegend heuristischen Wert hat.

Noch schwieriger ist die Abgrenzung von der fiktiven Reise, soweit sie nicht wie bei Holberg, Knigge oder gar bei Geigers »Reise nach dem Mond« ausdrücklich als solche gekennzeichnet ist; anders verhält es sich eben bei der oft satirisch geprägten Reise, die eine sozialkritische Darstellung der herrschenden Verhältnisse in verschiedenen Landesteilen gestattet, wie dies bei Riesbeck, bei Rebmann, Radistschew und anderen Autoren geschieht, wobei dieser als fiktiv erkennbaren Reise nicht selten zu verschiedenen Zeiten schon an den genannten Orten gemachte Erfahrungen und angestellte Beobachtungen zugrunde liegen mögen, so daß die genaue Scheidung zwischen Fiktion und erlebter Reise unmöglich gemacht wird. Ohnehin schießt in jede Reisebeschreibung, die nicht nur statistisch-objektiv sein will, Fiktion, zumindest aber Phantasie mit ein wie bei jeder Selbstdarstellung, die den engen Rahmen des Chronikalischen verläßt. Die ›erfahrene Welt‹ ist, das zu betonen wird kaum nötig sein, dem ›erinnerten Ich‹ auf eine selbstverständliche Weise zugeordnet.

Wenn es auch keine Geschichte der Welterfahrung ist, die hier skizziert werden soll, so werden doch Momente einer solchen sich andeuten innerhalb einer Erörterung von Formen der Reisedarstellung, die von der Erfassung des Phänomens des Wunderbaren bis zu dem des wissenschaftlich Begreifbaren gehen, von Legendärem bis zu Landschaft, Menschenwelt und ihrer Geschichte. Die Reise des Entdeckers, wie die eines Kolumbus, sieht anders aus als die von F. Mendez Pinto, eines Kaufmanns und Abenteurers, der, durch Zufall in die Fremde verschlagen, vom Wunderbaren, Geheimnisvollen und Exotischen beeindruckt ist, das er dann nicht selten übertreibend wiedergibt. Die ethnologisch-botanisch-geographische, die nautisch-kartographische Reise, die Reise, in der Alexander von Humboldt dies alles zusammenzufassen vermag, sieht anders aus als die Folge der Briefe, die von einer diplomatischen Reise in die Heimat gerichtet werden, anders auch als der schon im 17. Jahrhundert verwendete Reiseführer. Die autobiographisch orientierte Bildungsreise sieht anders aus als die Reise, die zum Anlaß sozialkritischer Schilderungen oder zeitgenössischer Ereignisse wird, wie dies bei manchen der Unternehmen der Fall ist, die man als Reisen in die Hauptstadt der Revolution kennt oder nicht kennt – Campe, v. Halem, Reichardt. Noch die Berichte von den Eroberungszügen der Europäer in Südamerika sind Reiseberichte – in dem Maße, wie sie auch Kriegsberichte heißen müssen.

In diesen Vorgängen läßt sich durch gemachte Erfahrungen auch eine Veränderung des Bewußtseins erkennen; die Schilderung fremder Zustände wird nicht selten zum skeptischen Spiegel, der die Verzerrung der heimatlichen sichtbar werden läßt, die Entdeckung der fremden Welten wird Anlaß zu einer allmählich lauter werdenden Zivilisationskritik, idyllische Zustände wie die des verklärten Tahiti nähren die europäischen Utopien. Reisen und Entdeckungen haben nicht nur individuelle Konsequenzen für den, der sie macht und erlebt, nicht nur ökonomische und politische für die Nationen, welche die Schiffe ausrüsten und aussegeln lassen, sondern schließlich auch geschichtsphilosophische für den, der über diese Vorgänge nachdenkt, was dann vor allem im 18. Jahrhundert, seit Herder, Kant, Forster und Humboldt bedeutend wird.

Nicht die Reise in die Innerlichkeit, die im Reiseroman ihre Ausprägung findet – Sterne und Thümmel wären dann durchaus ein eigenes Kapitel wert –, soll uns im folgenden beschäftigen, auch nicht die utopische Reise, die über die bestehende Welt hinausdrängt, sondern eine Folge von Reisen in dieser Welt, die nicht nach Kontinenten und nach Ländern, sondern nach Art, Epoche und Bedeutung gegliedert zu werden verlangt.

Hinzu tritt ein Phänomen, das die Reisenden in seiner besonderen Qualität erst im Laufe des 19. Jahrhunderts entdecken sollten: die Großstadt, deren Entdeckung in diesem Zusammenhange nachgezeichnet werden müßte. Aber auch hier geht es wieder um Formen der Menschenwelt, die erst wie als Natur, dann aber in ihrer geschichtlichen Bedeutung erfaßt werden. So sind auch bald die neuentdeckten Länder nicht mehr, was sie zuvor noch waren; hineingerissen in die geschichtliche Entwicklung, erleiden sie Veränderung: »Die Fortschritte des kosmischen Wissens«, bemerkt A. v. Humboldt, »wurden durch alle Gewaltthätigkeiten und Gräuel erkauft, welche die sogenannten *civilisierenden Eroberer* über den Erdball verbreiten. Es ist aber eine unverständig vermessene Kühnheit, in der unterbrochenen Entwicklungsgeschichte der Menschheit über das Abwägen von Glück und Unglück dogmatisch zu entscheiden. Es geziemt dem Menschen nicht, Weltbegebenheiten zu richten, welche, in dem Schooße der Zeit langsam vorbereitet, nur theilweise dem Jahrhundert zugehören, in das wir sie versetzen.«[1]

Einleitung:
Weltentdeckung und Aufklärung

Die Vielfalt der Erscheinungsformen von Reiseliteratur im
18. Jahrhundert widerlegt keineswegs die Feststellung, daß
es eine der Gattung eigene Entwicklung gerade in dieser so
wichtigen Epoche gegeben hat; mehr und mehr wird nun
neben dem Was, den Inhalten der Reisebeschreibung, ihren
Gegenständen, das Wie bedeutend, also die Erlebnisform,
die Art der Erfahrung, die etwas anderes ist als die Registrierung des neugierig-Wahrgenommenen. Wie nun die
Kunst- und Bildungsreise in Goethes überarbeitetem Journal der Italienfahrt, gipfelt die politische Reise, wenn man
sie einmal so nennen darf (warum eigentlich nicht?), in den
Schriften, die wir heute als Korrespondentenberichte bezeichnen würden, in denen damals schon Heines »Französische Zustände« und Börnes »Briefe aus Paris« sich ankün-
digen. So erfüllt sich die wissenschaftliche Expedition im
gigantischen Reisewerk Humboldts.
Seit die Welt umschifft ist, seit die Erkenntnis sich durch-
gesetzt hat, daß neue Länder nicht mehr zu entdecken sind,
tritt Landeskunde, Botanik, Ethnologie, Wirtschaftsgeogra-
phie und Geschichte stärker in den Vordergrund; das wis-
senschaftlich-philosophische Interesse hat die Lust am Ku-
riosen verdrängt. Man findet nun bei Humboldt die Erörterung von Entwicklungsmöglichkeiten, und seit G. Forster
wie Condorcet Reflexionen auf die Verantwortung der
europäischen als der am weitesten fortgeschrittenen, politisch wie ökonomisch mächtigsten Nationen. Gleichberechtigt neben die Antike tritt nun auch für das Bewußtsein
der europäischen Reisenden und Leser der unerschöpfliche
Orient, von Niebuhr und Seetzen zum ersten Male wissenschaftlich erschlossen, von Hammer-Purgstall in seiner
literarischen Fülle erkannt und im 19. Jahrhundert in seiner Beziehung auf die Politik Europas noch einmal neu gesehen und interpretiert durch Jakob Philipp Fallmerayer.

Das 18. Jahrhundert, das die Entstehung der modernen, bürgerlichen Welt bestimmt hat, die Epoche der Aufklärung, welche den Vernunftgebrauch vor allem doch als einen kritischen verstand, das Zeitalter der Enzyklopädie und der philosophischen Wörterbücher, der rationalen Bibelkritik wie der »Erfahrungsseelenkunde«, des Buches »Vom Geist der Gesetze« und der ersten enttheologisierten Geschichtsphilosophien, der Selbsterforschung wie der großartig sich entfaltenden, weltumgestaltenden Naturwissenschaften war auch das Jahrhundert der bedeutenden Reisen. Eine erste Phase der Weltentdeckung, Weltkenntnis, Welterwerbung und -eroberung hatte die Renaissance schon eingeleitet, aber das Amerika, das Kolumbus entdeckt hatte, ohne schon zu wissen, daß es sich dabei nicht um die östlichen Ränder Ostasiens handelte, hat sich zu Ende des 18. Jahrhunderts bereits in seinem nördlichen Teil von den Kolonialherren befreit und wurde wenig später in seinem südlichen Halbkontinent von A. v. Humboldt durch Erforschung und umfassende Darstellung seit Ende eben dieses wahrhaft europäischen Jahrhunderts neu entdeckt und sozusagen auch rehabilitiert. Dadurch wurde seine politische Befreiung vorbereitet.
Vom 18. Jahrhundert her gesehen, sind die Reisen und Entdeckungsfahrten, die Eroberungszüge der Renaissance-Kapitäne nur ein Vorspiel. In Wahrheit freilich sind sie mehr und liefern die Voraussetzungen für das, was nun sich abspielt. Ganze Buchreihen, immer neue verlegerische Unternehmen, sammeln jetzt die ›merkwürdigen‹ Berichte der zeitgenössischen Reisenden, Naturforscher, wissenschaftlich interessierten Schiffskommandanten und Expeditionsleiter; sie tragen damit zur allmählichen Entprovinzialisierung der eifrig lesenden Bürger auch der deutschen Kleinstaaten bei, die ja an Kolonien keinen Anteil haben, sie regen den Forschergeist und die Handelsgesinnung der mächtigeren Staaten und bedeutenden Stadtrepubliken an. Der Hunger nach ›Welt‹ muß damals groß gewesen sein, größer gewiß als wir uns das heute vorzustellen vermögen, sonst hätten diese

buchhändlerischen Einzel- und Sammelunternehmen nicht so zahlreich und geballt auftauchen können. Wahrscheinlich war es nicht einmal einfach Abenteuer und Unterhaltung mit exotischer Einfärbung, was die aufmerksamen Leser hier suchten, sondern Belehrung, Aufklärung, Weltkunde, Verlangen, sich im Fremden zu erkennen. Das europäische Selbstverständnis entwickelt sich im Zusammenhang mit der Aufnahme von Nachrichten und Beschreibungen aus fremder, ungeahnter, also exotischer Welt, es arbeitet sich an der unvertrauten, vielfach überraschenden Wirklichkeit gewissermaßen ab – und dies in einem heute nicht mehr erinnerten Umfange.

Schon erscheint der bis dahin christlich-europäisch zentrierte Weltblick nicht mehr als unangefochten; man muß erfahren, daß ›Wilde‹ nicht nur barbarische Heiden sind, ja, daß fremde Erdteile Völker von hoher Kultur und humaner Gesittung zu Bewohnern haben. Dort, wo sie noch in urtümlichen Zuständen leben, wird diese Stufe der Zivilisation sehr bald schon sehnsuchtsvoll verklärt; eine Art idyllischer Antike scheint, allem Fortschritt zum Trotz, doch noch nicht ausgestorben zu sein; der edle Wilde wird nun fast so etwas wie der tugendhafte Germane einst für Tacitus. Das wichtigste Ergebnis aber ist vermutlich: es gibt für den Europäer als mögliche Vergangenheit und neuen Fluchtpunkt eben nicht mehr einzig die bis dahin alle Vorstellungen beherrschende Antike.

Wenn auch die Eroberung nicht ausbleibt – Missionstätigkeit und Handel sind nur zu oft die Vorboten der Unterwerfung und der sog. Kolonialisierung – die bedeutenden Reisenden selbst, deren Landungen und deren dann folgende Berichte, die ›Relationen‹, die bis dahin unentdeckten oder kaum beachteten Völker in den Sog der Geschichte zu ziehen beginnen, die Bougainville, Wallis, Cook, Le Vaillant und Carteret, die Kaempfer, Niebuhr, Pallas, Forster und Humboldt – sind nicht auf Unterwerfung und Plünderung aus, sondern auf Erfahrung und Erkenntnis.

Vielleicht sollten wir uns mehr als bisher daran gewöhnen, neben den Denkern, Dichtern, Historikern, Erfindern und Gelehrten der Epoche, den Franklin, D'Alembert, Euler, Linné und Herrschel, neben den Voltaire, Buffon, Beccaria und Voltà, auch einen Mann wie James Cook, einen Schriftsteller und Entdecker wie Georg Forster, neben Herder und neben Kant und Hegel auch einen A. v. Humboldt zu sehen und in ihnen nicht minder bedeutende Repräsentanten des Jahrhunderts. Die Folgen ihres Tuns, ihrer Schriften, politisch wie philosophisch, sie sind auch wissenschaftlich und schließlich ökonomisch, d. h., sie sind von historischem Gewicht. Europa selbst sieht sich anders an, seit ihm die Bedeutung der außereuropäischen Welt zu dämmern beginnt.

So vermag A. v. Humboldt auch im 2. Band seines »Kosmos« Schiller entgegenzuhalten, es sei schließlich doch eine beschränkte Ansicht, »unter dem Alterthum, wenn dasselbe der neueren Zeit entgegengesetzt werden soll, immer nur ausschließlich die hellenische und römische Welt zu verstehen. Tiefes Naturgefühl spricht sich in den ältesten Dichtungen der Hebräer und Inder aus: also bei Volksstämmen sehr verschiedener, semitischer und indogermanischer Abkunft«.[1]

Im Gegenteil, so stellt Humboldt fest, beschreibende Naturwiedergabe, Naturdichtung als ein besonderer Zweig der Literatur war den Griechen tatsächlich »völlig fremd«; Landschaft ist hier eben nur der Hintergrund für menschliches Dasein.

Den entscheidenden Schritt in der Epoche der Renaissance – selbst die Zeugnisse Petrarcas enttäuschen ihn in diesem Zusammenhang – hält er wie folgt fest: »In den heroischen Zeiten der portugiesischen und castilianischen Volksstämme führte nicht Golddurst allein (wie man aus Unkunde des damaligen Volkslebens behauptet), sondern allgemeine Aufregung zu den Wagnissen ferner Reisen. Die Namen Haiti, Cubagna und Darien wirkten, im Anfang des sechszehnten Jahrhunderts, auf die Einbildungskraft des Menschen wie in den neueren Zeiten die, seit Anson und Cook gefeierten Namen von Tinian und Otaheiti.«[2]

Er fährt sodann fort: »Wenn damals die Kunde weit entlegener Länder die Jugend aus der spanischen Halbinsel, aus Flandern, Mailand und Süddeutschland unter die siegreichen Fahnen des großen Kaisers auf den Rücken der Andenkette oder in die heißen Fluren von Uraba und Caro lockte, so gewann unter dem milden Einflusse späterer Gesittung, bei gleichmäßigerer Eröffnung aller Theile des Erdraums, jenes unruhige Sehnen nach der Ferne andre Motive und eine andere Richtung. Leidenschaftliche Liebe zum Naturstudium, welche hauptsächlich von Norden ausging, entflammte die Gemüter. Intellectuelle Größe der Ansichten wurde der materiellen Erweiterung des Wissens beigesellt, und die dichterisch sentimentale Stimmung des Zeitalters individualisierte sich, seit dem Ende des verflossenen Jahrhunderts, in literarischen Werken, deren Formen der Vorzeit unbekannt waren.«

Hiermit ist der Übergang in das 18. Jahrhundert bereits gekennzeichnet: Naturstudium statt Abenteuer, Wissensvermehrung statt Exotismus, intellektuelle Ansicht statt Eroberung. Daneben aber steht die literarische Produktion, die von diesen Vorgängen so reiche Anregung empfängt, aber noch von sentimentaler Stimmung gekennzeichnet ist. Doch ist eben beides, Naturstudium wie Naturstimmung, von den großen Entdeckungen hervorgerufen oder doch beeinflußt und entwickelt worden. Es ist fortan die »Individualität des Beobachteten«, die allein so etwas wie »Naturwahrheit in der Darstellung« garantiert.[3] Und es entwickelt sich unter dem Einfluß des Naturstudiums die darstellende Prosa zu eigentümlicher Stärke, wobei nach Humboldt die dichterische Begeisterung, der Schmuck der Rede, sogar noch die »süßen Laute der Schwermuth« der Genauigkeit der Darstellung nicht notwendig hinderlich sein müssen, wie die Pedanten sonst wohl meinen. Vielmehr vermögen sie erhöhend auf den belebenden Eindruck von Größe und Wahrheit der Naturbilder zu wirken.

Freilich bleibt die Gefahr, daß die gewichtigen Massen des Wissens, also das Material, die Kraft der intellektuellen Anschauung allmählich erdrückt. Diese Gefahr wird nur angedeutet; Humboldt meint, die wenigen, die einer hohen Begeisterung fähig waren, seien ihr auch entronnen: die intellektuelle Anschauung, ein dichterisches Moment, wie er zugibt, habe selbst »an Umfang und Erhabenheit des Gegenstandes zugenommen, seitdem die Blicke tiefer in den Bau der Gebirge (...), in die geographische Verbreitung der Thiere und Pflanzen, in die Verwandtschaft der Menschenstämme eingedrungen sind«.[4]

Durch Anregung der Einbildungskraft hat das Naturgefühl belebt werden können, auf das Verlangen zur Reise in ferne Weltgegenden haben Schriftsteller wie Rousseau und Buffon, Bernardin de St. Pierre und noch Chateaubriand wie der Engländer Playfair einwirken können, in Deutschland war es dann »Cook's Begleiter auf seiner zweiten Weltumseglung, der beredte und dabei jeder Verallgemeinerung der Naturansicht glücklich zugewandte Georg Forster«.

Neuere Reisebeschreibungen, so bemerkt Humboldt, lassen das Element der Handlung in den Hintergrund treten, sie sind in fortschreitendem Maße ein Mittel geworden, Beobachtungen über Natur und Sitten der Zeitfolge entsprechend zu verknüpfen – das ist der Verlust dabei. Er wird aber aufgewogen durch den Reichtum an Beobachtungen, durch die »Größe der Weltansicht« und schließlich durch die Intention der Prosadarstellung selbst. »Was die neuere Cultur uns gebracht, ist die unausgesetzt fortschreitende Erweiterung unseres Gesichtskreises, die wachsende Fülle von Ideen und Gefühlen, die thätige Wechselwirkung beider.«[5]

Ohne selbst zu reisen, erfahren wir Genaues über die Gestaltung ferner Zonen der Erde und genug über ihre Tier- wie Pflanzenformen; doch will er das Bild nicht vermissen, durch das ein Teil der Eindrücke wenigstens wieder vermittelt wird, die der Mensch, das Subjekt eben, in entfernten Gebieten von dieser ihm unbekannten Wirklichkeit empfängt. »Dieser Anforderung zu genügen, diesem Bedürfniß eine Art geistiger Freuden, welche das Alterthum nicht kannte, arbeitet die neuere Zeit; die Arbeit gelingt, weil sie das gemeinsame Werk aller gebildeten Nationen ist, weil die Vervollkommnung der Bewegungsmittel auf Meer und Land die Welt zugänglicher, ihre einzelnen Theile in der weitesten Ferne vergleichbarer macht.«

Hier ist, wie immer in den entscheidenden Reflexionen Humboldts, eine ihm von der Aufklärung vermittelte und niemals preisgegebene geschichtsphilosophische Einsicht unverkennbar; sie bestimmt nicht nur seine historische Gerechtigkeit, sondern auch die Ansprüche, die er an die Gegenwart stellt, schließlich noch seine politische Haltung. Sein Ausblick auf eine »Geschichte der physischen Weltanschauung« ist vor allem eine Geschichte der Welterfahrung, die in ihrer Rückwirkung auf die Natur selbst diese wieder zu einem geschichtlichen Phänomen zu machen beginnt.

Daß die Welt nun zugänglich geworden, ihre einzelnen Teile erkennbar, also auch vergleichbar geworden sind, ist vor allem das Resultat des 18. Jahrhunderts, was dieses auch immer dabei den vorausgehenden Epochen – und keine fängt einfach voraussetzungslos an – zu verdanken hat. Wichtig erscheint Humboldt nun nicht allein der Blick des Forschers, sondern nicht minder das Darstellungsvermögen des Beobachters, die Belebung der naturbeschreibenden Intention, die Vervielfältigung der Ansichten. Als den Schriftsteller der deutschen Sprache, der den Weg in diese Richtung am entschiedensten und stärksten eingeschlagen habe, nennt er seinen Freund und ›Lehrer‹, also Georg Forster: »Durch ihn begann eine neue Aera wissenschaftlicher Reisen, deren Zweck vergleichende Völker- und Länderkunde ist. (...) Alles, was der Ansicht einer exotischen Natur Wahrheit, Individualität und Anschaulichkeit gewähren kann, findet sich in seinen Werken vereint«, bemerkt er lakonisch.[6] Und gegen die Mißgestalt der poetischen Prosa sich wendend, versichert Humboldt noch einmal, daß Naturbeschreibungen »scharf umgrenzt und wissenschaftlich genau sein« können, ohne daß ihnen deswegen die Wirkungskraft der Phantasie entzogen sein muß. »Wer mit den großen Werken des Alterthums vertraut, in sicherem Besitze des Reichthums seiner Sprache, einfach und individualisierend wiederzugeben weiß, was er durch eigene Anschauung empfangen, wird den Eindruck nicht verfehlen; er wird es umso weniger, als er, die äußere, ihn umgebende Natur und nicht seine eigne Stimmung schildernd, die Freiheit des Gefühls in andren unbeschränkt läßt.«[7]

Hier wird also Objektivität gefordert, es geht um den Gegenstand, nicht um eine willkürliche private Gestimmtheit, aber weit entfernt ist Humboldt davon, das Vorurteil weiterzugeben, daß allein Empfindungslosigkeit und der für manche nicht einmal schwierige Verzicht auf die mitwirkende Einbildungskraft, die sog. Objektivität garantieren könnten. Niemals vergißt er, daß die Natur in ihren vielfältigen Erscheinungsformen von einem Subjekt aufgenommen wird, niemals ihren Eindruck auf dieses und dessen Kraft, diese Einwirkung durch die produktive, nicht einfach registrierend abschildernde Macht der Sprache weiter zu vermitteln. So ist auch die Beschreibung sozusagen nur die Partitur, die Musik muß jeder Lesende selbst zu vernehmen in der Lage sein.

So weit der Rückblick, den der große Naturforscher und Reisende, der Aristoteles seiner Zeit, wie man ihn ja auch genannt hat, aufgrund früherer Einzelarbeiten zu Ende seines Lebens als »Anregung zum Naturstudium« kennzeichnet und in seinem Versuch einer Beschreibung und Erklärung der gesamten physischen Welt gelassen ausbreitet. Geht es hierbei mehr um das Verhältnis des Menschen zur Natur in seiner fortschreitenden Entfaltung unter dem Einfluß der Entdeckungen und der Wissenschaften, die einan-

der wechselweise bedingten, wie auch um die Kunst der Wiedergabe, der Interpretation und der Darstellung, so hat das geschichtsphilosophische Moment, das Humboldt, wie die Reflexionen im »Kosmos«, ja seine ganze Anlage und viele Stellen seiner Briefe zeigen, keineswegs fremd war, Jahrzehnte früher schon I. Kant betont. Er tat dies in einer Rezension von Herders »Ideen zur Philosophie der Geschichte«, und zwar ausgehend vom Begriff der Glückseligkeit, der für Herder hervorragend wichtig, für ihn, Kant, aber lediglich sekundär, wenn überhaupt noch bedeutend war. Die bloße ›Glückseligkeit‹ sei die Zufriedenheit eines Tieres, gibt er zu verstehen, in ihm kann also der Sinn der Geschichtsentwicklung nimmermehr liegen. Wohl findet er in allen Epochen wie in allen Ständen eine Art Glückseligkeit, die sich gewissermaßen objektiviert, aber sie entspricht lediglich den Begriffen und Gewohnheiten der betreffenden, sie erfahrenden Geschöpfe. Hier kann nichts mehr verglichen, nichts mehr bevorzugt oder hintangesetzt werden. Was so sich zeigt, ist aber nicht viel mehr als ein Schattenbild der Glückseligkeit, denn ein jeder macht sich selbst nach eigenem Gutdünken den Begriff davon; nicht sie kann also der Zweck der Vorsehung sein, höchstens die dadurch angezeigte und hervorgetriebene Tätigkeit und Kultur, deren höchster Grad nur das Produkt einer nach Begriffen des Menschenrechts geordneten Staatsverfassung zu sein vermag. Meinte Herder wohl, so fragt er boshaft, »daß, wenn die glücklichen Einwohner von Otaheite, niemals von gesitteten Nationen besucht, in ihrer ruhigen Indolenz auch Tausende von Jahrhunderten durch zu leben bestimmt wären, man eine befriedigende Antwort auf die Frage geben könnte, warum sie denn gar existierten, und ob es nicht ebenso gut gewesen wäre, daß diese Insel mit glücklichen Schafen und Rindern, als mit im bloßen Genusse glücklichen Menschen besetzt gewesen wäre?«[8]
Hier hat allerdings nun Kant die besseren Argumente; denn die subjektive Glückseligkeit der je einzelnen Bewoh-

ner ist geschichtsphilosophisch gar kein Argument – Hegel mokiert sich wenig später in einem Nebensatz darüber –, anthropologisch aber bedeutet sie keinerlei Qualität: Herders Kategorie, wie verführerisch auch immer, ist eine letztlich wohl psychologisch begründete und höchst relative Forderung; Kants Einspruch hingegen setzt schon voraus, daß die Geschichte ein Telos habe oder doch, so behandelt, sinnvoll werden könnte, wenn man sich also entschließen würde, sie so zu betrachten, d. h. nicht als Geschichtsschreiber, sondern so als Subjekt sich in ihr zu verhalten den Entschluß zu fassen vermöchte, als habe sie eines – was man ihr dadurch eben verleiht – wobei Kant, wie man wohl weiß, von der Natur direkt auf den Menschen zu schließen wagt. Diese Argumentation wird uns noch weiter zu beschäftigen haben, sie taucht immer wieder auf, wo wir es im Zusammenhang mit Reisebeschreibungen oder den aus ihnen gewonnenen Ableitungen mit zeitgenössischer Zivilisationskritik zu tun haben, bei Rousseau also wie auch bei Diderot, oder auch nur in einfachen Reflexionen über den Zustand der sog. Wilden und die Folgen ihrer Entdeckung und die nicht eben allzu häufige Frage der Reisenden und Entdecker, ob man den bis dahin unbekannten Volksstämmen überhaupt einen Gefallen getan habe, als man sie mit den Europäern und den Errungenschaften ihrer jedenfalls technisch doch weit überlegenen Zivilisation in Verbindung brachte. Überdies weckte man ja auch durch billige Konsumgüter ihre Begehrlichkeit, schließlich veränderte man dadurch auch ihre Lebensverhältnisse – Vorgänge, die schon G. Forster stark beunruhigen sollten.

Der Begriff des Wilden ist, wie schon angedeutet, seltsam schillernd in jener Epoche: er bezieht sich zunächst einmal auf die Menschen einer früheren, also primitiven und dementsprechend oft einfach idyllisch gedeuteten, noch unentwickelten Zivilisationsstufe[9], damit aber auch, unter leicht veränderten Gesichtspunkten, auf Völkerschaften, die in den bis dahin rein europäisch bestimmten Geschichtsprozeß noch gar nicht eingetreten sind. Verständlich also, daß man sie sich glücklicher denkt. Sie durften es aber nicht bleiben. Bei Isaac Iselin etwa erscheint sie als eine anthropologische Konstante innerhalb der Menschheitsgeschichte: aus mutmaßlichen Anfängen in weiten Gegenden der Welt durchgehaltene, urtümliche und unaufgeklärte Kulturstufe. Speisen, Klima, Lebensweise und die Geräte, mit denen die Wilden umgehen, tragen dazu bei, »ihre Säfte dick, ihre Nerven grob und ihre Seelen finster zu machen. Durch kein wohltätiges Licht erwecket und aufgeheitert«, sind ihre Geister sozusagen unangebaut, also unkultiviert und dumm zu nennen, »und durch keine lieblichen und mannichfaltigen Gefühle gemildert, überlassen sich ihre Herzen dem der Rohigkeit natürlichen Hange zur Heftigkeit, zur Grausamkeit und zur Ungerechtigkeit«.[10]

Man sieht: die Wilden sind eben dadurch Wilde, daß ihnen die Vorzüge schon der allerersten Aufklärung versagt geblieben sind, denn: »Wie unwissender der Mensch ist, wie weniger ihn Begriffe und Betrachtungen beschäftigen: desto grausamer, desto ungerechter ist er.«

Als ein Beispiel nennt der Verfasser – die Kinder, die also auf einer jeden Zivilisationsstufe, unabhängig von Klima und Umwelt neu erscheinende Wilde heißen müßten.

Die Ernährungsweise im Stande der sog. Wildheit erfordert wenige Einsichten nur und kaum mehr als ein bloß tierisches Geschick. Also heißt es: »Menschen, welche sich damit begnügen, haben sehr wenige Anlässe sich Begriffe zu sammeln und bedörfen also fast keiner Gesellschaft. Ihre Unwissenheit muss daher unendlich groß, und ihre Ueberlegung nicht weniger eingeschränkt seyn.«

Ohne dies nachdrücklich hervorzuheben, erkennt Iselin doch, daß wachsende Bedürfnisse auch wieder zur Ausbildung der Begriffe beitragen, daß also nicht eigentlich fehlende Aufklärung schuld am bestehenden Zustand ist, sondern eben die herrschenden Zustände die Unmöglichkeit von Aufklärung zur Folge haben dürften, doch nimmt er diese Überlegung in seinen Gedankengang nicht mehr auf.[11]

So leben die Wilden also nur nach den Forderungen ihrer undurchdachten Gegenwart, d. h. unter dem Appell von Trieb und Begierde; mangelnde Einsicht in den Zusammenhang von Ursache und Wirkung hindert sie notwendigerweise, die Folgen ihres Handelns und Verhaltens zu durchdenken. Der Mann ist der Stärkere und unterwirft sich daher das Weib. Sie wird sein Eigentum, die Frau ist also der erste Sklave, ein gleichgültiger Gegenstand, sofern er nicht nützlich heißen kann auf Grund von möglicher Triebbefriedigung und nützlicher Arbeitsleistung.[12]

Weil seine Empfindung auf ihn selbst eingeschränkt ist, ist der Wilde auch undankbar, andererseits gilt er doch wieder als nachtragend und rachsüchtig. Leben und Eigentum gelten hier nur wenig.[13] »So schränket die ganze Geselligkeit der Barbaren sich in sehr enge Grenzen ein; und wenn sie allmählich sich etwas mehr ausbreitet; wenn sie nun mehrere Geschlechter umfasset, so geschiehet dieses doch nur um desto besser Gewaltthätigkeiten auszuüben oder abzutreiben; so werden doch die bösartigen Leidenschaften dadurch eher verstärket als gehindert.«[14]

Man wird nun unschwer einsehen, daß, wo Kinder gleichsam Wilde sind, die Wilden doch nicht einmal kindlich heißen dürfen; da alle Tugenden durch Einsicht vermittelt sein sollen, wird, da dies nicht als eine historische Erkenntnis von Iselin verstanden wird, jede Tugend konsequent geleugnet, wenn nachweisbar oder auch nur vermutlich alle Einsicht fehlt. Notwendig erscheint der Fremde auch als Feind. Das Dasein der sog. Wilden erschöpft sich in Zwistigkeiten, Neid und Mißgunst erscheinen als Hauptantriebe; hier herrscht das ›Recht‹ des Stärkeren. »Menschen, welche einander hassen, wollen nichts von einander lernen. Seelen, die mit bittern Leidenschaften angefüllet sind, stehen der Wahrheit nicht offen; und die ständige Bewegung des Gemüthes erlaubet dem Geiste nicht, die wahre Gestalt der Dinge in ihren so mannigfaltigen Veränderungen zu fassen.«[15]

Die Wilden sind offenbar von Untugenden beherrscht, die in den fortgeschrittenen europäischen Gesellschaften nicht mehr aufzufinden sind, sie sind deshalb Wilde, weil sie die Aufklärung noch nicht kennen, ihr Zustand ist gewissermaßen eine durchgehaltene anthropologische Tautologie. Ihre wirklichen Tugenden sind nur die Kehrseite ihrer schon beschriebenen Laster: Mut, d. i. die kriegerische Tapferkeit, die Fähigkeit, Schmerzen zu ertragen u. a. m. Da nun auch die schon zivilisierten Völker einst den Stand der Barbarei gekannt haben, ist auch bei ihnen die Tapferkeit an erster Stelle geblieben, doch wurde sie bei ihnen aus dem Werkzeug der Unterdrückung zu einem der Freiheit, zu einer Wohltat also, wo sie sonst eine Bedrohung war.

Andere Tugenden erscheinen nicht als erwähnenswert, denn Iselin erklärt, obschon er bereits Reiseberichte zur Kenntnis nimmt, Cook z. B., alle die »herrlichen Sachen, welche man von der Treue und von der Wahrhaftigkeit der Wilden erzählt, sind meistens unbegründet. Die stärksten Beyspiele davon sind nicht Folgen einer wahren Einsicht in die Schönheit und in die Würde dieser Tugenden; sie sind, wie wir es bereits beobachtet haben, natürliche Würkungen eines durch die Uebermacht der Gewohnheit herrschenden Triebes; einer unüberlegten Leidenschaft und andrer überwiegenden Gefühle, welche ohne Unterschied zu Ungerechtigkeit wie zu Gerechtigkeit führen«.

Tatsächlich gibt er weiter zu bedenken, wie man bei solcher Dunkelheit der Seelen wahre Begriffe von Treue und Ehrlichkeit überhaupt sollte für möglich halten oder wie diese auf Gemüter überhaupt würden wirken können, die doch allein von Trieben und willkürlichen Einfällen regiert werden.[16]

Auch die anderen Folgen der seelischen Verfinsterung malt Iselin getreulich aus; Leichtgläubigkeit und dadurch hervorgerufene Verwegenheit oder auch Feigheit der Wilden,

27

die er wiederholt die Barbaren nennt, denn: »Da der Wilde so wenig im Stande ist zu prüfen: so ist er im höchsten Grade leichtgläubig und unbedachtsam.«[17]

Seine so »unordentlichen Neigungen« und seine »groben Fähigkeiten«, seine stets »rohe Einbildung« bedarf der Nahrung und Ermunterung, dann allein kann man ihn überreden, kann ihn lenken. »Was hingegen seine Leidenschaften einschränkt; was über seine niedern Einsichten erhoben ist; was ihn plötzlich und unerwartet rühret: das hemmt sogleich seine ganze Thätigkeit, das schlägt seinen Muth gänzlich darnieder. So machen Unwissenheit und Mangel der Erfahrung ihn zugleich feig und verwegen.«[18] Das ihm Unverständliche, das Ungewohnte und das Unerklärbare erfüllen ihn mit Furcht, das scheinbar-Erkannte macht ihn kühn. Weiter wird die Fähigkeit, sich an Putz, Tanz, Trinken und Essen zu freuen, beschrieben, aber es wird auch erklärt: »Gegen solche Freuden, welche das geringste Nachdenken erfordern, sind die Wilden hingegen vollkommen unfühlbar.«[19]

So ist denn auch die oft genannte Freiheitsliebe nichts anderes als Unbändigkeit, d. h. Unfähigkeit, den Anordnungen und Forderungen des Gemeinsinns nachzukommen, und also bezeichnet Iselin die damals vielgelobte Freiheit »des unpolicierten Menschen« als »eine wahre Chimäre«.[20] Den Grund hierfür weiß er bedenkenlos zu geben: »Der Barbar ist in dem natürlichen Verstande wie im moralischen, ehe ihn die Vernunft der Freyheit fähig macht, von Natur ein Sklave.«

Deshalb klagt Iselin auch abschließend: »Welch ein abscheuliches Ganzes machet also nicht der Stand der Wildheit aus! Für denjenigen, welcher darin geboren ist, ist er indessen lange so fürchterlich nicht, als er es einem jeden unter uns scheinen muss. Ich gehe weiter; die Beyspiele der meisten Völker zeigen, dass man darinnen vergnügt seyn, dass man darauf stolz, sich in demselbigen einer vorzüglichen Lieblingsschaft der Göttin schmeicheln könne.«[21]

Aber alle subjektive Zufriedenheit kann doch daran nichts ändern, daß dieser Zustand, den Iselin sogar mit dem des Betrunkenen zu vergleichen wagt, in den Augen der entwickelten Vernünftigkeit einfach als häßlich erscheinen muß. Deshalb wird denn auch jeder denkende Mensch sich glücklich zu schätzen wissen »in mildern Zeiten, und bey gesitteteren Menschen gebohren zu seyn«. Aber der Zustand der Barbarei, dessen ist Iselin sicher, wird kein endgültiger sein; auch diese Völker müssen, so bemerkt er wohlmeinend, »durch das stürmische Meer der Einbildung zur Vernunft hinübergehen«.[22]

Man darf sich wohl fragen, ob hiermit nicht, bewußt oder unbewußt, ein Alibi für Unterdrückung und Ausbeutung geliefert wird; Wildheit und Unvernunft rechtfertigen, so gesehen, schließlich jede Grausamkeit. Dabei übersieht Iselin noch, daß der sog. Wilde nicht nur naturabhängig ist, auch hier hat in den meisten Fällen schon eine Auseinandersetzung mit der Natur stattgefunden, wiewohl noch nicht auf jenem Niveau, wo man von Erfahrung und Vernunft sprechen kann. Doch ist im Grunde schon der Stein als Werkzeug und die Bereitung des Feuers eine Auseinandersetzung mit der Natur. Aber doch fehlt hier der Begriff von Entwicklung mit dem der Geschichte zugleich. Die Entwicklung aus dem Zustand, den viele als ein fortbestehendes Arkadien verklären, auf die bürgerliche Gesellschaft hin hat noch nicht eingesetzt. Der naturwüchsigen Glückseligkeit steht die Erfahrung historischer Prozesse gegenüber. Der Wilde erscheint so als ein überholtes, sehnsuchtverklärtes oder zu negierendes Bild, aber dieses Bild von wilder Freiheit bleibt im Unterbewußtsein der Europäer, gleichsam verdrängt, erhalten und wirkt positiv fort.

Der undifferenzierte Begriff des Wilden und Barbaren, mit dem Iselin in dogmatisch zu nennender Weise operiert, wird wenig später bereits durch Erfahrung, etwa bei G. Forster, nachdrücklich sodann bei A. v. Humboldt in Frage gestellt. Iselin jedoch sollte hier nicht zu Wort kommen, weil er sich etwa der Problematik seiner Darstellung und Deutung bewußt gewesen wäre, im Gegenteil; er war es offenkundig nicht. Aber man muß sich seine Ausführungen vergegenwärtigen, um sich darüber klar zu werden, wie die Erwartungen und Vorurteile vieler Reisender und vor allem sehr vieler Leser in der zweiten Hälfte des 18. Jahrhunderts noch ausgesehen haben und beschaffen gewesen sind, zu einer Zeit also, als viele Reisebeschreibungen selbst als Zeugnisse aufklärerischen Denkens und humaner Gesinnung verstanden werden sollten.

Daß Iselin auch das Phänomen der Entdeckungen und des wachsend sich entfaltenden Welthandels geschichtsphilosophisch kaum zu bewältigen vermag, ist nur noch nachzutragen: die Entdeckung eines neuen Seewegs nach Indien etwa und die einer neuen Welt hatten, so erklärt er in seiner historischen Übersicht, viel zur »Erhöhung der Wissenschaften und zu der Milderung der Sitten beygetragen«, wie auch zur Vermehrung der Reichtümer, und die Wirkungen davon sind nach seinen Worten keineswegs ausgeblieben. »Der Geschmack für die Bequemlichkeiten des Lebens, für die Pracht, für die Zierrathen, für den Aufwand, ein freyerer und angenehmer Umgang breiteten sich allgemeiner aus, bereicherten die Geister vieler mit neuen Begriffen und mit neuen Wahrnehmungen; und erhoben ihre Herzen zu Gefühlen und zu Gesinnungen, die ihnen bisher unbekannt gewesen waren.«[23]

Der letzte Punkt, der die Ausbildung neuer Begriffe und die Erkenntnis neuer Phänomene, damit auch einen Wandel in Haltung und Gesinnung betrifft, ist nun keineswegs neu, sondern in seiner Allgemeinheit auch damals schon fast ein Gemeinplatz, zumal wenn die weiteren Folgen davon nicht mehr durchdacht werden; wir finden diese Reflexionen genuin und als neue Einsichten bereits in den »Essais« von Montaigne. Als er von der Erziehung der Kinder handelt, schreibt er: Alles, was sich unseren Blicken darbiete, diene als Buch; Belehrung sei im Umgang der Menschen und im

Besuch fremder Länder »non pour en rapporter seulement, à la mode de nostre noblesse Française, combien de pas a Santa Rotonda, ou la richesse des calessons de la Signora Livia, ou, comme d'autres, combien le visage de Neron, de quelque vieille ruyne de là, est plus long ou plus large que celuy de quelque pareille médaille, mais pour en rapporter principalement les humeurs de ces nations et leur façons, et pour frotter et limer nostre cervelle contre celle d'autruy«.[24]

Als barbarisch bezeichnet Montaigne in anderem Zusammenhang, sehr viel vorsichtiger und vorurteilsloser als Iselin, lediglich das, was jeder so bezeichnet, weil es seiner Gewohnheit nicht entspricht: »Ils sont sauvages, de mesmes que nous appellons sauvages les fruicts que la nature, de soy et de son progrez ordinaire, a produicts: là où, à la verité, ce sont ceux que nous avons alterez par nostre artifice et detournez de l'ordre commun, que nous devrions appeller plustost sauvages.«[25]

Wild ist also, was wir unserem verfeinerten Geschmack zuliebe verdorben haben! Freilich sieht es bei den Völkern etwas anders aus: »les nations me semblent donq ainsi barabares, pour avoir reçeu fort peu de façon de l'esprit humain, et estre encore fort voisines de leur naifveté originelle.«

Wo Vorurteilslosigkeit fast zum Programm geworden ist, ist anderes kaum zu erwarten, denn auch eine Verklärung dieses Zustandes liegt Montaigne fern, selbst wenn er sich zuweilen nach den Zuständen zivilisatorischer Unschuld, jenen, da allein das »sanfte Gesetz der Natur« regierte, zu sehnen scheint.

Sehr viel weiter als I. Iselin ist auch, weniger später nur, Herder in seinen »Ideen zu einer Philosophie der Geschichte der Menschheit«, wie schon in den vorausgehenden Schulreden, unter denen eine »von der Annehmlichkeit, Nützlichkeit und Notwendigkeit der Geographie« handelt, die wohl auch in dieser Weise ohne die wichtigen Reisebeschreibungen des Zeitalters nicht hätte konzipiert werden können. »Wer wird«, so heißt es hier, »das wunderbare Haus nicht kennen lernen wollen, in dem wir wohnen, den abwechselnden Schauplatz, auf den uns die schaffende Güte und Weisheit zu setzen für gut befunden? Die Erde also, eine Kugel, als einen Planeten kennenzulernen, sich die allgemeinen Gesetze bekannt zu machen, nach denen sie sich um sich selbst und die Sonne bewegt, und wie dadurch Tage und Jahre, Klimata und Regionen auf ihr werden, dies alles mit Faßlichkeit und Würde vorgetragen, die der große Gegenstand fodert – wenn das nicht den Geist erhebt und erweitert, was sollte ihn anheben und erweitern?«[26]

Somit ermuntert er zum Studium der Geographie, die in jener Zeit auf das lebendigste durch die Reiseliteratur vermittelt wird. Es geht auch nach Herder nicht um die Statistik oder die Vergegenwärtigung der Grenzen, sondern um den Zusammenhang der Produkte mit Klima, Lebensweise und Denkart, d. h. um den Zusammenhang von Welt und Mensch. Geographie tritt in engen Zusammenhang mit der Geschichte, die beide dann dazu beitragen, Vorurteile abzubauen, Sitte und Menschen in Vergleich zu setzen und in allen Erscheinungen das Wahre und Schöne nicht nur, sondern auch das Nützliche zu suchen. »Auf diese Weise dienen Geographie und Geschichte der nützlichsten Philosophie auf der Erde, nämlich der Philosophie der Sitten, Wissenschaften und Künste; sie schärfen den sensum humanitatis in allen Gestalten und Formen, sie lehren uns mit erleuchteten Augen unsre Vorteile sehen und schätzen, ohne daß wir dabei irgendeine Nation der Erde verachten oder verfluchen wollten.«

Damit wirkt Herder nun schon – obgleich gewiß nicht sehr erfolgreich – auf den Lehrplan ein, denn: »Der Elefant und Tiger, das Krokodil und der Walfisch interessieren einen Knaben weit mehr als die acht Kurfürsten des Heiligen Römischen Reiches in ihren Hermelinmänteln und Pelzen; die großen Revolutionen der Erde und des Meers bei Vulkanen, der Ebbe und Flut, den periodischen Wind u. s. f. sind seinen Jahren und Kräften viel mehr angemessen als die Pedantereien zu Regensburg oder Wetzlar.« Die Naturgeschichte kennzeichnet die Länder eben nicht minder als die sog. reale, d. h. die politische Geschichte. »Das ägyptische Roß, das arabische Kamel, der indische Elefant, der afrikanische Löwe, der amerikanische Kaiman u. f. sind denkwürdigere Symbole und Wappenzüge einzelner Länder als die wandelbaren Grenzen, die irgendein trüglicher Friede zog und vielleicht der erste neue Krieg verändert.«

Die Geographie wird so zur Illustration der Geschichte; Herder nennt die Geographie die »Basis der Geschichte, und die Geschichte ist nichts als eine in Bewegung gesetzte Geographie der Zeiten und Völker. Wer eine ohne die andre treibt, versteht keine, und wer beide verachtet, sollte wie der Maulwurf nicht auf, sondern unter der Erde wohnen«. So sind es Geographie und Geschichte in ihrem Zusammenhang, die Handel, Politik, Recht und Ökonomie, Medizin und praktische Menschenkenntnis begründen.

Das zu erörtern wäre kaum möglich ohne die durch die Reiseliteratur gelieferten Fakten, Ansichten, Materialien und Deutungen; ihre Wichtigkeit wird von Herder unausgesprochen gerühmt, ihre Bildungskraft schon wie selbstverständlich hingestellt. 1774 bereits, in der Schrift »Auch eine Philosophie der Geschichte zur Bildung der Menschheit« hatte Herder Bedenken angemeldet gegenüber der allmählichen Zerstörung der Kolonien, wo Branntwein und Üppigkeit die Wilden zur Bekehrung reif machen und schließlich dazu führen, daß sie werden wie die Europäer; der falsche Zivilisationsgedanke und jene Selbstgewißheit, wie sie etwa aus den Worten Iselins spricht, werden mit Hohn überschüttet. Die Erziehung zur Menschlichkeit hat der skrupellosen Ausbeutung weichen müssen. Auch die wachsende Zahl der Reisebeschreibungen bedenkt er mit zweifelhaftem Lob, als sei ihr Bestes nur wider Willen der

Verfasser darin zu finden: »Unsre Reisebeschreibungen mehren und bessern sich; alles läuft, was in Europa nichts zu tun hat, mit einer Art philosophischer Wut über die Erde – wir sammeln ›Materialien aus aller Welt Ende‹ und werden in ihnen einst finden, was wir am wenigsten suchten, Erörterungen der Geschichte der wichtigsten menschlichen Welt.«[27]

War die Renaissance sozusagen noch darauf aus, das Subjekt im Raum zu sehen, den Menschen in der gegenwärtigen Welt zu entdecken, so findet ihn die Aufklärung nun in der Geschichte. Anders ausgedrückt: wenn in der Renaissance das Individuum sich in der Ferne, in der Fremde der geographischen Räume und diese als Welt, als das Medium der Selbsterkenntnis, wenn es sich in der Auseinandersetzung mit dem nur zu oft als Kuriosität, Abenteuer und als exotisch empfundenen Neuen erfahren konnte bis tief in die Zeit des Barock hinein, so tritt für das Individuum der Aufklärung ein noch viel stärker die Eigenheit relativierendes und Erkenntnis vorantreibendes Moment hinzu: zur Erfahrung der Welt im Raum kommt die Erfahrung in der Zeit, daraus folgt die Reflexion nicht allein auf die Vergangenheit, sondern auf Geschichtlichkeit.

Aber die Begriffe, von denen bislang die Rede war, bedürfen noch mancher Präzisierung: Naturstudium und -erfahrung wie Naturdarstellung, die eher literarisch-poetische Seite in Verbindung mit der Wissenschaft selbst, wie sie bei A. v. Humboldt so nachdrücklich als vereinbar dargestellt wird, sodann die Selbsterkenntnis und -relativierung im Medium des Unbekannten, des Fremden, oft nicht einmal Vorgestellten, der Zustand des ›Wilden‹ als eine anthropologische Konstante und als historische Kenntnis wie geographisch-exotische Erfahrung, sodann die Geschichtlichkeit als eine neue Kategorie, die zur Zivilisationskritik oder zur genauen Rechtfertigung der Entdeckungen, gar der Eroberungen führen kann, das alles ist in gleicher Weise bedeutsam für die Reiseliteratur des 18. Jahrhunderts, jedenfalls soweit sie sich auf außereuropäische Gebiete oder die europäischen Randzonen bezieht. »Wenn daher die alte Welt den Schauplatz ihrer Geschichte nur auf den beengten orbis terrarum der Römer beschränken mußte, das Mittelalter ihn schon überall bis an die äußersten Enden der Gliederungen der Alten Welt, nach dem Norden, Süden und Osten ihrer großen Landveste, ausdehnte, so spannte die Geschichte der neuern Zeit ihr reiches Gewebe der Begebenheiten über den ganzen Erdball aus. Das historische Element greift also auf sehr verschiedene Arten in sehr verschiedenen Zeiten in die Physik des Erdballs ein, aber auch in sehr verschiedenartigen Progressionen und Weisen«, stellt Carl Ritter in seinem Aufsatz »Über das historische Element in der geographischen Wissenschaft« fest. Die alte Geschichte, so erklärt er weiter, »trug auf ihrem heimischen Boden nicht, wie die neuere, den Schmuck der ganzen Fremde, sondern jedesmal nur ihre heimathliche Frucht, aber die vollständiger gereiftere (...)«[28]

Durch die Weltverbindung, welche die Beschiffung der nun bekannten Ozeane jetzt wirklich werden ließ, haben sich die ursprünglich rein geographisch bestimmten Verhältnisse, die der drei Erdteile der sog. Alten Welt, verändert: »Gegenwärtig scheiden die Meere nicht, wie ehedem, die Länder und Erdtheile; sie sind es, welche die Völker verbinden, ihre Schicksale verknüpfen, auf die bequemste, selbst auf die sicherste Weise, seitdem die Schiffahrt zur vollkommenen Kunst herangereift ist, seitdem der schnellste und leichteste Transport durch die Beseelung der Bewegungen der flüssigen Elemente (...) das Verknüpfungsmittel aller Kulturvölker geworden ist.«

Was aber Ritter hier, in der Mitte des 19. Jahrhunderts, für seine noch neue Wissenschaft wie im Rückblick feststellt, war mehr als fünfzig Jahre früher bereits von G. Forster erkannt worden, der in seinen Reflexionen auf die Bedeutung der Handels- und Entdeckungsreisen weit über die bescheiden-pragmatischen Unterweisungen auch berühmter Zeitgenossen hinausging, sofern sich diese nur auf das Reiseverhalten des Individuums bezogen, wie Schlözer, aber auch Diderot –. Mit dem Sinn für Natur und Wirklichkeit verbindet Forster den geschichtlichen Blick, ja die geschichtsphilosophische Perspektive. Der Verzicht auf die scheinbare Objektivität der Statistik und bloßen Landeskunde zum einen, zum anderen aber auf Emphase und wiederum auf das Ephemere der bloßen Fakten, die nur Resultat – und eigentlich nicht einmal Erfahrung – des Subjektes sind, ist die Folge davon. Die Situation beschreibt er genau in einem Aufsatz über »Die Nordwestküste von Amerika und den dortigen Pelzhandel«; er weist darauf hin, daß nicht allein »unsere jetzige physische und statistische Kenntniß von Europa zur Vollkommenheit gediehen ist«, sondern überdies »die entferntesten Welttheile (...) allmählig aus dem Schatten« heraustreten, der sie bis vor kurzem noch verborgen hatte.[29] Durch die Entdeckungen an der Nordwestseite von Amerika und den aufkommenden Handel zwischen dieser Küste und dem chinesischen Festland beginne eine neue Epoche in der Geschichte des europäischen Handels, bemerkt er, »dieses Handels, in welchen sich allmählig die ganze Weltgeschichte aufzulösen scheint«. Der Handel ist nicht allein die Quelle des Reichtums, sondern »der mit ihm und durch ihn allein im Schoosze der Sicherheit aufsprossenden, zarteren Blüthen des geselligen Lebens, dieser höheren Bildung und Entwicklung der edelsten Seelenkräfte und ihrer Ausgeburten – der Kunst und Wissenschaft – (...)«, ein Vorgang, der allerdings unter einem anderen Blickwinkel wieder »zum zweideutigen Resultat der eigennützigsten Begierden« wird.[30]

Forster ist es vor allem, der die Reisen nicht allein aufgrund der Vermehrung des Wissens von Welt, sondern aufgrund der durch sie herbeigeführten weitreichenden Änderungen und Wirkungen auch im ökonomischen und sozialen Bereich, der Aufklärung wie selbstverständlich zuordnet. Wenn, so gibt er zu bedenken, »wenn die allgemeine

Aufklärung; wenn das gesellschaftliche Fortrücken unserer ganzen Gattung nach einem bestimmten Ziele der Vollkommenheit, wenn die Aussicht einer höheren gesellschaftlichen Glückseligkeit, als die Welt noch kannte, theilhaftig zu werden, nicht etwa leere Träume einer kranken Einbildungskraft, oder ohnmächtige Schwärmereien der Ungenügsamkeit am Gegenwärtigen, oder gar den Umarmungen manches verwegenen Ixions absichtlich entgegengeschickte Wolkengöttinnen sind; wie wichtig wäre nicht alsdann Cook's Entdeckungsepoche, auch als der Zeitpunkt, wo eine neue zweckmäßige Entwickelung des Menschengeschlechts und seiner Kräfte den Anfang nehmen, und ein fester Punkt mehr gewonnen werden sollte, aus welchem die weiseren Europäer den alten asiatischen Eigensinn, und jene unbezwingbare Widersetzlichkeit des vollkommensten, üppigsten und an natürlichen Schätzen unerschöpflichsten Welttheils gegen alle Fortschritte endlich bestürmen müßten?«[31]

500-600 Millionen Menschen sind dem Zeitpunkte nicht mehr fern, wo eine Revolution in ihrem »Denken, Thun und Lassen« sich ereignen wird, wo nun die »Lehren der Weisheit aus Europa, vielleicht auch aus Amerika und den Südländern, mit unwiderstehlicher Macht der Überredung sie auffordern werden, ihrer lange gewohnten Sclaverei, ihrer natürlichen Weichlichkeit und Indolenz, dem desultorischen Gange ihrer in Bildern spielenden Vernunft, kurz, den angeerbten klimatischen Irrthümern und Mängeln ihres Verstandes und Herzens zu entsagen, und dafür die Wahrheit zu erkennen und anzunehmen, welche den europäischen oder aus Europa entsprungenen Selbstdenker glücklich macht«.

Die enthusiastische Erwartung ist – hier jedenfalls – von europäischen Vorurteilen gewiß nicht frei, aber im Prinzip ist wichtig, richtig und legitim die Eröffnung, daß die geographischen Entdeckungen und die durch die Ausbreitung des Handels eingeleiteten ökonomischen, zivilisatorischen und sozialen Veränderungen »merkwürdige Folgen und wichtige Veränderungen im System des allgemeinen Zusammenhanges nach sich ziehen müssen (...)«.

Freilich stellt Forster die Anwendbarkeit unserer philosophischen Begriffe, wie sie der rastlose europäische Geist ausgebildet hat, auf die patriarchalisch-despotischen Verfassungen Asiens, die jeder Neuerung so zäh widerstehen, auch wieder in Frage. Doch gibt es Ungleichzeitigkeiten der Fortschritte, der Aufklärung, noch in den europäischen Staaten selbst, und sogar in Despotien fühlt man allmählich, daß die Sklaverei den Menschen entwürdigt und schwächt. So sind die Früchte der Cook'schen Entdeckungen noch gar nicht abzusehen, aber sie sind zu wünschen und als Wahrscheinlichkeiten anzudeuten.

Hier haben nun die Schriften der bedeutenden Reisenden wieder ihren Sinn: »Wenn ein Buch, das durch merkwürdige, wissenschaftliche Resultate, lebhafte Schilderungen von Gegenständen, die den Menschen nahe angehen, und Darstellung größter gefahrvoller Thaten oder ungewöhnlicher wirklicher Begebenheiten die Wißbegierde, das Nachdenken, die Einbildungskraft, die Empfindungen und Leidenschaften der Leser nach einander anregt – zugleich dem Verstande eine Menge neuer Begriffe, Erkenntnisse, Urtheile und Grundsätze einprägt, welche, da sie unmittelbar aus Erfahrung fließen, durch ihre praktische Beziehung auf das Leben, einen tiefen und bleibenden Eindruck machen: so kann es zur Bildung jedes einzelnen Lesers (...) nämlich zur zweckmäßigen Entwickelung seiner edelsten Anlagen, sehr wesentlich, und oft mit glücklicherem Erfolge beitragen als manche Lehren, die auf das Wort des Meisters für apodiktisch gelten, und denen sein Beispiel widerspricht.«[32]

Die Reisenden und die von ihnen verfaßten Berichte, literarische Zeugnisse naturkundlicher, geographischer, anthropologischer Bestrebungen, sind demnach Folge und Ursache zugleich von Aufklärung, kritischem und philosophischem

Denken. Der in ihnen niedergelegte Erfahrungsgehalt soll Bildung werden und das noch immer herrschende dogmatische Wissen verdrängen. Die räumliche Erfahrung wird schließlich auch historische Reflexion. Die umschiffte, erkannte, die als erkannte zur Einheit strebende Welt kann dieselbe nicht mehr sein, deren Meere, Inseln und ferne Kontinente einst im sagenhaften Dämmer und gar im Dunkel lagen. Naturkunde und Handel, Philosophie und Literatur, Geschichte und Geographie gehen in der Reiseliteratur nun eine Verbindung ein wie nie zuvor und dann niemals wieder.

I
VORAUSSETZUNGEN: REISEN IN DER ZEIT DER RENAISSANCE

Um die Entwicklung genauer zu begreifen, die sich im Lauf des 18. Jahrhunderts vollzieht, ist es nötig, zurückzublikken auf die vorausgehenden Fahrten und davon vorgelegten Berichte, die doch die Voraussetzungen liefern für das, was dann erreicht werden sollte, auf die erste große Phase der Weltentdeckung in der Zeit der Renaissance. »Das funfzehnte Jahrhundert«, bemerkt A. v. Humboldt, »gehört zu den seltenen Zeitepochen, in denen alle Geistesbestrebungen einen bestimmten und gemeinsamen Charakter andeuten, die unabänderliche Bewegung nach einem vorgesteckten Ziele offenbaren. Die Einheit dieses Strebens, der Erfolg, welcher es krönt, die handelnde Thatkraft ganzer Völkermassen geben dem Zeitalter des Columbus, des Sebastian Cabot und Gama Größe und dauernden Glanz. In der Mitte von zwei verschiedenen Bildungsstufen der Menschheit ist das funfzehnte Jahrhundert gleichsam eine Übergangsepoche, welche beiden, dem Mittelalter und dem Anfang der neueren Zeit, angehört. Es ist die Epoche der größten Entdeckungen im Raume, solcher, die fast alle Breitengrade und alle Höhen der Erdoberfläche umfassen. Wenn dieselbe für die Bewohner Europa's die Werke der Schöpfung verdoppelt hat, so bot sie zugleich der Intelligenz neue und mächtige Anregungsmittel zur Vervollkommnung der Naturwissenschaften in ihren physischen und mathematischen Theilen dar.«

Mit Nachdruck erläutert und deutet Humboldt die hier getroffene Feststellung: »Wie in Alexanders Heerzügen, aber mit noch überwältigenderer Macht, drängte sich jetzt die Welt der Objekte, in den Einzelformen des Wahrnehmbaren wie in dem Zusammenwirken lebendiger Kräfte, dem combinierenden Geiste auf. Die zerstreuenden Bilder sinnlicher Anschauung wurden, trotz ihrer Fülle und Verschiedenartigkeit, allmälig zu einem concreten Ganzen verschmolzen, die irdische Natur in ihrer Allgemeinheit auf-aufgefaßt: eine Frucht wirklicher Beobachtung, nicht nach bloßen Ahndungen, die in wechselnden Gestalten der Phantasie vorschweben. Auch das Himmelsgewölbe entfaltete dem noch immer unbewaffneten Auge neue Gebiete, nie gesehene Sternbilder, einzelne kreisende Nebelwolken. Zu keiner andern Zeit (wir haben es bereits oben bemerkt) ist einem Theile des Menschengeschlechts ein größerer Reichthum von Thatsachen, ein größeres Material zur Begründung der vergleichenden physischen Erdbeschreibung dargeboten worden.«

Aber diese Präzisierung genügt dem Verfasser des »Kosmos« noch nicht, er deutet noch die Konsequenzen an: »Niemals haben aber auch Entdeckungen im Raume, in der materiellen Welt, durch Erweiterung des Gesichtskreises, durch Vervielfältigung der Erzeugnisse und Tauschmittel, durch Colonien von einem Umfange, wie man sie nie gekannt, außerordentlichere Veränderungen in den Sitten, den Zuständen langer Knechtschaft eines Theils der Menschheit und ihres späten Erwachens zur politischen Freiheit hervorgerufen.«[1]

Auch die Zeugen haben dies zuweilen schon geahnt; Peter Martyr von Anghiera erwähnt in seinen Briefen die täglich bekannt werdenden Wunder aus der neuen Welt; er wolle Spanien nicht mehr verlassen, gesteht er, »weil ich hier an der Quelle der Nachrichten aus den neu entdeckten Ländern stehe und als Geschichtsschreiber so großer Begebenheiten hoffen darf meinem Namen einigen Ruhm bei der Nachwelt zu verschaffen«.[2]

Cardano erwähnt in seiner Selbstanalyse die Erfindungen und Entdeckungen seiner Zeit und gesteht: »Zu den größten und allerseltsamsten Ereignissen natürlicher Art zähle ich in erster Linie dies, daß ich in dem Jahrhundert zur Welt kam, da der ganze Erdkreis entdeckt wurde, während den Alten nur wenig mehr als der dritte Teil bekannt gewesen war.«[3]

Es ist vielleicht nicht nötig, bis in die Antike oder auch nur in das Mittelalter zurückzugehen, frühe arabische oder ostasiatische Zeugnisse heranzuziehen wie das poetische Reisejournal des Ki no Tsurayuki, das »Tosa Nikki« oder den China-Bericht des Mönches Ennin, beide aus dem 9. Jahrhundert, wohl aber die legendäre Reise des Marco Polo in das Großreich der Mongolen. Die Erinnerung an sie ist nur verblaßt, niemals versunken. Der venetianische Handelsherr, der von 1271 bis 1295 unterwegs gewesen war, diktierte seine Erlebnisse als Gefangener der Genuesen, denen er im Kampf für die Heimatrepublik kurz nach seiner Rückkehr aus Ostasien in die Hände gefallen war, einem Leidensgenossen, der sie in mittelalterlichem Französisch niederschrieb. Bald darauf schon wurde der Bericht in mehrere Sprachen übersetzt. Im 16. Jahrhundert sammelte Gian Battista Ramusio ältere Reiseberichte für seine »Navigazioni e viaggi«, der dafür Marco Polos Darstellung, vermutlich aufgrund einer lateinischen Fassung, übernimmt und bearbeitet. Dadurch erklären sich manche Unebenheiten, Widersprüche, auch stilistische Unebenheiten, wie der Wechsel zwischen 1. und 3. Person, der den Leser immer wieder daran erinnert, daß er eine Bearbeitung vor sich hat.

Siebenhundert Jahre sind vergangen, seit Marco Polo im Reiche der Tataren und sogar als Vertrauter des Herrschers am Hof des Kublai Khan sich aufhielt; da wir heute etwas mehr über jene Länder wissen (und noch viel mehr wissen könnten), lesen wir einen solchen Bericht nicht als geographisch-völkerkundliche, sondern als eine historische Information. Nicht was Marco Polo gesehen hat, sondern *wie* er es zu sehen und zu deuten wußte, erscheint uns als wichtig und interessant. Es kann also hier so wenig wie anderswo darum gehen, Irrtümer und Fehlinformationen besserwisserisch und pedantisch zu korrigieren, sondern das große Abenteuer nachzuvollziehen, dem der Venetianer sich überließ und von dem er der erstaunten Nachwelt berichtet. Er führt uns nach Goethes Worten »in die fremdartigsten Verhältnisse, worüber wir, da sie beinahe fabelhaft aussehen, in Verwunderung, in Erstaunen geraten. Gelangen wir aber auch nicht sogleich über das Einzelne zur Deutlichkeit, so ist doch der gedrängte Vortrag dieses weitausgreifenden Wanderers höchst geschickt, das Gefühl des Unendlichen, Ungeheuren in uns aufzuregen«.[4]

Zwei Momente sind es vor allem, die Marco Polo deutlich werden läßt: die ungeheure Ausdehnung des fernen Reiches und sein grenzenloser Reichtum. Beschreibung und Legende, Gerüchte und Chronik, Anekdote und geographisches Detail sind mit Zitaten aus heute verlorenen Berichten verknüpft; Marco Polo ist sachlich interessiert, aber Fabeln und Märchen behandelt er als Wirklichkeit. Der Darstellung fehlt jede persönliche Färbung, das subjektive Urteil und damit auch die der Subjektivität zugehörige Reflexion auf das Geschaute und Gehörte. Und wie das persönlich sich äußernde Ich fehlt auch die persönlich, subjektiv erfahrene Landschaft, fehlt das Empfinden von Freundschaft und Liebe, Angst und Bezauberung. Marco Polos Darstellung hat viel vom nüchternen Stil der Chronik, die als Katalog, als gleichgeordnete Aufteilung des Gesehenen, nicht als individuelle Darstellung des Erfahrenen und Gelebten, also als autobiographisch, erscheint.

Die klimatisch bedingten, von der Umwelt geprägten Sitten und Gewohnheiten finden hier ihren Niederschlag, ohne als exotisch-absonderlich beschrieben zu werden, es erscheint wie selbstverständlich, daß sie anders sind als die der Heimat, genauso wie die Produkte des gewaltigen, von den Mongolen unterworfenen chinesischen Reiches: Maulbeer und Reis, Wein und kostbare Gewürze, Buchweizen und Obst, Wild und Geflügel, sodann das Kunsthandwerk und die Seide, Edelsteine und Porzellan.

Nüchtern hält Marco Polo auch die Gefahren seiner Reise durch die endlose Wüste fest: »Es gilt als wohlbekannte Tatsache, daß diese Wüste vielen bösen Geistern zum Auf-

enthalt dient, die den Reisenden allerlei sonderbares Blend-
werk zu ihrem Verderben vorführen. Wenn am Tage Leute
auf dem Weg zurückbleiben oder vom Schlaf überfallen
beziehungsweise aus anderen Gründen aufgehalten werden,
bis die Karawane über einen Hügel gezogen und nicht mehr
länger sichtbar ist, so hören sie sich ganz unerwartet bei
ihrem Namen rufen, und zwar mit einer ihnen bekannt
erscheinenden Stimme. Da sie nun glauben, der Ruf komme
von ihren Gefährten, werden sie vom rechten Wege abgelenkt und müssen, da sie die richtige Richtung nicht finden,
zurückbleiben und elendiglich umkommen.«[5]

Der Groß-Khan speist mit Hilfe von Zauberkünstlern, berichtet Marco Polo; wenn er beim Mahle sitzt, steht die
Tafel in der Mitte und in einiger Entfernung davon ein
Aufbau mit den Trinkgefäßen. Dann geschieht es mit Hilfe
magischer Künste, »daß die Flaschen mit Wein, Milch oder
anderen Getränken sich von selbst in die Becher gießen,
ohne daß ein Bedienter sie berührt, und daß die Becher
dann zehn Schritt weit durch die Luft bis in die Hand des
Groszkhans fliegen. Sobald er diese geleert hat, fliegen sie
wieder zum Büffet zurück, und das geschieht in Gegenwart
der Personen, die eingeladen sind.«

Kublai-Khan erscheint als ein starker, weiser und großmü-
tiger Herrscher, der sein ungeheures Reich, in welchem Königreiche nur Provinzen sind, mit stehenden Heeren in
Ordnung hält, gleich geschickt in militärischer Taktik und
friedlicher Verwaltung, die er, das weiß Marco Polo noch
nicht, von den Chinesen übernommen hat. Nur zeitweilig
residiert er im heutigen Peking mit Taidu, der alten, und
Kampalu, der neuangelegten Hauptstadt, deren ganzer
Plan völlig regelmäßig entworfen ist, »die Straßen sind so
gerade, daß man, wenn man durch eines der Tore in die
Stadt kommt, das Tor auf der gegenüberliegenden Seite
derselben erblicken kann. Zu beiden Seiten der Straßen
stehen Buden und Kaufläden aller Art. Alle Grundstücke
innerhalb der Stadt, auf denen Wohnhäuser errichtet wor-

den sind, sind rechteckig, und jeder Besitz bietet genügend Raum für die Gebäude mit den dazugehörigen Höfen und Gärten. So gleicht die ganze Stadt einem Schachbrett und weist einen Grad von regelmäßiger Schönheit auf, der unbeschreiblich ist«.

Marco Polo berichtet von der Hofhaltung und den Festen in einem gigantischen Palast, der selbst wieder eine kleine Stadt zu sein scheint, inmitten einer Stadt gelegen, an die weitausgedehnte Vorstädte sich anschließen. Er erzählt von den Jagden mit Falken und mit gezähmten Leoparden, von Reisen, vom Postdienst und vom Handel, von den verlockenden Kurtisanen, deren buhlerische Künste, wie er sagt, niemand mehr vergessen kann, der sie jemals hat erfahren dürfen. Er erzählt von der Lebensfreude und dem hoch entwickelten Lebensgenuß, der sich in der alten Hauptstadt der zusammengebrochenen Sung-Dynastie noch erhalten hat: Paläste auf Inseln in einem See, wohin die Gäste fahren, um zu feiern, Lustboote, die auf den Wassern kreuzen und das Vergnügen an einer ständig wechselnden Aussicht auf eine reizvolle Uferlandschaft erscheinen hier wie die beschreibende Prosa zu alten chinesischen Gedichten.

Marco Polo ist es auch, der die ersten Nachrichten über Japan nach Europa bringt; vom Angriff des weisen Kublai Khan auf die südliche Insel Kyushu weiß er nur Legendäres zu berichten, aus dem wir die Wirklichkeit mit Hilfe japanischer Überlieferungen wieder rekonstruieren können: der Einfall scheiterte jedenfalls an der Gewalt eines Taifuns, der die übermächtige Flotte der Mongolen zerstreute und zertrümmerte; der ›Sturm der Götter‹ – Kamikaze – rettete Japan wie ähnlich später die britischen Inseln vor der gewaltigen Armada des spanischen Königs. Kublai Khan muß auf die Unterwerfung eines Landes verzichten, das sich in lockenden Farben und phantastischer Üppigkeit darstellt: »Zipangu ist eine sehr große Insel im östlichen Ozean, etwa fünfzehnhundert Meilen vom Festland der Provinz Manji entfernt. Die Einwohner der Insel haben eine helle Gesichtsfarbe und gute Sitten. Ihre Religion ist Götzendienst. Sie haben einen unabhängigen, selbständigen Staat und werden nur von ihren eigenen Königen regiert. Gold gibt es bei ihnen in größtem Ueberfluß; weil aber der König dessen Ausfuhr nicht gestattet, kommen wenig Kaufleute in das Land, und die Insel wird selten von Schiffen aus fernen Gegenden besucht. Aus diesem Umstand erklärt sich wohl der ungeheure Luxus im Palast des Königs, vorausgesetzt, uns wurde von denen, die Zutritt zum Palast haben, die Wahrheit erzählt: Das Dach des Palastes ist vollständig mit Goldplatten bedeckt; auch die Decken der Säle sind aus demselben kostbaren Metall. In vielen Zimmern stehen kleine Tische aus dickem, massivem Gold, und auch die Fenster zeigen goldene Verzierungen.«

Er selbst hat die japanischen Inseln so wenig gesehen wie andere Europäer vor den asiatischen Eroberungen der Spanier und der Portugiesen; auch die Insulinde, das heutige Indonesien mit den Inseln Java, Borneo und Sumatra, kennt er nur durch die wiederum recht zweifelhaften Schilderungen unbekannter Gewährsmänner. Indien und Ceylon hingegen wird Marco Polo wohl berührt und also kurz gesehen haben, nicht aber Madagaskar, von dem er gleichfalls die ersten Nachrichten gibt. Sage und chronikalische Überlieferung aus Rußland schließt sich an. Aber Marco Polo schweigt sich aus über das Schwarze Meer und seine Randstaaten und die weiten angrenzenden Länder, weil sie nach seinen Worten schon zu den Gegenden gehören, die jederzeit bereist werden können! Man kann aus einer solchen Bemerkung auf die Absicht seiner Darstellung zurückschließen; nicht alles, was er erlebt und gesehen hat, ist ihm wichtig, sondern vor allem die Tatsache, daß er sich mit seinem Vater und dessen Bruder in Gebieten aufgehalten hat, die nie zuvor ein Europäer zu besuchen die Gelegenheit hatte. So heißt es denn auch abschließend in seinem sagenhaften Reisebericht: »Doch ich glaubte, es war Gottes Wille, daß wir zurückkehren sollten, damit die Menschheit ihr Wissen von der Erde bereichern könnte. Denn es ist schon in der Einleitung am Anfang des Buches gesagt worden, daß es noch niemals einen Mann gegeben hat, sei er Christ, Sarazene, Tatar oder Heide gewesen, der so weite Gebiete der Welt besucht hätte wie die edlen und berühmten Bürger der Stadt Venedig, die Herren Maffeo Polo, Marco, der Sohn, und Nicolò Polo.«

Die Absicht, das Wissen der Menschheit von der Erde zu bereichern, das ist bei dem Zeitgenossen Dantes schon ein Zug, der auf kommende Jahrhunderte vorausweist.

Wissen von der Erde und ihrer Gestalt ermöglichte Kolumbus die Reise, die zur Entdeckung Amerikas führte, die ihm als solche aber niemals bewußt geworden ist. A. v. Humboldt rechtfertigt sein Unternehmen mit den folgenden Worten: »Columbus, indem er das westlich von dem Meridian der azorischen Inseln noch ganz unerforschte Meer und zur Ortsbestimmung das neu vervollkommnete Astrolabium anwandte, suchte das östliche Asien auf dem Wege nach Westen nicht als ein Abenteurer; er suchte es nach einem festen vorgefaßten Plane. Er hatte allerdings die Seekarte an Bord, welche ihm der florentiner Arzt und Astronom Paolo Toscanelli 1477 geschickt hatte und welche 53 Jahre nach seinem Tode noch Bartholomäus de las Casas besaß.«[6]

Unter seinen Charaktereigenschaften hebt er besonders den durchdringenden Blick und den Scharfsinn hervor, womit Kolumbus, »ohne gelehrte Bildung, ohne physikalische und naturhistorische Kenntnisse, die Erscheinungen der Außenwelt erfaßt und combinirt. Bei seiner Ankunft ›in einer neuen Welt und unter einem neuen Himmel‹ beachtet er aufmerksam die Formen der Ländermassen, die Physiognomik der Vegetation, die Sitten der Thiere, die Vertheilung der Wärme und die Variationen des Erdmagnetismus«.[7]

Mit solchen Sätzen mag daran erinnert werden, daß zur Reise nicht eben nur die spannende Beschreibung gehört, sondern die genaue Beobachtung der Realien. Mit Christoph Kolumbus, der die Erkenntnisse des Kopernikus zur Voraussetzung seines kühnen Unternehmens macht, läßt sich der Beginn der Neuzeit markieren, selbst wenn das Mittelalter noch weit in das Barock hineinreicht, wie umgekehrt schon während des Mittelalters, nicht zuletzt durch die Araber, empirische Naturforschung und genaue Weltbeobachtung zu vermerken ist. Aber nun ist für die Vorstellung einiger Menschen die Erde schon rund geworden, d. h. beschiffbar und genau umgrenzt; ferne, bis dahin unbekannte Länder werden dem europäischen Zugriff ausgeliefert, ihre Völkerschaften dabei freilich oft genug nicht allein umgeprägt, sondern unterworfen, ja ausgerottet. Kolumbus ist nun allerdings kein Pizarro, kein Cortez, die dann später das Gold aus ›seinem‹ Kontinent herausschlagen. Kolumbus erscheint nicht als gewalttätig, eher als kontemplativ, aber er weiß, daß man Reichtümer von ihm erwartet, als man ihm endlich den ersehnten Auftrag zur Weltumseglung in westlicher Richtung erteilt, und so mußte er bereits, als er das geforderte Gold nicht fand und dann auf der vierten Fahrt, 1502, auch den Isthmus nur knapp verfehlte, der den Atlantischen vom Pazifischen Ozean trennt, sich bereitfinden, außer Früchten, Tieren und Gewürzen auch lebende Menschen zur Beglaubigung nach Spanien zu schicken. So bewahrheitet er dann doch die Bemerkung, die Lichtenberg später einmal machte, der Amerikaner, der den Kolumbus zuerst entdeckt, habe eine böse Entdeckung gemacht.

Getrieben von der Vorstellung, den Seeweg nach Indien finden zu können, die Reise, die Marco Polo einst gewagt hatte, in der Gegenrichtung zu unternehmen, läßt Kolumbus nicht nach, bis er die notwendige Bestallung erhält, und sticht am 3. August 1492 mit drei Schiffen und knapp hundert Begleitern in See, um allen Gefahren, Schrecken und Entbehrungen zu trotzen: über die Kanarischen Inseln hinaus segelt er weiter nach Westen. Bald drohen die Besatzungen zu meutern, die Naturgesetze sogar scheinen außer Kraft gesetzt zu sein, und hier, wo noch nie ein Schiff gefahren ist, zeigt die Magnetnadel eine unerklärliche Abweichung – da retten ihn in bestimmten Augenblicken Vögel oder schwimmende Pflanzen, die auf nahes Land hindeuten. Bald scheint auch eine solche Verheißung nicht mehr zu stimmen, die Matrosen fühlen sich betrogen und enttäuscht; Kolumbus notiert im »Bordbuch«: »In ihren Augen steht Haß, und ich wäre ein Narr, würde ich bezweifeln, daß die Messer schon locker sitzen. Ich bin ein Gefangener auf meinem eigenen Schiff, und der Tag der Hinrichtung scheint nicht mehr fern zu sein.«[8]

Als man dann meint, Land gesichtet zu haben, da wähnt er vor sich nicht die indische Küste, sondern erst das sagenhafte Cipango, d. i. Japan, von dem Marco Polo berichtet hatte. Doch das Land war eine Wolke. Am 12. Oktober schließlich läuft Kolumbus eine Insel an, von der er im Namen des spanischen Herrscherpaares rasch Besitz ergreift. Bald entdeckt er weitere Inseln, Cuba wie Haiti, und konstatiert: »Alles ist hier anders als in Andalusien: die Bäume, die Sträucher, die Pflanzen, die Fische, sogar die Steine.«

Es stört ihn sogar, daß er die vielen Sträucher, Kräuter und fremden Gewächse nicht kennt, nicht ihre mögliche Verwendung; aber die Eingeborenen zeigen ihm und seinen Begleitern Seltsames genug, so die Patate und den Tabak. Sie besuchen ihn und seine Gefährten, bringen ihm sogar Geschenke, etwas Gold, Früchte, Fische, Fladen und Krüge, doch bald drängt es ihn aus dieser Idylle fort und weiter zu den sagenumwobenen goldenen Inseln – die er niemals finden sollte. Und auch die Idylle sollte leider bald ein Ende nehmen; dabei empfindet Kolumbus unzweifelhaft Sympathie für die Indianer und hegt Mitleid mit ihnen, als bei der Rückkehr ein schwerer Sturm auch sie, die doch nach Spanien kommen sollten, ins Verderben zu bringen droht. Doch hat er noch eine größere Sorge, die recht aufschlußreich ist: »Es kommt nicht allein auf unser aller Leben an, es kommt auch – und das ist viel wichtiger – darauf an, daß dann mit mir die Ergebnisse meiner Entdeckungsfahrt untergehen würden. Niemand würde dann wissen, daß ich den Westweg nach Indien gefunden habe, niemand würde wissen, wie man nach Indien gelangt...«

Die Heimkehr wird jetzt zum Triumph, aber Kolumbus weiß schließlich doch, daß er noch nicht genau genug gefunden hat, was er suchte, und was er wirklich entdeckt hat, das ahnt er noch nicht. Da seine Entdeckung nun die unersättliche Staatskasse nicht füllt, muß er bald zusehen, wie dann in seinem Namen, in seinem Gefolge auch, das Unrecht, die Gewalt, die Unterdrückung und Ausplünderung anhebt und rasch um sich greift. Die Sklaverei beginnt, Abgaben und Arbeitszwänge werden zur Regel, denen die Indianer nicht gewachsen sind und welche eine friedliche, sanfte Bevölkerung allmählich zum Widerstand aufreizen. Der Widerstand ist blutig und nur vorübergehend erfolgreich. Bald weicht das erste Staunen über die fremden weißen Männer einem ständig wachsenden Haß, und die paradiesischen Inseln werden unter den Händen der Weißen, aber bald genug auch für die Weißen, zur Hölle. Das aber war gewiß nicht die Schuld des Kolumbus, dessen Bordbuch, Briefe und Berichte Humboldt wohl nicht versehentlich bewundert hat.

So beschreibt er seine Landung nach entbehrungsvoller Fahrt: »Auch von der Insel bekam ich nun mehr zu sehen. Mächtige Wälder, ein kristallklarer Bach, der dem Meer zuströmte, und riesige unbekannte Früchte, unter deren Last sich die Zweige der Bäume bogen, sprangen mir ins Auge. Nach Häusern, nach Tempeln, nach Zeichen des Reichtums hielt ich vergeblich Ausschau.

Ich kniete nieder, als ich festen Boden unter den Füßen hatte – noch vor einem Tage hatte ich glauben müssen, dies würde nie wieder geschehen –, und dankte Gott, indem ich die Erde küßte. Dann entfaltete ich das königliche Banner und rief die beiden Beamten der Krone zu Zeugen an, daß ich im Namen des Königs und der Königin von Spanien von der Insel Besitz ergriff.

Von den Eingeborenen erfuhren wir später, daß sie diese Guanahani nennen. Ich habe ihr jedoch dem Erlöser zu Ehren, der mich aus allen Gefahren errettet hat, den Namen San Salvador gegeben.«

Noch am selben Tage, es ist der 12. Oktober, vergegenwärtigt sich Kolumbus die Gefahren, die ihn bedroht hatten, und sieht, wie nun alles in das Gegenteil umgeschlagen ist: »Niemand hat mich ins Meer werfen wollen. Niemand hat mich bedroht. Niemand hat gemeutert. Ich wurde umarmt, geküßt, und alle taten so, als wäre ich bereits ein Mann, der alle Reichtümer und Ehren der Welt zu vergeben hat. Die Eingeborenen, glaube ich, sehen mich für einen Gott und die Schiffe für Ungeheuer an, die während der Nacht aus der Tiefe des Meeres aufgetaucht sind. Ich überwand ihre Scheu und Angst, indem ich Halsketten und rote Kappen an sie verteilen ließ. Bald wagten sie es, heranzukommen und uns vorsichtig zu berühren. Vor allem unsere Bärte versetzten sie in maßloses Erstaunen.

Ihr Anblick ist für uns ebenso überraschend, denn sie unterscheiden sich von allen Menschenrassen, die wir bisher gesehen haben.«

Allmählich verlieren die Indianer ihre Scheu so weit, daß sie sogar bis zur »Santa Maria« hinausschwimmen oder -rudern und dort Geschenke abliefern. Noch immer vermutet Kolumbus, in der Nähe des von Marco Polo erwähnten goldreichen Landes sich zu befinden, das er Cipango nennt. Gegen Wind, Regen und Strömung angehend, gelangt er dann nach Cubagua. Die Sonne scheint wieder, als er dort Anker werfen läßt und sie »vergoldet ein Bild, das ich kaum zu beschreiben vermag: hohe Berge, welche mich an die Siziliens erinnern, fruchtbare Täler, Wiesen voll bunter Blumen, grüne Wälder, Insekten, die herrliche Flügeldecken entfalten, Vögel, die in allen Farben schillern. Ein breiter Strom, zu beiden Seiten von schattigen, Früchte tragenden Bäumen gesäumt, lud uns geradezu ein, die Insel zu erkunden. Wir fuhren etwa eine halbe Meile landeinwärts, dann stieg ich ans Ufer und nahm von der Insel Besitz. Ihr gab ich den Namen Juana.

Ich bin nicht sicher, daß ich nun endlich Cipango erreicht habe. Cipango–Cubagua: Auch einem Marco Polo kann ein Irrtum unterlaufen sein«.

Als die »Santa Maria« dann auf Grund gelaufen und nicht mehr zu retten ist, helfen die Indianer, das Schiff zu entladen, Hab und Gut wird an Land aufgestapelt und von den Indianern bewacht. Kolumbus hat volles Vertrauen und weiß, daß von den wertvollen Dingen nichts verschwinden wird, keiner der Inselbewohner wird sich etwas davon aneignen. »Im Gegenteil, sie sind alle untröstlich über unser Unglück, und ihre Hilfsbereitschaft ist nicht zu überbieten. Obwohl sie keine Christen sind, darf man von ihnen sagen, daß sie ihren Nächsten wirklich wie sich selbst lieben.«

Es dauert nicht sehr lange, bis die Nächstenliebe der Christen diese Verhältnisse grundlegend verändern sollte.

In die von Kolumbus mit wenigen Strichen genau gezeichnete friedliche Welt und die von ihm bewunderten Verhältnisse brechen die Europäer bald in Scharen, erobernd, plündernd und vernichtend ein. Auch waren die Zustände keineswegs überall auf dem südlichen Halbkontinent so, wie Kolumbus sie auf den vorgelagerten Inseln gefunden hatte. Das ändert freilich an der Tatsache nichts, daß die Eroberung Südamerikas alles andere als ein Ruhmesblatt der Europäer ist, die, vom Durst nach Gold getrieben, mit einer nicht starken, aber schwerbewaffneten Truppe, unter unvorstellbaren Entbehrungen riesige Reiche gegen die sie zunächst als Götter verehrenden und schwach geschützten Einwohner erbarmungslos sich unterwarfen. Wohl herrschte auch hier List, Gewalt und Verrat, die der letzte Inkaherrscher benutzt hatte, um seinen Thron zu sichern, aber was geschah, als Francisco Pizarro mit seinen Brüdern, gestützt auf eine Legitimation des spanischen Königs, in Peru einfiel, das war die nackte Form des frühen Imperialismus. Europas Mut und seine Feuerwaffen, seine Habgier und sein Dünkel werden seltsam eingefärbt durch den Anspruch, die Heiden zum alleinseligmachenden Glauben zu bekehren, der somit als Sicherung der Fremdherrschaft eine seinem innersten Wesen zuwiderlaufende Funktion erhielt, deren Spuren noch Humboldt während seiner Expedition antreffen sollte.

Die Zeugenberichte dieser Eroberungen sollte man mit der späteren Anklage von Las Casas zusammen lesen. Man muß zugeben, daß die Hinterlist und Härte, die man den Indianern gegenüber praktizierte, von den Europäern auch untereinander angewendet wurden; Rivalität und Ehrgeiz, Verrat und Meuchelmord richten sich tatsächlich nicht allein gegen die Eingeborenen, das aber erleichtert noch nicht das Los der so leicht unterworfenen Völkerschaften. Die Zeugen berichten davon wie von Naturereignissen, nur wo sie den glücklichen Ausgang erkennen, wollen sie dann auch die Hand des Herrn erblicken.

Während sich die Weißen schon untereinander bekriegen, gelingt es ihnen doch, mit Hilfe von Nachschub aus der Heimat mit den Aufständischen fertig zu werden und ihre Herrschaft zu befestigen. Zehn Jahre nach den ersten Vorstößen ins Eldorado heißt es bereits: »Die Indianer waren mehr und mehr Sklaven der Spanier geworden. Sie besaßen kein Eigentum mehr und wurden ausgepeitscht, wenn sie den Arbeiten nicht nachkamen, welche für sie viel zu schwer waren. Manche verhungerten, andere wurden erschlagen. Ihre Frauen waren Freiwild für die weißen Männer.«[9]

Mit Weihwasser und Peitsche, mit Brevier und Büchse wird hier regiert – und zugleich eine Art von Kolonialisierung begonnen: es werden Straßen gebaut, der Handel wird gefördert, die wachsende Bevölkerung untergebracht, das Gewerbe unterstützt; man baut europäisches Getreide an, vor allem aber richtet sich das Interesse der Eroberer auf die Förderung von Gold und Silber.

Ein Bruder Pizarros, Gonzalo, stieß auf der Suche nach dem sagenhaften Zimtland bis zum Amazonas vor, wo sich seine Truppe teilte: die einen zogen durch den Urwald stromabwärts, die andern fuhren auf dem rasch ihr Boot davontreibenden Strom.

Krank, ausgemergelt, dezimiert, kehrt der Haufen Gonzalos endlich enttäuscht nach Quito zurück, während Francisco de Orellana den geheimnisvollen Strom, den er der dort auftauchenden kriegerischen weiblichen Indianer wegen Amazonas nennt, immer weiter nach Westen hinabtreibt.

Diese Fahrt hat Gaspard de Carvajal, ein hoher Geistlicher, beschrieben; hier nun tritt doch einmal neben die blutige Eroberungspolitik das Abenteuer der Entdeckung einer bedrohlichen und doch verlockenden Landschaft, fremd und gefährlich bei Tage wie bei Nacht, unter tropischen Regengüssen wie in der dampfenden Glut der Sonne, in der topasfarbene Orchideen aufleuchten, die von unbekannten Insekten vor jedem Zugriff geschützt werden. Die Landschaft erscheint hier als Mythos, ihr drohendes Element wird von den begleitenden Indianern höchst eindringlich vergegenwärtigt: furchtbare Waldgötter herrschen hier, so heißt es; Curupira in der Gestalt eines riesigen Affen mit der Pranke eines Jaguars hat hier sein unermeßliches Reich. Er haßt die Menschen: »Manchmal zeigte er sich einem Indianer als herrlich schöne Blume in der Krone eines Baumes. Stieg der Indianer hinauf, um die Blume zu pflücken, hauchte er den Getäuschten mit seinem Pestatem an, so daß dieser abstürzte und, wenn er sich nicht den Hals brach, im Dornengebüsch, von dem er nicht mehr loskonnte, elend starb. Dem Jäger zeigte sich Curupira als Hirsch, lockte den schon Verlorenen zu einem Waldsumpf, über dem eine trügerische Blumendecke lag. In die Tiefe gezogen, fand der Jäger ein furchtbares Ende.«[10]

Überall wo sie landen, nehmen die Weißen das Land sofort für die spanische Krone in Besitz; wo sie können, da taufen sie die Heiden auch; Grausamkeit üben sie hier wie auch sonst überall, nun aber vor allem doch als Reaktion auf die Enttäuschung an dieser unermeßlichen, sie gleichsam verhöhnenden Landschaft. Sie meinen, die Eingeborenen seien mit ihr im Bunde und wollten sie von Station zu Station tiefer ins Verderben locken. Sie plündern, foltern, vergewaltigen und brennen. Es ist die Brutalität der Verzweiflung, die sie antreibt; bald träumen sie nicht mehr von Gold und Gewürzen, sondern nur noch von der Heimkehr.

Tatsächlich gelangen die Männer wieder nach Hause; zweihundertsechzig Tage Flußfahrt haben sie schließlich an die Mündung gebracht. Elf Tote werden von ihnen beklagt, die toten Indianer, denen sie eigentlich das Gelingen der gefährlichen Stromfahrt verdanken, werden nicht gezählt.

Von Spanien aus versuchte Orellana später noch eine zweite Eroberungsfahrt, von der er nicht mehr zurückgekehrt ist.

Hier verbinden sich Eroberungs- und Feldzugsbericht mit der Reisebeschreibung, die ja zugleich auch Rechenschaft von Zielen und Erfolgen der unternommenen Expeditionen wird. Es sind bald vor allem drei Gefahren, die alle Europäer in gleicher Weise bedrohen und niemals gleichzeitig gebändigt werden können: die Undurchdringlichkeit der grenzenlosen Landschaft, die Macht des ungewohnten Klimas und der wachsende Widerstand der Indianer, die sich gegen die weißen Eindringlinge verzweifelt wehren, weil sie bald begriffen haben, daß sie nicht nur ihre Freiheit, sondern überhaupt ihre Existenz verteidigen müssen.

Als Jean de Léry das Tagebuch seiner Reise und, in gesonderten Kapiteln, das seines brasilianischen Aufenthaltes im Jahre 1557, zwanzig Jahre nach seiner Rückkehr erscheinen läßt, hat Alexander vi. die Weltkugel zwischen Spaniern und Portugiesen aufgeteilt. Der Amazonas ist von den Spaniern preisgegeben worden. Léry, der als Pfarrer der Reformierten Kirche nach Brasilien zu einer französischen Niederlassung kommt, überrascht durch seine vollkommene Unvoreingenommenheit; wenn die Entdeckkung und Eroberung von anderen durchgeführt worden ist, so bleibt ihm das nicht minder große, das reinere Verdienst der Erkundung, Beschreibung und Deutung der dortigen Lebensverhältnisse und eines Bildes der kannibalischen Indianer, mit denen er zu tun hat, das gleich weit von Verklärung und Verketzerung entfernt ist.

»Einige Kosmographen und Historiker«, so beginnt er seine Darstellung, »haben in unseren Zeitläuften schon über die Länge, Breite, Schönheit und Fruchtbarkeit des vierten Erdteils, den man Amerika oder das Land Brasilien nennt, geschrieben; das gleiche gilt für die benachbarten Inseln und die angrenzenden Länder. Alle diese Regionen waren unseren Vorfahren gänzlich unbekannt. Man hat auch die Schilderungen mehrerer Reisen veröffentlicht, die in den letzten achtzig Jahren seit der Entdeckung dieser Länder unternommen wurden. Ich werde mich deshalb nicht unnötig lange bei diesem Punkt und bei allgemeinen Erörterungen aufhalten. Absicht und Sinn des vorliegenden Tagebuches ist es nämlich, das zu beschreiben, was ich getan, gehört oder beobachtet habe, und zwar sowohl auf See – während der Hin- und Rückfahrt – als auch unter den Wilden Amerikas, unter denen ich etwa ein Jahr zugebracht habe.«[11]

Er berichtet so von Körperbau und Eigenart der Indianer, ihren Speisen und Festen, von den Pflanzen, Fischen und Vögeln des Landes, Bäumen und Sträuchern, um schließlich noch einmal in mehreren Abschnitten auf den Charakter der Wilden, Kriegführung, Waffen, Behandlung der Gefangenen, Religion, Heiraten und Familienverhältnisse, Erziehung, Gastfreundschaft und die Ordnung ihres Zusammenlebens einzugehen. »Da ich etwa ein Jahr in jenem Lande weilte, habe ich natürlich die Großen und die Kleinen mit viel Interesse beobachtet; ich habe sie noch ständig vor Augen, so daß ich glaube, ihr Bild wird für immer vor meinem geistigen Auge stehen. Da ihr Gebaren und ihre ganze Haltung völlig von der unsrigen abweichen, gebe ich zu, daß es gar nicht so einfach ist, sie zu beschreiben, selbst wenn man Abbildungen bringt.«

Dem folgt der erstaunliche Satz: »Um wirklich Freude an ihnen zu haben, muß man sie schon in ihrem Lande aufsuchen. Allerdings«, fügt er ironisch hinzu, »wird man sagen, daß der Weg zu ihnen doch recht weit ist. Das ist schon richtig. Wer nicht gut zu Fuß ist, wer schlecht sieht oder zu stolpern fürchtet, der mache sich nicht leichtsinnig auf den Weg.«

Er erwägt auch die Möglichkeiten des Ackerbaus und erkennt, daß das Land, in dem er sich gerade befindet, bei den Tuupinambaults nämlich, zehnmal so viel Menschen ernähren könnte, der Boden ist besser als in seiner Heimat. »Wären die Franzosen drüben geblieben – sie wären geblieben und jetzt würden dort mehr als zehntausend leben, hätte Villegagnon sich nicht gegen die reformierte Religion aufgelehnt –, so würden sie den gleichen Nutzen aus dem Lande ziehen, den jetzt die Portugiesen haben, die sich dort zweifellos sehr gut einrichteten.«

Völlig anders ist, so sieht er bald, die Fauna des Landes, so daß es »an Vierbeinern in Amerika, im Lande Brasilien, kein einziges Tier gibt, das in jeder Hinsicht einer entsprechenden Art bei uns entspricht«. Aber das ist nur eines der vielen Zeichen für die grundsätzliche Verschiedenheit, der Léry so vorurteilslos zu begegnen weiß. Auch die Art zu fischen wird beschrieben: »Die Seebarben und alle anderen Fischarten, die sie im Wasser erkennen können, schießen sie mit Pfeilen. Die Eingeborenen sind gute Schwimmer. Nicht nur die amerikanischen Männer und Frauen schwimmen nach Art der Pudel, um ihre Fischbeute aus dem Wasser zu holen. Auch die kleinen Kinder begeben sich, sobald sie laufen können, in die Flüsse oder an den Meeresstrand, wo sie sich zunächst wie Frösche und dann wie kleine Enten bewegen.«

Ausführlich spricht er von der Behandlung, der rituellen Tötung und anschließenden Verspeisung der Kriegsgefangenen; allem Grauenhaften zum Trotz empfindet Léry Bewunderung für den Mut und die Standfestigkeit der Indianer. Er bringt Beispiele, um zu zeigen, »wie jene barbarischen Nationen, die den natürlichen Tod so sehr fürchten, sich als Gefangene aus ihm gar nichts machen, denn sie halten es für ein Glück, öffentlich inmitten ihrer Feinde so zu sterben«.

Das Fleisch wird gebraten, freilich nicht am Spieß, und dann verteilt und verzehrt, nicht jedoch, wie Léry hinzufügt, aus Hunger. »Allerdings sind sie alle der Ansicht, Menschenfleisch sei sehr gut und wohlschmeckend. Sie verzehren es indes mehr aus Rache als wegen des Wohlgeschmacks (...) Ihre hauptsächliche Absicht bei der Verfolgung und beim Abnagen der Toten bis auf die Knochen besteht darin, den Lebenden Furcht und Schrecken einzujagen. Um ihre Rachegelüste zu befriedigen, vertilgen sie alles restlos, was am Körper der Gefangenen von der Spitze der großen Zehen bis zur Nase, zu den Ohren und der Schädeldecke zu finden ist. Lediglich das Gehirn, das sie niemals anrühren, bildet eine Ausnahme.«

Léry verzichtet darauf, die Beispiele des Entsetzlichen zu häufen, aber er will das Charakteristische auch nicht verschweigen; statt zu verdammen, sucht er das Abstoßende zu erklären, die Gründe dafür aufzuspüren und erinnert schließlich an das, was in Europa an Grausamkeiten geschieht. »Man verabscheue demnach die Grausamkeiten der wilden Anthropophagen – das heißt Menschenfresser – nicht allzusehr, denn unter uns gibt es weit mehr noch zu verachtende und schlimmere Elemente dieser Spezies. Wie oben gezeigt wurde, fallen diese nicht nur über die mit ihnen verfeindeten Völker her. Sie haben vielmehr gewütet im Blut ihrer Angehörigen, Nachbarn und Landsleute.

Daher braucht man nicht allzuweit oder sogar bis nach Amerika zu gehen, um solche abscheulichen Greueltaten zu sehen.«

Auf ähnliche Weise relativiert Léry auch den wiederholt erhobenen Vorwurf der Unzucht, den er vorsichtig auf die zurückzulenken droht, die ihn aussprechen. Seine Darstellung ist nicht allein gerecht, sondern sogar von Sympathie gekennzeichnet, so daß er sich zuweilen zurückzusehnen beginnt: »Jedesmal, wenn das Bild dieser Neuen Welt, die Gott mich schauen ließ, vor meinem geistigen Auge auftaucht und ich an die Klarheit der Luft, die verschiedenen Tiere, die vielen Vogelarten, die Schönheit der Bäume und Pflanzen, die Herrlichkeit der Früchte, kurz: an all die Schätze, mit denen das Land Brasilien ausgestattet ist, denke, kommt mir der Ausruf des Propheten im 104. Psalm ins Gedächtnis: ›Herr, wie sind Deine Werke so groß und viel! (...)‹«

Von den dortigen Menschen aber heißt es, daß sie bei aller Eigentümlichkeit als Naturmenschen die allen gemeinsamen Anlagen und Neigungen besitzen; allerdings leben sie praktisch ohne Religion.

Im Nachwort faßt Léry, der manche der vorurteilslosen Überlegungen Montaignes angeregt haben könnte, dann noch einmal zusammen, was ihm wichtig zu sein scheint: »Das Land Amerika, in dem alles, was man sieht, die Lebensweise der Bewohner, die Formen der Tiere und besonders das, was der Boden hervorbringt, so völlig verschieden von dem ist, was wir in Europa, Asien und Afrika haben, kann, von unserem Standpunkt aus gesehen, wirklich als die ›Neue Welt‹ bezeichnet werden. Nachdem ich dort gewesen bin, muß ich – ohne die Fabeln gutzuheißen, die man in den Büchern mancher Autoren liest, die entweder den Berichten, die man ihnen zugetragen hat, geglaubt haben oder ihrer Phantasie einfach freien Lauf ließen – die Meinung, die ich früher von Plinius und anderen, die fremde Länder schildern, hatte, widerrufen. Ich habe in der Tat so bizarre und wunderbare Dinge gesehen, daß alles, was sie schildern und man für unglaubwürdig halten möchte, dagegen verblaßt.«

Dies nun ist der Schritt über Marco Polo hinaus, und zwar der entscheidende: es geht Léry um Wahrheit und Authentizität, deshalb wendet er sich gegen die Tradition des Fabulierens und des Haftens am absonderlich-Wunderbaren, aber nicht um das Neue und Staunenerregende auf ein Maß platter Alltäglichkeit und das des schon immer Gewußten zu reduzieren, sondern aus der Einsicht, daß die fremde Wirklichkeit voll ist von Wundern und Phantastischem.

Inzwischen ist nun auch die Erde zum ersten Mal umrundet worden. Mit fünf Caravellen ist Magellan im Jahre 1519 ausgesegelt, bis dann 1522 die »Victoria«, die man längst aufgegeben hatte, mit 18 Mann Besatzung an Bord, die dazu noch halbverhungert sind, in den Hafen von Sevilla einläuft. Der Kapitän, Juan Sebastian del Cano, hat als erster die Welt umschifft, aber Magellan ist umgekommen, und die anderen vier Schiffe sind verloren. Daß die achtzehn Seeleute wieder nach Spanien gelangen, kann man auch als Zufall bezeichnen. Freilich ändert das an der Tatsache nichts. An Bord der »Victoria« befand sich auch ein Italiener aus Vicenza, Antonio Pigafetta, der ein Tagebuch geführt hat, so daß wir ein Dokument dieser ersten Weltumseglung besitzen, in dem die unglaublichen Entbehrungen, die Gefahren und oft nur zufälligen Errettungen festgehalten sind. Wenn es am 3. Oktober 1519 lakonisch heißt: »Dieses Regenwetter dauerte sechszig Tage und widerlegte die Meinung der Alten, daß die Gegenden zwischen den Wendekreisen unbewohnbar seien, weil es hier nie regne«, so ahnt man erst bei weiterer Überlegung, was diese Erfahrung bedeutet haben muß.

Dann findet sich, im selben Monat noch, die Verzeichnung sonderbarer Beobachtungen, so die von unbekannten Vögeln: »Manche schienen kein Hinterteil zu besitzen, andere keine Füße. Das Weibchen der zuletzt genannten Gattung legt und brütet seine Eier auf dem Rücken des Männchens mitten im Meer. Eine weitere Art, Cagasella genannt, lebt von den Exkrementen anderer Vögel, und ich habe mit eigenen Augen gesehen, wie einer dieser Vögel einen anderen unablässig verfolgte, bis jener endlich seine Exkremente fallen ließ. Der Verfolger bemächtigte sich ihrer mit einer wahren Gier. Ferner sah ich fliegende und andere Fische, die manchmal in so großer Zahl beisammen waren, daß sie eine Bank im Meere zu bilden schienen.«[12]

Zu den natürlichen Gefahren tritt auch immer wieder eine andere, mit der schon Kolumbus zu kämpfen gehabt hatte: Unruhe, Mißtrauen und Haß der Seeleute oder gar der anderen Kapitäne. Immer neue Erfolge müssen das Vertrauen stets neu befestigen.

Im Oktober 1520 heißt es: »Auf unserer Weiterfahrt in südlicher Richtung sichteten wir am 21 Oktober unter 52° südlicher Breite ein Vorgebirge, das wir Cabo de las 11000 Virgines nannten, weil dieser Tag ihnen gewidmet war. Die ganze Schiffsmannschaft war so sicher, daß die hinter diesem Vorgebirge liegende Bucht keinen Ausweg nach Westen besitze, daß es niemandem außer dem Generalkapitän eingefallen wäre, einen solchen zu suchen. Magaglianes wußte jedoch, daß der Weg durch eine sehr verborgene Meerenge führte, denn er hatte diese auf einer Karte gesehen, die von Martin Behaim, einem vortrefflichen Kosmographen, gezeichnet worden und vom König von Portugal aufbewahrt wurde.«

Als nun die vorausgeschickten Schiffe die Durchfahrt gefunden haben, erheben sich Bedenken, ob man auch wagen könne, hindurchzusteuern. Magellan hat Mühe, die anderen zu überzeugen: »Er berief in der Nähe des Vorgebirges der Jungfrauen seine Kapitäne, Piloten und Kosmographen zu sich, um sich mit ihnen zu beraten. In dieser Versammlung wurde festgestellt, daß die Lebensmittel höchstens noch für drei Monate reichten. Dennoch waren die meisten, da sie den Generalkapitän so vertrauensvoll sahen, guten Mutes und zur Fortsetzung der Fahrt bereit. Einer der Piloten jedoch, ein Portugiese von dem Schiff ›San Antonio‹, der auf den Namen Esteban Gomez hörte, war der Meinung, daß die Lebensmittel nicht ausreichen würden, weil die Flotte nach dieser Straße vermutlich noch durch viele andere große Golfe segeln müsse, um zu dem ersehnten Ziel zu gelangen. Daher schlug er vor, nach Spanien zurückzukehren und mit einer besser ausgerüsteten Flotte und einer neuen Mannschaft die Fahrt zu unternehmen. Gomez' Ansehen war groß, und seine Ansicht hatte bei den anderen viel Gewicht. Magaglianes aber erwiderte ihm, daß er durch die Straße fahren werde, um sein dem König gegebenes Wort einzulösen, selbst dann, wenn er wüßte, daß er das Leder am Segelwerk der Schiffe verzehren müsse.«

Magellan setzt sich dann wohl durch, aber das Befürchtete tritt ein: nachdem die Meerenge durchfahren und wieder verlassen wurde, bleiben die Schiffe drei Monate und zwanzig Tage auf See, ohne frische Nahrung aufnehmen zu können. Tatsächlich beginnt man Leder von der großen Rahe aufzuweichen und verzehrbar zu machen, Mäuse fangen an, ein begehrtes Genußmittel zu werden, ja man befürchtet schon Kannibalismus. Grausam wütet eine unbekannte Krankheit, es ist der Skorbut.

Schließlich gelangt Magellan zu den Ladroneninseln und von dort weiter zu Inseln, die dem philippinischen Archipel zugehören, wo der mutige Mann bei einem kriegerischen Unternehmen den Tod findet. Betrübt notiert Pigafetta das Ereignis und bemerkt: »Aber ich hoffe, dasz ihn sein Ruhm überleben wird. Er besaß alle Tugenden. Mitten in der größten Gefahr bewies er seine unerschütterliche Standhaftigkeit. Auf dem Meer unterwarf er sich selbst größeren Beschränkungen als die Mannschaft. Er besaß eine genauere Kenntnis der Seekarten und der Schiffahrtskunst als jeder andere Mensch auf Erden. Das geht schon daraus hervor, daß außer ihm niemand den Wagemut besaß, die Erde zu umsegeln, was ihm beinahe geglückt ist.«

In der Tat: der entscheidende Schritt, der neue Weg zu den Gewürzinseln, der dann zugleich die Erdumrundung zur Folge haben mußte, war dem portugiesischen Seefahrer beinahe gelungen. Nun denken auch die Mannschaften wieder anders von ihm und schmähen ihn nicht länger als verdächtigen Portugiesen, den unlautere Motive in spanische Dienste geführt hätten. In der Folge erkennen die Könige der Molukken sogar die Oberherrschaft des spanischen Königs an; jetzt lockt ein gewinnträchtiger Handel mit den begehrten Gewürzen. Die Eingeborenen ahnen nicht, was ihnen blüht; Pigafetta notiert, daß die Insel Timor wie keine andere von der Krankheit des heiligen Hiob, es ist die Syphilis, heimgesucht sei. Man nenne sie For Franchi, und das bedeutet: portugiesische Krankheit.

Auch Nachrichten von China weiß Pigafetta mitzuteilen; sie sind so rein märchenhaft wie die des Marco Polo von Japan. Die Rückreise mit Stürmen, Hunger und Durst fordert wieder zahllose Opfer; die Toten werden über Bord geworfen, und man beobachtet dabei, daß die Christen das Gesicht gegen den Himmel kehren, die Leichen der heidnischen Inder aber mit dem Gesicht gegen das Wasser sich wenden. Am 6. September 1522 meldet del Cano dem spanischen König schriftlich die Rückkehr der »Victoria« nach San Lucar. Schon der Verkauf der von diesem Schiff heimgebrachten Gewürznelken macht diese erste Erdumseglung zum Gewinn; del Cano erhält ein prächtiges Wappen verliehen, das als Helm eine Weltkugel mit der Inschrift führt »Primus Circumdesti Me«; die neuentdeckten Inseln werden in die Seekarten aufgenommen. Vier Jahre später, auf einer zweiten Fahrt zu den Molukken, die er nicht wiederfinden kann, kommt del Cano ums Leben.

Karl v. aber verkauft die Molukken wenig später an die Portugiesen. Erst viele Jahre später gelingt Francis Drake die zweite Weltumseglung.

1614 erscheint in Lissabon, einunddreißig Jahre nach dem Tode des Verfassers, die »Peregrinaçam« des Fernao Men-

dez Pinto, die sehr bald in viele europäische Sprachen übersetzt wird. 21 Jahre lang hat Pinto sich in Asien, vor allem
in Ostasien aufgehalten, mehr als Abenteurer und Pirat
denn als Kaufmann, so daß deutlicher als das Wunderbare
der fremden Länder das Ungewöhnliche der Folge seiner
eigenen Abenteuer hervortritt: Erfolg und reiche Beute
heute, morgen wieder Schiffbruch und Elend, dann Gefangenschaft, Todesgefahr und wiederum Rettung, Auftrag,
Handel und abermals neuer Raub. So regiert die Struktur
des Picaro-Romans mit seinen locker aufgereihten Episoden
und ständigem raschen Glückswechsel den Bericht seiner so
fesselnden wie blutigen Erlebnisse, in dem Mord und Gefahren immer wieder umsonst gewesen sind. Nicht die Welt
ist das wichtige, sondern die Kette der Abenteuer, Welt
selbst erscheint als Abenteuer, Raub und Verfolgung, so
daß die wenigen Beschreibungen fremder Küsten, Städte,
Höfe, Sitten und Religionen entweder übertrieben exoti-
sierend oder karg und farblos sind. Zurück bleibt dann
schließlich nur der »Jammer des menschlichen Lebens«.

Als Kaufmann findet auch Francesco Carletti Ende des
16. Jahrhunderts den Weg um die Welt: er begibt sich
nach den Kapverdischen Inseln, um dort Sklaven zu erwerben, die er in Amerika wiederzuverkaufen die Absicht
hatte; das muß damals ein recht einträgliches Geschäft
gewesen sein. Über Panama, Peru und Mexiko gelangt er
weiter zu den Philippinen, sogar nach Japan, weiter nach
Macao und Goa, bis holländische Schiffe ihn auf der Heim-
fahrt kapern und nach Holland bringen, wo er mit großer
Mühe einen Teil seiner Habe erstattet bekommt. 1606 ist
Carletti wieder in Florenz und verfaßt einen ausführlichen
Reisebericht für Ferdinand von Medici. Gleich im ersten
Abschnitt muß er den Verlust all seiner Schriften und Notizen beklagen, so daß er nur berichten kann, was ihm im
Gedächtnis geblieben ist. »Das aber werde ich jetzt nach
bestem Wissen nochmals überdenken und mir dabei nur
jene Dinge in Erinnerung rufen, die ich auf meinen Reisen

getan und gesehen habe, ebenso wie alles, was mir widerfahren ist, bis ich in die Stadt Florenz zurückkehrte, wo ich
mich heute, am 12. Juli 1606, bei Eurer Durchlauchtigsten
Hoheit befinde.«[13]

Das ist die autobiographische Situation des Reiseberichtes;
sie wird selten so deutlich wie hier, denn natürlich liegen
den meisten dieser Darstellungen die Reise- und Bordno-
tizen zugrunde. Hier ist alles der Kraft des Erinnerns zu
verdanken, die Reise als der bedeutungsvolle Ausschnitt
eines Lebens wird voll vergegenwärtigt. Carlettis Vorurteilslosigkeit ist von anderer Art als die des Léry und hängt
mit der ›Materie‹ seines Geschäftes wohl eng zusammen: so
berichtet er von den Kapverdischen Inseln, daß die Portugiesen nicht nur von Affen sich die Kerzen halten lassen,
sondern auch von nackten Sklaven, die »mit der Kerze in
der Hand am Kopf- und Fuszende des Tisches« stehen,
während die Herrschaften plaudern und speisen. Lakonisch
bemerkt Carletti: »So dienen sie als Leuchter und erfüllen
ihre Aufgabe wohl mindestens ebenso gut wie silberne Ker-
zenhalter.«

Im übrigen beteiligen sich am Sklavenhandel auch freie
oder freigelassene Schwarze, nicht weniger aber hohe
Geistliche. Doch empfindet Carletti immerhin im nachhinein Skrupel, daß er, wie es üblich war, die gekauften Sklaven wie Vieh mit einer silbernen Marke gestempelt hat.
Ja, der Handel mit – auch getauften – Negern scheint ihn
ein wenig zu reuen, sofern dies keine Floskel für seinen
hohen Herrn und spätere Leser ist. Er gibt auch zu, daß die
erkrankten Sklaven nicht etwa aus Menschlichkeit gepflegt
werden, sondern weil es schade ist um das Geld, das sie
gekostet, mehr noch um das, was sie einbringen sollen. In
Lima stellt er fest, daß die Lebensmittel sehr teuer sind,
insbesondere der frische Fisch. Das liegt jedoch daran, daß
die Spanier den Fischfang nicht ausüben wollen, vermutlich
haben sie lohnendere Beschäftigungen, die Eingeborenen,
die Indianer, aber dies nicht können, weil sie zu wenige

sind »und weil ihrer infolge der schlechten Behandlung, die ihnen zuteil wird, von Tag zu Tag weniger werden«.

Dagegen bemerkt Carletti erfreut den Überfluß an Wein und Öl, deren Anbau den Spaniern zu verdanken ist. Noch anderes ist ihnen zu verdanken; Carletti erkennt schon, daß die Zeiten, in denen die Indianer »in Einfalt und Reichtum lebten«, längst vorüber sind. »Die ersten Spanier, die dorthin kamen, haben ihnen gegen Kleinigkeiten, durch allerlei wertlosen Tand wie Klappern, Spiegel, Eisenwaren, Messer, Rosenkränze aus Glasperlen und ähnlichen Kram, ihr Silber und Gold eingetauscht. Dann bemächtigten sie sich mit Hilfe ihrer Waffen der Bergwerke, des Landes und seiner Bewohner. Bis zur heutigen Zeit ziehen sie ihren Nutzen ohne jeden Widerspruch aus dem Lande. Jeden Tag eignen sie sich neue Gebiete an und entdecken immer größere Schätze, die sich jetzt alle in den Händen der Spanier häufen.

Den Indianern aber ist nichts von dem Silber und dem Gold verblieben, dessen sie überdies auch kaum bedürfen, da sie mit sehr wenigem zufrieden sind.«

Nicht daß dies so ist, muß den Leser überraschen, wohl aber, daß Carletti dies damals schon bemerkt, es sei denn, daß die Erinnerung und der Abstand erst ihn nachdenklich gemacht haben. Auch in Mexiko stellt er fest, daß Grausamkeit und schlechte Behandlung dazu führen, die Zahl der Eingeborenen drastisch sinken zu lassen, so daß sie bald vielleicht völlig verschwunden sein werden.

Von den Philippinen begibt sich Carletti, abenteuerlich genug, um Schwierigkeiten mit den Spaniern wie mit den Portugiesen zu vermeiden, eines nachts an Bord eines japanischen Schiffes, um die von Europäern noch fast unbesuchten japanischen Inseln zu erreichen. 1597 landet er in Nagasaki: »Die Inseln sind landschaftlich sehr reizvoll. Das Land bringt recht gute Reisernten hervor. Ebenso gedeihen alle Getreide-, Gemüse- und Obstsorten, und zwar sowohl die einheimischen als auch die bei uns bekannten.

Besonders hervorheben möchte ich die Zitrusfrüchte, wie zum Beispiel Orangen, einschließlich derer, die man mitsamt der Schale essen kann.«

Für die Portugiesen, die er offenbar den Spaniern vorzieht, ist das Land, seiner Schilderung zufolge, ein Paradies, aber auch Carletti selbst, nachdem er von Sitten, Produkten, Verwaltung, politischen Begebenheiten gehandelt hat, versichert dem Herzog, »daß es eines der schönsten, herrlichsten und angenehmsten Länder der ganzen Welt ist, in dem man einen Ort nach dem anderen aufsuchen muß. Das sollte man aber auf unseren Schiffen und mit unseren Seeleuten tun. Dann könnte man in kurzer Zeit unglaubliche Schätze erwerben. Das wäre deshalb möglich, weil es an allen Fertigwaren fehlt und weil die Leute dort Ueberfluß an Lebensmitteln haben (...)«

Aber solche Sätze sind immer das Resultat genauer Beobachtung; Carletti schwärmt nicht, er informiert, weil er sich an Ort und Stelle umgesehen hat und selbst sich hat informieren lassen, auch über Sprache und Schrift der Länder Ostasiens. Von China berichtet er mit trockener Bewunderung: »Die Druckkunst und die Herstellung von Geschützen und Schießpulver sind in China ganz alte Erfindungen, die Jahrtausende zurückliegen, und man kann wohl ohne weiteres annehmen, daß alle diese Dinge von dort kommen. (Aus dem Pulver lassen sie in der Luft kunstvolle und erstaunliche Dinge erscheinen, wie zum Beispiel mit Feuer verzierte Bäume und Obst aller Art, Ballspiele und -kämpfe und ähnliches. Es ist kaum zu sagen, welche Mengen an Feuerwerkskörpern dort verbraucht werden.) Ich schließe mich der Ansicht an, daß nicht nur diese Dinge, sondern auch jede andere Erfindung guter oder schlechter, schöner oder häßlicher Art aus diesem Lande gekommen sein muß. Jedenfalls kann man wohl behaupten, daß die Chinesen von sich aus große Kenntnisse besitzen. Sie haben sie weder von den Griechen noch von anderen Nationen gelernt, von denen wir sie übernommen haben, sondern von schöpferischen Menschen im eigenen Lande, das so unendlich groß und alt ist. Sie sagen, daß es um viele Tausende von Jahren älter sei, als die von Moses beschriebene Erschaffung der Welt. Ihre Annahme ist wahrscheinlich phantastisch, also falsch, aber sie glauben fest daran.

Sie haben Ueberfluß an allen Dingen, auch an mechanischen wie an verstandesmäßigen Künsten. Sie üben Moralphilosophie, Mathematik, Astrologie, Medizin und andere Wissenschaften aus. Dabei glauben sie fest daran, daß sie auf allen Gebieten den anderen Menschen der Welt überlegen sind. Sie meinen, daß es außerhalb ihrer Nation kein Wissen gibt und sie halten alle anderen Menschen für Barbaren.

Den größten Teil ihres Lebens verwenden sie auf Studien, die ihnen die Grundlagen für alles Wissen liefern. Durch die Studien erlangen sie hohe Titel, sei es, daß sie die Justiz ausüben oder die Verwaltung der öffentlichen Geschäfte in Händen haben.

Damit das alles ordnungsgemäß erledigt wird, ist es in Büchern festgelegt, und zwar nicht in so losen Aufzeichnungen, wie ich sie hier gemacht habe, denn ich erzähle ja etwas kunterbunt, so, wie es mir gerade ins Gedächtnis kommt.«

Ein solches, sehr ausführliches Zitat zeigt, was, wie bei Léry, über die naive Art der Wiedergabe bei Marco Polo weit hinausgeht: nicht ein mehr an Information oder eine größere Genauigkeit, sondern eine andere Qualität, der eine andere Aufnahmeweise, ein anderes Bewußtsein, Reflexionsvermögen zugrunde liegt, wie auch ein anderes Interesse. Das zeigt nicht nur die zuweilen einsetzende Reflexion auf seine Darstellung oder auf die Macht der Fortuna in seinem Leben, sondern vor allem die auf den Weltzustand der Epoche: »Gemeinsam haben Spanier und Portugiesen einen Kreis um die Welt gelegt, was man den beiden Nationen gar nicht hoch genug anrechnen kann. Es ist doch eine großartige Sache, daß jetzt jedermann mit Hilfe der Sprache dieser beiden Nationen und mit Hilfe ihrer Schiffe das wunderbare Erlebnis haben kann, sowohl über Ostindien als auch über Westindien in weniger als vier Jahren um das ganze Universum zu fahren.«

Auch für Carletti ist die Erde rund und also zur Einheit geworden. –

In eben jenen Jahren, als Carletti die Welt umrundet, einige Jahrzehnte nach Leonhard Rauwolfs abenteuerlicher Orientreise, ist auch ein Wundarzt aus Schwaben in vier Kontinenten unterwegs: Andreas Josua Ultzheimer, der die »Wahrhaffte Beschreibung ettlicher Reisen in Europa, Africa, Asien und America« vorlegt. Wie es Reisende gibt, die erst im Unterwegs-Sein sozusagen ihr zu-Hause finden, gibt es auch Reisende, die, obschon sie unterwegs sind, ihre Heimat eigentlich nicht verlassen haben: sie kommen unverändert dorthin zurück, von wo sie ausgegangen waren, älter vielleicht, aber nicht verwandelt oder gar ihrer heimatlichen Welt entfremdet. Sie haben Erlebnisse und Gefahren hinter sich, haben Unbekanntes gesehen, aber es ist nicht viel anders, als hätten sie es nicht gesehen oder es nur in großen Büchern angeschaut. Sie haben sich nicht entäußert an das Fremde, sie blieben stets, was sie waren – und waren doch immer nur dort, von wo sie hergekommen. Sie waren, ohne eigentlich hierzubleiben, niemals richtig fort gewesen; sie haben Welt nur betrachtet, aber nicht erfahren.

Das ist nun fast eine psychologische Konstante, eben die Unfähigkeit, Erfahrungen zu machen, indem man sich ihnen bewußt aussetzt, zum anderen erscheint es als ein Charakteristikum einer frühen Stufe der Welterfahrung, die diesen Namen eben deshalb gar nicht verdient.

Deutlich wird dies, wenn man die Reisebeschreibung Ultzheimers zur Hand nimmt. Was er berichtet, ist freilich interessant genug, nicht zuletzt auch durch das, was darin gerade nicht steht; eines aber erkennt man, wenn man einige frühere oder gleichzeitige, deutlicher noch, wenn man spätere Reisebeschreibungen zum Vergleich heranzieht: bei Ultzheimer ist alles Erlebte auf crude Fakten beschränkt, denen kurze und oft legendarische Beschreibungen der Gegenden angehängt werden, die er durchquert, Barbareien ohne Zusammenhang und rein äußerliches Geschehen. Die Darstellung ist dann so verbindungs- wie weltlos, alles wird als Vereinzeltes aufgenommen, keine Reflexion führt zu Prüfungen und Kombinationen. Zwar verbreitet sich der Verfasser auch über Sitten, Speisen, Geräte, Tiere u. a. m., aber er vermittelt nur Dinge und Vorfälle, kein Individuum, in dem aufgenommene Welt sich bricht.

Mitzuteilen gibt es allerdings genug, es fehlt nicht an Abenteuern, nicht an Grausamkeiten, so in der Kriegführung gegen die Türken, die freilich nur Heiden sind, oder bei der Freibeuterei der europäischen Handelsnationen und ihrer unerbittlichen Rivalität auf den Weltmeeren wie vor den Küsten fremder Kontinente. Auch über die Methoden, die Eingeborenen zu betrügen, kann man viel erfahren. Von den Chinesen berichtet Ultzheimer schließlich folgendes: »Die Chinesen, (...) sind ein spitzfindiges Volk und betrügerisch beim Handeln. Sie sind weiß wie wir, binden aber ihr Haar auf dem Kopf zu Zöpfen zusammen wie die Frauen. Sie tragen lange Röcke, und man kann sie beinahe mit den Juden vergleichen. Sie kommen nach Bantam mit großen Schiffen und sind mit besserem Pulver und Geschütz versehen als wir. Sie bringen allerlei köstliche Waren wie Edelsteine, Samt, Seide und köstliches Tongeschirr, Porzellan genannt. Das machen sie folgendermaßen: Das Material bereiten sie aus Meerschneckenmuscheln, und dann machen sie große Gruben, dort legen sie die Masse hinein und lassen sie hundert Jahre darin liegen, ehe sie sie verarbeiten können. Wenn nun das Material fertig ist, dann machen sie allerlei schöne Gefäße daraus.«[14]

Von den Japanern, die er ebenfalls in Bantam beobachtet, weiß er zu berichten, daß sie etwas schwärzer seien als die Chinesen, daß sie lange Kleider tragen, barfuß gehen, groß und stark, gut bewaffnet und tapfer sind. Ebenso farb- wie teilnahmslos schildert er die Sklavenmärkte und das Los der Menschenware in Brasilien. Es scheint, die Welt ist zu neu für ihn, als daß er die Eindrücke bewältigen könnte. Das Märchenhafte als Cliché hilft ihm, sie aufzunehmen. Sie ist auch zu bunt und seltsam, als daß ihm der Gedanke kommen könnte, es wäre möglich, sie sich auch anders vorzustellen als sie nun einmal ist. Schließlich sieht er auch mehr und anderes als die Welt ihm wirklich bietet: Der König von Benin, das an Guinea grenzt, führt, so heißt es, dauernd Krieg. Seine Gegner sind die sagenhaften weißen Mohren, und das, erläutert Ultzheimer, »das ist ein Volk, das bei Tag nichts sieht, und nur bei Nacht, wenn die Sonne untergeht, sehen sie. Und obwohl dies unglaubwürdig scheint, ist es doch wirklich so beschaffen. Denn wir haben es oft an zwei jungen Knaben ausprobiert. Wenn wir ihnen Geld vorgeworfen haben, konnten sie es bei Tag nicht finden, sie erwischten es dann nur so ungefähr. Diese weißen Mohren können den Kopf nicht stillhalten, wenn es Tag ist, sondern sie zwinkern immerzu mit den Augen. Sobald aber die Sonne untergeht, halten sie den Kopf still und sehen. Sie sind schneeweiß und haben schneeweiße Haare, aber ganz krause wie die Neger. Die Beniner gebrauchen diese weißen Knaben auch zu ihrer Zauberei«.

Falsches, Törichtes, Märchenhaftes, Grausames, Richtiges, Amüsantes und Unterhaltendes hat in diesem Bericht eines deutschen Wundarztes in gleicher Weise seinen Platz. Er nimmt nur auf, er registriert nicht einmal, jeder Stoff ist ihm gleich wichtig, weil alles gleich fremd ist, so daß schließlich alles ungegliedert bleibt. So lehrt uns dieses Buch lustigerweise sehr viel über die Qualitäten eines Kolumbus, eines Léry, eines Carletti, für welche die Welt nicht nur aus Curiosa besteht.

Welt aufzunehmen, setzt offenbar mehr voraus, als Welt nur zu sehen oder auch zu erleiden. Das läßt sich auch an anderen Reisebeschreibungen der Epoche verdeutlichen, wie dies natürlicherweise auch an den Autobiographien der Zeit erkennbar, ja vielleicht sogar noch deutlicher wird. Über die bloße Aufnahme des Gegenständlichen, das mechanische Messen und Vergleichen, den törichten Drang, etwas zu sehen, weil es zum guten Ton gehört, dergleichen gesehen zu haben, hat sich in jenen Jahrzehnten Montaigne in seinen ›Essais‹ belustigt. Sein Begriff von Erfahrung ist allerdings ein anderer – er hat ihm einen seiner nachdenklichsten und in besonderer Weise fesselnden Essays gewidmet. Doch gerade der Vergleich mit Zeitgenossen lehrt, daß Montaigne dem allgemeinen Stand des Bewußtseins nicht entsprach, sondern ihm weit voraus war, wie ›konservativ‹ man seine Skepsis auch zuweilen einschätzen mag.

Noch andere Momente mögen wichtig sein und Ultzheimer sozusagen ein wenig entschuldigen: Weltkenntnis, Wissenschaft, gesellschaftliche Erfahrung und aus ihr gewonnenes individuelles Bewußtsein sind in den romanischen Ländern, vor allem in Italien und Frankreich, damals weit stärker ausgebildet als in Deutschland. – Noch geht Petrarca nicht wirklich in die Landschaft hinaus; den von ihm gemachten Ansatz nimmt er sofort wieder zurück. Jene Entzweiung, die das Kennzeichen der Moderne ist und ein sentimentalisches Naturverhältnis erst möglich macht, wie es bei Rousseau, beim jungen Goethe und bei Heinse zur Entdeckung der Landschaft als einem dem menschlichen Gemütszustand entsprechenden Naturphänomen führen sollte, hat bei Petrarca noch nicht stattgefunden.

Man muß deswegen also nicht unbedingt gleich auf Petrarca zurückgreifen, dessen berühmte Ersteigung des Mont Ventoux immer wieder als Entdeckung der Natur, als solche dann auch, scheinbar konsequent, als eine Art von Auftakt zur Renaissance verstanden wird. Zwar hat Petrarca jahrelang dieses Projekt verfolgt und den Aufstieg dann auch gegen den Rat der Einheimischen gewagt, aber der entscheidende Anstoß ist, wie für Petrarca charakteristisch, dann doch ein literarisch-humanistischer, der von Livius herkommt: er will eine Bemerkung des antiken Autors überprüfen. Dennoch ist es nicht dieses Interesse allein; sonst wäre auch die Betäubung im Genuß des freien Überblicks vom Gipfel nicht zu erklären, den er sehr genau zu beschreiben weiß. Doch man vergißt immer wieder, daß Petrarca eigentlich wohl dieses Unternehmen, jedenfalls literarisch und wahrscheinlich aus einer verständlichen Unsicherheit heraus, rasch wieder zurückgenommen hat, indem er durch den Hinweis auf die wahrscheinlich fiktive, aber durch Erinnerung vermittelte Augustin-Lektüre die Eitelkeit und wesentliche Sinnlosigkeit solcher Unternehmungen deutlich bekundete, nach der – es handelt sich um das zehnte Buch der »Confessiones« – die Aufmerksamkeit auf Meer und Gebirge, Ströme und Gestirne wenig oder nichts bedeutet, wenn die Menschen nicht bereit sind, auf sich selbst zu achten. Ausdrücklich erklärt er so, vom Berg genug zu haben und nunmehr auf sich selbst zu schauen, was insofern auch stimmt, als Petrarca ein intensives Selbstinteresse, unlösbar verknüpft mit seiner Rolle als Autor, als poeta laureatus, zur Schau zu tragen sich gewöhnt hat.

Auch die sog. »Vertraulichen Briefe«, die allerdings wirkliche, sicher nicht nur an den realen Adressaten gerichtete poetische Zeugnisse sind, enthalten ausführliche Wiedergaben von Reiseeindrücken, so der an den Kardinal Colonna gerichtete Brief aus Lyon, in dem er, recht erstaunt, von seinem Aufenthalt in Köln berichtet, das für ihn als eine römische Gründung wichtig ist und wo er, von national geprägten kulturellen Vorurteilen erstaunlich frei, Gesittung, Stadt, Haltung der Männer und Erscheinung der Frauen rückhaltlos rühmt. Der vom Streit zerrissenen Heimat gegenüber ist das so romanisierte Gallien für ihn sogar eine Art von friedlicher Idylle, Köln eine Stadt der Ruhe und der Freude, ja des Friedens.

Sehr genau vergegenwärtigend, liefert Petrarca doch nur – obschon höchst anschauliche – Momentaufnahmen der ihm fremden, aber auf Grund des europäischen Traditionszusammenhanges durchaus verständlichen Welt.

Petrarca berichtet von seinen Reisen eigentlich aber nicht anders, als er von seiner Lektüre erzählt. Wie sehr auch die Aufnahmefähigkeit bei ihm schon ausgebildet ist, zu der ein gewisses Maß von Vorurteilslosigkeit gehört, wohl auch von Selbstbewußtsein, so bleiben ihm die Gegenstände immer noch wesentlich fremd. Er hat einen hohen Grad von Objektivität erreicht, der aber, wie die Besteigung des Mont Ventoux erweist, eher einer Tradition als einer kühnen Neuerung zu verdanken ist. Von Petrarca darf hier wohl einmal die Rede sein, aber im genannten Zusammenhange ist er, überraschenderweise, nicht eigentlich wichtig.

Man kann diesen Unterschied, mangelnde Welterfahrung und Fähigkeit für sie, auch an Reiseberichten und -journalen verfolgen, die von minder exotischen Ländern, anderen, alltäglich zu nennenden Gefahren und einem gewissermaßen vertrauten oder doch zugänglichen Lebenskreis handeln. Das Tagebuch Dürers von der niederländischen Reise 1520/21 ist seine umfangreichste biographische Notizenfolge, aber es ist weder eine wirkliche Selbstdarstellung noch ist es ein Zeugnis erfahrener Welt, wobei allerdings hinzugefügt werden muß, daß manches nicht notiert wird, sondern in das Skizzenbuch eingeht: Architektur, Landschaften und Porträts. »Am Pfingsttag nach Chiliani (12. Juli) hab ich, Albrecht Dürer, auf meine Kosten und Ausgaben mich mit einem Weib von Nürnberg hinweg in das Niederland gemacht. Und da wir desselben Tags auszogen durch Erlang(en), da behauseten wir zu nachts zu Baiersdorf und verzehrten daselbst 3 Pfund minder 6 Pfennig. Darnach sind wir den nächsten, am Freitag, gen Forchheim kommen und gab da um Geleit 22 Pfennig.«[15] Dem Bischof von Bamberg verehrt er ein Marienbild und mehrere Kupferstiche und andere Arbeiten, wofür ihn dieser einlädt, ihm die Herberge bezahlt und ihn mit Zoll- und Förderbriefen versieht. Immer wieder vermerkt Dü rer, daß man ihn aufgrund der Zollbriefe frei passieren ließ, in Volkach, Kitzingen, Marktbreit, Ochsenfurt, Würzburg, Kesselstadt, Frankfurt und Höchst; er notiert, wo er eingeladen wird und wer ihn zum Beispiel mit Wein versorgt. Weiter fährt er mit dem Schiff von Mainz nach Köln. »Also fuhr ich an St. Jakobs Tag (25. Juli) früh von Andernach gen Linz. Von dannen fuhren wir gen Bonn an die Zollstation, da ließ man mich aber frei fahren. Darnach kamen wir gen Köln. Und im Schiff verzehrte ich 9 mehr 1 Weißpfennig und 4 Pfennig um Obst. Zu Köln hab ich ausgegeben 7 Weißpfennig, auszuladen und den Schiffsknechten 14 Heller. Und dem Niklas, meinem Vetter, hab ich geschenkt meinen schwarzgefütterten Rock, mit Samt verbrämt, und seinem Weib einen Gulden geschenkt. Item zu Köln hat mir der Hieronymus Fugger den Wein geschenkt ...«

Die karge und nur auf äußere Dinge bezogene Art der Aufzeichnung ändert sich dann ein wenig, als er nach den Niederlanden gelangt ist; die Pracht der Bauten macht ihm so viel Eindruck wie die Art, in der er hier empfangen wird: »Und am Sonntag war auf Sankt Oswaldt Tag (5. Aug.), da luden mich die Maler auf ihre (Zunft-)Stube mit meinem Weib und Magd und hatten alle Dinge mit Silbergeschirr und anderem köstlichen Gezier und überköstlich Essen. Es waren auch ihre Weiber alle da. Und da ich zu Tisch geführt ward, da stand das Volk auf beiden Seiten, als führte man einen großen Herrn. Es waren auch unter ihnen gar trefflich Personen von Namen, die sich alle mit tiefem Neigen auf das Allerdemütigste gegen mich erzeigten. Und sie sagten, sie wollten alles das tun, als viel möglich, was sie wüßten, das mir lieb wäre.«

Dürer schreibt auf, mit wem er Mahlzeit hält, wer ihm was abkauft und wieviel er dafür erhält. Auch ist von eigenen Arbeiten die Rede wie von Geschenken, die er erhält und die er macht, von privaten und von öffentlichen Festen, dann wieder von dem, was er seinem Wirte schuldet. Er haftet an den Gegenständen und kontrolliert seine Ausgaben stets peinlich genau. Auch auf Reisen ist er der genau kalkulierende Hauswirt. Dann aber, in Brüssel, wo die Bauten und die Bilder ihn fesseln, sieht er auch, was man dem König aus den amerikanischen Ländern geschickt hat, und hier hat er auf einmal auch mehr zu berichten: »Auch hab ich gesehen die Dinge, die man dem König aus dem neuen goldenen Land gebracht hat: eine ganz goldene Sonne, einen ganzen Klafter breit, desgleichen einen ganz silbernen Mond, auch so groß, desgleichen *zwei* Kammern voller Rüstungen derselben, desgleichen allerlei ihrer Waffen, Harnische, Geschütze, wunderbare Schilde, seltsame Kleidung, Bettwäsche und allerlei wunderbare Dinge zu mannigfachem Gebrauch, die da viel schöner anzusehen sind, denn Wunderdinge. Diese Dinge sind alle köstlich gewesen, daß man sie auf hunderttausend Gulden Wert schätzt. Und ich hab aber all mein Lebtag nichts gesehen, das mein Herz also erfreuet hat als diese Dinge. Denn ich hab dabei gesehen wunderbare kunstvolle Dinge und hab mich verwundert der subtilen ingenia der Menschen in fremden Landen. Und der Dinge weiß ich nit auszusprechen, die ich da gehabt hab. Ich hab sonst viel schöne Dinge zu Brüssel gesehen, und sunderlich hab ich da gesehen ein großes Fischbein, als hätte man dies zusammen gemauert aus Quaderstücken; das war ein Klafter lang und fest dick, wiegt bei 15 Zentner und hat eine solche Form, wie hier gemalt steht: – – – und ist dem Fisch hinten am Kopf gestanden. Ich bin auch in des von Nassau Haus gewesen, das so köstlich gebaut und also schön geziert ist.«

Unverbunden stehen die Eindrücke nebeneinander, nur bei den Gerätschaften aus der neuen Welt spürt man das Staunen und ein Moment der Reflexion, wo sonst lediglich wahrgenommen und registriert wird. Der Stil der Reisenotizen ist der der nüchternen Chronik, Dürer hat sie wahrscheinlich zur Kontrolle der Erinnerung niedergeschrieben, so daß nun alles gleich wichtig, gleich bedeutend zu sein scheint, was es doch wohl für den Verfasser selbst in dieser Weise nicht war. Nur das Exotische und das Kuriose weckt sichtbar ein verstärktes Interesse. So auch die seltene Krönungszeremonie: »Item am 23. Oktober hat man König Karl zu Aachen gekrönt; da hab ich gesehen alle herrliche Köstlichkeit, desgleichen keiner, der bei uns lebt, köstlicher Ding gesehen hat, wie dann das alles beschrieben ist worden.«

Die Ausgaben, die er festhält, verraten freilich zuweilen auch mehr als nur die ökonomische Genauigkeit: Dürer erwirbt Augengläser, ein Büffelhorn, wendet Geld für Papier und für die Wäsche auf, manchen Pfennig hat er auch vertrunken und verspielt, fünf Weißpfennige hat ihn überdies ein Traktat Luthers gekostet.

Gelegentliche Einnahmen sind der Erlös der von ihm verkauften eigenen Arbeiten. Immer wieder ist natürlich von ihnen die Rede, aber auch von denen anderer Maler: er läßt sich Bilder von Rogier van der Weyden und Hugo van der Goës zeigen, von Jan van Eyck, wie auch eine Statue von Michelangelo, weiter Werke von Dirk Bouts und Hans Memling. Der Genter Altar wird erwähnt: »das ist ein überköstlich hochverständiges Gemälde, und sonderlich die Eva, Maria und Gott Vater sind fest gut.«

Ein ausführlicher Einschub bezieht sich auf die Nachricht, die er kurz vor Pfingsten 1521 erhält, man habe Luther verräterisch festgenommen und entführt. Er fürchtet für sein Leben und bricht in bewegte Klagen aus, anteilnehmend wie sonst nie in seinem Reisetagebuch. Charakteristisch ist viel eher die letzte Eintragung, die folgendermaßen lautet: »Am Montag frühe (15. 7. 1521) fuhren wir durch Jülich, eine Stadt, und kamen gen Bergheim; da aßen und tranken wir und verzehrten 3 Stüber. Von dannen fuhren wir noch durch 3 Dörfer und kamen gen Köln.«

Während Thomas Platter in seiner Lebensbeschreibung von den abenteuerlichen Wanderfahrten als Lehrling der vagierenden Studenten auf den Straßen Süd-, Mittel- und

Ostdeutschlands bis nach Schlesien berichtet, von kurzer Heimkehr ins Wallis und immer neuen Fahrten, bis er allmählich auch den Weg zu den Studien findet, hat sein Sohn Felix, der in Montpellier studiert, all das nicht erfahren müssen, was der Vater durchgemacht hatte: der Vorsteher der gelehrten Schulen der Stadt Basel hat ihn so erzogen, daß er alles erreichen sollte, was diesem selbst vorenthalten worden ist, die Professur ebenso wie die glänzende Heirat, wodurch er dann dem Baseler Patriziat zugehören würde. Alle Sorge, alle Strenge, alles hat der Vater auf die Erziehung dieses seines einzigen Sohnes gewandt, in dem erst das eigene Leben sich erfüllen sollte. Felix Platter hat nichts entbehren müssen und ist auch, sehr jung schon, zum Doktor der Medizin promoviert, bald ein in ganz Europa weithin bekannter Arzt, Gelehrter und Naturforscher geworden.

Seine Autobiographie endet mit der frühen Heirat und der Etablierung als Arzt. Platter ist erst wenig über zwanzig Jahre alt. Wo für andere das Leben beginnt, endet er bereits die Erzählung davon. Darin aber ist ein wichtiger Abschnitt die Heimreise von Montpellier nach Basel im Jahre 1557.

Zusammen mit einem Freund aus Köln tritt er die Reise über Toulouse und Paris in seine Heimat an. Studienfreunde geben ihnen das Geleit, dann führt sie der Weg nach Narbonne, wo Felix Platter plötzlich die Trennung von den Kameraden, Gefahr und Einsamkeit sehr stark empfindet: »Da fing mir wahrlich an bang zu werden, sonderlich am Morgen, als ich im Bett lag, und ich gedachte der Gefahr und Weite der unternommenen Reise, und daß ich Montpellier nicht mehr sehen würde, ging mir zu Herzen, daß mir auch die Augen übergingen.«[16]

Dieser Reisebericht ist wiederum streng diaristisch gehalten, Felix Platter spricht von den Ortschaften und Städten, den Herbergen und von Menschen, die ihm begegnen, wobei er sich auch mehrmals auf den berühmten gelehrten Vater berufen kann.

Am 11. März kommt er nach Bordeaux: »Morgens, den elften, zogen wir früh in die Stadt Bordeaux und kehrten zum Kardinalshut, so am Port des Meers liegt, ein. Es war ein Berner in der Stadt, Bürger daselbst, der hatte Saitenspiele feil und andre Ware, der hörte von unsrer Ankunft und kam gleich zu uns. Er erbot sich allen Guten gegen uns, brachte mir eine Harfe und Birckmann eine Laute, daß wir Kurzweil hätten, führte uns hin und wieder in der Stadt und leistete uns die drei Tage, die wir dablieben, gute Gesellschaft. Wir sahen den Port des Meers Oceani, davon ein Arm sich bis Bordeaux erstreckt, und wie das Meer fällt, daß die Schiffe trocken stehen, und auf den Abend wieder wächst, daß sie wieder im tiefen Meer stehen. Es waren große Nauen da, und wir sahen die Setzwellen derer, die Wein laden. Wir zogen auf das Haus, das das Parlament von gehalten wird, und sahen die Stadt überall, darunter von Antiquitäten ein Amphitheatrum und ein gar alt Haus eines Praetoris, große alte Säulen usw. Man gab uns in der Herberge unter andern Fischen Lampreten, so daselbst gemein. Wir musizierten, so daß viele zu uns kamen und uns viele Ehre erwiesen.«

Mehr als vier Wochen hält sich Felix Platter anschließend in Paris auf; auch hier wird in willkürlich-zufälliger Reihung alles vermerkt, was vorgefallen und was er gesehen hat, so die Begräbnisstätte von St. Denis, mit Grabmälern und Reliquien. Außerdem hat er viel von »köstlichen Sachen« gesehen: »Ein Kruzifix von lauter Gold außer dem Arm, so davon genommen und ein andrer vergoldeter von Silber an die Stelle getan. Ein ander Kreuz von edlen Gesteinen. Das königliche Szepter, darauf ein Hörnlein von Einhorn. Ein Einhorn, sechs Schuh lang, stand in einem Zuber mit Wasser hinter einem Altar; das Wasser gibt man den Bresthaften zu trinken. Eine Schale von köstlichen Steinen, in Gold eingefaßt, sie soll dem König Salomon gehört haben. Drei königliche Kronen. Eine Tafel voller Edelsteine. Ein Schwert, so König Ludwigs gewesen. Item die königlichen Kleider, Hosen und Schuhe.«

Auch hier überrascht die Abwesenheit der Reflexion, alles was er sieht und was ihn irgendwie doch beeindruckt, wird registriert, d. h. als Gesehenes festgehalten – aber nur in seiner äußerlichen Gegenständlichkeit; die Aufmerksamkeit, die sich hier auf die Welt richtet, ist durchaus noch naiv zu nennen. Auf der Weiterreise von Paris findet Platter mit seinen neuen Reisegefährten mehrere Deutsche: »Wir kehrten ein au Boeuf couronné und blieben den 28. daselbst. Wir besahen die Kirche, welche die weiteste sein soll, in ganz Frankreich, auch ist die größte Glocke im Turm daselbst. Danach kamen wir in einen Turm, darin ein Gefängnis aus Eisengittern, in welchem ein König lang soll gefangen gewesen sein; hinter der Türe des Turms stand eine Armbrust von eines Mannes Länge und Größe, die gar alt.«

Auch von den anderen Städten, Dijon oder Besançon, hat Platter nicht viel mehr zu berichten; es zieht ihn heimwärts, um so mehr, als er mit den Reisegefährten ständig Ärger hat. Erst als Basel sichtbar wird, kommt wieder Leben und Bewegung in den Bericht. »Da sah ich mit Freuden beide Münstertürme, die ich so lange Jahre nicht gesehen hatte, schoß meine Büchse ab, zwei Kugeln in die Tür eines Gärtnerhäusleins, und wir ritten zum Spalentor hinein zur Gäns, wo der Riedi absaß. Hans der Söldner geleitete mich durch die Gergergäßlein über den Barfüßerplatz bis zu meines Vaters Haus zum Gejägd. Da stand einer und fragte nach einem Doktor, er hatte ein Wasser, so er ihm besehen sollte, was vielleicht eine Vorbedeutung meines zukünftigen Berufs.«

Hier spürt man, wie sonst nur einmal an jenem Morgen in Narbonne, daß ein Mensch mit seinen Vorstellungen, Empfindungen und Gedanken von seiner Reise erzählt, einer Reise freilich, die, wie sich noch in der Reflexion auf die gute Vorbedeutung, die in der Frage des Unbekannten nach einem Doktor liegt, erkennen läßt, einem Ziel unterstellt war wie der ganze Lebensbericht, zu der sie gehört: Felix

Platter reist, anders als Rauwolf, 1573-1576, Arzt und Botaniker wie dieser, nicht durch eine unbekannte, zum Teil gefährliche Welt, sondern er reist nach Hause, aber er reist dabei gleichzeitig seiner glänzenden Zukunft entgegen: Amt, Ansehen, Ruhm und Erfolg sind das Ziel des ehrgeizigen jungen Reisenden, den die Fakultät wenige Monate später mit 21 Jahren zum Doktor promovieren wird. Mehr als zwanzig Jahre später erwähnt Montaigne in seinem Reisetagebuch das prächtige Haus des berühmten Arztes, dem er einen Besuch abstattet. –

Das »Tagebuch einer Badereise«, die Montaigne nach Erscheinen seiner »Essais« 1580/81 unternahm, läßt sich mit seinem Hauptwerk kaum vergleichen; doch irrt, wer die beiden Bücher für gewissermaßen unvereinbar hält: wiederholt erkennt man im Reisetagebuch den Autor der »Essais« wieder in seiner Unvoreingenommenheit, in seiner Bereitschaft, sich auf das Fremde einzulassen, ihm dadurch gerecht zu werden, daß er den heimischen Maßstab beiseite legt, daß er die fremde Welt in ihrer Eigentümlichkeit sehen, das Vertraute dadurch relativieren kann.

Wenn wir etwa lesen, daß Montaigne, der weite Abschnitte des Journals seinem Diener diktiert, zu bedauern beginnt, daß er keinen Koch mitgenommen habe, so scheint dies auf Vorurteil und Enge, übertriebene Gewohnheitsstärke zu deuten, aber der Grund ist ein anderer: Montaigne bedauert, keinen Koch bei sich zu haben, weil er ihn die fremden Gerichte und ihre Zubereitung hätte studieren lassen und sie zu Hause erproben können. Er bedauert weiter, in Deutschland keinen deutschen Diener angenommen, nicht die Begleitung eines deutschen Edelmannes sich verschafft zu haben, ferner, daß er sich nicht vor Antritt der Reise besser durch Bücher über die Städte und ihre Eigentümlichkeiten unterrichtet habe, daß er nicht einmal die »Weltchronik« von Sebastian Münster bei sich führe.[17]

»Der Herr von Montaigne sagte: Sein ganzes Leben lang habe er dem Urteil anderer mißtraut, wenn die Rede auf die Annehmlichkeiten fremder Gegenden gekommen sei; denn jeder urteile nur nach dem Maszstab seiner eigenen Gewohnheit und versteht nicht über den Kirchturm seines Dorfes hinauszublicken: so habe er sich recht wenig nach den Anweisungen gerichtet, die er von den Reisenden erhalten habe. Aber hier wunderte er sich noch viel mehr über ihre Dummheit, da ihm gerade für diese Reise gesagt worden war, der Uebergang über die Alpen sei überaus schwierig, die Landessitten seltsam, die Wege unzugänglich, die Unterkunftsverhältnisse barbarisch und das Klima unerträglich.«

Wer erkennt hier nicht den Verfasser der klugen, vorsichtigen und vorurteilslosen »Essais«, seine skeptische Offenheit, seinen Mut, sich nicht die Möglichkeiten der Erfahrung durch Gewohnheit und Vor-Gelerntes zu beschneiden? Offenbar ist Montaigne auch mit der Reisegesellschaft nicht recht zufrieden, es scheint, daß er sich nicht, wie er möchte, mitteilen kann, denn es heißt an einer anderen Stelle des Journals: »Ich glaube wirklich: wenn er allein, nur mit seiner Familie gewesen wäre, dann wäre er lieber nach Polen oder nach Griechenland zu Fuß gegangen, als den Weg nach Italien einzuschlagen; aber das Vergnügen, das er beim Besuch unbekannter Länder gefunden hätte – er war so empfänglich dafür, daß er die Gebrechlichkeit seines Alters und seiner Gesundheit vergaß –, konnte er keinem seiner Gefährten mitteilen, und jeder dachte nur an die Rückreise. Er pflegte zu sagen, wenn er nach einer schlaflosen Nacht am Morgen sich erinnere, daß eine neue Stadt oder eine neue Gegend auf ihn warte, dann stehe er voll Verlangen und ohne Beschwerden auf. Ich sah ihn nie frischer und nie seine Schmerzen geduldiger tragen, als wenn er unterwegs oder im Wirtshaus voll Spannung auf das war, was kommen werde (...)«

Er sucht die Gelegenheit, mit den Fremden sich zu unterhalten, sondert sich nicht ab, ist wißbegierig, wechselt oft die Reiseroute, scheut keine Umwege, wenn er etwas sehen möchte, was ihm wichtig erscheint. Auch dafür hat er eine charakteristische Erklärung bereit:

Er antwortete nämlich, »daß er für seine Person sich aus keinem anderen Ort etwas mache als aus dem, wo er gerade sei, und daß er seinen Weg nicht verlieren noch Umwege machen könne, da er ja nur den Wunsch habe, in unbekannten Gegenden zu reisen, und daß er von seinem ursprünglichen Plan nicht im geringsten abwiche, vorausgesetzt, daß er nicht denselben Weg zweimal mache und dieselbe Stadt zweimal besuche. Was Rom betreffe, nach dem die anderen immer ausschauten, so verlange es ihn um so weniger danach, als jedermann dort gewesen sei; auch wisse jeder Lakai davon oder von Florenz oder von Ferrara Nachricht zu geben. Es ginge ihm wie denen, die eine hübsche Novelle oder ein gutes Buch lesen und Angst haben, zu schnell ans Ende zu kommen; genau so habe er ein so großes Vergnügen am Reisen, daß er es hasse, den Ort des Ausruhens nahe zu wissen. Es sei schade, daß er nicht allein auf und davon gehen könne – dann würde er ganz seiner Neigung folgen.«

Es ist nicht nur ein geistreiches Aperçu, was hier formuliert wird, es gehört zum Habitus dieses ersten und vielleicht bedeutendsten Essayisten, daß er, der sein Schreiben dem Wandern oder Spazierengehen vergleicht, im Unterwegs-Sein schon den Sinn und das Ziel des Reisens sieht. Deshalb ärgert er sich auch, in Rom so viele Franzosen zu finden, daß er, der sich darum bemüht, Italienisch zu sprechen, dauernd in seiner Muttersprache begrüßt wird. Überall sinnt er darauf, sich den Landessitten anzupassen, offenbar möchte er nicht als ›Fremder‹ auffallen, schließlich will er sogar das römische Bürgerrecht erwerben und freut sich, daß seine Bemühungen von Erfolg gekrönt sind.

Das ist gewiß nicht nur Eitelkeit, denn für ihn ist Rom die »bequemste Stadt der Welt«, in ihr ist der Unterschied der Nationen wie der Rassen nicht mehr wichtig, es ist der Sammelplatz der Völker »und jeder ist hier wie zu Hause«.

Insofern ist in diesem scheinbar bedeutungslosen Versuch für ihn offenkundig sehr viel Sinn. Schließlich gilt auch für die Römer, was er in den Bädern von Lucca allgemein festhält: »Die freien Nationen kennen nicht die bei den anderen übliche Standesunterscheidung im Rang; hier hat selbst das niedere Volk eine freigeborenen Würde in seinem Benehmen.«

Im übrigen handelt Montaigne auch von Merkwürdigkeiten, berichtet von kostbaren Büchern, von Statuen und Ruinen, von Preisen und Herbergen, von den Schwierigkeiten dieser Reise, von Städten, Bräuchen und Speisen, vom Akkerbau, von Festen, Architektur, Festungsanlagen und von Überresten der Antike, von Landschaften und Straßenverhältnissen, Vegetation und den Bädern, die er besucht, von Gärten und Palästen, schließlich aber – und häufig – von seinem Gesundheitszustand, den Schmerzen, der Nierenkrankheit, den eingenommenen Medizinen und spezifischen Wassern, von seiner Verdauung und damit immer wieder, wie in den »Essais«, auch von sich. Ob er von Frauen berichtet, von Fürsten und Würdenträgern der Kirche, von Gelehrten oder von den Korsaren, die die Küsten bedrohen, von Klima und Vegetation, so bleibt er doch immer auch als Subjekt gegenwärtig in seiner heiteren Gesprächigkeit und einer Gelassenheit, die nur der Unaufmerksame für Gleichgültigkeit zu halten versucht sein wird. Montaigne ist mit seiner ganzen Subjektivität unterwegs, durstig sozusagen auf fremde Welt, die er im objektiven Anders-Sein zu erfassen sich bemüht.

II

REISEN ALS ERFAHRUNGSBEREICH
UND BILDUNGSMITTEL

In seinem Essay »De la vanité« (III, 9) bemerkt Montaigne noch einmal, wie nützlich ihm das Reisen zu sein scheine. »L'ame y a une continuelle exerciattion à remarquer les choses incogneues et nouvelles; et je ne sçache point meilleure escolle, comme j'ay dict souvent, à former la vie que de luy proposer incessament la diversité de tant d'autres vies, fantasies et usances, et luy faire gouster une si perpetuelle variété de formes de nostre nature. Le corps n'y est ny oisif ny travaillé, et cette moderée agitation le met en haleine.«[1]

Erfahrung der Welt wie der menschlichen Natur, dadurch verstärkte Sensibilität und weiterreichende Urteilskraft, das sind die Wirkungen, die Montaigne dem Reisen nachrühmt. Solche Erfahrung vermindert die Vorurteile und beschert Einblick in die Macht der Eitelkeit. Er hat Geschmack am Reisen und gibt auch zu, daß dieses Vergnügen für Unruhe und Unschlüssigkeit zeugt. Es sind dies seiner Ansicht tatsächlich unsere vorherrschenden Eigenschaften, aber eben das wendet er gleich wieder positiv: nichts kennt er, außer in Traum und Wunschvorstellung, woran er sich wirklich halten könnte; Veränderung und Verschiedenheit, in ihnen hat er genug. »A voyager, cela mesme me nourrit que je me puis arrester sans interests, et que j'ay òu m'en divertir commodéement.«

An der Verschiedenheit jedoch hat er sein Genügen, er will nichts mit den Maßstäben der Gewohnheit beurteilt wissen, sondern für alles Ungewohnte den ihm eigenen, neuen Maßstab finden; die Anerkennung des Anderen relativiert so die überkommene Bedeutung des Eigenen und Vertrauten. Deshalb kann er auch deutlich machen, daß die Europäer nicht weniger, ja vielleicht mehr noch Barbaren sind als die kannibalischen Wilden, über die man sich zu erheben glaubt.

Pragmatischer und weit vorsichtiger, ohne die Montaigne eigene Skepsis beurteilt Bacon in seinen »Essays« den Wert des Reisens, das für ihn allerdings auch in den jüngeren Jahren »a part of education« ist; in den späteren ist es – Erfahrung. Kenntnis der Sprache des fremden Landes setzt er voraus, zumindest für den die jungen Leute begleitenden Erzieher, der so als Führer dienen kann.

»It is a strange thing«, bemerkt er, »that in sea voyages, where there is nothing to be seen but sky and sea, men should make diaries; but in land travel, wherein so much is to be observed, for the most part they omit it; as if chance were fitter to be registered than observation: let diaries, therefore, be brought in use.«[2]

Unter dem, was zu sehen und zu beobachten ist, nennt Bacon: die Höfe der Fürsten, vor allem wenn diese den Gesandten Audienz erteilen, die Gerichtshöfe während der Verhandlungen, die Sitzungen der kirchlichen Gremien, die Kirchen und die Klöster, Häfen, Altertümer und Ruinen, Bibliotheken, Kollegien, Disputationen und Vorlesungen, wenn solche gerade stattfinden, Schiffe und Flotten, Häuser und Parkanlagen. Magazine, Arsenale, Börsen und Kaufhäuser, Fecht- und Reitkünste, die Ausbildung der Soldaten, sogar Komödien, aber jene, so fügt er hinzu, wohin die besseren Leute gehen. Ferner erwähnt er Schatzhäuser und Sammlungen – wohl von Bildern und Stichen, wie überhaupt, und das ist nicht gerade eine Climax, alles, was erinnernswert ist.

Sehenswürdig ist also, was erinnernswert ist, und was dergestalt erinnernswert ist, soll in das Tagebuch eingetragen werden. Triumphzüge, Maskenzüge, Feste, Hochzeiten, Beerdigungen, Hinrichtungen und dergleichen – er nennt dies wirklich in einem Atemzug – brauchen die Menschen nicht in ihr Gedächtnis aufzunehmen, obschon man sie auch nicht vernachlässigen sollte. »If you will have a young man«, fährt er dann fort, »to put his travel into a little room, and in short time to gather much, this you must do: first, as was said, he must have some entrance into the language before he goeth; then he must have such a servant, or tutor, as knoweth the country, as was likewise said: let him carry with him also some card, or book, describing the country where he travelleth, which will be a good key to his inquiry, let him keep also a diary; let him not stay long in one city or town, more or less as the place deserveth, but not long, nay when he stayeth in one city or town, let him change his lodging from one end and part of the town to another, which is a great adamant of acquaintance; let him sequester himself from the company of his countrymen, and diet in such places where there is good company of the nation where he travelleth, let him, upon his removes from one place to another, procure recommendation to some person of quality residing in the place whither he removeth, that he may use his favour in those things he desireth to see or know; thus he may abridge his travel with much profit.«

Da Bacon außerdem noch von den Menschen spricht, unter denen man seine Bekanntschaften suchen sollte, Sekretäre und Angestellte der Gesandtschaften zum Beispiel, so ist dem wohl nicht mehr viel hinzuzufügen: der Reise ist jedes Abenteuer, der wirkliche Reiz der Bewegung und das Ungebundene genommen, sie ist hier nichts als Schule für die Welt in der bloßen Form der Bewegung, niemals ist das Reisen bei solcher Auffassung auch Selbstzweck wie bei Montaigne. Man soll berühmte und hervorragende Leute aufsuchen (was Montaigne natürlich auch getan hat), so daß man davon später berichten kann, wie Leben und Ruhm übereinstimmen. Selbstverständlich soll man auch Streit vermeiden. Schließlich, nach der Rückkehr, soll der Reisende die Länder, in denen er gewesen ist, nicht völlig hinter sich lassen, er soll Briefe mit den wertvollsten seiner Bekannten wechseln. Man darf wohl annehmen, daß dies schließlich auch einmal von Nutzen wird sein können, jenem vernünftig dosierten Nutzen, dem in solchen Ausführungen alles unterstellt ist. Schließlich rät Bacon, »let his travel appear rather in his discourse than in his apparel or gesture; and in his discourse let him be rather advised in his answers, than forward to tell stories: and let it appear that he doth not change his country manners for those of foreign parts; but only prick in some flowers of that he hath learned abroad into the customs of his own country.«

So war man eigentlich nur fort, um desto besser wieder zu Hause zu sein, in einem zu-Hause, dem man nun auf recht maßvolle Weise einigen Schmuck des Fremden gestatten mag, freilich nur als Zierat, nicht als Relativierung oder gar Veränderung; am überlieferten Maßstab ist streng festzuhalten. Unmittelbare Anschauung und vorübergehender Abstand sind die Charakteristika eines solchen Reisens, das hier bereits deutlich eine Art von Institution geworden ist, ein Abschnitt in der gesellschaftlichen Ausbildung.

Fast wäre es gut, wenn man ein solches Reisen gleich zu Hause unter noch besserer Aufsicht erledigen könnte.

Daß Reisen Teil der Bildung und Ausbildung geworden ist, setzt immerhin voraus, daß es zumindest für die herrschende Schicht erschwinglich ist, und läßt folgern, daß es innerhalb eines bestimmten Rahmens als sinnvoll und selbstverständlich angesehen wird; es ist freilich in dieser Form weder Entdeckung noch überhaupt ein wirklich individuelles Unternehmen. John Locke handelt vom Reisen bezeichnenderweise in einigen Abschnitten seiner Schrift »Some Thoughts concerning Education«: »The last part, usually, in education, is travel, which is commonly thought to finish the work, and complete the gentleman. I confess, travel into foreign countries has great advantages; but the time usually chosen to send young men abroad, is, I think, of all other, that which renders them least capable of reaping those advantages. Those which are proposed, as to the main of them, may be reduced to these two: first, language; secondly, an improvement in wisdom and prudence, by seeing men, and conversing with people of tempers, customs, and ways of living, different from one another, and especially from those of his parish and neighbourhood. But from sixteen to one-and-twenty, which is the ordinary time of travel, men are, of all their lives, the least suited to these improvements.«³

So soll die Reise entweder in früherem Alter und unter Aufsicht eines Erziehers oder aber später und alleine angetreten werden, wenn der junge Gentleman gelernt hat, sich selbst zu beherrschen, also Selbständigkeit gewonnen hat. Er kann nun selber urteilen »and make observations of what he finds in other countries worthy his notice, and that might be of use to him after his return: and when too, being thoroughly acquainted with the laws and fashions, the natural and moral advantages and defects of his own country, he has something to exchange with those abroad, from whose conversation he hoped to reap any knowledge.«

Locke beklagt, daß die ›verordneten‹ Reisen so viele junge Menschen ohne sichtbares ›improvement‹ zurückkehren lassen. Und wenn sie die Kenntnis von Stätten und Leuten mitbringen, so ist es oft die Bewunderung des Schlechtesten und Eitelsten, was ihnen in der Fremde begegnet ist, »retaining a relish and memory of those things, wherein their liberty took its first swing, rather than of what should make them better and wiser after their return. And, indeed, how can it be otherwise, going abroad at the age they do, under the care of another, who is to provide their necessaries, and make their observations for them?«

So meinen sich die jungen Herren also entschuldigt, wenn sie nicht auf eigenen Füßen stehen, und wähnen sich nicht verantwortlich für ihr Verhalten, suchen und beobachten nichts auf eigene Weise. Sie denken nur an Spiel und Vergnügen, sie prüfen nicht die Absichten der Menschen, denen sie begegnen, und beobachten nicht ihre Art, ihre Neigungen, ihre Künste. Aber gerade die Menschen sollte man genau beobachten, was zu sorgfältig geschehen muß, als daß junge

Menschen dazu schon in der Lage sein könnten. »But yet his going abroad is to little purpose, if travel does not sometimes open his eyes, make him cautious and wary, and accustom him to look beyond the outside, and, under the inoffensive guard of a civil and obliging carriage, keep himself free and safe in his conversation with strangers, and all sorts of people, without forfeiting their good opinion.«

Offenbar wendet sich Locke bereits gegen eine bestehende Praxis, die er verbessert sehen möchte, am Prinzip der Reise als Bildungselement aber will er nicht rütteln.

Dabei ist doch seltsam, in welcher Weise das Reisen hier schon funktionalisiert worden ist; es steht unter dem Zeichen der Kavalierstour, ist offenbar stark formalisiert, so daß Überlegungen im Hinblick auf andere, wirklich philosophische und geschichtsphilosophische Bedeutungen, Weltentdeckung, Veränderung des Bewußtseins, wie sie sich bei Montaigne doch schon andeuten, gar nicht mehr aufkommen wollen. Die vielfältigen Möglichkeiten des Reisens, der Umfang seiner Folgen und Bedeutungen wird nicht erwogen: so wenig wie ein verändertes Bewußtsein erscheint hier eine veränderte Welt. Auch von Erfahrung, es sei denn der unmittelbar pragmatischen, die sich auf andere Sitten und Verhaltensweisen, auf die alltäglichen Gefahren bezieht, kann nicht gesprochen werden.

Auch Rousseau hat noch kaum einen philosophischen Blick für das Reisen, es ist ihm nicht so sehr Voraussetzung für seine geschichtsphilosophisch wichtigen Abhandlungen über den Fortschritt als Kulturverfall und über die Entstehung der Ungleichheit, sondern wird Gegenstand der Erörterung in seinem »Emile ou de l'éducation«. Auch hier geht der Verfasser aus von der Möglichkeit, bestehende Vorurteile durch Reisen abzubauen, Vorurteile, wie man sie seiner Ansicht nach vor allem in Frankreich, insbesondere in Paris zu kultivieren sich gewöhnt hat. »Il faut avoir vu de près les bourgeois de cette grande ville, il faut avoir vécu, pour croire qu'avec tant d'esprit on peut être aussi stupide. Ce qu'il y a de bizarre est que chacun d'eux a lu dix fois peut-être la description du pays dont un habitant va si fort l'émerveiller.«[4]

Er selbst habe sein Leben damit verbracht, Reiseschilderungen zu lesen, erklärt er, doch niemals zwei gefunden, die ihm dieselben Vorstellungen desselben Volkes vermittelt hätten. Schließlich habe er die Reisenden beiseite gelassen und die Zeit bedauert, die er an die Lektüre gewendet. Man muß nicht lesen, man muß selber sehen, schließt er auf die ihm eigene Weise so falsch wie scharf, denn da man nicht so einfach in alle Länder, wann immer man möchte, reisen kann, so wenig wie es möglich ist, wirklich alle wichtigen Sprachen der Welt im Lauf eines Lebens zu erlernen, ist man wohl angewiesen auf Reisebeschreibungen wie auf ihre als komplementär erscheinende Gattung der Literatur im engeren Sinn; die Übersetzung. Die Reisenden sind ihm nicht aufrichtig genug, sie sagen mehr als sie gesehen und verkleiden die Wahrheit mit den falschen Farben, die sie in ihren Augen annimmt.

An der Wichtigkeit des Reisens hält Rousseau natürlich fest: »Je tiens pour maxime incontestable que quiconque n'a vu qu'un peuple, au lieu de connaître les hommes, ne connaît que les gens avec lesquels il a vécu. Voici donc encore une autre manière de poser la même question des voyages: Suffit-il qu'un homme bien élévé ne connaisse que ses compatriotes, ou s'il lui importe de connaître les hommes en général? Il ne reste plus ici ni dispute ni doute.«

Freilich muß man nicht die ganze Welt durchqueren, um die Menschen zu studieren; die Gattung zu kennen, muß man nicht über alle Individuen Bescheid wissen.

Einfach durch die Länder zu fahren, genügt nicht, man muß zu reisen verstehen. Um zu beobachten, muß man seine Augen zu gebrauchen wissen. Deshalb gibt es viele Leute, die durch Reisen noch weniger lernen als aus Büchern, denn weil sie nicht zu denken verstehen, lassen sie sich bei der Lektüre doch zumindest noch vom Autor leiten, während sie als Reisende auf sich selber angewiesen sind. »D'autres ne s'instruisent point, parce qu'ils ne veulent pas s'instruire. Leur objet est si différent que celui-là ne les frappe guère; c'est grand hasard si l'on voit exactement ce que l'on ne se soucie point de regarder. De tous les peuples du monde, le Français est celui qui voyage le plus; mais plein de ses usages, il confond tout ce qui n'y ressemble pas. Il y a des Français dans tous les coins du monde. Il n'y a point de pays ôu l'on trouve plus de gens qui aient voyagé qu'on n'en trouve en France. Avec cela pourtant, de tous les peuples de l'Europe, celui qui en voit le plus les connaît le moins.«

Die Engländer, so meint er, reisen anders und wissen sich besser unterwegs zu informieren, selbst ihre nationalen Vorurteile sind von anderer Art. Und wie die am wenigsten kultivierten Völker auch für ihn die weisesten sind, reisen die am besten, die es am wenigsten tun, »parce que étant moins avancés que nous dans nos recherches frivoles, et moins occupés des objets de notre vaine curiosité, ils donnent toute leur attention à ce qui est véritablement utile«.

So wird die leere Neugierde der Aufmerksamkeit aufs Nützliche entgegengestellt, sie ist die Folge der entwickelten gesellschaftlichen Zustände. Die Alten, stellt er weiter fest, reisten und lasen wenig, machten wenig Bücher und wußten dennoch besser einander zu beobachten als die Europäer das nun tun. Er verweist auf Herodot und Tacitus. Er zweifelt nicht, daß jemand, der die alte Geschichte kennt, die Griechen, Karthager, Römer, Gallier und Perser besser kennt als heutzutage ein Volk seine Nachbarn.

Aber es sind Veränderungen eingetreten, die es schwieriger machen, die Volkscharaktere zu erfassen, die nach und nach zu verschwinden drohen. »A mesure que les races se mêlent, et que les peuples se confondent, on voit peu à peu disparaître ces différences nationales qui frappaient jadis

93

au premier coup d'oeil. Autrefois chaque nation restait plus renfermée en elle-même; il y avait moins de communications, moins de voyages, moins d'intérêts communs ou contraires, moins de liaisons politiques et civiles de peuple à peuple, point tant de tracasseries royales appelées négotiations, point d'ambassadeurs ordinaires ou résidant continuellement; les grandes navigations étaient rares; il y avait peu de commerce éloigné; et le peu qu'il y en avait était fait ou par le prince même, qui s'y servait d'étrangers, ou par des gens méprisés, qui ne donnaient le ton à personne et ne rapprochaient point les nations. Il y a cent fois plus de liaisons maintenant entre l'Europe et l'Asie qu'il n'y en avait jadis entre la Gaule et l'Espagne: l'Europa seule était plus éparse que la terre entière ne l'est aujourd'hui.«

Die Welt ist enger geworden, sie hat sich verändert, weil sie einheitlicher geworden ist, die Unterschiede ebnen sich ein, so daß schließlich der Blick in die Geschichte die größeren Verschiedenheiten offenbart; offenkundig sind die Menschen von Jahrhundert zu Jahrhundert deutlicher unterschieden als in der Gegenwart von Nation zu Nation.

Die Beobachtungen werden schwieriger, man macht sie immer oberflächlicher und schlechter, deshalb sind auch die Untersuchungen der Naturgeschichte des Menschengeschlechts noch so wenig erfolgreich. Was man von den Reisen mitbringt, bestimmt sich durch den Zweck der jeweiligen Unternehmungen: man sieht nur, was man sehen will. Handel und Künste, die die Völker verbinden, hindern sie auch, sich zu studieren, behauptet Rousseau zu Unrecht und gibt den Grund an: »Quand ils savent le profit qu'ils peuvent faire l'un avec l'autre, qu'ont-ils de plus à savoir?«

Wenn jeder sich selbst genügte, müßte er mehr nicht kennen als die Erde, die ihn nährt; der Wilde, der keine Bedürfnisse hat, will auch kein anderes Land kennen als das seine. »Mais pour nous, à qui la vie civile est nécessaire, et qui ne pouvons plus nous passer de manger des hommes, l'intérêt de chacun de nous est de fréquenter les pays où l'on en trouve le plus à dévorer. Voilà pourquoi tout afflue à Rome, à Paris, à Londres. C'est toujours dans les capitales que le sang humain se vend à meilleur marché. Ainsi l'on ne connaît que les grands peuples, et les grands peuples se ressemblent tous.«

Nicht um der Information willen reisen die Gelehrten, wie man behauptet, sie verfolgen wie jeder andere nur ihre Interessen; es gibt keinen Platon, keinen Pythagoras mehr, und wenn, in weit entfernten Gegenden. Die Höfe beauftragen die Gelehrten mit ihren Unternehmen, man schickt sie aus, man entlohnt sie für das, was man sehen will, und das ist sicherlich kein moralischer Gegenstand, eifert Rousseau nun weiter. Und wenn irgendwo jemand auf eigene Kosten reist, dann geschieht dies nicht, um die Menschen zu studieren, behauptet er, sondern eher, um sie zu unterrichten. Wie will man auf der Reise das Joch des Vorurteils loswerden, der bloßen Meinung, da man sie doch um ihretwillen unternimmt? fragt er insinuierend. Freilich wäre es falsch, nur weil wir auf so falsche Weise reisen, zu behaupten, daß die Reisen unnütz sind. Erkennt man aber die Nützlichkeit der Reisen an, so muß man wissen, für wen dies gilt, es gilt dies nämlich nur für die wenigen, die selbständig und fest genug sind, um dem Irrtum nicht zu erliegen und sich nicht durch das Beispiel des Lasters verführen zu lassen. »Les voyages poussent le naturel vers sa pente, et achèvent de rendre l'homme bon ou mauvais. Quiconque revient de courir le monde est à son retour ce qu'il sera toute sa vie: il en revient plus de méchants que de bons, parce qu'il en part plus d'enclins au mal qu'au bien.«

Auch das ist eine bloße Behauptung, steht aber im engen Zusammenhang mit seinen pädagogisch-moralischen Erwägungen; wessen Anlagen zum Guten nämlich entsprechend ausgebildet wurden, wer reist, um zu lernen, der kommt auch besser und klüger aus der Fremde zurück. So wird dann auch sein Emile reisen. »Tout ce qui se fait par raison doit avoir ses règles. Les voyages, pris comme une partie de l'éducation, doivent avoir les leurs. Voyager pour voyager, c'est errer, être vagabon; voyager pour s'instruire est encore un objet trop vague: l'instruction qui n'a pas un but déterminé n'est rien. Je voudrais donner au jeune homme un intérêt sensible à s'instruire, et cet intérêt bien choisi fixerait encore la nature de l'instruction. C'est toujours la suite de la méthode que j'ai tâché de pratiquer.«

Auch bei Rousseau ist von der heiteren Reisekultur Montaignes nichts mehr zu spüren, die Reise ist ganz dem Zweck unterworfen, den unverbildeten Menschen zu erziehen, deshalb kann eben nur von einem Zweck, nicht von einer Kunst oder einer Philosophie des Reisens gesprochen werden. Die Sorge vor den verderblichen Folgen der entwickelten Zivilisation läßt Rousseau von Zuständen sprechen, die sich ihm unter Umgehung der Realität in der Vorstellung längst verklärt haben; bald aber werden die Reisenden mit Nachrichten zurückkommen und Überlegungen anstellen, die über die bloß emotionale Negation Rousseaus weit hinausführen, ohne die Schäden und Gefahren der Entwicklungen dabei verleugnen zu wollen.

In einer der Anmerkungen seiner Abhandlung »Über den Ursprung und die Grundlagen der Ungleichheit« hat Rousseau über die herrschende Reisemode gespottet und dabei festgestellt, daß man in Europa allen Reisen zum Trotz und ungeachtet der aus ihnen resultierenden zahllosen Berichte und Beschreibungen doch nur die Europäer kenne, ja im Grunde nur die Menschen eines Landes. Die Einzelnen reisen wohl, die Philosophie aber bleibt zu Hause. Vier Arten von weitreisenden Männern weiß er zu nennen: Seeleute, Kaufleute, Soldaten und Missionare; sind die ersteren zur reflektierten Beobachtung nur wenig geschickt, so gilt seiner Ansicht nach für die Missionare, daß ihnen das Studium des Menschen, dem das Reisen doch dient, als bloße Neugier erscheinen muß, auch ist dafür anderes nötig als der Eifer, das Evangelium zu verbreiten. Rousseau beklagt, daß die Menschen nicht beobachten und nicht schildern können und auf die oberflächlichste Weise den Menschen überall sofort als gleich erkennen. Darin versagen die Reiseberichte, sie erfüllen den Zweck nicht, dem er sie unterstellt. Die Vorurteile werden nicht abgebaut, sondern lediglich verändert.

Jahre früher schon hatte Albrecht von Haller in einer Vorrede zu einer der jetzt immer häufiger werdenden Sammlungen neuer und merkwürdiger Reisen den Nutzen der Reisebeschreibungen erörtert, für die er, wie er sagt, stets eine große Neigung gehabt habe: »Ich fand in denselben die Naturgeschichte im Großen, die Kenntnis der Erdkugel und des Menschen. Ich lernte von jener die wahre Ertragenheit eines jeden Landes, und seine Früchte aus den dryen Reichen, die wir aus dem bloßen Ansehen der Himmelsstriche nicht lernen können, indem die gesammelte Erfahrung aller Reisenden beweiset, daß Europa in Ansehung der kleinen Entfernung vom Pol das wärmste Land der Welt, Asien im gleichen Abstande vom Nordpol schon kälter, Amerika im Nordtheile sehr kalt, und im Südertheile am allerkältesten ist. Ich lernte aus denselben die Uebereinstimmung und die Verschiedenheit der Gewächse und Thiere, davon sehr viele, und je länger man sucht, je mehrere sich in beiden großen Welttheilen finden.«[5]

A. v. Haller als Naturforscher ist, wie man sieht, konkret; Klima, Fauna und Flora, all das interessiert ihn, die Verbreitung der Arten wie ihre Unterschiede, mehr noch: »Ich erfuhr aus der allgemeinen Uebereinstimmung der Reisenden, daß auf allen Bergen der Welt sich versteinerte Muscheln fänden. In Carolina, im Caucasus, im Taurus, in Arabien, in China, und in allen Ländern, die wir kennen, hat die Erfahrung diesen Satz bestätiget; denn die Andischen Gebirge, worauf die Parisischen Weltmesser keine versteinerten Muscheln gefunden haben, sind zu hoch, und auf einer gewissen sechstausend Schuhe übertreffenden Höhe haben die Alpen ebenfalls keine.«

Bemerkungen zur Naturgeschichte, zur Entwicklung der Kontinente, zur Verteilung der Metalle, all das soll uns helfen, die Wohnstätte der Menschen genauer kennenzulernen. Das wichtigste allerdings ist die Bemühung des Menschen um Selbsterkenntnis, und auch diese danken wir nach Haller wesentlich den Reisenden. »Nichts ist fähiger, diese Vorurtheile zu zerstreuen, als die Kenntniss vieler Völker, bey denen die Sitten, die Gesetze, die Meynungen verschieden sind«, erklärt er mit dem Blick auf die durch die jeweilige Erziehung in einem Lande, einem Glauben sich festsetzenden Meinungen, die zu starren Überzeugungen gerinnen. Verschiedenheit lehrt uns, das abzustoßen, worin die Menschen uneinig sind, das als die Stimme der Natur aufzufassen, worin alle Menschen übereinstimmen. Es gibt einiges, worin eben auch die Inselbewohner des Pazifik, die Bewohner Grönlands und die Brasiliens übereinstimmen können, so etwa die ersten Grundsätze des Naturrechts. Verschiedenheit ist bei Haller wie bei Montaigne das Stichwort, unter dem die Schule der Vorurteilslosigkeit beginnt.

»Eben diese Reisen decken uns eine unendliche Verschiedenheit in der Herrschaft des Verderbens auf, die sich über alle Einwohner der Welt ausgebreitet hat. Wir finden überhaupt die Einwohner südlicher Länder faul, geil, grausam und verrätherisch; gegen den Pol nehmen diese Laster immer mehr ab, und die äußersten Theile gegen den Nordpol sind, mit solchen Völkern vom Eiß-Cap bis zur Wagersbay bewohnt, die fast ohne Leidenschaften, und eben deswegen ohne Obrigkeiten und ohne Krieg sind. In den wärmern Ländern herrscht fast ohne Ausnahme eine monarchische Herrschaft, auch auf den kleinsten Inseln der friedlichen See. Die freyen Staaten sind mit wenigen Ausnahmen an das einzige Europa gebunden, und scheinen also eine Erfindung der durch die Wissenschaften erleuchteten, und über die Fehler der königlichen Regierungen nachdenkenden Menschen zu seyn. Beide äußerste Theile der alten Welt zeigen uns künstliche und gesittete Völker, auf einer Seite die Europäer, auf der andern China und Japan, fast unter einem gleichen Himmelsstriche; dahingegen die schönen Künste und die innerliche ordentliche Eintheilung der Regierung von dem übrigen Erdboden verbannet zu seyn scheint. Das Alter der Menschen ist überhaupt ziemlich gleich, doch länger in den etwas kältern Gegenden und ohne Zweifel am allerkürzesten in der heißen wo die Menschen eher zu ihrem Wachsthume und zur Kraft zu zeugen, und vermuthlich also auch am ehesten zu den übrigen, und zur letzten Stufe des Lebens gelangen.«

Wenn auch in den allgemeinen Feststellungen nicht vollkommen von Vorurteilen befreit, erkennt Haller doch die Bedeutung von Verschiedenheit und Übereinstimmung; er hat natürlich ganz andere Reisen und Berichte im Blick als das, was die Autoren, die Reise nur als Erziehungs- und Bildungsmittel verstehen wollten, interessierte. Nur Rousseau könnte eigentlich von ähnlichen Interessen gelenkt worden sein, er hat aber die Reisebeschreibungen, die er in vielen Jahren ständig gelesen zu haben vorgibt, anders aufgenommen und andere Folgerungen aus seiner Lektüre gezogen.

In der physiologischen Bildung der Menschen findet Haller nur wenige und geringe Verschiedenheiten, von denen die auffälligste die verschiedene Hautfarbe ist; Hauptabweichungen sind das Schwarz im heißesten Afrika und das Weiß jener Menschen im inneren Afrika, die pferdeweiß sein sollen und deren Augen die Sonne nicht vertragen. Dennoch stimmen alle diese Menschen in den hauptsächlichen Eigenschaften überein, noch die am wenigsten entwickelten haben ihre Sprache, leben gesellig und sind der Unterweisung zugänglich. Hierin erkennt Haller den großen Abstand vom »allerklügsten Orang Utan«.

Das alles ist nach seinen Worten noch nicht viel von dem, was die Bücher der Reisenden an Gedanken zu entwickeln geben. »Mit einem Worte, wir lernen durch sie die Welt kennen, und ersetzen einigermaßen den Mangel eigener Reisen und eigener Erfahrung. Wir bereichern uns mit tausend nützlichen Wahrheiten; wir legen unsere Vorurtheile ab, und wir genießen die Frucht der Lebensgefahren und der langwierigen Bemühungen andrer Männer, die in verschiedenen Zeiten und an verschiedenen Orten für uns gearbeitet haben. Der Arzt, der Kräuterkenner, der Mineralienliebhaber, der Naturkündiger, der Sittenlehrer, der Staatsgelehrte, der Patriot, der Gottesgelehrte, der Kaufmann, der Künstler, lernen auf tausenderley Arten. Sie erweitern ihre Begriffe, und kommen auf Spuren, auf die ihr eigener Verstand sie niemals hätte führen können.«

Schon deutet sich hier mehr als nur eine Vermehrung des Wissens oder eine Relativierung der einzelnen Standpunkte an, nämlich eine andere Qualität, denn die Erweiterung der Begriffe kann nicht ohne Folgen bleiben.

Damit diese Wirkungen eintreten, müssen die Verfasser der Reiseberichte nicht nur Kenntnisse haben, sondern auch wahrhaftig sein. Haller wendet sich dementsprechend gegen jene Autoren, die eine reine Phantasiewelt vorführen, die nur im Kopfe der Verfasser Wirklichkeit besitzt. Und dorthin wollte er seine Betrachtungen führen: »Nicht alle Reisebeschreibungen sind nützlich, und viele können wirklich schaden. Gegen einen Kämpfer, einen Tournefort, einen Rauwolf, findet man hundert trockene Seefahrer oder abentheuerliche Helden, die weder die Sprache, noch die Gesetze, noch die Natur der Länder gekannt haben, wo sie gewesen sind, und deren Reisen dem Leser eben so wenig Nutzen schaffen als ihnen selbst. Diese Wahl ist nun eben so schwer nicht, und wir hoffen versprechen zu können, daß man sie in unsrer Sammlung finden werde.«

A. v. Haller freilich urteilt als gelehrter Leser, der den Gewinn, den er selbst aus den Reisebeschreibungen gezogen hat, auch anderen vermitteln möchte; der Standpunkt kann für den Verfasser einer Reiseschilderung durchaus ein anderer sein, zumal wenn für ihn die Reise wesentlich als autobiographisch, nicht als Entdeckungsfahrt oder als wissenschaftliche Expedition verstanden wird. So zeigt sich zum Beispiel das »Preface« von Fieldings spätem Werk »The Journal of a Voayage to Lisbon«, das kurze Zeit nach seinem Tode während des Aufenthaltes in Lissabon 1755 erscheint. Wie die englischen Essayisten des 18. Jahrhunderts hält Fielding am Grundsatz, gleichzeitig unterhalten und belehren zu wollen, fest: »There would not, perhaps, be a more pleasant or profitable study, among those which have their principal end in amusement, than that of travels or voyages, if they were writ, as they might be and ought to be, with a joint view to the entertainment and information of mankind. If the conversation of travellers be so eagerly sought after as it is, we may believe their books will be still more agreable company, as they will in general be more instructive and more entertaining.«[6]

Die Berichte der Fahrten sollen immerhin dem Zweck angepaßt sein, wirkliche und wertvolle Kenntnis von Menschen und Dingen zu vermitteln. Wären Bräuche und Sitten überall dieselben, so wäre nichts zu berichten als landschaftliche Verschiedenheit, wechselnde Züge im Antlitz der Erde, aber das ist für Fielding ohne Belang, er ist auf den Menschen ausgerichtet. »To make a traveller an agreeable companion to a man of sense, it is necessary, not only that he should have seen much, but that he should have overlooked much of what he hath seen. Nature is not, any more than a great genius, always admirable in her productions, and therefore the traveller, who may be called her commentator, should not expect to find everywhere subjects worthy of his notice.«

Als Grundsatz für die Beziehung zwischen Autor und Leser gilt auch hier, »that the latter never forgive any observation of the former which doth not convey some knowledge that they are sensible they could not possibly have attained of themselves.«

Aber alle Kenntnisse, alle auf Urteilskraft beruhende Auswahl haben keinen Sinn, wenn sich der Autor nicht zum so angenehmen wie lehrreichen Gefährten zu machen versteht. Bestimmte Talente sind unerläßlich, zum Reisen wie auch zum Schreiben, Talente, die man so leicht nicht findet. Auch von den Gefahren des Reiseschriftstellers spricht Fielding im weiteren Zusammenhang: er nennt vor allem die der Eitelkeit, und wenn die Eitelkeit, mehr zu wissen als andere neben dem Hunger ein Anstoß zum Schreiben, vor allem zum Publizieren ist, dann ist auch ein Reiseschriftsteller in der Gefahr, den Ruhm zu suchen, daß er gesehen habe, was niemand zuvor hat sehen können. Eine andere Gefahr ist das Gegenteil solcher Eitelkeit; statt von Ungeheuern, die niemand zuvor erblickt hat, von Abenteuern, die sich niemals zugetragen haben, sprechen die Autoren von Dingen, von Tatsachen ganz allgemeiner Art, und das einzig wichtige an ihnen ist, daß sie diesem Autor haben auffallen dürfen, der eben nichts mehr trivial finden kann, was ihm zustößt. Man sieht: auch dieser Fehler, scheinbar gegensätzlich, basiert wieder auf Eitelkeit. Und auch hier fehlt die Urteilskraft: »That the fact is true is sufficient to give it a place there, without any consideration wether it is capable of pleasing or surprising, of diverting or informing, the reader.«

Schließlich spricht er als Erzähler von den eigenen Absichten, nimmt kritische Einwände vorweg und gesteht mit einem Zitat »that my purpose is to convey instruction in the vehicle of entertainment«; womit er nun auch die satirische Absicht seines Unternehmens zu rechtfertigen weiß.

Das ist ein Sonderfall; die beschriebene Reise wird zur erzählten, Momente der Fiktion schießen ein, die Reise wird zum Ausgangspunkt und Anlaß für literarische Produktion, die ihrer nicht notwendig bedarf.

Für unseren Zweck wichtiger sind die Bemerkungen, die Denis Diderot seinem »Voyage de Hollande« vorangestellt hat; in ihnen skizziert er eine Psychologie des Reisens, die wohl als Auseinandersetzung mit Rousseau verstanden werden darf. Er erörtert das Verhalten, die Motive und Erwartungen des Reisenden, er zieht das zu erwerbende Verständnis dem Vergnügen vor wie der Zerstreuung und der Absicht, Kenntnisse bloß anzuhäufen. Dann stellt er Grundsätze auf, die beachtet sein sollten: sinnvoll ist so das Reisen vor allem in einem Alter, in dem die Urteilskraft noch ausgebildet werden kann, es sind dementsprechend Kenntnisse bereits vorauszusetzen, und zwar vor allem in den Naturwissenschaften wie in der Geschichte. Das bezieht sich aber zunächst auf die des eigenen Landes, denn nur wer schon etwas weiß, vermag sich auch ein Urteil zu bilden, weil er einen Maßstab entwickelt hat und vergleichen kann. Aber deshalb sollte man auch die Literatur des Volkes kennen, in dessen Land man zu reisen beabsichtigt. Er warnt davor, allzu rasch zu urteilen; geduldige Beobachtung sollte dem Urteil vorausgehen, kühl und vorurteilslos. Gegen vorschnelle Verallgemeinerungen setzt er Gerechtigkeit und Mißtrauen. Er empfiehlt, viel zuzuhören und selber weniger zu sprechen, denn wer spricht, der sagt, was er weiß, aber wer zuhört, der lernt, was die anderen wissen.[7] Nicht an die Meinungen, sondern an die Zeugnisse soll man sich halten. Diderot warnt vor den Gefahren der Einbildungskraft, warnt vor dem trügerischen Charakter der Erinnerung. Die Einbildungskraft entstellt nämlich, sie verführt dazu, die Dinge entweder schöner oder auch häßlicher darzustellen als sie sind; das Gedächtnis hingegen ist entweder undankbar oder ungetreu: im einen Falle behält es nichts oder nur wenig zurück, im anderen hingegen wird es alles Aufbewahrte verstümmeln.

Was man nicht notiert, das vergißt man, und es ist vergeblich, dem nachzulaufen, was man nur nachlässig sich notiert hatte. Derartige Ratschläge soll man beherzigen, sagt Diderot zu Ende seines nicht umfangreichen Exposés, dann werde man das Sprichwort vergessen machen, das da lautet: »A beau mentir qui vient de loin.«

Lügen, die im Deutschen kurze Beine haben, kommen hier aus weit entfernter Fremde. Doch kann man, was Diderot so formuliert, kaum als eine Philosophie des Reisens bezeichnen, wie dieser große Essayist sie gewiß hätte glänzend entwerfen können. Ihm geht es um Maximen eines intellektuellen Verhaltens für die Reise und mit dem Zweck, diese sinnvoll zu machen, möglichst sie auch produktiv werden zu lassen.

Einem Text Wielands, der im »Teutschen Merkur« 1785 erschienen ist, kann man entnehmen, wie diese Fragen die Zeitgenossen beschäftigt haben, gleichzeitig auch, daß die Veröffentlichung von Reisebeschreibungen, -journalen und -briefen schon längst an der Tagesordnung gewesen ist. Die Gattung war längst etabliert, sie wuchs nun weiter, und Wieland als verantwortlicher Redakteur sucht einige Voraussetzungen zu klären wie auch grundsätzliche Forderungen zu erheben.

»Ueber die Rechte und Pflichten der Schriftsteller in Absicht ihrer Nachrichten, Bemerkungen, und Urtheile über Nationen, Regierungen, und andre politische Gegenstände« lautet der etwas umständliche Titel seines kritischen Beitrages. Wieland kann schon davon ausgehen, daß bei der großen Zahl von Schriften, die Reisende bereits zum Druck befördert haben, und bei der »Begierde der lesenden Welt nach Schriften dieser Art« die Menge derer, die ihre Reisen beschreiben, sich noch vermehren werde, so daß es an der Zeit ist, einen Maßstab aufzurichten, um die Befugnisse dieser Schriftsteller und auch die Grenzen ihrer Freiheit bei der Publikation ihrer Bemerkungen und Urteile zuverlässig bestimmen zu können.[8]

Pressefreiheit ist ein Menschenrecht, darum auch ein Recht der Schriftsteller und überhaupt der zivilisierten Nationen. So müssen auch die Wissenschaften frei sein: »Alles was wir wissen können, das dürfen wir auch wissen«, erklärt er. Die vornehmste der Wissenschaften ist die vom Menschen, eine Aufgabe, an deren Lösung noch in Jahrtausenden nicht zu denken ist; aber man muß sie fördern, und zwar so, daß man die Menschen, »wie sie von jeher waren, und wie sie dermalen sind, nach allen ihren Beschaffenheiten, Verhältnissen und Umständen kennen zu lernen sucht«.

Diese historische Kenntnis vom Menschen nennt er die Grundlage aller philosophischen Wissenschaften. »Die Geschichte der Völker, nach ihrer ehemaligen und gegenwärtigen Beschaffenheit, in derjenigen Verbindung der Thatsachen und Begebenheiten, woraus man sieht wie sie zusammenhangen, und wie der Effect des einen wieder die Veranlassung oder Ursache des andern wird: diese Philosophie der Menschen-Geschichte ist nichts anders als Darstellung dessen, was sich mit den Menschen zugetragen und immerfort zuträgt, Darstellung einer immer fortlaufenden Thatsache, wozu man nicht anders gelangen kann, als indem man die Augen aufmacht und sieht, und indem diejenige, welche mehr Gelegenheit als andere gehabt zu sehen was zu sehen ist, ihre Beobachtungen den andern mitteilen.«

Dies nun ist – und hier liegt Wieland durchaus auf der Linie von Haller – der Gesichtspunkt, nach dem die Veröffentlichungen zu beurteilen sind, die Seefahrer und Landreisende, Gelehrte wie auch Ungelehrte, die, wie er hinzufügt, oft besser sehen als Gelehrte von Profession, zur Menschenkenntnis, d. h. hier zur Erd- und Völkerkunde vorgelegt haben. Jeder großen Nation, der deutschen besonders mit ihrem höchst eigentümlichen Staatsverband, muß daran gelegen sein, ihren gegenwärtigen Zustand genau zu kennen; Staatsverfassung, Religion und Sitten, Staatshaushalt, Erziehung, die Wissenschaften, die Künste, Gewerbe und Ackerbau, alles ist wichtig und jeder Beitrag hierzu dementsprechend schätzenswert.

Aber nicht jeder Beitrag ist als solcher schon wertvoll; der Verfasser hat zuvor bestimmte Voraussetzungen zu erfüllen, die Wieland wie folgt formuliert: »Die erste und wesentlichste Eigenschaft eines Schriftstellers, welcher einen

Beytrag zur Menschen- und Völker-Kunde, aus eigener Beobachtung liefert, ist: daß er den aufrichtigen Willen habe die Wahrheit zu sagen; daß er folglich keiner Leidenschaft, keiner vorgefaßten Meynung, keiner interessierenden Privatabsicht wissentlich einigen Einfluß in seine Nachrichten und Bemerkungen erlaube. Seine erste Pflicht ist Wahrhaftigkeit und Unpartheylichkeit; und da wir zu allem berechtigt sind was eine nothwendige Bedingung der Erfüllung unsrer Pflicht ist: so ist auch, vermöge der Natur der Sache, Freymüthigkeit ein Recht das keinem Schriftsteller dieser Classe streitig gemacht werden kann. Er muß die Wahrheit sagen wollen, und sagen dürfen.«

Also darf der Autor alles berichten, was er gesehen hat, das Gute wie das Schlechte, das was zu rühmen wie das was zu tadeln ist. Ungetreue Bilder, das sind schmeichelnde wie entstellende Wiedergaben, helfen hier nicht. So ist auch niemand berechtigt, sich für beleidigt zu halten, wenn er so beschrieben ist, wie er sich zeigte. Von der Höflichkeit, die wir im geselligen Kreise zu befolgen haben, ist der Schriftsteller entbunden.

Aber daß es so einfach mit der Wahrhaftigkeit und der geforderten Objektivität nicht ist, hat Wieland auch schon gemerkt; völlig voraussetzungslos kann man an solche Phänomene nicht herantreten, Voraussetzung und Vorurteil müssen genau gesondert werden, so daß Wieland schließlich erklärt: »Zu Erlangung einer richtigen Kenntnis von Nationen und Zeitaltern ist hauptsächlich vonnöthen, daß man das Unterscheidende oder Charakteristische eines jeden Volkes, welches merkwürdig genug ist, um die öffentliche Aufmerksamkeit zu verdienen, kennen lerne: und dieses Charakteristische äußert sich gewöhnlich eben so wohl, ja oft noch stärker und auszeichnender, in Fehlern als in Vollkommenheiten. Oft sind die Fehler nur ein Uebermaaß von gewissen Eigenschaften, die in gehörigem Maaße sehr löblich sind (...)«

Oft sind Fehler nur die Konsequenzen einer Eigenart, welche die Voraussetzung bestimmter Tugenden ist, hier gilt es genau zu beobachten und zu schließen; alles soll dem schriftstellerischen Reisenden in einem »natürlichen Lichte« erscheinen. Andererseits wird oft nur aufgrund einer starken Selbstgefälligkeit von den Betroffenen etwas als beleidigend empfunden, was im Grunde nur sachliche Mitteilung ist. Nötig sind Darstellungen, die man als »simple, getreue, ungeschmeichelte« bezeichnen kann.

Wieland interessiert sich für die Voraussetzungen, ohne sie doch systematisch erfassen zu können, auch er argumentiert wesentlich psychologisch, was auch wiederum nicht falsch ist, da jeder Reisende doch als Autor keine Registriermaschine, sondern eben ein wahrnehmendes Subjekt ist.

»Wer aus einem großen Staat«, sagt Wieland, »in einen andern kömmt, wo Verfassung und Einrichtung National-Charakter und National-Sitten mit jenem stark abstechen, z. B. aus einem militärischen in einen, der seinen Wohlstand dem Frieden und den Künsten des Friedens zu danken hat: der bringt eine Disposition mit sich, vorzüglich alles das zu bemerken, was den Unterschied zwischen beyden ausmacht, weil dies gerade die Züge sind die ihm am stärksten auffallen. Daher kommt es denn ganz natürlich, daß er ein Belieben daran findet, das Charakteristische der einen und der andern Nation gegeneinander zu stellen, und mit einander zu vergleichen – eine Operation, wodurch gemeiniglich herauskommt, daß das, worin die eine sich besonders hervorthut, gerade nicht die glänzendste Seite der andern ist.«

Wieder ist Verschiedenheit das Zauberwort, das zum Verweilen und Vergleichen zwingt. Nur folgt daraus nicht immer gleich Erkenntnis, der Gegensatz ist nur ein Faktum, niemals schon die Erklärung, zu der er vielmehr auffordert, und die Andersartigkeit kann schließlich so weit gehen, daß sie zu völligem Unverständnis führt. Daß, wie man etwa bei Léry sieht, die Sympathie durchaus eine produktive Rolle spielen kann wie Antipathie eine negative, das zu bemerken wagt Wieland natürlich nicht. Die Wahrheit, die er haben möchte, ist doch höchstens immer die Wahrhaftigkeit des aufnehmenden und hoffentlich auch nachdenkenden Subjekts, seine Vorurteilslosigkeit kann nur ein Ziel, niemals ein anders als am Resultat nachweisbarer Zustand sein. Es gilt also eigentlich, die Voraussetzungen der Subjektivität, ihre jeweiligen Eigentümlichkeiten zu reflektieren und diese wirklich offenzulegen.

Aber das weiß Wieland natürlich, daß eine vollkommene Wahrheit, eine von Irrtum freie Darstellung fremder Zustände im Grunde nicht zu denken ist. Daß man nun deswegen, wie Rousseau dies meinte, die Reisebeschreibungen gar nicht lesen sollte, einen solchen Schluß will Wieland natürlich nicht ziehen. Deshalb gibt es die Möglichkeit, die er anbietet durch seine Zeitschrift, daß jeder, der es besser weiß, den betreffenden Schriftsteller korrigiert, ja, daß er dies sogar als seine Pflicht empfindet. Denn niemals hat einer allein die Wahrheit, und erst im Gespräch wird sie nach und nach freigelegt. Solches Gespräch aber heißt in dieser historischen Stunde: Öffentlichkeit. Ihr sind beide verpflichtet, der Schriftsteller wie derjenige, der ihn korrigieren könnte. Das muß nicht immer der Kritiker sein, in vielen Fällen war er es natürlich. Im Hinblick auf Schriften zur Länder- und Völkerkunde, auf Reiseliteratur im weitesten Sinne hat in jenen Jahren für Deutschland Georg Forster diese Rolle gespielt, er, dessen Schilderung der Weltreise mit James Cook gerade Wieland begeistert begrüßt hatte. An Forsters Rezensionen und Aufsätzen wird dann deutlich, was Wieland erst zu ahnen beginnt und was eine neue Etappe in der Entwicklung der Reiseliteratur als Welterfahrung, als Reflexion auf die so sich verändernde Welt bedeutet. Schon häufen sich die Anleitungen zum Reisen, bestimmt von den Interessen der Verfasser, sei es Linné, Blumenbach oder Cuvier, Michaelis, de Brosses oder Volney.

Für Kant sind Reisen und sind die Reisebeschreibungen

selbst schon Mittel, die den Umfang der Anthropologie erweitern, doch erscheint ihm das Reisen als sinnlos, wenn nicht der Reisende zuvor sich genügend Menschenkenntnis erworben hat, wenn er nicht schon weiß, was er wo zu suchen hat. Durch Philosophie geordnete und geleitete Generalkenntnis soll aller Lokalkenntnis stets vorangehen.

Es ist erstaunlich, daß selbst einem Manne wie A. L. Schlözer, dem bedeutenden Staatswissenschaftler und Historiker, der durch langen Aufenthalt in Rußland auch die Erfahrung fremder Welt erworben hatte, diese Bedeutung der Reisen entgeht, dies sogar zu einem Zeitpunkt, als G. Forsters Beschreibung der Weltumseglung mit Cook bereits erschienen ist, als Herder und Kant ihre Fehde schon ausgetragen haben. Wir besitzen die Nachschrift seiner letzten in Göttingen gehaltenen Vorlesung aus dem Wintersemester 1795/96, deren offenkundige Kargheit gewiß nicht allein den Hörern zuzuschreiben ist. Selbst wenn man in Rechnung stellt, daß Schlözer für junge Kavaliere vor allem liest, die nach Abschluß der Studien vermutlich noch auf Bildungsreise sich begeben werden, so bleibt doch die Enge des nur pragmatischen Blickpunktes enttäuschend. Der alte Schlözer scheint bestimmte Entwicklungen nicht mehr verarbeitet zu haben, doch nimmt er leider nicht einmal in seine Überlegungen auf, was A. v. Haller bereits vor fast fünfzig Jahren ausgesprochen hatte.

Er unterscheidet vier Bedeutungen der »Anleitungen zum Reisen«: die für Reisen von Gelehrten, die von politischer Instruktion bestimmten, die auf Nachrichten und Merkwürdigkeiten gerichteten und schließlich die »Anleitungen zu einer sicheren, zweckmäßigen, angenehmen und wohlfeilen Reise«.[9] In diesem Zusammenhang vermerkt die Nachschrift: »Am zweckmäßigsten reisen die Deutschen, die überhaupt am meisten reisen. Allgemein stellt man sich das Reisen zu theuer vor.«

Weiter erwähnt er eine Reihe von literarischen »Subsidien« für vernünftiges Reisen, erwähnt die umfangreiche »Erdbeschreibung« von J. F. Büsching, neuere Kompilationen von Reiseberichten, Postcharten und Postbücher mit den darin angegebenen Reiserouten. Die Stadtbeschreibungen erwähnt er als Neuerung und weist auf Nicolais Beschreibung von Berlin hin, die 1762 in erster Auflage erschienen war.

Wie und wo man zu Lande und auf dem Wasser reist, wird ausführlich dargelegt, Wasser-Reisen etwa können sowohl auf Flüssen oder Kanälen als auch auf See durchgeführt werden, und hier reist man z. B. auf Paketbooten, auch Kauffarteischiffen, ja noch Kriegsschiffe werden angeführt. Doch heißt es dabei: »Wer nicht ein Amt darauf hat, kommt selten mit. Sicher und bequem. Viele große Zimmer. Alle Bedürfnisse, falls man krank wird. Frischer Proviant, Milch und Fleisch, denn man nimmt Thiere mit. Sie segeln geschwinder als andere Schiffe. Die einzige Gefahr ist die, übersegelt zu werden.«

Noch anderes ist zu den Seereisen, nunmehr auf den Kauffarteischiffen, zu bemerken: »Nirgends lernt man Menschen besser kennen, wenigstens tolerieren, als zur See. Man heyrathet sich beinah.«

Er empfiehlt, mit den Matrosen gefällig zu verfahren, sich auch mit ihnen auf Wache zu unterhalten. »In guter Jahreszeit haben Seereisen viel Vergnügliches vor Landreisen. Nur das Krankwerden kann fürchterlich werden. Gegen hitzige Krankheiten dann kein Mittel.«

Unbequemlichkeiten, Krankheiten, Gefahren und Preise, alles wird von Schlözer gestreift, teils kürzer, teils länger erörtert, aber doch stets auf der pragmatischen Ebene, auf der lediglich Fakten wichtig sind, Deutungen und Bedeutungen aber unangebracht. So heißt nach ausführlicherer Erörterung der Unfälle und Krankheiten, denen die Reisenden auf See ausgesetzt sind: »Hat man Glück, mit Convoye zu segeln, so kriegt der Furchtsamste Muth. Man macht sich Visiten oder spricht durchs Sprachrohr. Englische Schiffe sind die vorzüglichsten. Herzlich theuer, aber auch flinker und sicherer. Kein Seeräuber greift sie an. Der Schiffsbau wird handwerksmäßig betrieben. Der Tisch ist sehr gut. Bey den Holländern mager, doch hohe Reinlichkeit. Woran es den französischen Schiffen fehlen soll. Die Subordination ist größer als bey den Holländern. Man hüte sich sehr vor nächtlicher Erkältung, am besten ist Matrosenkleidung.«

Die Landreisen handelt Schlözer zunächst mit dem Blick auf die Postverbindungen ab, denn: »Man reist mit der Post oder ohne dieselbe.« Soweit wie die zivilisierte Menschheit reicht eben auch die Post, sie ist in Nordamerika gut wie auch im spanischen Amerika, »In Mexico sogar. In Europa fast überall. Ab von Venedig durch die Türkey nach Albanien. Am Ganges bey den Engländern überall. Die letzteren wollen dahin eine Landpost errichten, über die Meerenge von Suez. In ganz Afrika keine Post und Zeitung. In ganz Asien desgleichen.«

Auch die Fußreisen werden erwähnt; so seien vor vierzig Jahren oft die Studenten von Straßburg nach Paris gelangt. Er nennt dann Leute, die von Berufs wegen zu Fuß reisen, nämlich Botaniker und Mineralogen. »Seit fünfzehn Jahren sind die Fußreisen ehrlich geworden«, heißt es sodann. Nur an einer Stelle, wo er wieder von den Posten handelt, deutet sich bei Schlözer eine Überlegung an, die auf die Weltveränderungen zielt; er spricht in diesem Zusammenhange von dem »Hauptcriterium beförderter Communication. Medio aevo gab man den Metzgern Briefe mit. Das Commerz ist erleichtert ins Unendliche. Die neuere menschlich hohe Cultur begann. Geschichte. Wissenswertes fing an. Völlig coaeve Erfindung mit der Druckerey zum Heil der europäischen Menschheit. Auch war es die Mutter der Zeitungen. Ehemals erfuhr man erst Jahre nachher Entdeckungen, Untergang von Reichen.«

Doch lenkt er bald wieder zum Praktischen zurück, bespricht das Postwesen mehrerer Länder, dann auch die Chausseen, von denen es heißt: »Die Römer hatten sie vielleicht vollkommen noch, doch dann giengen sie verloren. Die Franzosen erneuerten sie, Deutschland folgte, besonders Oesterreich nach dem Siebenjährigen Krieg. Seit 1770 ist es vorzüglich gut. In den kalten Ländern kann man ihrer Ermanglung wegen ein halbes Jahr nicht reisen, wenn nicht Frost die Schneestraßen bahnt. Der heurige Winter schadet Millionen in Rußland. Der Weltcommerz wird vertheuert.«

Selbst von den Gasthöfen weiß der erfahrene Schlözer einiges zu sagen, auch in kulturhistorischer Hinsicht, er unterscheidet dabei barbarische, halbkultivierte, kultivierte und hochkultivierte. Von den kultivierten heißt es knapp: »Auch diese findet man häufig in Deutschland. Sie sind gehoben durch das Interesse der Concurrenz.«

Hochkultivierte Gasthöfe weiß Schlözer in Deutschland anscheinend nur sechs zu nennen.

Schlözer scheint übrigens auch von Gefahren gehandelt zu haben, an die man normalerweise nicht sofort denkt, so heißt es plötzlich unter der Überschrift »Reisen in Gesellschaft«: »Bey allem Reiz des Reisens gewöhnt sich ein Gelehrter bey zu langen Reisen ein zu gutes Leben, Dissipationen an, und entwöhnt sich vom deutschen Fleiße. Stete Arbeit wird ihnen abscheulich. Nach der ersten Reise als Hofmeister ist es unvergleichlich, auf einer Universität wieder die Materialien zu verarbeiten.«

Zuweilen grenzt der Lakonismus Schlözers, so wie ihn die Nachschrift uns vermittelt, ans Komische, denn noch immer unter dem gleichen Stichwort stoßen wir auf die Bemerkung: »Gelehrte von einerley Studium ärgern sich wohl wechselseitig. Von der großen königlichen Expedition nach Arabien kam nur einer zurück.«

Sparsam ist, was er den Reisezwecken zu bemerken hat, aber auch hier deutet er doch eine historische Veränderung an, wenn er sagt: »Man muß 1. sehen. Viele halten blos auf das Sehen. Sie werden erbarmungswürdig. – Man sehe übrigens selbst Hofleute und die Majestäten speisen – sey es auch nur, um zu beobachten.

Schon in der alten Welt gab es sieben Guckdinger – hoch- und weltberühmt. Itzt giebt es viele tausend.«

Natürlich empfiehlt er auch, zu sehen, Merkwürdigkeiten zu beobachten, und kommt zu dem gelungenen Vergleich: »Manche Reisende sind Blei, – manche Quecksilber, immer guckend, immer auf den Beinen. Manche sehen gerade das Rechte nicht.

Im Allgemeinen: Was man ohne Gefahr und ohne große Kosten sehen kann, sehe man. Noch vor 40 Jahren konnte man wegen Mangel an Reisebeschreibungen lange nicht so nützlich reisen. Itzt ist das Sehenswürdige schon beschrieben, sogar Manufacturen. Manches ist zwar schlecht und manches gar nicht, dann muß man freylich die Sache verstehen.«

Mit den Hinweisen auf das Führen des Reisejournals brechen die Erörterungen ab. »Ein vollendetes Journal ist schwer zu führen. Oft ist das Observieren ermüdend. Man überladet sich mit Ideen. Vergißt.«

Dann heißt es mit einem gelegentlich schon bemerkbar gewordenen Sarkasmus: »Je unwissender der Reisende, desto größer ist oft das Journal.«

Es kann nicht darum gehen und wäre sinnlos, ja unmöglich, einen Katalog der Ansichten über das Reisen aufzustellen, nur bestimmte Positionen sollten sichtbar werden, das Spektrum der Forderungen und Ansprüche und, damit verknüpft, das deutlich anwachsende Interesse an der Reiseliteratur, die zunehmende Bedeutung, die sie allmählich erlangt. »Itzt ist das Sehenswürdige schon beschrieben«, stellt Schlözer fest, jetzt also kann man alles schon erfahren, mit einem reichen Vorwissen die Reise antreten, vermag also bewußter zu reisen. Entdeckungen sind, das gilt für den Weltkreis überhaupt seit den Fahrten von James Cook, nicht mehr wirklich zu erwarten, also muß sich die Art des Reisens, seine Qualität sogar, notwendig verändern. Denn: Abenteuer und Entdeckung wird nun überführt in Forschung, Erschließung, Deutung. Nur in bekannten Ländern und Zonen kann man eine Bildungsreise unternehmen. Ihr steht nun schon die ganze umrundete Welt zur Verfügung. Der Planet ist zur Einheit geworden.

Unbefragt steht auch bei Schlözer noch hinter allen Erörterungen der Bildungswert des Reisens, der nicht so weit getrieben wird, daß es nötig sei, das Fremde vom Vertrauten, das Vertraute aber vom Fremden her und also neu zu sehen. Für uns ein Curiosum, ist doch für die Epoche durchaus typisch das anonyme deutsche Werk, das allgemein europäische Tendenzen aufnimmt und dessen Titel, noch barock, wie folgt lautet: »Der reisende Engelländer, Welcher, die Schwermuth seiner Gedanken Zu vertreiben, Durch Die vornehmsten Länder reiset, Sich Derselben Größe, Vortrefflichkeit, Macht und Schwäche bekand macht, Der Einwohner Sitten, die Art des Regiments, und besondere Merckwürdigkeiten in Betracht ziehet, Auch Mit Personen allerley Standes Unterredung pfleget, Und seine Reise zu Wasser und Lande Vor diszmahl aber nur durch einen Theil Von den Vereinigten Niederlanden Fortsetzet.«

Der Titel ist das Programm; wie man reisen sollte, wird hier am Beispiel vorgezeigt: ein begüterter vornehmer Engländer, der seine Frau verloren hat, wird von einem Freunde schließlich, die Trauer zu mildern, zu einer Reise aufgefordert und begibt sich auf den Kontinent, wo er, jedenfalls in den Niederlanden, von denen hier die Rede ist, überall rasch Bekannte wiederfindet oder Bekanntschaften schließt, die es ihm, da Holländer Englisch sprechen, auch ermöglichen, alles das über das Land zu erfahren, was ihm sonst verborgen geblieben oder höchstens oberflächlich bekannt geworden wäre. Geschichte, Verfassung, Handelsverbindungen, der Wohlstand und die Voraussetzungen, die ihn ermöglichten. Von den großen Bauten Amsterdams, den architektonischen Merkwürdigkeiten, ist ausführlich die Rede, und, was sonst einem Reiseführer anvertraut würde, wird hier in Gesprächsform aufgelöst.[10]

»Die Lords«, so heißt es schließlich, »waren mit dieser ziemlich weitläuftigen Nachricht vollkommen zufrieden, und danckten dem unvergleichlichen Tulsching auf eine so verbindliche Weise, welche ihre Hochachtung gegen ihn deutlich bewieß. Sie nahmen zugleich von diesem großen Lehrer der Rechte verpflichtesten Abschied, und beyderseits versicherten einander einer unzertrennlichen Freundschafft. Sie bewunderten hierauf unter sich die angenehme Art, womit dieser Gelehrte ihnen die verlangten Nachrichten gegeben, und sahen sich in der Stadt Nachmittags nach den vornehmsten Merckwürdigkeiten um. Sie giengen in die dasige Peters-Kirche, und ließen sich das zu Stein gewordene Brodt zeigen, welches bey der Gelegenheit geschehen, da eine Schwester die andere so sie um Brodt angesprochen, mit diesen Worten abgewiesen: Sie wolte, daß das Brodt, wo sie dessen hätte, zu Steine würde, welches auch geschehen seyn soll.«[10]

Von Leyden, wo sie das haben sehen können, kommen die beiden Lords nach dem Haag, und zwar in Treckschuyten, von denen es belehrend heißt: »Diese Manier, geschwinde von einem Ort zum andern zu kommen, gefiel ihnen überaus wohl. Denn weil Holland allenthalben mit Canälen durchschnidten ist, so findet man unzehlige kleine Fahrzeuge, welche Treckschuyten genennet und von Pferden, an einem Seile gezogen werden.«

Man sieht, was im Gespräch an Information noch gut unterzubringen ist, siedelt der Erzähler in Nebensätzen und Erläuterungen seines Berichtes an. Denn nur um Instruktionen geht es; der »schwermüthige Engelländer« ist kein Vorläufer und Vorreisender des Helden der »Sentimental Journey«.

Weil der Zweck ein so deutlich pädagogischer ist, so darf auch ein Besuch bei »dem weltberühmten Mathematico, Anton von Löwenhoeck«, den man vom letzten Spanischen Erbfolgekrieg her kennt, nicht fehlen. »Er empfieng sie also, wie man mit Freunden, die man in so langen Jahren zu sprechen das Vergnügen nicht gehabt, umzugehen pflegt, und führte sie so gleich in seine Studier-Stube, weil er sich wohl zu erinnern wuste, daß der Lord Bingley vor dem mehr Lust in dieser, als in der schönsten Gast- und Audienz-Stube gefunden. Er zeigte ihm die kostbaren Instrumenta, und Microscopia, die er zu erfinden das ausnehmende Glück gehabt. Er bewieß ihm, daß in dem Essig viel Millionen kleine und in einander gewickelte Schlangen, in dem menschlichen Saamen nicht weniger Würmer, und die Käse-Möllen, so tausendweise herum kriechen, den kleinen Schweinen ähnlich wären. Er zeigte ihm durch die zärtesten Microscopia, daß das Saltz aus lauter Spitzen und Ecken, welche die Zunge bissen und stächen, der Zucker, aus lauter Kügelgen, welche der Zunge angenehm fielen, bestünde. Dieses bewog den Lord überlaut zu sagen:

Bingley.

Unvergleichlicher Löwenhoeck! Wie hoch steigt nicht der Menschen-Witz, und wieviel ist euch die gelehrte Welt nicht dieser Erfindungen wegen schuldig? Solte man wohl Schlangen in Eßig, und Würmer in den Saamen zu seyn glauben, wenn nicht die Augen zu dessen Versicherung dabey dienten?

Löwenhoeck.

Ach! Mylord. Dieses sind noch lange nicht alle Geheimnisse, welche in der Natur verborgen stecken, und durch die Microscopia eröfnet worden sind. Sehet nur, Mylord, ein Haar an, und gestehet mir offenhertzig, ob es nicht wie ein dicker runder Balcken, der noch dazu durch und durch hohl ist, aussieht.

Bingley.

Es ist wahr, und man kan sich über diese Betrachtungen nicht genug verwundern. Denn wenn man bedencket, wie zart und klein ein Haar sey, so muß man über dessen Structur in Erstaunen gerathen.«

Auch über die Verhältnisse in den ostindischen Kolonien werden die beiden Lords, inzwischen nach Rotterdam weitergereist, ausführlich informiert; man erfährt so, wie hier die Abkömmlinge der verschiedenen rassischen Mischungen genannt werden und anderes mehr, so auch über die holländischen Zustände, das Verhalten und die Abgrenzung der sozialen Klassen, Ausführungen, die dem Sohn eines Holländers und einer Mestizin, also der Tochter eines europäischen Weißen aus der Verbindung mit einer portugiesischen Schwarzen, in den Mund gelegt werden. Rassenvorurteile werden übrigens in diesem Zusammenhange nicht erkennbar.

Erkennbar aber wird etwas anderes: daß es sich nicht um ein Reisebuch handelt, sondern um die Überführung von Information in ein keineswegs lockeres, sondern sehr direkt angesponnenes, pedantisch ausgeführtes fiktives Gespräch. Es handelt sich in barocker Tradition um Gesprächsspiele für Reisende, die wiederum nur Verkleidungen des vorausgesetzten wissenshungrigen Lesers sind. Insofern ist auch nicht von Städten die Rede, sondern von Sehenswürdigkeiten, nicht von Menschen, sondern von Berühmtheiten und von den Verhältnissen des Landes, seiner Macht und seinen Kriegstaten, seinen Kolonien und ihren Bewohnern – kaum anders als in einem Lexikon oder in einem Reiseführer.

So betrachtet, wird man auch des bedeutenden Unterschieds gewahr, der von einer solchen Publikation her bis hin zu dem Reisekolleg Schlözers sich ausbreitet. Interessant ist dann aber auch, daß ein solches Buch, um sich in die Gunst des Lesers einzuschmeicheln, damals schon der, nur äußerlichen Form der Reisebeschreibung zu bedienen wagt.

Vom bloß Sonderbaren und vom Exotisch-Wunderbaren, das nur gesehen und chronikalisch notiert, nicht eigentlich aufgenommen wird, bis zur Selbst- und Weltkenntnis, die einander zu bedingen scheinen, ist noch ein weiter Schritt. Aber eben er wird im 18. Jahrhundert vollzogen.

In einem der wenig bekannten Aufsätze seiner »Kleinen Schriften« bemerkt Georg Forster unter dem Titel »Neu-holland und die brittische Colonie in Botany-Bai«: »Zu fern zurück ins graue Alterthum verliert sich der Anfang der Kultur in unserm Welttheil, als daß wir mehr als muthmaßen oder glauben könnten, was ihr den ersten Stoß verlieh. Wie von Epoche zu Epoche ihr Fortschritt durch Verkettung der Begebenheiten vorbereitet war, nur dies lehrt uns die Geschichte. Allein in späteren Jahrhunderten wird sichtbarlich schneller ihr Gang. Auch in jeder Hälfte von Amerika entspannen sich die ersten Fäden der Sittlichkeit zu einem zarten Gewebe der Kultur; nur wirkte dieser Bildungstrieb zu schwach, zu langsam für das Bedürfniß der Zeiten; und groß, vielleicht unüberschreitbar, blieb die Kluft zwischen Quippos und Buchstabenschrift. Columbus kam; und die Kultur that Riesenschritte in beiden Welten. Schöner grünte sie nirgends, als in dem neuen mit Europa wetteifernden Freistaat.

Die Erscheinung eines neuen Entdeckers, des unsterblichen Cook, bezeichnet in unsern Tagen eine zweite ähnliche Epoche. Seine drei kühnen Reisen haben das Feld geographischer Kenntnisse von Pol zu Pol erweitert und keine bedeutendere Insel liegt mehr unerkannt im Ocean. Die Folgen des mächtigen Schwunges, den Ein groszer Mann seinem Jahrhundert zu geben wußte, fangen bereits an sich zu offenbaren. Schon knüpft der Handel eine Gemeinschaft zwischen China und der neuentdeckten Westküste von Amerika; und schon macht Großbritannien Anstalt, einen groszen neuen Welttheil durch Colonien anzubauen.«[11]

Die neuen Verhältnisse werden ins Auge gefaßt und philosophisch überprüft; die Vorgänge sind nicht nur Tatsachen, die den Bestand des Wissens erweitern, sie bringen die Menschheit in Bewegung. »Die Erzeugnisse, die Fabrikate, die Metalle, die Kostbarkeiten und die Befriedigungsmittel des üppigsten Luxus strömen aus allen Welttheilen und aus ihrem Innersten, wie von ihren Küsten, in die Häfen des brittischen Reiches«, heißt es in anderem Zusammenhang,

»und werden erst von dorther in Europa bekannt. Kein Volk des Alterthums kann im Vergleich mit diesen Kaufleuten der neueren Zeit bestehen; der Küstenhandel und die Karawanen der Phönicier vor 3000 Jahren sind schwache Versuche gewesen, wenn man sie mit dem ungeheuern Waarentransport, den Fahrten von einem Pol zum andern, den kühnen Weltumschiffungen, den mächtigen Besitzungen in allen Gegenden der Erde, den Fischereien auf entfernten Meeren, den unzähligen Mitteln des Erwerbes und Zweigen der Betriebsamkeit, dem reichen Anbau, den bis zur Vollkommenheit organisirten Fabriken, den glücklich und weislich erdachten Maschinen, dem allgemeinen Wohlstand, der Reinlichkeit, der soliden Pracht und Eleganz der Reichen, kurz mit der ganzen bewundernswürdigen Energie und Majestät der neuen Meereskönigin zusammenhält.«[12]

Nicht immer wird Forster so enthusiastisch sprechen, dennoch wird er solche Erklärungen niemals widerrufen; denn wenn ihm auch die negativen Folgen der Entwicklung deutlich werden, das Unrecht, das Leid der mit solchen Veränderungen verbundenen Vorgänge, die Opfer also, so vergißt er doch nie die Irreversibilität des geschichtlichen Ablaufs. Dann wird er auch an die Verantwortung der Europäer erinnern, die diesen für andere oft unheilvollen Ablauf eingeleitet haben.

Unbestritten bleibt, daß das 18. Jahrhundert nicht nur eine neue Phase der Entwicklung eingeleitet hat, sondern daß es ihm, jedenfalls in der zweiten Hälfte, auch bewußt geworden ist.

In den »Noten und Abhandlungen zu besserem Verständnisz des west-östlichen Divans« hat Goethe auf diese Entwicklung hingewiesen: »Was wir dem achtzehnten und schon dem neunzehnten Jahrhundert verdanken, darf hier gar nicht berührt werden. Die Engländer haben uns in der letzten Zeit über die unbekannten Gegenden aufgeklärt. Das Königreich Kabul, das alte Gedrosien und Ceramanien sind uns zugänglich geworden. Wer kann seine Blicke zurückhalten, daß sie nicht über den Indus hinüber streifen und dort die große Thätigkeit anerkennen, die täglich weiter um sich greift; und so muß denn, hiedurch gefördert, auch im Occident, die Lust nach fernerer und tieferer Sprachkenntniß sich immer erweitern. Wenn wir bedenken, welche Schritte Geist und Fleiß Hand in Hand gethan haben um aus dem beschränkten hebräisch-rabbinischen Kreise bis zur Tiefe und Weite des Sanscrit zu gelangen; so erfreut man sich, seit so vielen Jahren, Zeuge dieses Fortschreitens zu seyn. Selbst die Kriege, die, so manches hindernd, zerstören, haben der gründlichen Einsicht viele Vortheile gebracht. Von den Himalaya-Gebirgen herab sind uns die Ländereyen zu beiden Seiten des Indus, die bisher noch mährchenhaft genug geblieben, klar, mit der übrigen Welt im Zusammenhang erschienen. Über die Halbinsel hinunter bis Java können wir nach Belieben, nach Kräften und Gelegenheit unsere Übersicht ausdehnen und uns im Besondersten unterrichten; und so öffnet sich den jüngern Freunden des Orients eine Pforte nach der andern, um die Geheimnisse jener Urwelt, die Mängel einer seltsamen Verfassung und unglücklichen Religion, so wie die Herrlichkeit der Poesie kennen zu lernen, in die sich reine Menschheit, edle Sitte, Heiterkeit und Liebe flüchtet, um uns über Castenstreit, phantastische Religions-Ungeheuer und abstrusen Mysticismus zu trösten und zu überzeugen, dasz doch zuletzt in ihr das Heil der Menschheit aufbewahrt bleibe.«[12]

Den Folgen, die der Dichter hier resümierend betrachtet, gehört eine poetische Wirklichkeit zu, der »Divan« selbst ist in diesem Zusammenhang der Entdeckung des Orients zu lesen, die wiederum Forster mit seiner Übersetzung der »Sakontala« so produktiv eingeleitet hatte.

Aber solchen Übersichten korrespondiert auch noch, was A. v. Humboldt viele Jahre später rückblickend, ergänzend, für die Naturwissenschaft und Literatur zugleich als folgenreich erkennt: »Gehen wir zu der uns näheren Zeit über«, heißt es bei ihm, »so bemerken wir, daß seit der zweiten Hälfte des achtzehnten Jahrhunderts sich vorzugsweise die darstellende Prosa in eigenthümlicher Kraft entwickelt hat. Wenn auch bei dem nach allen Seiten hin erweiterten Naturstudium die Masse des Erkannten übermäßig angewachsen ist, so hat sie darum doch nicht bei den Wenigen, die einer hohen Begeisterung fähig sind, die intellectuelle Anschauung unter dem Gewicht des Wissens erdrückt. Diese intellectuelle Anschauung (das Werk dichterischer Spontaneität) hat vielmehr selbst an Umfang und an Erhabenheit des Gegenstandes zugenommen, seitdem die Blicke tiefer in den Bau der Gebirge (der geschichteten Grabstätte untergegangener Organisationen), in die geographische Verbreitung der Thiere und Pflanzen, in die Verwandtschaft der Menschenstämme eingedrungen sind. Sie haben zuerst, durch Anregung der Einbildungskraft, mächtig auf die Belebung des Naturgefühls, den Contact mit der Natur und den davon unzertrennlichen Trieb zu fernen Reisen gewirkt: in Frankreich Jean Jacques Rousseau, Buffon, Bernardin de St. Pierre und, um hier ausnahmsweise einen noch lebenden Schriftsteller zu nennen, mein vieljähriger Freund August von Chateaubriand; in den britischen Inseln der geistreiche Playfair; in Deutschland Cook's Begleiter auf seiner zweiten Weltumseglung; der beredte und dabei jeder Verallgemeinerung der Naturansicht glücklich zugewandte Georg Forster.«[13]

Die Zeit der nur abenteuerlich-wunderbaren wie der pedantisch-polyhistorischen Reisen ist nun vorbei; die Geschichte der physischen Weltanschauung als die der Erkenntnis eines Naturganzen, wie Humboldt dies formuliert, läßt sich nunmehr auch nachzeichnen. Drei Stufen der Entwicklung kann man nach Humboldt bestimmen: die der denkenden Betrachtung der Naturerscheinungen, die der Weltbegebenheiten, welche den Horizont der Beobachtungen ausweiteten und schließlich die der Erfindung neuer Mittel der sinnlichen Wahrnehmung. Die Menschheit hat intellektuell von einem großen Teil der Welt Besitz ergriffen und tat dies durch Mittel, für die er mehrere Beispiele geben will: »Beispiele von erweiterter *Naturerkenntniß*, von großen *Begebenheiten* und von der Erfindung neuer *Organe*.«[14]

Die Entwicklung des Naturgefühls spielt dabei für die Ausprägung der Reiseliteratur eine entscheidende Rolle, sie ist eine Voraussetzung für die Entdeckung der Landschaft als geographischer Physiognomie. Die geographisch-anthropologische Entdeckung, die literarische Aneignung und Gestaltung und die naturhistorisch-ökonomische wie politische Deutung und Durchdringung ergänzen sich und treten zueinander. So können hier auch die genannten Namen nebeneinander stehen: Forster, Goethe und Humboldt.

III
AUFTRAG UND ABENTEUER

Erinnerungen sind Reisen in die Vergangenheit, Reisen sind Gegenwart, die ein Festhalten, kein Erinnern fordert, sondern die Gleichzeitigkeit im Raum, die im Erinnern erst durch die Kraft der Vergegenwärtigung hergestellt wird. Dem wirklichen Reisenden ist sie wie das Fremde noch in seiner ganzen Vergangenheit stets gegenwärtig; wer sein Leben erinnert, der reist in die Vergangenheit. Hier aber findet er vor allem sich. Der Reisende ist weniger darauf aus, sich zu erkunden, als vielmehr die Welt – in der er sich zu finden hoffen kann. Wer sich dem Unbekannten, Fremden verweigert, braucht nicht zu reisen, wer sich an die Fremde verliert, braucht nicht an die Heimkehr zu denken. Nicht weil Reisen jeweils auch Ausschnitte aus einem autobiographischen Zusammenhang sind, was dort am deutlichsten wird, wo das Reisetagebuch als Dokument auftritt, sondern weil sie als komplementär zur Selbsterfahrung und -darstellung erscheinen, gehört, was wir Reiseliteratur nennen in die Nähe des autobiographischen Schrifttums. Nicht zufällig entfalten sich die beiden Gattungen zum ersten Male in der Zeit der Renaissance, um im 18. Jahrhundert in einer neuen Entwicklungsphase eine neue Bedeutung und vielfältige Ausgestaltung zu erfahren.

Das ist bislang freilich nur behauptet, nicht auch gezeigt worden. Und selbstverständlich vollzieht sich die Entwicklung nicht von einem bestimmten Zeitpunkt an so, daß die anderen, sagen wir älteren Formen der Weltauffassung in der Reiseliteratur dann nicht mehr vorhanden wären; sie bestehen längere Zeit nebeneinander her, und der so breite wie letztlich leere Polyhistorismus einer nur gelehrten Art von Aufklärung ist noch anzutreffen, als Forster seine hoffnungsvollen Deutungen und Spekulationen entwirft. Zählende, messende, wägende Weltauffassung sucht sich gegen die weltverändernde, an historischen Prozessen orientierte

Welterfahrung noch lange zu behaupten. Wichtig ist dabei, daß nicht nur angesichts des Fremden das Heimische relativiert wird, weil jede neue Erfahrung das Gewohnte umstoßen kann, sondern eine neue Qualität der Weltauffassung: was man an herkömmlichen Kategorien und Denkvorstellungen besitzt, reicht plötzlich nicht mehr aus, das Vorgefundene adäquat zu erfassen und zu bestimmen. Und der einfache Ausweg, sich ihm zu verweigern, es auszugrenzen und abzulehnen, erscheint nun nicht mehr vor der fragenden Vernunft zu rechtfertigen.

In der Reiseliteratur ist Reise nicht ein Motiv oder ein Vorwand der Darstellung, sondern es dominiert die Reise als Vorgang, durch sie wird der Inhalt bestimmt wie auch die Form. Welterfahrung ist ihr eigentlicher Gegenstand, damit auch, auf dem Umweg über die Gegenstände, Erfahrung des Menschen im Raum wie in der durch räumliche Verschiedenheit nicht selten gleichzeitig vermittelten historischen Zeit. Deshalb ist ihre Wirklichkeit, wie die von Erinnerungen, zugleich objektiv und subjektiv. Sie ist weder fiktiv noch allegorisch, sondern die reflektierte Vergegenwärtigung von Erfahrung, die auf die weitere Weltauffassung verändernd einwirken kann.

In seinem Gedicht auf die Oberpfalz, einem Landschafts- und Reisegedicht sozusagen, hat Johann Christoph Gottsched im frühen 18. Jahrhundert die Reise dazu verwendet, nicht nur die durchfahrenen Gegenden zu beschreiben, sondern auch Vorschläge anzubringen, welche diesem Landesteil von Nutzen sein könnten. Indem er schildert, will er aufklären, indem er aufklärt, will er verbessern. Daß es anders werden soll als es ist, das ist ihm deutlich, es soll auch anderen deutlich werden. Und zwar soll es so werden, wie er sich das vorstellt, die Reise findet so ihren Niederschlag in der Form des Lehrgedichts.

»So weit mein Auge trägt, erblick' ich Stein und Wald,
Ein trostlos, rauhes Land, der Faunen Aufenthalt;

Wo kein gesittet Volk in schönen Städten hauset,
Wo, statt der Muse, Pan auf heischern Röhren brauset.
Apollo wich mit Fleiß aus dieser frechen Flur,
Warum? sie wies ihm nicht die Schönheit der Natur.
Sie ist der Schreibart gleich, die von den Alpen stammet,
Rauh, höckricht, hart und steif: wie er sie stets verdammet.«

Weiter heißt es:

»Was ist der Boden hier? Ein unfruchtbarer Thon,
Der Gras und Kräuter haßt. Das Unkraut flieht ihn schon!
Ein schlechter Distelbusch und scharfe Dornenhecken,
Ja Schleen wollen kaum den öden Grund bedecken.
Der arme Landmann pflügt des Landes mildern Theil;
Allein die Pflugschaar fühlts, und stumpfet sich in Eil.
Man sieht den Acker kaum vor umgestürzten Steinen,
Als sollte noch einmal Deukalion erscheinen.«[1]

Gottscheds Reisegedicht über die oberpfälzische Landschaft,
deren offenkundige Unwirtlichkeit und deren Rückständig-
keit ihm als eine entsetzliche Zumutung erscheint, denn sein
Maßstab ist offenkundig vor allem doch die reiche Han-
delsstadt, endet in einem Bild von der eingeebneten Erde
als dem der vollkommen nutzbar gemachten Welt; als un-
terworfene oder doch als verfügbar gewordene Natur ist
sie durch Einheitlichkeit und Widerspruchslosigkeit gekennzeichnet, alle Vielfalt ist in ihr getilgt worden:

»Komm, angenehme Zeit! beschleunige den Lauf!
Mach alle Länder glatt, heb alle Hügel auf!
Wie sich das Niederland in feuchte Fluren weidet,
Und unsrer Berge Graus kein einzigmal beneidet:
Auch du, o Vaterland, hegst Werke solcher Art,
Die dir der Vorsicht Gunst zum Theil schon aufgespart.
Sie wachsen jährlich zu! du wirst zum Schmuck der Erden,
Ehr, als manch andres Land, ein fetter Gosen werden.«

Das so Erreichte ist dann allerdings nicht einfach Menschenwerk, sondern nur des Menschen Nutzen: der Schöpfer wird in der Natur wirksam werden, sie zu einem vollkommen platten Zustand führen, aus dem alle unfruchtbaren, dem Menschen nicht dienstbar zu machenden Gebiete sozusagen auszuscheiden sind. Der Sinn des Weltganzen ist die Beseitigung solcher Mängel, also der unbrauchbaren Weltgegenden. Auch im sozialen Bereich wird man so verfahren: die Menschen werden, da sie sich kaum selbst aus ihrem Elend heraushelfen können, zum eigenen und zu der anderen Besten, zur Arbeit gezwungen werden: der Faule und Verelendete gleicht eben den unfruchtbaren Landstrichen, die der geplanten Vervollkommnung von Welt und Gesellschaft nur im Wege stehen. Man muß aber auch daran denken, daß Gebirgspfade wie Pässe beschwerlich waren und die Berge erschreckend, nicht nur reizlos. Die Landschaft wird anders angesehen: Ebenen sind erholsam wie Gebirge fürchterlich, die kultivierte Landschaft aber ist dem Menschen freundlich, wie sie nützlich ist.

Gottscheds Gesichtspunkt ist der einer engen, letztlich gar gewaltsamen Nützlichkeit; diese Art von Rationalität bleibt schließlich begrifflos, das Andere kann von ihr niemals in seiner berechtigten Andersartigkeit erkannt, es kann nur auf die eigenen Vorstellungen reduziert werden und damit seiner Authentizität verlustig gehen. Wer so reist, bringt in die Fremde nur die jeweils eigenen Vorstellungen mit, ohne die Fähigkeit, diese zu erweitern oder gar in Frage zu stellen. Er kann sich an das Fremde nicht entäußern, sondern dieses nur in sich hineinzwängen, so daß er dann mit dem Bild einer gewaltsam gezähmten Fremde nach Hause zurückkehren wird. Man muß annehmen, daß, wie in der Zeit der Renaissance und ihrer gewaltsamen Kolonisierungen, auch im 18. Jahrhundert diese Art von Weltauffassung für viele Reisende Gültigkeit besaß. Interessant aber sind diejenigen, die über solche Vorstellungen hinausgelangten, die in der Tradition eines Léry, eines Montaigne zu reisen gelernt hatten und nun angesichts neuer Weltverhältnisse auf diesen Voraussetzungen die Entwicklung weiter zu bedenken und sogar voranzutreiben vermochten.

Wie ein Vorklang zu dieser Phase, die das 18. Jahrhundert charakterisiert, mutet das von seiner großen Reise geprägte schriftstellerische Werk des Engelbert Kaempfer an, dessen »Amoenitates exoticae« und dessen Darstellung von Japan seinerzeit sehr berühmt waren, aber dann wieder in Vergessenheit gerieten, nicht zuletzt wohl auch, weil sie dann bald, jedenfalls im Hinblick auf Japan, durch Thunberg und Siebold überholt waren.

Die Schwierigkeit ist die, daß wir so einem einst hochaktuellen Gegenstand ein nur noch antiquarisches Interesse entgegenbringen. Weckt er nicht mehr, dann ist er veraltet. Das aber gilt es zu prüfen; dabei geht es nicht um die Frage, wie Persien oder Japan im 17. Jahrhundert ausgesehen haben, sondern nur darum, wie Kämpfer sie gesehen hat.

Das Leben des Verfassers, seine Pläne, seine Reisen sind abenteuerlicher als die Bücher es sind, obschon es doch kaum einen abenteuerlicheren Aufenthalt für einen deutschen Arzt aus Lemgo geben konnte, als das ferne, verbotene und seit Marco Polo sagenhafte Inselreich im Pazifik, in dem allein die Holländer von der Regierung des Shoguns, den die Europäer für den weltlichen Kaiser halten, die Erlaubnis bekommen hatten, sich, reduziert auf eine aufgeschüttete Insel im Hafen von Nagasaki aufzuhalten und Handel zu treiben. Diese Erlaubnis teilten sie mit den Chinesen; die Abschließung des Insellandes, das erst vor knapp hundert Jahren durch Tokugawa Ieyasu gewaltsam geeinigt worden war, wurde so konsequent überwacht wie streng eingehalten: die Überlegenheit der europäischen Handfeuerwaffen und Geschütze, verbunden mit der Hartnäckigkeit der Missionare, drohten Japan ein Schicksal zu bereiten, wie es Macao, die Philippinen, das holländische Indien erlitten hatten, das nämlich, zur Kolonie zu werden. Ein Verbot für die Ausländer, hier zu landen, eines für alle

Japaner, das Land zu verlassen, schien die einzige Gewähr für die Bewahrung der Unabhängigkeit zu sein.

Japan selbst war hinreichend autark, auf Importe nicht angewiesen und deshalb auch, bei bescheidenem Lebensstandard der Bevölkerung, am Export nicht sonderlich interessiert. Ein bescheidener Handel wurde dennoch genehmigt: durch Chinesen und Holländer, denen die Bucht von Nagasaki zum Ankern bereitgestellt wurde, behielt die Shogunatsregierung der Tokugawa immer noch Kontakt mit der Außenwelt und vermochte sich über Vorgänge in Asien, Europa und Afrika, über neue Erfindungen und Entdeckungen, Handelswege, Flottenkonzentrationen, aber auch über Veröffentlichungen, vor allem wissenschaftlicher Art, auf allgemeine und immer wieder auch detaillierte Weise zu unterrichten. Nachrichten, die nach ›draußen‹ gelangen sollten, wurden genauestens kontrolliert; es war den holländischen Fahrzeugen genau vorgeschrieben, was sie mitnehmen durften und was nicht, ebenso war genau geregelt, was ein Ausländer überhaupt wissen und erfahren durfte: so waren etwa Vermessungen, kartographische Aufnahmen u. dgl. nicht gestattet. Der Europäer, der dies nicht beachtete, brachte sich und seine Informanten in Lebensgefahr, d. h. seine japanischen Freunde, normalerweise die Dolmetscher, mit denen er zu tun hatte. Genaue Kenntnisse des Landes waren also bis zu seiner Öffnung, 1854, gar nicht zu vermitteln. Daß es dennoch geschah, ging gegen den Willen der japanischen Zentralregierung, war auch nur in Ausnahmefällen möglich, wie eben durch geschickte und vielseitige Ärzte bei der holländischen Faktorei, die im Dienste der Niederländisch-Ostindischen Compagnie standen, wissenschaftlich zu arbeiten wußten und als Gelehrte das Zutrauen und die Achtung der japanischen Aufsichtsbehörden zu gewinnen verstanden. Denn die anderen waren ja nur Kaufleute, Schreiber und Bedienstete, die in Japan nicht sehr hoch geschätzt wurden.

Bis zum Ausgang des 18. Jahrhunderts stützen sich alle

geographischen, naturhistorischen und politisch-statistischen
Angaben über Japan außer auf die durch die in China
wirkenden Jesuiten vermittelten Relationes, die über die
Portugieser und Spanier publiziert, in Deutschland hin und
wieder, so von Aegidius Albertinus, übersetzt wurden, in
erster Linie auf das Japan-Werk von Kaempfer, das nun
an die Stelle der interessanten, gutgearbeiteten Kompila-
tion von Bernhardus Varenius treten konnte. 1788-1793
erst erscheinen dann die vier Bände von Thunberg, Siebolds
»Nippon« ab 1832. Beide Autoren haben darauf hingewiesen, was sie der Japan-Darstellung von Kaempfer verdanken. »Les innovations ou les changements étant très-rares
au Japon, j'ai cru devoir annoter soigneusement tous ceux
arrivés depuis Kaempfer jusqu'à mon séjour dans ce
royaume«, bemerkt Thunberg im Vorwort seiner »Voyages
au Japon«, um sodann fortzufahren: »Puissai-je obtenir
des voyageurs qui marcheront sur mes traces le témoignage
avantageux que j'ai rendu à celui-ci!«[2]
Das war mehr als hundert Jahre nachdem Kaempfer das
Land verlassen hatte, sechzig Jahre nach Erscheinen seines
Werkes. Denn es war ihm nicht vergönnt, sein Japanwerk
so wie die »Amoenitates exoticae« noch selbst zum Druck
zu befördern; es erschien in Deutschland erst als Übersetz-
zung aus dem Englischen, bis schließlich ein deutsches Manuskript gefunden und publiziert wurde (1777/1779). Für
die Edition zeichnete Forsters Freund Ch. Dohm verantwortlich.
Engelbert Kaempfer, als Sohn eines Pfarrers 1651 in Lemgo
geboren, studierte nach dem Besuch der Lateinschule an
Schulen und Hochschulen in Polen und Ostdeutschland,
sprach neben anderen Sprachen auch schwedisch, russisch,
polnisch und portugiesisch und wurde Arzt. Es scheint, daß
er den Reisebericht des Adam Olearius gekannt hat, der
auf ihn gewirkt haben mag wie die Beschreibung der Weltumseglung Forsters auf den jungen A. v. Humboldt. In
Warschau hatte er außerdem die Bekanntschaft des dorti-

gen persischen Gesandten gemacht; er begab sich sodann, da deutsche Fürsten für weltweite Gesandtschaften keine Mittel oder kein Interesse besaßen, nach Schweden, wo er als Sekretär für eine in den Orient bestimmte Gesandtschaft eingestellt wird. 1683 reist er von Stockholm ab, gelangt über Helsinki, Narwa, Moskau, Saratow, Baku nach Isfahan. Von dort aber kehrt er nicht wieder nach Europa zurück, sondern läßt sich am Persischen Golf in die Dienste der Niederländisch-Ostindischen Compagnie übernehmen. Dadurch gelangt er nun über Indien nach Indonesien. Hier entscheidet er sich, nach Japan zu gehen; der Weg dorthin gestattet ihm noch einen längeren Aufenthalt in Siam. Kämpfer kennt also, als er nach Japan kommt, europäische wie orientalische Länder. Er besitzt Vergleichsmöglichkeiten, hat Erfahrungen, was ihm geholfen haben mag, in relativ kurzer Zeit (September 1690 bis Oktober 1692) und unter beengenden Bedingungen, praktisch in einer Art von Gefangenschaft auf der Hafeninsel von Nagasaki, die durch zwei Gesandtschaftsreisen nach Edo (Tokyo) unterbrochen wird, sehr viel Material zu sammeln und zu klassifizieren.

1963 landet er wieder in Amsterdam; in Leyden wird er zum Doktor der Medizin promoviert, um schließlich nach – Lemgo zurückzukehren. Hier sitzt er, als eine Merkwürdigkeit von Besuchern belästigt, ohne eine brauchbare Bibliothek, ohne Kontakt, ohne auch bei den Landesherren, den Grafen von Lippe, mehr Anerkennung, Würdigung und Unterstützung zu finden als die zweifelhafte Ernennung zum Leibarzt. »Wir Deutsche sind ja jetzt bekanntlich Leibeigene unserer Fürsten«, klagt er im Jahre 1705, »und wer ihre Lasten auf sich nimmt, kann sie nicht ohne Ungnade und Schaden wieder abschütteln! Und doch werde ich sie abschütteln, was für Widrigkeit mir immer daraus entstehen mag (...)«[3]

Kaempfer, immerhin doch kein Bader oder Friseur, sondern ein promovierter Arzt, wird als ein Domestik behandelt, der Gelehrten-Stolz rebelliert in ihm, aber er hat die Kraft nicht mehr, den drückenden Verhältnissen sich zu entziehen. Immerhin gibt er 1712 noch in Lemgo die »Amoenitates exoticae« in 5 Bänden, mit Berichten, Beobachtungen und Beschreibungen der »Persischen Dinge und solcher des äuszeren Asien« heraus, gesammelt von ihm, wie es heißt, »multa attentione, in peregrinationibus per universum Orientem«.[4] Japan wird in diesen Bänden noch nicht ausgewertet; Kaempfer kündigt weitere Veröffentlichungen an, stirbt aber bereits 1716.

Ein Engländer wird aufmerksam, Sir Sloene, und spürt den weiteren Manuskripten nach. Ein Neffe Kaempfers verkauft den Nachlaß, der übersetzt wird und 1727 in London als »The History of Japan (...)« erscheint. Bald gibt es weitere Übersetzungen, eine deutsche auf der Grundlage der französischen Version. 1773 entdeckt man im Nachlaß einer Nichte des Reisenden zwei Handschriften des Japanwerks, so daß eine authentische deutsche Ausgabe möglich wird, deren Ergebnisse und Deutungen dann erst durch Thunberg und Siebold ergänzt, korrigiert und fortgeführt werden.

Natürlich hat Kaempfer auch Vorläufer gehabt, auf deren Relationen er sich stützen konnte; es gab außer der Zusammenstellung von Varenius auch eine Landeskunde von Arnoldus Montanus (Amsterdam 1669), mehr als zur Zeit Carlettis und Francis Xaviers wußte man nun doch schon. Aber Kaempfers Leistung ist die erste, unter größten Beschränkungen der Perspektive unternommene Gesamtansicht, angesichts derer es müßig wäre, die einzelnen sachlichen Fehler oder das Übergehen weiter Bereiche aufzuführen und dem Verfasser zum Vorwurf zu machen.

Im Vorwort dankt Kaempfer der Güte und dem Schutz der Holländisch-Ostindischen Compagnie, die ihm die Möglichkeit verschafft hatte, das Kaiserreich Japan und sogar den Hof des regierenden Souveräns (Shogun) zu sehen. »Ich kann versichern, daß die Beschreibung und die Vorstellung, die ich von den Dingen gebe, obgleich unvollständig und ohne Eleganz, im übrigen genau der Wahrheit entsprechen, ohne Verschönerung und genau, wie sie mir erschienen sind. Im übrigen ist es wahr, daß ich, was die geheimen Angelegenheiten des Kaiserreichs betrifft, keine weitgehenden und detaillierten Nachrichten besorgen konnte. Doch man weiß, wie sehr ein solches Unterfangen im Ausland schwierig ist, gleich in welchem Lande, und durch Erfahrung habe ich gefunden, daß es dies in Japan noch mehr ist.«[5]

Das Inselreich ist jeder Art von Handel versperrt, und die holländischen wie chinesischen Kaufleute sind sequestriert, seit dort die römisch-katholische Religion verboten und verfolgt worden ist; Verbindung mit dem Ausland besteht nicht mehr, und die ›Eingeborenen‹ müssen den Ausländern gegenüber, mit denen sie umgehen dürfen, äußerste Zurückhaltung bewahren. Diese sind lediglich geduldet. Auch die Holländer, die genau wissen, wie wenig Kredit sie haben, und daß sie nur einen sehr bescheidenen Handel treiben dürfen, mußten sich überzeugen, daß sie über den gegenwärtigen Zustand des Reichs nichts herausbringen können; sie haben, um sich zu unterrichten, weder Gelegenheit noch Freiheit.

Wie hat es Kaempfer dann angestellt, Informationen und Unterlagen in die Hand zu bekommen? Die Hindernisse sind, wie er sagt, bei einiger Geschicklichkeit doch nicht unübersteigbar. »Zum ersten ist diese kluge und mutige Nation nicht gewillt, anders als selten zu den Versprechungen zu stehen, die sie im Namen gewisser Götter oder Geister abgelegt hat, die mehrere gar nicht anbeten, die die meisten gar nicht kennen, und sie beachten sie nur im allgemeinen aus Furcht vor der sie unvermeidlich erwartenden Strafe.«

Auf der anderen Seite, läßt man den Stolz und die kriegerische Gesinnung der Japaner außer acht, sind sie gesittet, höflich, neugierig wie keine andere Nation der Welt, lieben den Umgang und die Vertrautheit mit den Fremden; sie wünschen mit Leidenschaft, ihre Geschichte, ihre Künste und

Wissenschaften zu kennen. »Da die Holländer als Kauf-leute wenig geachtet sind, ihr Zustand bei ständiger Ueber-wachung Mißtrauen und Stolz produziert, erwirbt man ihr Wohlwollen und ihr Interesse einzig durch Gefälligkeit, Freizügigkeit und alles, was ihrer Eitelkeit schmeichelt.«

So sei es ihm gelungen, erklärt Kaempfer, sich mit den Dol-metschern und Beamten der Vorinsel von Deshima gut zu stellen, und zwar so gut, wie dies noch nie zuvor jemandem gelungen sei. Seine Position als Gelehrter dürfte dabei eine wichtige Rolle gespielt haben, was er allerdings verschweigt. Immerhin kann er seine Gewährsleute doch in Medizin, Astronomie, Mathematik unterweisen, kann reichlich Alko-hol aus Europa anwenden und sich so bald in die Lage versetzen, daß er den Bekannten alle möglichen Fragen stellen darf, deren Beantwortung ihm nun nicht mehr ver-weigert wird. Wenn er mit ihnen alleine war, wurden ihm Mitteilungen gemacht, die als strenge Geheimnisse hätten bewahrt werden sollen. Solche Informationen setzten ihn dann in den Stand, die notwendigen Materialien zu einer Geschichte des Landes zu sammeln, wobei ihm ein junger Diener und Begleiter entscheidend zu helfen wagte, der auch innerhalb eines Jahres das Holländische vollkommen zu sprechen vermochte, eigentlich aber Anatomie und Chir-urgie bei Kämpfer lernen wollte. Es scheint, daß beide, von wissenschaftlichem Interesse getrieben, Informationen und Kenntnisse sozusagen ausgetauscht haben, wobei der Japa-ner gegenüber dem europäischen Arzt, der der Landesspra-che nicht mächtig war, sich im Vorteil befunden haben dürfte.

Die Geschichte Japans setzt mit der geographischen Be-schreibung ein, die auf japanische Quellen zurückgeht und die Zahl, die Einteilung der Provinzen, Distrikte wie ihre Lage, Namen und Erzeugnisse vermerkt, so daß auch Bo-denbeschaffenheit und Landwirtschaft mitbehandelt wer-den. Er verfolgt den Ursprung der Japaner bis zur Baby-lonischen Sprachverwirrung zurück (!), wobei lediglich wichtig ist, daß er der Vermutung, sie stammten von den Chinesen ab, mit guten Gründen entgegentritt. Es folgt die Darstellung der Fauna und Flora, später handelt er von den weltlichen und geistlichen Herrschern, wobei ihm die Unterscheidung zwischen Tenno und Shōgun verborgen bleibt, und weiter dann von den Religionen der Bevölkerung. Er beschreibt schließlich Nagasaki, den Handel der Holländer, schließlich seine beiden Reisen durch das Land in die Shogunatshauptstadt, nach Edo.

Am 24. September 1690 ziehen zwanzig japanische Ruderboote das holländische Segelschiff in die schützende Hafenbucht von Nagasaki: »Der Hafen ist von hohen Bergen umgeben, von Inseln und Felsen. Die Natur hat ihn unter Schutz vor den Schrecken des Meeres und der Gewalt von Stürmen und Unwettern gestellt. Auf dem Gipfel der benachbarten Berge steht eine Wachtruppe: von hier beobachtet man mit Ferngläsern alles, was sich auf dem Meer abspielt und man gibt davon zunächst dem Magistrat von Nagasaki Nachricht, der auf diesem Wege zwei Tage zuvor von unserer Ankunft unterrichtet worden war, d. h. morgens am 22. Dem Küstensaum folgend, der von den Füßen der Berge gebildet wird, die den Hafen umschließen, gibt es mehrere runde Bastionen, wo ich rotbemalte Palisaden bemerkte, gleichwie als Schmuck, aber ich sah keinerlei Kanonen. Zu beiden Seiten der Stadt gibt es recht nahe dem Ufer, auf zwei Erhebungen noch zwei Wacheinheiten, die von Fahnentuch umstellt sind, sowohl als Schmuck als auch um zu verhindern, daß man die Zahl der Kanonen und Menschen sehen könnte, die sich dort befinden. Als wir dort in der Nähe vorbeikamen, grüßten wir jede Wache mit zwölf Kanonenschüssen, und nachdem wir an dem uns zugewiesenen Ort angekommen waren, warfen wir ungefähr dreihundert Schritt von der Stadt und in gleicher Entfernung von der Insel, dem getrennten Aufenthaltsort der Holländer, die nahe dem Ufer, außerhalb der Stadt eigens angelegt worden ist, Anker.«

Sofort wird das Schiff von Regierungsvertretern, Sekretären, Dolmetschern und Soldaten inspiziert; alle Neuankömmlinge werden anhand einer Liste nacheinander überprüft; einige werden aufs genaueste nach der zurückgelegten Reiseroute, der Reisedauer und den Zwischenstationen ausgefragt. Die Bürokratie und Überwachungstendenz sind in dem abgeriegelten Polizeistaat hervorragend ausgebildet und, mangels Beschäftigung vermutlich, übereifrig. Das Schiff wird von japanischen Posten übernommen; Waffen aller Art sind abzuliefern, ebenso das Pulver. Man könnte meinen, sagt Kämpfer, in Feindesland verschlagen worden zu sein, als Spion verdächtigt zu werden, was ja bei den herrschenden Zuständen und Gesetzen eigentlich auch der Fall ist. Gebetbücher, religiöse Schriften wie auch europäisches Geld sind schon zuvor vom Kapitän des Schiffes in Verwahrung genommen worden, um etwaige Schwierigkeiten, die auf die Abwehr aller Missionsbestrebungen zurückgehen dürften, von vornherein zu beseitigen. Wer an Land will, bedarf übrigens eines Ausweises der japanischen Bordwachen und für die Rückkehr noch eines weiteren von den Uferposten.

Soweit zur Ankunft. Von hier an setzt der beschreibende landeskundliche, historisch-geographische Teil ein, den Kämpfer durch seine Berichte von den Reisen durch das Land nach Osten abschließt, die es ihm gestatteten, auch andere Städte als Nagasaki, andere Inseln des Landes zu sehen, ja sogar heimlich mit Hilfe eines Kompasses unter dem Anschein, Pflanzen abzuzeichnen und zu beschreiben, Vermessungen vorzunehmen, d. h. geographische Lagebestimmungen, was, da es verboten war, nur mit allergrößter Vorsicht geschehen konnte.

Seine erste wichtige Einsicht ist die von der starken Verschiedenheit der Japaner im Vergleich zu den Chinesen, Koreanern, Tonkinesen und Malaien. Die Unterschiede erläutert er mit Hilfe der Sitten und der Lebensweise, der Sprache wie der Religion, schließlich auch des Volkscharakters, dessen Bedingungen er nicht näher untersucht. »Die Chinesen sind friedlich, bescheiden, freuen sich an einem ruhigen, beschaulichen und philosophischen Leben, doch sind sie dabei Halunken und Wucherer. Die Japaner hingegen sind kriegerisch, aufrührerisch, ausschweifend, mißtrauisch, ehrgeizig und immer von großen Vorsätzen (Plänen) erfüllt«, eine vereinfachende kontrastierende Resümierung, die im einzelnen der Korrektur bedürfte und nur in der Tendenz der Gegenüberstellung, ihrer Allgemeinheit zum Trotz, als ›richtig‹ bezeichnet werden könnte. Ein prinzipieller Unterschied ist somit zweifellos angedeutet worden.

Weiter konstatiert Kaempfer, daß das Land gebirgig, steinig und unfruchtbar ist, »aber der Fleiß und die Mühen, die unermüdlichen, der Einwohner haben es hinreichend fruchtbar gemacht, um alles Notwendige hervorzubringen. Im übrigen gibt das nachbarliche Meer Fische, Krebse und Muscheln. Die Felsen noch und unbebauten Flecken bringen Pflanzen, Früchte und Wurzeln für die Ernährung der Einwohner hervor: die Bedürftigkeit ihrer Vorfahren ließ sie Mittel finden, sie zuzubereiten und sie selbst dem Geschmack angenehm zu machen. Wenn man dem hinzufügt, daß die Japaner allgemein mit sehr viel Anspruchslosigkeit leben, wird man nicht mehr überrascht sein, daß ein so großes und so bevölkertes Reich einen solchen Überfluß (Fülle) von allem hat, was zum Leben nötig ist, dasz es wie eine eigene Welt, welche die Natur eigens vom Rest der Welt abgesondert hat, mühelos aus sich selbst zu existieren vermag, ohne jede Hilfe eines benachbarten Landes und so lange wie Landwirtschaft und Künste (Handwerk) hier von den Bewohnern gepflegt und vervollkommnet werden.«

Das allerdings sollte sich erst zweihundert Jahre später bei Beginn der Industrialisierung geändert haben, als man sich des Mangels an Rohstoffen, damit auch der Abhängigkeit vom Weltmarkt bewußt wurde. Zu Kaempfers Zeit freilich kann sogar noch von einem gewissen Reichtum an Mineralien und Metallen gesprochen werden, er erwähnt Gold,

Silber und Kupfer vor allem. Von den heißen Quellen schließt er weiter auf Schwefelvorkommen, spricht auch ausführlich von Perlenfunden, Ambra, Achaten und Korallen.

Von den Bäumen bemerkt er vor allem den für die Seidenproduktion unerläßlichen Maulbeerbaum, Papier- und Lackbaum (der eigentlich ein kleiner Busch ist), den Kampferbaum sowie den Teestrauch. Es gibt, stellt er fest, »vielleicht keine Nation auf der Welt, die sich besser auf die Landwirtschaft versteht als die Japaner. Man wird nicht überrascht sein, daß sie darin so große Fortschritte gemacht haben, wenn man zum einen bedenkt, daß das Land aufs dichteste bevölkert ist und zum anderen, daß die Einwohner, da sie keinen Handel und keine Verbindung mit den Ausländern haben, sich in der Notwendigkeit befinden, für ihre Bedürfnisse durch ihren Fleiß und ihre Arbeit selbst zu sorgen. Daher kommt es denn auch, daß die Gesetze, die man in dieser Hinsicht erlassen hat, sehr nachdrücklich und sehr streng sind.«

Weideland muß er fast völlig vermissen, aber noch die Hügel und Berge tragen Getreide, Reis vor allem, Gemüse und Kräuter. »Kein Daumenbreit Erde, der nicht ausgenutzt wird, und bei der Reise an den Hof sahen wir mit Bewunderung, daß die Hügel und Berge, dem Vieh meist unzugänglich und die in anderen Ländern unangebaut gewesen wären, bis zum Gipfel bepflanzt waren.«

Damit hängt dann auch zusammen, daß für wilde Tiere kaum Platz zu sein scheint, überall spürt man die Hand des Menschen. Haustiere freilich finden nur als Zugtiere Verwendung, die Züchtung von Schlachtvieh ist nicht bekannt, denn Fleisch wird nicht verzehrt.

Der Außenhandel, der eingeschränkt, nur über Nagasaki abgewickelt werden darf, kann so bescheiden, wie er oft dargestellt wird, gar nicht gewesen sein; Kaempfer spricht schließlich davon, daß sich im Hafen selten weniger als fünfzig Schiffe und Fahrzeuge befinden, wobei er die zahllosen Fischerboote nicht mitzählt. Nur während einiger Wintermonate kommt es vor, daß sich weniger als dreißig ausländische Schiffe im Hafen von Nagasaki aufhalten, wovon die meisten dann allerdings chinesische Dschunken sind.

Auch eine ausführliche Beschreibung der Stadt, ihrer Umgebung, ihrer Entstehung und Entwicklung liefert Kämpfer; er spricht von den öffentlichen Gebäuden, dem Sitz des Gouverneurs, den Ausländerkolonien, von den Tempeln, den Gefängnissen, den Freudenhäusern, den Brücken und Straßen, wie der Bauweise überhaupt.

»Die Stadt Nagasaki ist offen wie die meisten Städte Japans es sind, ohne Schloß, ohne Mauern und Befestigungen und ohne jede Verteidigung. Die Straßen sind nicht gerade und nicht groß, sie steigen zum Hügel empor und enden vor den Tempeln. Drei Flüsse, deren Wasser schön (klar) ist, durchqueren die Stadt; sie entspringen auf den benachbarten Bergen. Der mittlere und größte durchschneidet das Tal von Osten nach Westen. Während der längsten Zeit des Jahres führen sie kaum genug Wasser, die Reisfelder zu bewässern und einige Mühlen arbeiten zu lassen, aber während der Regen schwellen sie bis zu einem Grade an, daß sie ganze Häuser mit sich reißen.«

Die Stadt, erst seit kurzem aus Gründen des Überseehandels entwickelt, ist bereits dicht bevölkert, es fehlt an fruchtbarem Hinterland, die Menschen können vom Handel allein kaum leben, Schmuggel, den manche zuweilen versuchen, wird erbarmungslos mit dem Tode bestraft. Die Ausländer selbst fühlen sich wie eingesperrt, immer begleitet und überwacht, ohne die Freiheit, selbständig Reisen zu unternehmen. Dennoch erklärt sich Kämpfer bereit, den Japanern Gerechtigkeit widerfahren zu lassen, denn »bei aller ihrer Strenge, bei aller Mühsal, die wir in Japan hinzunehmen haben, wird uns zumindest der Trost, daß wir von unseren zahlreichen Wachen und Aufsehern mit sichtbarer Höflichkeit, Sorgsamkeit, Komplimenten, Geschenken an Erfrischungen und anderen Zeichen der Aufmerksamkeit behandelt werden, soweit es nicht unvereinbar mit ihrer Staatsräson ist. Doch verdanken wir diese Höflichkeit und guten Manieren uns gegenüber mehr der Sitte des Landes, der natürlichen Gesittung, dem vornehmen Verhalten der Japaner als ihrer Achtung und ihrem guten Willen uns gegenüber, die zu zeigen sie sich keine Mühe geben: wir vermögen uns davon durch ihr Verhalten in mehreren Fällen zu überzeugen, wo sie sich nicht allein sehr unvernünftig, sondern auch sehr unfein (unanständig) zeigen.«

Er beklagt sich über Gaunereien und Niedrigkeiten der Dolmetscher, Schikanen und ungerechtfertigte Forderungen, schließlich auch darüber, daß die Direktoren der Gesellschaft, die nach seiner Auffassung doch Gesandte beim Kaiser sind, mit unangemessenen Ansprüchen beleidigt werden. Er übersieht dabei, daß diese »Capitäne« in den Augen der Japaner nur wichtige Handelsleute sind, was auch durch die Art der Audienz beim Shogun deutlich wird, der richtige Gesandte anders empfangen würde. Im übrigen entspricht auch die strenge Zensur, der alle für die Holländer eingehenden Briefe wie die abgeschickten unterliegen, in keiner Weise den Gepflogenheiten des Verkehrs mit Gesandtschaften. Er weiß, daß er und seine Handelsherren nur geduldet sind, und hat Mühe, sich damit abzufinden.

Nur während der Reise nach Edo fühlt er sich ein wenig freier, dankbar genießt er die Fülle der neuen, oft überraschenden Eindrücke. Ausführlich berichtet er auch über die Art zu reisen, in Sänften wie zu Fuß, gibt die Entfernungen an, die Art der Unterkünfte, die wesentlich noch so wie heute ist, erteilt Auskünfte über die Städte und die landwirtschaftliche Nutzung.

Erstaunlich mußte für ihn, der in den Jahren nach dem Westfälischen Frieden aufgewachsen ist, der Zustand der Straßen gewesen sein, die Sicherheit und die Bequemlichkeit des Reisens auch über große Strecken – aber er drückt sein

Erstaunen nicht aus: »Im größten Teil der Gegend des Sai-kaido und überall im Tokaido, zwischen den Städten und Dörfern gibt es auf jeder Seite der Straße eine Reihe von Tannen (Kiefern), geradlinig gepflanzt, die durch den Schatten, den sie spenden, die Reise in gleicher Weise angenehm und bequem machen. Man trägt Sorge, die Straßen sauber zu halten, Gräben und kleine Kanäle zu ziehen, um das von höheren Gründen kommende Wasser abzuhalten. Auf diese Weise sind die Wege immer in gutem Zustand, außer zu Regenzeiten und wenn das Terrain glatt ist. Die benachbarten Dörfer müssen sich zusammentun, um sie in gutem Zustand zu halten und sie jeden Tag reinigen.«

Da Kaempfer genau wie Siebold hundertfünfunddreißig Jahre später von Nord-Kyushu nach Osaka das Schiff benutzt und die berühmte Inland-See durchquert, beschreibt auch er die Fahrt zwischen Hondo und Shikoku an den zahllosen Inseln vorbei, von denen jede, soweit bewohnt, einen bequemen und sicheren Hafen hat, ohne daß er dabei ein Wort über die Landschaft, das Wetter, seine Empfindungen verlieren wollte, wie das hundert Jahre später selbstverständlich sein würde, bei Siebold denn auch ist. Er schildert dafür die leichten Boote, auf denen man fährt: starke, hochseetüchtige Schiffe zu bauen, ist den Japanern ja seit langem untersagt. Die Reiseroute wird übrigens nicht nach Stationen eingeteilt, sondern nach Objekten: Fahrzeuge, Gebäude, Schloßanlagen, Städte, Dörfer, Bauerngehöfte, Hinrichtungsstätten, Tempel, Poststationen, Gasthäuser u. a. m. So gibt er also eigentlich nicht die Reiseschilderung, sondern beschreibt, was für die Landeskunde von Bedeutung ist.

Daher auch der allgemeine Charakter der Beschreibung: »Die meisten Städte sind stark bevölkert und gut angelegt. Die Straßen sind im allgemeinen regelmäßig geführt, denn sie laufen in gerader Richtung und schneiden sich im rechten Winkel, als ob sie zur gleichen Zeit und einem allgemeinen Plane folgend angelegt worden seien. Die Städte sind ohne Mauern und Gräben. Die zwei Haupttore, durch welche die Einwohner hinein- und hinausgelangen, sind nicht besser als diejenigen, gewöhnlichen Tore, die man am äußeren Ende jeder Straße angelegt hat und die beim Einbruch der Nacht geschlossen werden. (...) In den großen Städten, wo ein Fürst regiert, sind die beiden Tore schöner und besser gehalten und, aus Respekt für den Fürsten sind hier Wachen aufgezogen.«

Kaempfer hat auf dieser Reise dreiunddreißig Städte und Residenzen von Landesfürsten zählen können, er ist auch erstaunt über die hohe Zahl der Läden in Städten und Dörfern, die Straßen seien voll davon, und er fragt sich, woher das Land die Waren nimmt, die nötig sind, die Leute zu nähren, gar die Ladenbesitzer reich zu machen. Die Poststellen bieten zu festen Preisen an, was man benötigt: Pferde, Träger, Diener, und dies überall im Abstand von $1^1/2$ bis 4 Meilen. Die Nachrichtenübermittlung geschieht durch Eilstaffetten von Station zu Station im kaiserlichen Auftrag; den Läufern, es sind immer zwei, ist überall Platz zu machen.

Erstaunt beobachtet er die Zahl der Menschen, die täglich durch das Land reist; der Tokaido, eine der Hauptstraßen des Landes, die er viermal gesehen hat, ist an gewissen Tagen so voll wie eine der öffentlichen Straßen der größten europäischen Städte. Die Gründe hierfür erblickt er in der großen Bevölkerungsdichte, aber auch darin, daß die Japaner so viel reisen, mehr vielleicht als andere Nationen, sei es freiwillig, sei es gezwungen. Er führt auch, sehr ordentlich gliedernd, die Gruppen von Reisenden auf: die Fürsten wie die Gouverneure der kaiserlichen Städte, die sich jährlich einmal an den Hof (des Shoguns nach Edo) begeben, um diesem zu huldigen, das bedeute, daß sie jährlich zweimal auf Reisen sind, was ein Irrtum Kaempfers ist: die Reise war jedes zweite Jahr zu unternehmen. Diese Personen wurden natürlich von ihrem Hofstaat begleitet. Dann sind auch Pilgerscharen zu den heiligen Schreinen unterwegs, Bettler, Angehörige der buddhistischen Bettelorden, Verkäufer, Bauernkinder, die Lebensmittel feilbieten. Er erwähnt auch die zahlreichen Freudenmädchen, die allerdings nicht unterwegs sind, sondern an den Haustüren stehen.

Gasthäuser und Herbergen beschreibt Kaempfer ebenfalls sehr genau, sie haben sich wesentlich auch heute noch nicht geändert. Er lobt die Aufmerksamkeit wie den Anstand der Bedienung, auch die Wirte, die keinen Versuch unternehmen, die Fremden zu übervorteilen. »Ich kann sagen, daß bei allen Besuchen, die wir auf unserem Wege gemacht oder empfangen haben, wir mehr Entgegenkommen und Anstand bei den Japanern gefunden haben als man vom höchst gesitteten Volk erwarten könnte. Ihre Weisen, zu handeln, vom elendesten Bauern bis zum höchsten Fürsten und Herrn sind so beschaffen, daß das ganze Reich eine Schule der Gesittung genannt werden kann. Sie haben naturgemäß soviel gesunden Menschenverstand und Neugierde, daß wenn man sie nicht daran hinderte, freien Umgang mit den Ausländern zu pflegen, sie sie mit äußerstem Anstand und größtem Vergnügen empfangen würden.«

Man sieht: dieser europäische Reisende zu Ende des 17. Jahrhunderts, Zeitgenosse von Leibniz, Thomasius und Schnabel, ist, soweit dies überhaupt möglich ist in jenen Zeiten, von Vorurteilen frei. Vieles begreift er nicht, weil ihm die Erklärungen fehlen, von hier her lassen sich manche Irrtümer aufhellen und korrigieren, aber das ist unwesentlich, da es hier nicht um exakte historische Landeskunde geht. Kaempfer lebt ein großes Abenteuer, aber ohne es als solches zu reflektieren. Die Fakten interessieren ihn, Handel, Verwaltung, Lebensweise, Geschichte, Speisen, Sitten, Landwirtschaft, Flora und Fauna, die Medizin des Landes mit ihren Heilquellen, mit Akupunktur, die Städte, die Häuser, die Lage der Holländer auf ihrem Inselchen. Landschaft erfaßt er stereotyp; den persönlichen Erfahrungen zieht er die großen Linien, die auf detaillierter Kenntnis aufbauende allgemeine Darstellung, vor. Er ist, mit wissenschaftlichen Ansprüchen, auf das ganze Land als auf eine Summe von Merkwürdigkeiten ausgerichtet, ohne jedoch nach Fabelhaftem und Exotischem zu spähen. Er erweckt den Eindruck, als sei das Fremde ihm in seiner Andersartigkeit schließlich doch als auf seine Weise selbstverständlich und gleichberechtigt erschienen. Erstaunlich ist nicht allein, was er in kurzer Zeit an Fülle der Fakten und Materialien erfaßt und sammelt, sondern rückblickend auch, was sich in grundsätzlichen Lebens- und Verhaltensweisen bis heute in Japan hat bewahren können. Doch ist dies ein anderer, hier nicht weiter wichtiger Aspekt.

Freilich ist Kaempfer dem Faktischen verpflichtet, das er auf das genaueste sorgfältig registriert und in Zusammenhänge überführt. Die Welt zerfällt ihm nicht in isolierte Einzelheiten. Vom aufnehmenden, erfahrenden Subjekt ist allerdings so gut wie nicht die Rede, obwohl man es doch eigentlich nicht missen möchte – auch aus Gründen der Authentizität. Topographie, Genealogie, Katalog und die erhellende Anekdote sind ihm wichtiger als das Erfahrung suchende, an Welt sich entäußernde Ich. Er gibt die Resultate, nicht die Wege, sie zu erwerben. So wagt er auch eigentlich nicht zu staunen, kaum zu urteilen und selten nur, etwas zu bewerten. Er scheint der Subjektivität zu mißtrauen oder sich ihrer gar nicht recht bewußt zu sein. Schließlich gerinnt ihm alles zu beschreibbaren, dabei ständig die Aufmerksamkeit auf sich ziehenden Gegenständlichkeiten. Man merkt bei Kämpfer immer wieder, daß er, weil er die Eigenart eines so unbekannten und unzugänglichen Landes und seiner Zivilisation zu begreifen im Grunde noch keine Gelegenheit findet, die seltsame Lage, in der er sich selbst sehen müßte und die er ja nur nach europäischem Maßstab beurteilen kann, tatsächlich nicht ganz begreift. So fehlt es auch an vergleichender Darstellung, an kulturkritischen Reflexionen, am Versuch, die

sozialen Verhältnisse zu erfassen. Der Umfang an überraschend fremder Welt, der er registrierend, wach und wil-
lig gegenübersteht und von der er für die Nachwelt Rechenschaft ablegt, ist allerdings eine volle Entschädigung
dafür.

Die wissenschaftliche Reise, also die um der Forschung willen, aus gegenständlichem Interesse unternommene, wird
immer wieder zur Landeskunde, zur geographischen, bota-
nisch-zoologischen Darstellung, gegebenenfalls auch zur
ethnologischen, religionswissenschaftlichen, auch zur histo-
risch-ökonomischen Darstellung hin tendieren und der sachlichen Unterrichtung leicht den Vorrang gegenüber der eigentlichen Wiedergabe der ›Reise‹ einräumen müssen, so
daß etwa die Reise nicht mehr nur nach Stationen und Ereignissen gegliedert ist, sondern nach den zu beschreibenden
Gegenständen und zu behandelnden Themen. Das bedeutet, daß das der Darstellung zugrunde liegende Notizbuch,
das Journal, eine Überarbeitung erfahren wird, dies nicht
nur im Sinn der Ausgestaltung und stilistischen Überarbeitung, der nachträglichen Materialaufnahme wie bei Goethes »Italienischer Reise«, die aus dem Tagebuch der Reise
für Frau vom Stein heraus erinnernd entfaltet wird, sondern eben auch im Sinn der völligen Neukomposition, für
die ein Reisejournal selbst nur Faktum, Dokument, Baustein
ist, nicht mehr. Nirgend zeigt sich wie in solchem Vorgehen
der Primat des Faktischen und die Reduzierung des Subjekts
auf subjektiv wahrheitsgetreue Registrierung und Vermittlung von durch Sinne und Vernunft erfahrbarer, begreiflich
gewordener Welt.
Um die Entfaltung, die sich im 18. Jahrhundert vollzieht,
deutlich zu machen, gilt es eben auch einen Blick auf die
Darstellungen zu werfen, in denen, wie bei E. Kämpfer,
das Subjekt sich noch gar nicht auszusprechen wagt. Einen
Übergang markiert das zu Lebzeiten des Forschers nicht
publizierte Tagebuch Linnés von einer Lappland-Reise, die

er 1732 unternommen und später in seiner »Flora Lappo-
nica« systematisch ausgewertet hat, wie es sich auch für eine
im Auftrag der Königlichen Wissenschaftssozietät des Berg-
collegiums durchgeführte wissenschaftliche Reise gehört.
Andere von Karl von Linné unternommene Reisen in
Schweden führten zur Veröffentlichung von Reiseberichten,
lediglich der »Iter Lapponicum« wurde erst nach dem Tode
des Forschers publiziert. Das Manuskript hat Linné, wie
man leicht feststellen konnte, nicht mehr überarbeitet. Offenbar scheute er die Drucklegung dieses Jugendwerks, der
Notizen seiner ersten Reise. Man muß sich also klarma-
chen, daß es sich 1. nicht um eine druckreife Reiseschilderung handelt und daß 2. eine Lapplandfahrt in jenen Jahren kaum weniger abenteuerlich gewesen sein dürfte, kaum
weniger gefährlich und entbehrungsreich als eine Reise in
den Vorderen Orient oder in die spanischen Besitzungen
Amerikas es waren. So ist hier auch manches, wie merkwürdig es klingen mag, durchaus exotisch: Lappland liegt
sehr fern, Lebensweise und Herkunft der Lappländer erscheinen als durchaus fremdartig.
Mit dem Tagebuchcharakter dieser Nachlaßpublikation
hängt auch etwas sehr Positives zusammen: der rasche, in
der Reihung das Disparate assoziierende Charakter, die
Unmittelbarkeit, die Frische der Wiedergabe, in der, wie
die Gegenstände erscheinen, sie auch nur kurz auftauchen,
ganz unverbunden und ohne Einführung und Überleitung,
wie der Leser es sonst wohl wünschen würde. Auch ist wenig Platz oder Zeit oder Bequemlichkeit für längere Überlegungen und Kommentare, nur wenig Gelegenheit zur Wiedergabe von Anekdoten, keine zu ausführlichen Beschreibungen. So bleibt alles skizzenhaft und genau an die Stationen der Reise gebunden. Vor allem geht es um Steine,
Tiere und Pflanzen, dann aber auch um die menschliche
Lebensweise, nur andeutungsweise geht es auch um die Erfassung der Landschaft.
»Wolken habe ich durchschritten / Das Ende der Welt habe

ich besucht / Der Sonne Nachtherberg geschaut / Unter
einem Jahr 1000 Meilen zu Lande gewandert« –
so endet der Vorspruch des Manuskriptes. Im Tagebuch
selbst spürt man weniger von den so angedeuteten, im Sinn
der Ästhetik des 18. Jahrhunderts erhaben zu nennenden
Gegenständen; der Blick richtet sich so rasch wie auch genau auf die kleine Welt, auf die mikrologische Gegenständlichkeit. Aber dies nicht nur:
»Der Wald war mit Steinen und verschiedenen Salices und
allerlei Pyrolae angefüllt.
Die Steine waren grösztenteils strata sopra strata aus weißem und schwärzlichem Feldstein, polyzonicae (...)
Regen kam hin und wieder stark, und dazwischen schien
Sonne.«
Der Weg führt ihn an einer Eisenhütte vorbei und an einem
Fluß. Eine kurze Bemerkung in elliptischem Stil schließt
sich an: »Meist Lehm, und die Wälder auf sandigem Heid-
boden, wenig Hügel; die Gastwirte taugen nichts.«[6]
Die Beobachtungen, die Linné anstellt, sind naturkundlich,
weder kartographische Auskünfte noch Vermessungsergeb-
nisse will er liefern, auch das anthropologische Interesse ist
sichtbar gering; die Lappen sind für ihn eine interessante,
fremdartige menschliche Spezies. Die Welt erscheint geradezu als Naturalienkabinett: roter Humus an der Land-
straße, große Kiefern und Tannen mit rundum auf einer
Spanne abgeschälter Rinde, weil die Bewohner sie wollen
austrocknen lassen. »Den ganzen Tag hindurch habe ich
beobachten können, wie dieses Land doch einem Mikro-
kosmos gleichkam, denn hier gibt es: Gebirge, Hügel, Felsen, Moore, Seen, Wald, Lehm, Sand, Kieselsteine etc.«
Aber es bleibt nicht bei der bloßen Aufzählung, Linné zieht
eben auch Folgerungen aus den Beobachtungen: »Ich habe
beobachtet, daß Berge, wenn sie abgerodet und abgebrannt
wurden, steril wurden und daß nur Stein bei Stein übrig
blieb.«
Oder er bemerkt eine Spezies des Eisenhutes, die so häufig

und so dicht wie das Heidekraut gedeiht. Das Gewächs wirkt so üppig, weil es vom Vieh nicht gefressen wird. Linné folgert daraus: »Man kann daraus leicht erkennen, wie das unschuldige Tier von der Natur gelehrt wird, Schädliches vom Nützlichen zu unterscheiden, nullo docente, der Mensch aber nicht.«

Allmählich, je weiter sich Linné nach Norden wendet, häufen sich die Seltsamkeiten: in Sästerbotten findet er im Garten noch Salat, Weißkohl jedoch gedeiht dort nicht mehr. Kartoffeln bleiben so klein wie Mohnkapseln. »Seltsam war, was mir der Landhauptmann über den Lehm in den Sandhügeln der Umgebung erzählte, nämlich daß er sich luna crescente ausdehne, luna decrescente aber sich zusammenzöge; wenn man also bei zunehmendem Monde grübe, bekäme man Lehm, bei abnehmendem jedoch Sand.«

Im Lykselenischen Lappland steigert sich das Neuartig-Überraschende, vermehrt nun noch durch die Eindrücke von der Lebensweise und dem Zivilisationsstandard der lappischen Bevölkerung. Die Notizen werden zuweilen anekdotisch: Die Lappen wissen nicht, wie sie aus gestürzten Bäumen Teer und Pech gewinnen könnten, bzw. sie wollen es nicht wissen, weil es ihnen zu mühselig ist. Wie Wacholder nützlich zu verwenden sei, der hier noch spärlich gedeiht, wissen sie ebenfalls nicht. Linné lehrt sie nun, aus den Kieferntrieben einen Branntwein herzustellen und, damit vermischt, das Wasser zu trinken, was ihnen ganz unglaublich vorkommt; sie sind überhaupt noch nicht darauf verfallen, nach anderem Getränk als Wasser überhaupt zu begehren. »Die Nacht war, wie ich bemerken konnte, nicht im geringsten dunkler als der Tag, lediglich absentia solis erat.«

Überraschend ist ihm auch in dieser Vorsommerzeit die rasche, heftige Gewalt des Frühlings dieser nördlichen Gegenden: nachdem er einen vierzehntägigen Abstecher nach Westen zu den Lappen gemacht hat, um dann nach Umeå am finnischen Meerbusen zurückzukehren, muß er erstaunt feststellen, was sich in den zwei Wochen getan hat in der

Natur: »(...) denn als ich fortgereist war, hatten die Espen noch nicht ausgeschlagen, nun standen sie grosz im Laub, das Gras, damals recht kurz, war nun eine Viertelelle lang« etc.

Im Hochgebirge, bei Besteigung eines Gletscherberges, muß Linné erfahren, wie man auf der harten und verharschten Kruste geht und dann wieder durchbricht, so daß man wie im Sande watet. Aber gefährlicher und als Phänomen überraschender ist der Frühsommer unter dem Schnee: »Hier und da gab es Bäche, die unterm Schnee flossen, an einigen Stellen war der Schnee durchbrochen, so daß man sehen konnte, wie er strata auf strata lag, sehr viele. Hier begannen alle Bäche nach Westen zu fließen, ein Zeichen, dasz wir in der nördlichen Lappmark waren.«

Die Naturbeobachtung und -erfahrung ist auch fast immer mit Naturempfinden deutlich gepaart: es wird nicht nur notiert und registriert, sondern auch Freude, Beglückung, Enttäuschung und Widerwillen vermerkt, keineswegs will das Subjekt, das hier auch denkend, folgernd, kombinierend erscheint, sich ausschalten: »Der liebliche grüne Boden, der zuvor noch mit dem Schnee abgewechselt, und die lieblichen Blüten zeigten sich hier nimmer; das ganze Gefild war mit weißem Schnee bedeckt.«

Wahrscheinlich schärft auch die Grenze der Vegetation, der Übergang in Zonen ewigen Schnees, die Aufmerksamkeit, auf das, was gedeiht, seine zarte Kraft, seine bedrohte Schönheit.

Mit eisigem Ostwind im Rücken, geradezu getrieben und geworfen, von Regen gepeitscht, der auf Schultern und Rücken zur Eiskruste erstarrt, gelangt Linné auf die andere Seite des Vorgebirges. »Da wir nun gegen die Mittagszeit die Berge hinter uns hatten, kamen wir ans Hochgebirge, sahen unter uns die höchsten Bäume wie kleine Pflanzen und ein anmutiges grünes Gefilde. Dieselben Gebirgspflanzen, welche man auf der andern Seite gesehen, fand man auch hier. Wir stiegen hinunter, ich glaube noch jetzt hinunterzusteigen, so lange dauerte der Abstieg, und es ging steil hinunter. Gebirgspflanzen sah man unten aber nicht. Als wir endlich unten ankamen, was wurde mir nicht für meinen müden Körper zur Erquickung!« gesteht Linné sich jetzt und erklärt: »Ich kam aus einem kalten, gefrorenen Gebirg in ein warmes, siedendes Tal, ich setzte mich nieder und aß Walderdbeeren, an Stelle von Schnee und Eis sah ich grüne Gewächse in ihrem lieblichsten Flor, und der starke Wind brachte einen angenehmen Geruch nach Trifolio florente und andern Pflanzen. O formosissima aestas!« So wenig wie seine Empfindungen verschweigt Linné die häufigen Gefahren, denen er immer wieder ausgesetzt ist. Beim Aufstieg auf einen sehr steilen Berg löst sich ein Felsbrokken, als er grad einen Schritt zur Seite getan hat; der Fels schlägt dort wuchtig auf, wo er noch soeben gestanden war, mit solcher Kraft, »daß Feuer und Rauch aufstiegen. Hätte ich, aeterni conditoris consilio, da nicht just meinen Weg geändert, man würde von mir keinen Pieps mehr vernommen haben«.

Höchst anschaulich schildert er einen gefährlichen Weg noch fast zu Beginn seiner nördlichen Reise: »Um die Mittagszeit begab ich mich auf meinen Weg, von dem ich gestehe, daß ich an Schwierigkeit noch nie seinesgleichen gekannt habe, denn alle Elemente waren wider mich. Der Weg war ein bloßer Steinhaufen, von Baumwurzeln durchflochten, dazwischen große Löcher voll Regenwassers, denn der Regen und der Bodenfrost, der nun aus der Erde wich, unterstützten einander. Wo ich mich hinbewegte, hingen mir nasse Zweige in die Augen. Wo kleine Birken standen, waren sie so niedergebeugt, daß man nur schwer vorwärts kam. Die langlebigen Kiefern waren, nachdem sie sich so viele Jahre über andere erhoben hatten, von Juno entwurzelt und lagen quer und kreuzweis über dem Weg. Die Bäche, die hier und dort rannen, waren recht tief und die wenigen darüberführenden Brücken so morsch, daß man mit Lebensgefahr auf dem stolpernden Roß saß.«

Im Lappischen von Lycksele muß Linné ein unter Wasser stehendes Moor durchqueren; bei jedem Schritt dringt Wasser bis an das Knie, zuweilen noch höher.

Er beklagt sich zu Recht: »Hätte ich dieses ertragen müssen wegen eines delictum capitale, wäre diese Strafe grausam gewesen, allein was soll ich nun sagen?«

Zuweilen findet er keinen Grund mehr, muß sich ein Stück weit zurücktasten. Die Stiefel sind durchnäßt, das Wasser ist eiskalt, denn stellenweise ist der Moorgrund noch gefroren. Es regnet und stürmt; bald hat er auch genug und wünscht sich, er hätte diese Reise niemals auf sich genommen. Er ist »itinere satiatus«, schon ahnt er, was er sich da aufgeladen hat, denn: »Das ganze Land dieser Lappen war meist Moor, hinc vocavi Styx. Niemals kann der Pfarrer die Hölle so beschreiben, daß dies hier nicht noch schlimmer wäre.«

Kein Dichter habe den Styx so entsetzlich malen können, wie diese Wirklichkeit sich darstellt. »Stygium penetravi. Wir gingen in die Wildnis, ohne zu wissen wohin.«

Derartiges geschieht noch öfter auf seinem Weg nach Lappland, doch nicht mehr mit dieser Schreckhaftigkeit: »Nachdem wir ein Stück gewandert waren, erblickten wir eine dicke Wolke im Nordosten; sie reichte vom Himmel bis zur Erde. Endlich erreichte sie uns wie ein dicker Nebel, machte unsre Kleider feucht, aber das Haar, quod notabile, ganz naß, ja, sie verdeckte uns so den Horizont, daß wir weder Sonne noch Mond zu sehen vermochten, auch nicht die umliegenden Bergspitzen. Wir wußten nun nicht, wohin wir uns wenden sollten, fürchtend, wir könnten in den Abgrund stürzen, der an der einen Seite lag, und, gleich wie es vor einigen Jahren einem Lappländer geschehen war, unsre comedia würde auf der anderen Seite des Gletscherstromes enden, der sich hier so tief in den Schnee gegraben hatte, daß man beim Hinabsehen schwindlig werden konnte. Wir sahen keine zwei Ellen weit. Wir waren wie ein unkundiger Seemann, der dem wilden Meer ausgesetzt ist und kein Land erblickt, aber an allen Seiten Riffe fürchten muß und keinen Kompaß zur Hand hat.«

Der sicherlich nicht gezielt verwendete Vergleich unterstreicht noch einmal, was eher zu vermuten als belegbar zu sein schien, daß nämlich diese Reise in den höchsten Norden Schwedens einer gefahrvollen Überseereise durchaus vergleichbar sein mochte.

Ein besonderes, belebendes Element kommt in die Darstellung durch eine Reihe von exemplarischen Beobachtungen, die die Anschaulichkeit von Anekdoten erlangen: zu Pfingsten sind die Lappen, obwohl alle schon längst getauft, nicht in der Kirche, nicht einer, wohlgemerkt, und zwar weil der Hecht gerade seine Laichzeit hat, und das, bemerkt Linné, sei eben ihre Ernte. Grotesk dagegen die Erwähnung einer Lappin, die über entsetzliche Unterleibsbeschwerden klagt, und dies aus guten Gründen: sie hat doch wirklich im Frühling vor einem Jahr Wasser getrunken und dabei ahnungslos – Froschlaich aufgenommen. Sie meint nun von drei großgewordenen Fröschen geplagt zu werden, die sie sogar, wie auch die neben ihr Sitzenden gelegentlich, quaken hören kann. Sie lindert ihre Qual mit Branntwein.

Im nördlichen Jokkmokk trifft Linné auf zwei geistliche Herren, Schulmeister und Kaplan, deren Argumente er sich notiert, so daß hier in ihm und den abergläubischen Theologen gleichsam zwei Zeitalter konfrontiert erscheinen: »Der gelehrte Herr Kaplan begann alsdann seine conversatio mit scharfsinnigen Bemerkungen über die Wolken Lapplands und führte aufs trefflichste aus, wie besagte Wolken über die Gebirge hinzögen, alles lose Gestein und selbst das weidende Vieh mit sich tragend, ja sogar festverwurzelte Bäume. Ich wagte dagegen einzuwerfen, daß solche Gewaltakte eher dem starken Winde zuzuschreiben seien, aber keinesfalls den Wolken, die nie und nimmer Dinge entführen. Er lachte mich daraufhin aus, sagend, daß ich gewiß noch nie eine Wolke gesehen hätte (und ich sei ja auch nie in alpibus gewesen).«

Der junge Linné bemerkt hierauf, wenn er im Nebel gehe, so bewege er sich ja in den Wolken, und fallender Nebel sei eben Regen. Dafür erntet er nur ein mitleidig-überlegenes Lächeln; auch die Erklärung, daß sich Wasserblasen in die Luft erheben könnten, findet nur Spott. Es scheint, der junge Mann weiß noch nicht, daß die Wolken in Wahrheit feste Körper sind. »Daraufhin verstieg er sich so weit, mich belehren zu wollen, daß nach jedem Regen eine Art Schleim die Berge bedecke, dort wo die Wolken darübergezogen.« Die geistlichen Herrn spotten der neuen Tendenz, alles mit dem Verstand erfassen zu wollen. Linné muß sich noch den Vorwurf gefallen lassen, »daß man sich heutigentags leider allzuviel auf säkulare Gaukeleien verlege und solchermaßen, Gott sei's geklagt, seine geistigen Güter verdürbe.«

Fast zur Anekdote wird auch der staunenerregende Eindruck von der Helligkeit des Polarsommers, der doch so stark mit der Entwicklung der Vegetation kontrastiert. In Piteå hat Linné ein Zimmer bekommen und sich eben niedergelegt, als er an der Wand ein Licht erblickt. »Ich fürchtete einen Brand, sah aber gleich darauf durchs Fenster, wie die Sonne ganz rot aufging, was ich noch längst nicht erwartet hatte. Der Hahn begann zu krähen und die Vögel zu singen. Allein der Sommer wollte nicht kommen.«

Natürlich sind auch die Schilderungen der Sitten der Lappländer voll von anekdotischen Einzelheiten; sie sind aber wichtig vor allem durch ihre Verknüpfung mit ökonomischen Beobachtungen, für die Linné gleichfalls einen scharfen Blick besitzt: das betrifft zunächst einmal Wohnplätze und Lebensgewohnheiten der Lappen, die frisches Quellwasser benötigen und nackt zu beiden Seiten des Feuers im Zelt schlafen, die vom Fischfang und von der Käsebereitung aus Rentiermilch leben. Ihre Krankheiten, notiert er, sind die Kolik, Asthma, Epilepsie, Rheumatismus. »Ich wunderte mich und wundere mich noch immer, wie diese armen Leute ausschließlich von Fisch leben können. Einiger wird frisch gekocht, einiger getrocknet und auf einem Holzspieß über dem Feuer gebraten. Sie braten ihn gut und kochen ihren Fisch besser und mehr, als ich jemals gesehen habe. Sie haben überhaupt keine anderen Suppengerichte als Fischbrühe, und das ist nichts als pures Wasser, worin der Fisch gekocht wird. Mißrät der Fischfang, haben sie keine Möglichkeit, sich irgend etwas zum Essen zu verschaffen. Zur Mitsommerzeit erst fangen sie an, die Rene zu melken, und dann können sie von der Milch leben. Im Herbst schlachten sie ihre Rene, und von diesen zehren sie den Winter über, doch ziemlich notdürftig.«

Im Hochgebirge kommt Linné gegen Morgen nach langem Marsch in eine kleine Hütte; darin liegen sechzehn Personen, unbekleidet, sie waschen sich, indem sie nach unten streichen, trocknen sich nicht einmal ab, reinigen die Töpfe mit den Fingern, spritzen das Wasser zum Reinigen des Löffels aus dem Mund, schöpfen mit dem so gereinigten Löffel die rahmige Milch vom Rentier. Auch die Frauen reinigen die Töpfe nur mit dem Finger; Wasser zum Abwaschen wird in den Mund genommen und dann ausgespritzt. Linné bewundert aber die Ruhe und Gemächlichkeit der Lebensweise: wenn die Tiere gemolken sind und die ›Hausfrau‹ den Käse zubereitet hat, ist alles getan; die Molke wird aufgekocht, es wird gegessen, dann geschlafen. Den mehr als nur frugalen Verhältnissen zum Trotz erscheint ihm dieses Dasein als eine Art von Idylle. In der Tat beschränkt sich die Tätigkeit auf die einfachsten Mittel zur Reproduktion des Lebens: »Gewöhnlich kochen hier die Mannsleute; die Frauenzimmer bereiten nur den Käse zu und die Milchgerichte, Fisch aber und Fleisch der Mann, und wenn die Frau einmal nicht zugegen ist, dann auch Milch und Käse.«

Die Leute kennen zwar Pulver, Blei und Büchse, aber es kommt vor, daß ein Lappländer, als der Gast aus dem Süden ihm ein paar Zeichnungen aus seinem Notizbuch vorweist, leicht erschrickt, die Mütze abnimmt, sich verneigt und zitternd die Hände vor die Brust hält, vor Verehrung erstarrt, ja einer Ohnmacht nahe ist.

Weiter notiert Linné Spiele und Trinksitten, Jagdgewohnheiten, Hochzeitsbräuche, Worte und Wendungen, die Art der Lederherstellung, der Kleidung, des Lachsfanges, Besonderheiten des Skilaufens wie die Formen der Gastfreundschaft. »Die Lappländer«, heißt es, »was erstaunlich ist, haben keine Kalender, sondern eine Art Runenstäbe, aus sieben kleinen Hölzchen gemacht.«

Lebensformen und Bräuche sind auf das engste an die wirtschaftlichen Bedingungen gebunden, Linné vermerkt sie so sorgfältig wie Pflanzen, Tiere oder Steine. Zum Ackerbau in Angermania notiert er: »Die Äcker tragen zwei Jahre hintereinander und ruhen im dritten; Roggen wird hier selten oder niemals gesät, denn er reift so spät, daß die Erde, die danach Gerste empfangen soll, sich nicht erholen kann. Die Pflüge werden mittels einer dünnen Strebe auf die Seite gekippt, daß die Erdschollen schon beim ersten Durchpflügen gewendet werden.«

Als Brot gibt es ein großes Fladenbrot, dessen Mehl aus einer Tonne Gerste und drei Tonnen Spreu bereitet wird. Wenn es gut sein soll und das Land gerade genug Gerste hat, wagt man es, nur zwei Tonnen Spreu zu nehmen. Nach dem Backverfahren scheint es sich übrigens um eine Sorte von Knäckebrot zu handeln. Die Rinde der Espen wird abgeschält und im Winter oder später zerschnitten, um dem Vieh, da es in den Moorgebieten kein Weideland gibt, trocken anstelle von Heu verfüttert zu werden. Fleisch wird vorgebraten, sodann getrocknet, so daß es sich über Jahre hinweg hält. Plötzlich heißt es sogar, er habe an keinem Ort ein andres Getränk als Wasser bekommen. Die Bauern rauchen im nördlichen Schweden, wenn ihnen der Tabak ausgeht, Hopfenknospen oder Wacholderbeeren, gar Wacholderrinde, und der Schnupftabak wird noch mit Asche gestreckt.

Die Ergebenheit der so armen wie bescheidenen Lappländer macht Linné staunen: schwedische Fischer kommen meilenweit her, um die Hechte, die, wenn das Eis bricht, zum Laichen kommen, in Mengen zu fangen, wobei sie die Lappen vertreiben, ohne hier ein Fischrecht zu haben, geschweige denn Steuern zu entrichten oder die steuerzahlenden Lappen zu entschädigen. Linné erkundigt sich, warum sie keine Klage anstrengen, und erhält die Antwort: »Ach, wir können nicht zur Obrigkeit reisen, sie mögens uns behandeln, wie sie wollen, auf welche Weise sie uns auch drangsalieren, wir können keine Zeugen auftreiben, denn du siehst, wir sind hier in der Wildnis zerstreut (...); niemals glauben wir, daß dies unserer gnädigen Obrigkeit Wille ist, wüßten wir es aber, so wollten wirs zufrieden sein.«

Man sieht auch hier: die Armut macht wehrlos, Wehrlosigkeit ergeben. Was bei Linné gelegentlich als Idylle erscheint, wiewohl als herbe, hat doch seine kräftigen Schattenseiten. Wenn der Lappländer keinen Fisch fängt, muß er verhungern oder das Rentier schlachten, das einzige eßbare Haustier. Wenn er kann, muß er versuchen, Vielfraß, Biber, Bär, Eichhörnchen oder Marder zu schießen. Vier Personen benötigen immerhin ein Rentier in der Woche, und das entspricht zehn Ochsen für den Winter, wo der Bauer durchschnittlich mit nur einem auskommt. Es ist sogar so, daß die Bauern im Norden Spreu und Kiefernrinde essen, die sie mahlen und verbacken, aber auch als Futter für die Schweine verwenden, was ihnen wiederum hilft, Getreide einzusparen. Die Ansiedler säen Rüben, die recht gut gedeihen, und die Lappen tauschen einen ganzen Käse gegen eine Rübe.

Das aber genügt im Hinblick auf die Details; sie vermehren, hieße nicht, irgendwelche neuen Aspekte dieser frischen und im Ansatz doch schon ein wenig ›empfindsamen‹ Reise, die ganz unter einer naturwissenschaftlichen Zielsetzung steht, abzugewinnen. Erstaunlich bleibt, wie hier, sehr früh schon, sich deutlich eine Subjektivität vernehmen läßt, die man in literarischen Zeugnissen der Epoche doch nur selten – so etwa bei Adam Bernd – wird finden können. In der Autobiographie würde dies etwa dem Schritt von Johann Beer zu Holberg, zu Oetinger und zu Brand entsprechen, in der Lyrik dem von der Neukirsch'schen Sammlung zu J. Chr. Günther. Ein neues Naturempfinden ist hier schon wach geworden, es äußert sich auf eine zuweilen sogar fast kindliche und naive Weise. Aber Reisende wie Niebuhr oder Seetzen zeigen es noch nicht. Dabei ist in diesem Reisejournal Linnés nicht einmal dies der Haupteindruck, sondern der einer vielseitig wachen Naturbeobachtung und einer weltzugewandten Neugier.

Der Orient ist nicht so gefährlich wie die wilde Einsamkeit und Unwirtlichkeit des nördlichen Skandinavien, möchte man meinen, wenn man die berühmten Reisebriefe der Lady Mary Pierrepont Wortley Montagu zur Hand nimmt. Die entwickelte Zivilisation schafft einfach günstigere Bedingungen, denkt man dann, aber damit ist das Problem noch nicht gelöst. Die Voraussetzungen für die besonderen Bedingungen, unter denen Lady Montagu reisen kann, liegen im Beruf ihres Mannes, der als englischer Gesandter bei der Hohen Pforte akkreditiert ist und damit in einem völlig anderen sozialen Umfeld wirkt, andere Erfahrungen und Verbindungen hat, als dies bei einem Reisenden sonst der Fall ist. Und auch Lady Montagu kann davon profitieren.
Abenteuerlich genug ist ihre Reise, die sich aus den Briefen an ihre Freunde in England zusammensetzen läßt, dennoch. Im übrigen war sie sich des Wertes dieser Briefe durchaus bewußt; einmal spielt sie auf die ihr in die Hand gekommenen Briefe der Madame de Sévigné an und läßt durchblicken, daß auch ihre Briefe einst derart unterhaltend sein würden, weshalb es sich lohnte, sie gut aufzuheben.
Die kluge und hochgebildete Frau reist zur Zeit der Kriege der Türken gegen Österreich über den Kanal durch Deutsch-

land nach Wien, über Prag, Dresden und Hannover wiederum nach Wien und von dort durch Ungarn nach Beograd. Vor der Weiterreise beginnt sie, Türkisch und Arabisch zu lernen, begibt sich dann nach Adrianopel und weiter in die Hauptstadt des osmanischen Reichs. Etwas mehr als ein Jahr verbringt sie dort, um schließlich über Tunis, Genua, Lyon, Paris in die Heimat zurückzukehren (1718). Erst nach ihrem Tode erscheinen die Briefe, zunächst in drei Bänden (1763), denen dann ein vierter folgt (1767). Die Raschheit, Lebendigkeit und Frische der Wiedergabe, der Witz ihrer Schreibweise, das Heitere und Helle haben zum Erfolg dieser Briefe gewiß so viel beitragen können wie die Exotik der Gegenstände und die Tatsache, daß sie als Frau auch Zugang zu Enthüllungen im wörtlichen Sinne hatte, die männlichen Reisenden versagt geblieben sind.

Sie reist mit offenem und unbefangenem Blick, sieht auf dem Kontinent die Städte, Kirchen und Klöster, beobachtet die Gesellschaft nicht ohne kritische Vorbehalte, spricht von Theatern, Gärten und Palästen, von der Bauweise der Häuser, von einer Audienz bei der Kaiserin in Wien, von einem Besuch beim Prinzen Eugen, der ihr seine Bibliothek zeigt, und von den Sitten der Österreicher, die sie mit Laune kommentiert: »Besonders merkwürdig werden Sie es finden, daß die zwei großen Parteien, in welche das Reich des Unterrocks bei uns gespalten ist, hier gänzlich unbekannt sind. Es gibt also weder kokette, noch prüde Frauen. Keine bringt die Gefallsucht auf, sich von zwei Liebhabern gleichzeitig den Hof machen zu lassen. Andererseits habe ich aber auch keine Prüde gefunden, die behauptet hätte, ihrem Manne treu zu sein. Die Ehemänner sind wohl die angenehmsten, bequemsten Leute unter der Sonne. Auf die Freunde ihrer Gattinnen blicken sie mit wohlwollenden Gefühlen, als auf Stellvertreter bei einem unangenehmen Geschäft. Allerdings haben sie darum nicht etwa weniger zu tun, da sie selbst wieder anderswo Stellvertreter sind. Mit einem Worte, jede Dame hat zwei Gatten: einen, der den Namen hergibt, und einen zweiten, dem die Pflichten obliegen.«[7]

Sie beklagt das Los der Nonnen, die sie als lebendig begraben schildert, empfindet Widerwillen gegen das von der Kirche verursachte Elend und empört sich über das, was sie als den Aberglauben des Volkes und eine Verletzung des gesunden Menschenverstandes beschreibt. Der Orient ist ihr beinahe nicht so fremd wie manches auf dem Kontinent; von Anfang an zeigt sie ein lebhaftes Interesse für alles, was sich ihr präsentiert, auch in die arabische und persische Poesie läßt sie sich einführen, schließlich schreibt sie am 1. April 1717 aus Adrianopel: »Ich habe eine Reise hinter mir, Madame, die seit der Zeit der griechischen Kaiser kein Christ mehr unternahm. Ich werde mich auch nicht über die dabei erlittenen Beschwerden beklagen, wenn ich dadurch die Möglichkeit finde, Ew. königl. Hoheit durch einen Bericht über diese bei uns völlig unbekannten Gebiete zu unterhalten. Die Gesandten des Kaisers und die wenigen Engländer, welche bis hieher vordrangen, benützen stets die Donau zur Fahrt bis Nikopolis. Jetzt aber war der Strom zugefroren (...)«

Durch die Wälder Serbiens reist sie nach Süden, kommt in fruchtbare Gegenden und beklagt das Los des unterdrückten Volkes, das von dem Reichtum des Landes nichts merken darf, von den Janitscharen ausgeplündert wird und sich notfalls auch noch muß prügeln lassen. Selbst die Schönheit der Landschaft, die sie in wenigen Sätzen erfaßt, kann sie nicht verlocken, denn die Freiheit des Volkes in England sagt ihr mehr. Dennoch fasziniert sie die neue Welt, in der jeder Blick wieder auf Überraschungen fällt. Sie besucht in Adrianopel das Bad, das eigentlich auch ein Café ist, entzückt berichtet sie von der Anmut der Frauen, dem Anstand ihrer Nacktheit, die sie offenbar nicht mitzumachen wagt: »Ich war in meiner Reisetoilette, einem Reitkleide, muszte ihnen also überaus auffällig sein. Dennoch trug keine der Anwesenden auch nur das geringste Erstaunen

158

zur Schau. Im Gegenteil, sie empfingen mich mit aller möglichen Zuvorkommenheit. Ich kenne keinen Hof Europas, an welchem die Damen einer Fremden so freundlich entgegentreten würden. Es waren an zweihundert Frauen da: kein verächtliches Lächeln, kein höhnisches Gespräch im Flüsterton, wie sie bei uns üblich sind, wenn in Gesellschaft jemand nicht streng nach der Mode gekleidet erscheint.«

Natürlich berichtet sie auch über das, was sie vom Islam in Erfahrung bringen kann, von religiösen Bräuchen, von Sekten und Moscheen, von der Bevölkerung und von der Gesellschaft, in der sie verkehrt. Ihre Position erlaubt ihr Erfahrungen und Bekanntschaften, die anderen nicht zugänglich sind, sie profitiert von der hohen Stellung ihres Mannes. In einem offenen vergoldeten Gefährt unternimmt sie mit der Frau des französischen Botschafters gemeinsam eine Rundfahrt durch Adrianopel, begleitet von dem standesgemäßen Gefolge: »Unsere Wache schritt voraus, wie um die Menge zu diesem noch nie gesehenen Schauspiel zu laden, welches sie auch kaum jemals wieder sehen wird, denn nie noch waren die jungen Frauen zweier christlicher Botschafter gleichzeitig im Land anwesend und ich glaube kaum, dasz dies je wieder der Fall sein wird. Sie können es sich vorstellen, Mylady, daß wir eine große Anzahl Zuschauer anlockten, alle stumm wie der Tod. Hätte auch nur ein einziger von ihnen sich so benommen, wie unser Straßenpöbel bei irgend einem seltsamen Anblick, unsere Janitscharen wären ohne Bedenken mit dem Säbel in der Faust über ihn hergefallen. Dies können sie straflos tun, denn sie stehen über dem Gesetze. Einige gute Eigenschaften haben sie aber doch. Sie versehen ihren Dienst mit groszem Eifer und Pflichttreue. So z. B. betrachten sie es als ihre Aufgabe, bei jeder Gelegenheit für unsereinen zu streiten.«

Bald trägt sie sich sogar nach dem Brauch des Landes, erkundet die Sitten der Menschen, der Frauen vor allem, auch im Hinblick auf die erotischen Verhaltensformen. Sie ist erstaunt, wieviel Freiheit die Frauen in ihrer vorgeblichen Sklaverei doch haben, auch hier ist sie bemüht, herrschende Vorurteile zu korrigieren: »Jede Art von Schönheit ist hier verbreiteter als bei uns. Selten stößt man auf eine junge Frau, die nicht sehr hübsch wäre. Von Natur aus besitzen sie herrlichen Teint und große, schwarze Augen. Mit voller Berechtigung kann ich Dir versichern, daß der englische Hof, der glänzendste Europas, nicht so viele Schönheiten aufweist, als hier unter unserem Schutz stehen. (...)

Was Wohlverhalten und Moral hierzulande anlangt, so kann ich wohl mit Harlekin sagen, daß es damit genau so bestellt ist wie bei Euch und daß die türkischen Damen nicht eine einzige Sünde weniger begehen, weil sie nicht Christinnen sind. Nun bin ich schon ein wenig mit ihren Sitten und Gebräuchen vertraut und kann ich nicht umhin, die musterhafte Zurückhaltung oder ausnehmende Dummheit jener Schriftsteller zu bewundern, denen wir Berichte über den Orient verdanken. Es drängt sich einem förmlich die Erkenntnis auf, daß sie mehr Freiheiten haben als wir. Keine Frau, welch Ranges und Standes sie auch sein möge, darf sich auf der Straße ohne zwei Musselinschleier sehen lassen. Der eine bedeckt das Gesicht und läßt nur die Augen frei, der andere verhüllt den ganzen Kopf und hängt tief auf den Rücken hinab. Die ganze Gestalt verbirgt auszerdem ein *Feridji* genanntes Kleidungsstück, ohne welches keine Frau ausgeht.«

Und nun die Konsequenz aus dieser Verhüllung, die es sogar dem Gatten unmöglich macht, seine Frau zu erkennen, die Herrin von der Sklavin zu unterscheiden: »Der beständige Mummenschanz gibt ihnen volle Freiheit, ohne Gefahr einer Entdeckung ihren Neigungen nachzugehen. Die gewöhnlichste Art, Liebesintrigen zu führen, besteht darin, daß die Dame ihrem Liebhaber das Stelldichein in einem Juwelenladen gewährt. Diese Geschäfte sind ebenso bekannte Unterschlupfe wie unsere indischen Warenhäuser. (...) Große Damen lassen ihre Galans nur selten wissen, wer sie sind. Nicht oft vermag einer den Namen der Freundin zu erfahren, mit der er seit mehr als einem halben Jahre verkehrt. So schwer wird es ihm gemacht. Du kannst Dir leicht denken, daß die Zahl der treuen Ehegattinnen sehr gering ist in einem Lande, wo sie von der Unvorsichtigkeit des Liebhabers nichts zu fürchten haben.«

So hält Lady Montagu allein die Frauen für frei in diesem Reich. Und Monate später schreibt sie einer anderen Freundin: »Sie mögen mir glauben: die türkischen Damen besitzen ebensoviel Geist und Höflichkeit, ja Freiheit, als die unseren. Es ist richtig, dieselben Sitten, welche ihnen soviel Gelegenheit geben, ihren bösen Lüsten zu frönen (wenn sie solche haben), stellen es dem Willen des Ehegatten völlig anheim, sich zu rächen, wenn er seine Gattin ertappt. Ich bezweifle nicht, daß derlei Übertretungen des öfteren hart gebüßt werden.«

Zuweilen tritt auch die Landschaft in ihren Blick, obschon sie sich doch weit mehr für die Menschen zu interessieren scheint; aber auch die Landschaft ist wieder, wo sie reizvoll ist, Aufenthaltsort der Menschen: »Der Sommer ist hierzulande schon weit vorgeschritten«, heißt es am 1. April 1717 aus Adrianopel: »Rund um Adrianopel ist das Land mehrere Meilen im Umkreis gartenmäßig bebaut. Reihen von Obstbäumen umsäumen die Ufer der Gewässer. Unter ihrem Laubdach suchen allabendlich die vornehmsten Türken Erholung und Zerstreuung. Sie gehen nicht etwa lustwandeln; dies gehört nicht zu ihren Vergnügungen, sondern eine kleine Gesellschaft sucht sich einen schönen Rasenfleck im dichten Schatten aus. Dort wird ein Teppich auf den Boden gebreitet, auf welchen man sich niederläßt, um Kaffee zu schlürfen. Meist wartet hiebei ein Sklave auf, der eine schöne Stimme besitzt, oder ein Instrument zu meistern versteht. Alle zwanzig Schritte stößt man auf eine dieser kleinen Gruppen, die auf das Rauschen des Flusses lauscht. Die Gewohnheit ist so verbreitet, daß selbst die Gärtner ihr huldigen.«

Häuser, Basare, Gärten, Besuche, alles wird rasch und geistreich geschildert, mit wenigen Strichen hingesetzt, niemals ausführlich und mit dem Anspruch auf Vollständigkeit. Lady Montagu erfährt hier die Nützlichkeit der Pockenimpfung und sieht die ersten Kamele. Das Land erscheint ihr als »eines der schönsten der Welt«. Jeden neuen Anblick empfindet sie wie einen Szenenwechsel in der Oper, der Orient ist für sie zum fesselnden Schauspiel geworden. Aber sie will nicht nur sehen, sondern auch begreifen, so daß sie zuweilen manchen Ansichten, wie sie in Briefen, die sie aus England erhält, geäußert werden, mit Nachdruck entgegentritt. Dabei weiß sie nun auch, daß, was sie zu berichten hat, den Leserinnen ihrer Briefe wie Mitteilungen aus »Tausendundeine Nacht« erscheinen muß. Sie freut sich offenbar darüber. Schließlich reflektiert sie nicht ohne etwas kokette Ironie auf ihre eigene Situation, nachdem sie sich noch auf die fremde Sprache eingelassen hat: »Sie verwundern sich wohl nun gar über meine tiefe Gelehrsamkeit. Aber ach, Madame, ich bin fast dem Mißgeschick der meisten Ehrgeizigen verfallen: während sie in weiter Ferne mit unbedeutenden Eroberungen beschäftigt sind, bricht in der Heimat ein Aufstand aus; ich bin in großer Gefahr, meine Muttersprache zu verlernen. Ich finde, daß ich mich nicht halb so leicht schriftlich auszudrücken vermag, als vor kaum zwölf Monaten. Ich muß oft nach Worten suchen, bin gezwungen, alle Sprachstudien aufzugeben, um wieder Englisch zu lernen. Der menschliche Verstand ist eben genau so begrenzt wie irdische Macht und Kraft. Das Gedächtnis kann nur eine beschränkte Anzahl von Bildern festhalten. Es ist für ein menschliches Wesen ebenso unmöglich, zehn Sprachen vollständig zu beherrschen, als zehn Königreiche in völliger Unterwerfung zu erhalten, oder gegen zehn Männer auf einmal zu fechten. Ich fürchte, daß ich zum Schlusse keine Zunge gehörig werde reden können.«

Als ihr Mann zurückgerufen wird und die Zeit der Abreise näher rückt, klagt sie, daß sie Konstantinopel wieder verlassen muß; sie fühlte sich wohl, weil sie sich an das Klima gewöhnt und sogar die Sprache erlernt hatte. »So sehr ich das Reisen liebe, zittere ich bei dem Gedanken an die Unannehmlichkeiten und Fährnisse, die auf einer so weiten Fahrt mit einem zahlreichen Hausstande und einem Säugling unvermeidlich sind. Wie dem auch sei, ich bemühe mich, es bei dieser Gelegenheit zu halten, wie bei allen seltsamen Wendepunkten meines Lebens: wenn möglich alles in eine Zerstreuung für mich zu verwandeln.«

Diese Fähigkeit hat Lady Montagu offenbar in einem Grade besessen, daß sie in der Lage ist, sie noch in ihre Briefe eingehen zu lassen. Wie sie durch die Straßen schlendert, so ungezwungen ist sie auch in ihren Briefen. Und wenn sie nicht einfach übertreibt, so kommt ihr Europa dann wieder recht merkwürdig, sozusagen etwas fremd vor. Aus Paris läßt sie sich wie folgt vernehmen: »Nach der ernsten Würde des Türken, welche ich gewöhnt gewesen, sind mir die Leichtigkeit und Gewandtheit der luftigen Phantome nicht vertraut, die mich hier umtanzen. Oft denke ich, ich befände mich in einem Puppenspiel, fern vom wahren Leben. Ich starre und staune bedeutend, doch niemand bemerkt es, starrt doch hier jedermann; anstarren ist à la mode – es gibt ein Anstarren, das Aufmerksamkeit und intérêt markiert, ein Starren der Neugier, ein Starren der Erwartung, des Erstaunens.«

Wieder taucht, an charakteristischer Stelle, der Schauspielvergleich auf, der schon einmal dazu diente, die Art des Eindrucks, den das Fremde macht, dabei auch einen gewissen inneren Abstand zu verdeutlichen. Das Fremde ist ihr inzwischen so vertraut geworden, daß ihr das eigentlich Vertraute nun als befremdend erscheint. Sie hat etwas aufgefaßt von der alten Würde des Orients. Wie im 18. Jahrhundert zuweilen Figuren aus fiktiven Erzählungen und satirischen Darstellungen dies tun, so sieht sie Europa mit einem veränderten Blick, mag auch dieser Zustand nicht sehr lange anhalten. Es gibt gerade dafür ein Indiz, nämlich eine

Reflexion, als sie von ihrer Landung in Dover berichtet. Hier heißt es nämlich: »Wir kamen wohlbehalten hieher; ich kann nicht umhin, mein Vaterland mit parteiischen Augen zu betrachten. Diese Parteilichkeit ist uns von der Natur eingepflanzt, um den Wandertrieb einzudämmen, dessen Ursache ehrgeiziger Wissensdurst ist, den zu fühlen wir nicht geschaffen sind. Alles, was wir dadurch erreichen, ist der unfruchtbare Wunsch, die Vergnügungen und Annehmlichkeiten verschiedener Weltteile zu vermengen, die sich nicht in einem einzigen begegnen können. Ich habe nun alles gelesen, was in den Sprachen, welche ich beherrsche, erschienen ist, ich habe meine Sehkraft durch nächtliches Studium geschwächt; und nun beneide ich das rotbackige Milchmädchen um seinen Seelenfrieden.«

Sie will sich über die Schwierigkeiten, die drohen, hinwegheben, und was sie Naturtrieb nennt, ist höchst geschicktes soziales Verhalten.

Eine nicht im sozialen und politischen Raum höchster diplomatischer Verbindungen durchgeführte Orient-Reise sieht natürlich ganz anders aus, vermittelt bei teilweise, äußerlich gesehen, doch identischen Gegenständen, völlig andere Erfahrungen; so sehr wie die bereisten Länder bestimmt doch der Reisende und sein Auftrag die Gegenstände und die Art der Erfahrung, die Situation des Reisenden bestimmt Richtung und Auswahl im Hinblick auf die zu erfahrende Welt; was dem einen nur ein schönes Schauspiel, ist dem andern voller Fremdheit und Gefahren, und so kann man fast sagen, wenn zwei dasselbe sehen, so ist es nicht dasselbe.

Dies wird deutlich an Carsten Niebuhrs Reisen in Arabien, dem im übrigen die Briefe der Lady Montagu bei Antritt der Reise noch nicht bekannt sein konnten. Sie hätten ihm auch wenig genutzt, so anders war sein Auftrag und das, was dadurch an Abenteuer auf ihn zukam, das in vielem dem Erleben L. Rauwolfs ähnlich war.

1772 erschien in Kopenhagen mit Widmung an den König
Christian VII. von Dänemark die deutsch geschriebene
Reisedarstellung Niebuhrs, der 1761 im Dienste des dänischen Herrschers als Mitglied einer aus fünf Männern bestehenden wissenschaftlichen Expedition die nördliche
Hauptstadt verlassen hatte, um Arabien zu erforschen; es
war dies eine Reise, von der er allein zurückkehren sollte,
denn die anderen Mitglieder des gewagten Unternehmens,
die für Naturgeschichte und Medizin, Sprachen und zeich-
nerische Aufnahme der Naturgegenstände verantwortlich
in Dienst genommen waren, erlagen den Strapazen der
Expedition. Graf Bernstorff, damals leitender Minister,
und König Friedrich V. waren für das Unternehmen verantwortlich, die Anregung aber und ein großer Teil der
zuvor erarbeiteten Fragestellungen gingen von dem Göttinger Orientalisten Michaelis aus. Der »Beschreibung von
Arabien« folgen die Bände der »Reisebeschreibung nach
Arabien und anderen umliegenden Ländern« (1774 ff.)
Arabien war nun kein völlig unbekanntes Land, und dies
nicht nur für die Theologen und Orientalisten, es war dies
seit dem frühen Mittelalter schon nicht mehr: Medizin,
Astronomie, Naturwissenschaften, selbst griechische Philosophie waren dem Okzident seit Jahrhunderten aus Arabien vermittelt worden, hatten ihre Wirkung getan; die
Handelsbeziehungen, nicht allein über Venedig, waren seit
den Kreuzzügen intensiviert worden. Den Gelehrten mochte
die arabische Halbinsel als das Ursprungsland der christ-
lichen Religion und als die Gegenwart alttestamentarischer
Lebensformen interessieren, die Kaufleute hatten Interesse
an Stoffen, Metallen, Edelsteinen, an Gewürzen und Kaffee,
den zu trinken im 18. Jahrhundert Genuß und Mode wurde.
Literarisch war noch recht wenig bekannt geworden; immerhin war die französische Übersetzung von »Tausendundeine Nacht« der weithin gelesene Garant für den märchenhaften Zauber dessen, was man damals als »Orient«
verstand. Es war dies interessanterweise ein Gegenbild zu

der dauernd gegenwärtigen Bedrohung durch die auf dem Balkan gewaltig aufgerichtete Macht der Hohen Pforte, die bis an die Grenzen der Habsburgischen Monarchie, gelegentlich bis vor die Tore Wiens sich ausbreitete.

Dem Reisenden – als der er sich im »Divan« verstand – so meinte Goethe noch, dem der Orient durch von Diez und von Hammer-Purgstall vermittelt wird, und zwar gut fünfzig Jahre nach Niebuhr, gereiche es zur Ehre, zum Lobe, »wenn er sich der fremden Landesart, mit Neigung bequemend, deren Sprachgebrauch sich anzueignen trachtet, Gesinnungen zu teilen, Sitten aufzunehmen versteht. Man entschuldigt ihn, wenn es ihm auch nur bis auf einen gewissen Grad gelingt, wenn er immer noch an einem eigenen Akzent, an einer unbezwinglichen Unbiegsamkeit seiner Landsmannschaft als Fremdling kenntlich bleibt.«[8]

Eben das scheint auf Niebuhr zuzutreffen, obwohl Goethe sich in den »Noten und Abhandlungen zu besserem Verständnis des west-östlichen Divans« der arabischen und der persischen Poesie zuwendet, die dem älteren Reisenden und Forscher noch durchweg verschlossen blieben. Von Niebuhr weiß Goethe eben deshalb, wenngleich er sonst doch auch von bloßen Reisenden spricht, nichts weiter zu sagen, aber er weist doch auf das hin, was das 18. Jahrhundert eingeleitet hatte. Goethe sieht auf die Literaturen und auf die geistige Überlieferung wie andere auf die Lebensformen, die geographisch-botanischen Verhältnisse. Sein Überblick bleibt nichtsdestoweniger gültig: »(...) und so öffnet sich den jüngeren Freunden des Orients eine Pforte nach der andern, um die Geheimnisse jener Urwelt, die Mängel einer seltsamen Verfassung und unglücklichen Religion, sowie die Herrlichkeit der Poesie kennen zu lernen, in die sich reine Menschlichkeit, edle Sitte, Heiterkeit und Liebe flüchten, um uns über Kastenstreit, phantastische Religionsungeheuer und absurden Mystizismus zu trösten und zu überzeugen, daß doch zuletzt in ihr das Heil der Menschheit aufbewahrt bleibe.«

Eine der Voraussetzungen für das, was Goethe hier, großzügig sehr viel erwartend, vorwegnimmt, ist die Expedition und die Darstellung dieses Unternehmens von Niebuhr, der, als ein Sohn der Aufklärung, genauer gesagt: der Epoche des Rationalismus, sich nach Arabien begibt, um Kenntnisse und Erkenntnisse zu gewinnen, frei von kaufmännischen und kolonialisatorischen Tendenzen, der, wissenschaftlich gründlich gebildet, für die vielfältige Disziplin wiedergewinnt, was Europa seit den Kreuzzügen aus dem Blick verschwunden und zu Mythos, Märchen und Cliché geronnen war.

Von 1763 bis 1767 durchquert er Syrien, Palästina, Arabien und Persien. Was an geographischen Vorstellungen bis dahin überliefert worden war, ging noch immer auf präkopernikanische Vorstellungen zurück, die Niebuhr also zu korrigieren beginnt. Ebenso wie den unbestimmten geographischen Vorstellungen mißtraut er den biblisch-legendären Überlieferungen und wendet sich auch wiederholt gegen das europäische Vorurteil von den räuberischen Beduinen. Ihnen sucht er so gerecht zu werden wie den mohammedanischen Lebensverhältnissen, so daß sein Vorgehen oftmals zu ausführlich, genau, faktengebunden bleibt und in der Darstellung zuweilen als Langeweile, weil als Pedanterie sichtbar wird, was auf den damaligen Stand der Naturwissenschaften zurückzuführen ist.

Von freibäuerlicher Herkunft, läßt sich Niebuhr zum Landvermesser ausbilden, bereitet sich auf das Studium vor und geht sodann nach Göttingen, um Mathematik zu studieren. Aber es wird hier die Begegnung mit Michaelis entscheidend: er ist es, der den Plan der Forschungsreise entwickelt, und Niebuhr bringt eben naturwissenschaftliche, statistische und überdies philologische Voraussetzungen zur Teilnahme wie nur wenige mit. Das Land, in das er reist, gilt damals noch, will man den Worten seines Sohnes glauben, als ›unbetreten von europäischen Reisenden‹. Als Geograph und vor allem als Kartograph nimmt Niebuhr an der Expedition teil, die immerhin acht Jahre dauert (1761 bis 1768), freilich nur für ihn selbst, da er einen seiner Reisegefährten nach dem anderen im fremden Klima verlieren sollte.

Von Kopenhagen geht die Reise über Marseille und Malta nach Konstantinopel, von dort weiter nach Alexandrien, wo die genaueren Vorbereitungen durchgeführt und weitere Voraussetzungen des Unternehmens erarbeitet werden. 1762 begibt sich die Gruppe nach Dschidda und dann durch das Land des Iman von Yemen, an der Küste des Roten Meeres entlang. Bald sterben zwei der Teilnehmer, Niebuhr bleibt allein mit dem Arzt und dem Zeichner, alle wissenschaftliche Verantwortung liegt jetzt bei ihm. Die Einladung des Iman, nach Sana zu kommen und dort längere Zeit zu verweilen, nimmt Niebuhr schließlich nicht an, die Gruppe begibt sich an die Küste, um dort ein englisches Schiff auszumachen, das regelmäßig zwischen Indien und Mokka unterwegs war. In Mokka greift wieder das Fieber nach den klimaungewohnten Reisenden; tatsächlich sterben bald darauf, auf dem Weg nach Indien und dann in Bombay, die letzten Gefährten Niebuhrs. Der bleibt zunächst in Bombay, nutzt die lange Zeit zu Ausarbeitungen, schickt seine Tagebücher nach Europa und versucht sodann, die Reise als Rückreise durch Arabien fortzusetzen. Von Maskat und Oman wendet er sich nach Schiras und Persepolis, wagt den gefährlichen Landweg von Basra nach Bagdad, von dort weiter nach Norden. Von Cypern aus begibt er sich noch einmal nach Palästina und tritt von Aleppo aus über Konstantinopel endgültig die Heimreise an. Über den Balkan gelangt er wieder, nach jahrelangen Reisen als Moslem unter Moslems, nach Kopenhagen.

Die »Beschreibung von Arabien« (1772) war nicht eigentlich ein wissenschaftlicher oder gar ein literarischer Erfolg. Auch die sich anschließenden Bände der »Reisebeschreibung« finden wenig Echo; Carsten Niebuhr, dem der Glanz der Darstellung allerdings mangelt, ist enttäuscht und zieht sich

zurück in den zivilen Verwaltungsdienst. Die Bekanntschaft mit Heinrich Christian Boie ist nicht ganz unwichtig: in Boies »Deutschem Museum« finden sich einige Arbeiten Niebuhrs publiziert.

Was, bei doch anderem Material, ähnlich wie bei Kämpfer,
den Zugang erschwert, ist nicht allein eine gewisse Schwere
und Farblosigkeit der Darstellung, sondern, damit zusam-
menhängend, die Abhängigkeit von den bloßen Fakten.
Entsprechend seiner Ausbildung und den Verhältnissen der
Zeit folgend, liegt für Niebuhr der Hauptakzent auf den
Tatsachen und ihren Zusammenhängen. Freilich nimmt er
weit mehr noch wahr als nur Landschaftsformation und
Klima, Flora und Stand der Gestirne, die soziale Welt nämlich, Kommunikationsformen der Bewohner, Sitten, Ökonomie und Lebensweise, Medizin und Religion, aber er erschöpft sich (und den Leser) in der am Detail haftenden
Wiedergabe des Gesehenen, Überlieferten, und ist dabei
wohl nicht immer kritisch in Auswahl und Deutung, obschon die Korrektur von Fehlern und Vorurteilen ein Ziel
seiner Darstellung ist. Zweifellos neigt er auch zu Verallgemeinerungen, gelegentlich mag er auch wohl übertreiben,
das aber ist hier nicht wichtig, denn es gilt nicht zu zeigen,
wo, wie und warum er geirrt hat, sondern wie er beobachtet hat, was und mit welcher Absicht. Der scheinbar vollkommen unhistorische Blick etwa erklärt sich leicht durch
die ihm damals schon bewußt gewordene durchgehaltene
Kontinuität der Lebensformen und Zustände. Hier wäre es
sinnlos, Positivismus gegen positivistische Positionen zu setzen. Niebuhr liefert auch keine Analysen, sondern Beschreibungen, denn das ist schließlich seine erklärte Absicht.
Deshalb konnte er auch damals nicht modernen Fragestellungen entgegenkommen. Das anthropologische und geographische Interesse überwiegt eindeutig, sein antiquarisches, kulturhistorisches und künstlerisches Interesse ist gering. Ökonomische Erkenntnisse gehen meist auf die sie be-
dingenden geographisch-botanischen Voraussetzungen zu-

rück. Am lebhaftesten und interessantesten sind die eigentlichen Reiseschilderungen und ihr nicht zu unterschätzender anekdotischer Gehalt.

Über das hinaus, was er von Arabien vermittelt, leistet Niebuhr für die europäische Welt nur wenig; von der Konstatierung der Tatbestände zur Kritik an den europäischen Zuständen oder zur Schlußfolgerung aus dem Erfahrenen im Hinblick auf arabische Projekte ist ihm der Schritt zu weit und zu schwer. Dazu ist sein Blick auch noch zu wenig historisch-politisch, geschweige denn sozialkritisch bestimmt. Noch seine Reflexionen sind eine Art unmittelbaren Zweifelns, Vergleichens und Staunens, d. h. der Stellenwert der Reflexionen und ihre etwaigen Konsequenzen werden nicht mit bedacht. Es sind Reflexionen auf Verhalten, nicht auf Zustände, Möglichkeiten und Veränderung. So heißt es auf der Schiffsreise von Suez nach Dschidda: »Es waren viele einfältige Pilgrime auf dem Schiffe, die die Christen mit einer ebenso eifrigen und erbosten Miene ansahen als ein eifriger Franziskanermönch die vermeinten Ketzer und Ungläubigen, welche er auf einer Reise nach Jerusalem antrifft. Da die Mohammedaner unsere Furchtsamkeit merkten, so fehlte es auch nicht an einigen, welche Lust bekamen, sich aus eben der Ursache lustig über uns zu machen, weswegen der Pöbel unter den Christen sich oftmals über die Juden ergötzt, nämlich weil er weiß, daß der Jude sich nicht wohl verantworten darf, und weil sogar die vernünftigen Christen sich selten eines Juden annahmen, so lange der Pöbel nicht schlimmer mit ihnen verfährt, als sich im Scherz über ihn zu belustigen.«[9]

Viele Reflexionen betreffen dergestalt eher das soziale Verhalten als die Eigentümlichkeit und die Reformierbarkeit sozialer Verhältnisse: da die Mitglieder der Expedition an Bord eine Sonnenfinsternis erwarten, die dann auch eintritt, wird derjenige, der davon gesprochen, für einen großen Gelehrten, Weltkundigen, Arzt und Rechtsbeflissenen gehalten. Dazu bemerkt Niebuhr: »Es ist nicht allemal die

Vermutung großer Gelehrsamkeit, was einen Europäer bei den Mohammedanern beliebt macht, weit mehr trägt es dazu bei, wenn er sich nach ihren Sitten bequemen kann. Daher machte sich Herr Foskål durch seine wenigen Kenntnisse in der Arzneikunst mehr Freunde unter den Arabern, als mancher große Arzt getan haben würde (...)«

Wie Niebuhr ganz auf die empirische Wirklichkeit ausgerichtet ist, sind seine Reflexionen fast immer Erwiderungen auf gemachte Erfahrung und daher mehr oder minder pragmatisch. Zum Grundsätzlichen stößt er nicht vor, Theoriebildung liegt ihm fern. So erlebt er es, daß der Schiffer seine Sorge zeigt, die Fremden, die keine Vorauszahlung geleistet hatten, könnten ihm etwa die Reise- und Frachtkosten vorenthalten oder ihn durch vorzeitiges Aussteigen schädigen. Das ist auch nicht ganz unbegründet, denn der Emir von Loheia hat den gelehrten Fremden das Angebot gemacht, sie mit Kamelen nach Mokka zu befördern. Der Schiffer bittet den Emir, die Christen zur Weiterreise mit dem Schiff zu veranlassen. Statt dessen aber bürgt nun der Emir selbst für die Zahlung der Kosten, desgleichen bürgt ein einflußreicher Kaufmann, der die Fremden schätzt, die er doch kaum kennt. So heißt es nun: »Es hatte zwar keiner von diesen Herren deswegen einige Kosten, indessen halte ich das Anerbieten dieser Mohammedaner doch für eine so grosze Höflichkeit, dasz eine Gesellschaft reisender Araber kaum dergleichen von Europäern würde erwarten können.«

Verherrlichung morgenländischer Großzügigkeit und Gastfreundschaft, Neigung zur Projektion der Erlebnisse in Wunschvorstellungen oder gar eine Stilisierung zum Märchenhaften hin wird man derartigen Beschreibungen nicht vorwerfen können, die Kontrastierung hat nichts von Verklärung, das Lob einfacher und oft naiv-humaner Verhältnisse unter Arabern entspricht nicht einer Wunschvorstellung, sondern der Erfahrung, dies um so weniger, als ja auch das Mißtrauen gegen mögliche Verluste und Diebstähle durchaus eingestanden und manch unerfreuliches Erlebnis nicht verschwiegen wird. Entscheidend ist doch die Fähigkeit, im Vergleich bereits den europäischen Maßstab relativieren zu können und zuzugeben, daß, so seltsam wie dem Europäer vieles erscheinen mochte, der Europäer selbst dem Araber noch sehr viel seltsamer erscheinen dürfte. Hierfür ein Beispiel: zwei Araber kommen zu Besuch in die Unterkunft, um die Europäer zu sehen, der eine ist ein vornehmer junger Mann, der andere älter, angesehen und offenbar etwas einfältig. Man fordert ihn auf, das Mahl mit den Fremden zu teilen, und muß sich sagen lassen: »Behüte mich Gott, daß ich nicht mit Ungläubigen esse, die von keinem Gott wissen.«

Niebuhr erkundigt sich nun nach der Gegend seiner Herkunft und erbittet Auskünfte über die Städte und Dörfer seiner Heimat. »Was geht dich mein Vaterland an«, sagt er, »willst du etwa kommen und es einnehmen?«

Niebuhr jedoch ist weit davon entfernt, die sichtbare Unhöflichkeit falsch zu verstehen; der jüngere Begleiter entschuldigt sich dann sogar und Niebuhr fährt wie folgt fort: »Dieser Araber wird seinen Freunden in der bergigen Gegend gewisz wunderbare Sachen von den Gebräuchen der Europäer erzählt haben, und man hat ihn ohne Zweifel auch ebenso begierig angehört als mancher Europäer diejenigen Reisenden, welche ihre Abenteuer erzählen, die sie in fremden Ländern erlebt haben wollen.«

Einzelheiten, Gegenstände wie Erlebnisse, gewinnen zuweilen rasch den Charakter von Exempeln; Verallgemeinerungen kann sich der kenntnisreiche Reisende sehr wohl gestatten, wenn er dabei erkennbar macht, daß in solchem Vorgehen keine Willkür liegt. Auf der Reise von Bagdad nach Mossul gelangt Niebuhr in ein Dorf, das sich erst seit wenigen Jahren dort befindet, wo zuvor nur die von Kurden durchstreifte Wüste sich dehnte. Ein Pascha hatte dort einen Brunnen gegraben und ein Haus errichten lassen; seine Tochter ließ an dieser Station einen stattlichen Gasthof

für Reisende aufführen, die Bauern, die sich dort nieder-
lassen wollten, erhielten Freiheiten versprochen, so daß hier
allmählich ein ansehnliches Dorf entstanden war. Niebuhr
kommentiert den Vorgang: »Es würde den türkischen Pa-
schas sehr leicht sein, ihre fruchtbaren Gegenden auf diese
Art bald zu bevölkern. Da sie aber gemeiniglich nur eine
kurze Zeit in einer Provinz bleiben und daher sich derselben so sehr als möglich zu benutzen suchen, so lassen sie
nicht nur selbst die Schatzungen mit aller Schärfe eintrei-
ben, sondern schützen nicht einmal die armen Bauern gegen die herumwandernden Araber und Kurden. Es ist also
gar kein Wunder, daß die Provinzen des türkischen Reiches immer mehr und mehr verwüstet werden.«
Hier werden also auch die sozialen und politischen Verhältnisse, die auf administrative Mißstände zurückgehen,
zum Gegenstand der Kritik, ohne daß dabei europäische
Vorstellungen herangetragen würden, vielmehr werden die
lokalen Verhältnisse selbst als Indizien verwendet.
Umgekehrt zeigen sich Europäer oft genug von mohamme-
danischer Großzügigkeit unberührt und tragen alle ihre
Vorurteile in die Fremde; Niebuhr hat Empfehlungsschreiben für Missionare in Mossul und hofft, daß man ihm bei
der Beschaffung eines Hauses werde behilflich sein können,
muß dann aber erleben, daß er als Protestant und däni-
scher Untertan keine Unterstützung finden kann, ja, als
andere sich nach ihm erkundigen, wird er von den from-
men Vätern so charakterisiert, daß man ihn in der Tat für
einen reinen Heiden halten muß. Er hat kaum Umgang mit
anderen Europäern in der Stadt und stellt fest, wie wenig
christlich die Christen von anderen Christen denken.
Es kann so nicht ausbleiben, daß Niebuhr auch auf die soziale Wirklichkeit eingeht; die Zustände in den Städten, die
Besitzverhältnisse, die Diskriminierung von Minderheiten
etwa mußten sich ihm aufdrängen. Doch haben solche Phänomene vorwiegend einen zufällig-episodischen Charakter.
Anders der Zusammenhang von Boden, Klima und Lebens-

weise, der ihm aus der Lektüre des Alten Testamentes vertraute Vorstellungen ins Gedächtnis ruft. »Wir fanden«, so heißt es, »an diesem Wege verschiedene Brunnen, bei welchen die Mädchen aus den benachbarten Dörfern oder von den Stämmen der Kurden und Turkmenen, die in dieser Gegend herumwanderten, ihr Vieh tränkten. Diese hatten ihr Angesicht nicht bedeckt wie in den Städten. Es waren wohlgewachsene, von der Sonne verbrannte Schönheiten. Sobald wir grüßten und vom Pferde stiegen, brachten sie uns Wasser und tränkten auch unsere Pferde. Dergleichen Höflichkeiten hatte man mir zwar auch in anderen Gegenden erwiesen«, fährt er fort und weist auf die Besonderheit des für diese Gegend doch Alltäglichen hin: »hier aber schien sie mir besonders merkwürdig, weil schon Rebekka, die gewiß in diesen Gegenden erzogen worden, sich ebenso dienstfertig gegen Reisende erwiesen hat (1. Buch Moses, XXIV, 18). Vielleicht habe ich gar aus ebendem Brunnen getrunken, woraus sie Wasser schöpfte. Denn Haran, jetzt ein kleiner Ort, zwei Tagesreisen nach Südost von Orfa, der noch jetzt von Juden besucht wird, war vermutlich die Stadt, welche Abraham verließ, um nach dem Lande Kanaan zu ziehen (1. Buch Moses, XII, 4), und seines Bruders Nahors Familie war also vielleicht in dieser Gegend geblieben.«

Hier taucht, vielleicht zum ersten Mal in diesem Jahrhundert, jenes topische Bemühen um Identifizierung sagenhaft-historischer Stätten auf, das bald schon die sog. klassische Reisebeschreibung, die italienische nämlich, charakterisieren sollte, wo dann fast jeder Ort dazu aufzufordern scheint, große Vergangenheit, als am sinnlichen Detail haftend, gleichsam gegenwärtig zu denken. Niebuhr tut dies, spontan offenbar, aber dennoch historisch affiziert, im Lande des biblischen Ursprungs, das ja nicht weniger zur europäischen Geschichte gehört als Hellas und Latium. Die leicht empfindsam geprägte historische Reflexion suggeriert zugleich eine atmosphärisch anhaltende Gegenwärtigkeit –

die Wahrheit dessen, was man den genius loci nennt, der Brunnen und Stein zum Reden zu bringen scheint.

Es fehlt auch nicht der Kontrast, der rasch in die Wirklichkeit des Tages zurückführt: kurdische Räuber mit Lanzen und Säbeln scheinen es auf seine Kleider, seinen Besitz abgesehen zu haben, und nur die sichtbar griffbereite Schußwaffe bietet eine letzte Sicherheit. Niebuhr scheint berechtigte Furcht empfunden zu haben: »Ich vollendete also die Nebenreise nach Orfa, ohne dasz mir auf derselben etwas Uebles begegnete. Aber ich will dergleichen nicht zur Nachahmung empfehlen«, setzt er trocken hinzu und erklärt weiter: »Es ist sehr möglich, dasz ein Reisender in einer unbewohnten Gegend eine Partie Leute antrifft, die aus Armut oder gar aus Uebermut Lust bekommen, ihn zu plündern. Es geschieht dergleichen wohl in Europa.«

Nach dieser gegen europäisches Vorurteil gerichteten Wendung schließt er mit einem praktischen Ratschlag: sich bei solchen Unternehmen nicht allein auf den Weg zu machen, sondern sich größeren und daher sichereren Reisegruppen anzuschließen. Diese Mischung aus Pragmatismus, Empirie und anekdotischem Detail, sachlichen Feststellungen und exemplarischen Folgerungen prägt die den Stationen des Unternehmens nachfolgende Reisebeschreibung Niebuhrs, die uns verdeutlichen hilft, welcher Schritt in der Entwicklung der Gattung wenig später durch Georg Forster getan werden sollte.

Immerhin ist festzustellen, daß Niebuhrs Unternehmen, das höchstens Mut und Ausdauer verlangte, ohne weitere Nebenabsichten ein rein wissenschaftliches Unternehmen war, was doch nur für wenige Reisen der Epoche gilt. Da er alleine übrigblieb, war mehr von ihm aufzunehmen, mehr für ihn zu tun, als aufgrund seiner Vorbildung und seiner Interessen ihm überhaupt zu leisten möglich war. Er konnte, was ihm hier fehlte, nicht eigentlich ausgleichen, sondern Irrtümer und Fehlschlüsse allein so vermeiden, daß er größte Vorsicht und Zurückhaltung mit größter Genauigkeit und Objektbezogenheit verband. Daß der bedeutende Reisende nicht immer ein großer Schriftsteller ist, bedarf weiter keiner Erläuterung. Humboldt oder Fallmerayer sind Ausnahmen. Hätte Niebuhr aber nur die Ansichten seiner Zeit zusammengefaßt und reproduziert, so hätte ihn sein Jahrhundert schon nicht mehr zur Kenntnis genommen. Auch Jasper Seetzen ist heute vergessen, und einen Nachfolger fand Niebuhr wohl erst in de Volney, dessen »Voyage en Egypte et en Syrie« 1787 erschien.

Le Gentil von der Académie royale des Sciences geht im königlichen Auftrag nach Indien, um in den dortigen französischen Besitzungen den Durchgang der Venus durch die Sonne am 6. Juni 1761 und am 3. Juni 1769 zu beobachten. Sein Reisebericht, »Voyage dans les mers de l'Inde«, dem eine längere rechtfertigende Vorrede mitgegeben wird und den dann ergänzende Mitteilungen abschließen, ist unter bestimmten genauen Gesichtspunkten nach Sachgebieten gegliedert und folgt nicht den Stationen der Reise: die Publikation ist vor allem wissenschaftlich, sie ist kein Erlebnisbericht; hier handelt er von Bräuchen, Sitten und Religion der Inder, z. T. auf Literatur gestützt, dort von Messungen und Observationen, eine Art Journal dient der aufmerksamen Beschreibung von Klima und Temperaturen, Winden und Regen, dem Wechsel der Jahreszeiten in Pondichéry, schließlich ist auch von Landschaft, Vegetation, Wasser und einzelnen Naturphänomenen die Rede.
Der Bericht geht auf Auszüge aus seinem Tagebuch zurück, aus dem deutlich wird, in welchem Maße er sich den ihm aufgetragenen Observationen gewidmet hat. Ein apologetischer Unterton fehlt dabei nicht, er muß gestehen: »Si le voyage que je venois de faire n'avait pas répondu à mes espérances, il m'avoit au moins donné des connoissances que je n'avois pas auparavant sur les moussons; je fis avec cela un grand nombre d'observations sur les longitudes par le moyen de la lune.«[10]

Le Gentil hat sich alle möglichen Untersuchungen und Messungen vorgenommen, dies im Hinblick auf Geographie, Naturgeschichte, Physik, Astronomie, Navigation, Winde und Moraste. Verschiedene Reisen nach Madagaskar gestatteten es ihm, aufgrund der zusammengestellten Materialien eine Karte der Ostküste dieser Insel aufzunehmen, die für die Schiffahrt sicherer war als alles, was bisher hatte vorgelegt werden können. Studien zur Naturgeschichte der Isle de France dienten der Widerlegung des Vorurteils, daß diese Insel vulkanischen Ursprungs sei. Nur zuweilen richtet er auch auf die landschaftlichen Schönheiten seinen Blick: »Les nuits à Pondichéry sont de la plus grande beauté en janvier & en février: on ne peut avoir d'idée du beau ciel que ces nuits offrent, que lorsqu'on les a vues. Je n'avois nulle part si bien vu Jupiter avec ma lunette de quinze pieds, que je le vis alors; les étoiles n'avoient aucune scintillation: j'ai très-souvent laissé ma lunette exposée à l'air de la nuit pendant plusieurs heures, dans une position verticale, sans que l'objective ait recueilli la plus légere humidité.«

Aber auch solche Beobachtungen stehen im Dienst der klimatologischen Untersuchungen. Schließlich scheitert jedoch sein Hauptunternehmen, denn am Tag des Durchgangs der Venus durch die Sonne erhebt sich ein heftiger Wind, der für die ganze Zeit der fälligen Beobachtung die Planeten mit dichten Wolken bedeckt: »il sembloit que je n'avois parcouru un si grand espace de mers en m'exilant de ma patrie, que pour être spectateur d'un nuage fatal, qui vint se présenter devant le soleil au moment précis de mon observation, pour m'enlever le fruit de mes peines & de mes fatigues.« Man begreift auch, daß er schließlich seiner Aufenthalte und Kreuzfahrten müde wird; als er heimkehrt, sind mehr als elfeinhalb Jahre verstrichen! Persönliches Ungemach, Krankheiten, schlechte Behandlung, Ärger bei der Rückkehr haben auf den Bericht abgefärbt, dem es nicht an Sachlichkeit, wohl aber an Glanz und Farbe fehlt.

Aber der lange Aufenthalt hat in ihm Verständnis für die fremde Welt der Brahmanen geweckt, und er schlägt vor, doch nicht immer nur die Pyramiden Ägyptens zu bewundern, zumindest aber für die Leistungen der Inder soviel Bewunderung aufzubringen wie für die der Ägypter; schließlich empfindet er sogar den gefährlichen Zauber des Orients und seine gewaltige Verlockung: »Enfin, l'Inde est un pays rempli, pour ainsi dire, de magie & d'enchantements; ceux qui y mettent le pied se trouvent en quelque sorte métamorphosés, si l'expression est permise. Ce pays ressembleroit assez en cela à l'isle & au palais enchanté de Circé, d'où Ulisse ne s'arracha qu'avec peine.«

Die Bemerkung gewinnt dadurch an Authentizität, daß sich le Gentil dergleichen Reflexionen bei seiner durchgehend sachlich gehaltenen Darstellung sonst nicht gestattet. Unterschiede und Kontraste zur ihm sonst vertrauten Welt pflegt er ohne weitere Wertung nur zu vermerken, doch liegt auch in solcher Nüchternheit schon der Beginn einer Relativierung: die gleichartige Berechtigung des Verschiedenartigen deutet sich an, so daß ein Urteil nur der Ausdruck eines Vorurteils zu sein vermöchte.

Noch einmal kommt er im Tagebuch über Klima, Wetter und Jahreszeiten auf die gescheiterte Venus-Observation zurück: »A sept heures moins trois à quatre minutes, moment à peu près que Vénus devoir sortir, on vit au ciel une légère blancheur qui fit soupçonner où étoit le soleil: dans la lunette on ne distingoit rien.

Peu à peu les vents passerent à l'est & au sud-est, où ils étoient à neuf heures petit temps; les nuages s'éclaircirent, & on vit le soleil fort brillant; on ne cessa point de le voir tout le reste de la journée, quoique le fond du ciel fût resté tapissé d'un nuage blanchâtre.«

Wie um alles zu vereiteln, was, auch für andere, die so wichtige Beobachtung ermöglicht hätte, stellt sich dieser Unglücksmorgen dar. Nach solchem Mißerfolg muß le Gentil um so nachdrücklicher versuchen, die Reise durch Ergeb-

nisse zu legitimieren, sei es vor sich selbst, sei es vor den hohen Auftraggebern. So erklärt sich dann vielleicht die folgende Bemerkung: »Tous ceux qui ont parlé de l'Inde avant moi, ne nous avoient donné qu'une description très-imparfaite des différentes saisons qui partagent l'année à la côte de Coromandel, soit qu'ils n'y eussent pas assez d'attention, distraits sans doute par des objets plus importants, soit qu'ils s'en fussent rapportés à ce qu'on avoit pu leur en dire. Pour moi, je m'étois astreint, pendant mes voyages, à ne rien laisser échapper des accidens du tems qu'i faisoit chaque jour. J'écrivois mon journal à midi avant dîner; & le soir avant de me mettre au lit; j'étois attentif à la moindre variété qui arrivoit dans le tems, & j'ai par ce moyen, pour Pondichéry (sans compter les observations astronomiques, qui font un journal à part), près de deux cent pages in-folio d'observations sur le tems & les saisons.«
Mit Fleiß und Aufmerksamkeit sucht er Ausgleich für das ihm Entgangene, und da er in höherem Auftrag unterwegs ist, findet er auch nicht den Ausweg, in der Reise und ihrer Darstellung selbst Entschädigung und Genugtuung zu suchen; le Gentil reist mit vorgegebenen Zielen, die Reise ist nur ein Mittel für den wissenschaftlichen Zweck. Der Auftrag ist wichtiger als das Abenteuer.

Während le Gentil nur die Ergebnisse seiner Unternehmungen zu vermitteln weiß, die wissenschaftlich bedeutend, für ein allgemeines Interesse aber abgelegen sind, versteht es Le Vaillant in dem Rechenschaftsbericht von seiner Reise in das Innere des afrikanischen Südens, alle Umstände seiner Entdeckungen oder Erfahrungen in einer Weise mit einzubringen, daß der Expeditionsbericht sehr viel mehr wird als eine wissenschaftliche Rechtfertigung: er erhält autobiographischen und Erzählcharakter, die Gegenwart des Subjekts im erinnernden Vergegenwärtigen erscheint nicht als Beeinträchtigung, sondern als Bereicherung der Reiseschilderung; spannend ist eben nicht die Folge der

Beobachtungen und Entdeckungen, der Korrekturen und der sachlichen Bestätigungen, fesselnd ist die Arbeit – Anspannung, Zielsetzung, Verfahrensweise und Haltung – des Subjekts, das hier, mit kritischem Blick und kritischem Rückblick auf die europäischen Verhältnisse und die von ihnen produzierten Vorurteile seine Erfahrungen macht, dabei aber nicht verschweigt, unter welchen Voraussetzungen diese zu machen waren.

G. Forster hatte 1789 aus Anlaß eines dänischen Reiseberichtes aus Guinea darauf hingewiesen, daß die Europäer, die doch so stolz auf ihren Unternehmungsgeist wie ihre Wissenschaften seien, sich bald würden zu schämen haben, weil sie die Küsten Afrikas und das Landesinnere so stark bei ihren Forschungen vernachlässigt hätten. Wenn nun in England eine neugegründete Privatgesellschaft sich für die Erforschung jenes Kontinentes einsetzt, wann, so fragt er, wird ein reicher Fürst endlich einmal für die Wissenschaften tun, was er doch so oft für seine Günstlinge zu tun bereit war? »Kann denn, wo der Werth des Goldes nicht berechnet wird, und es nur aufs Wegwerfen ankommt, nicht ein glücklicher Wurf dem Menschengeschlechte zum Vortheil gereichen?«

Auch sei es vielleicht nicht ganz gleichgültig, ob die Nachwelt den Namen eines Herrschers mit Verachtung oder mit Verehrung nennt. »Jeder Beitrag«, so fordert Forster, »zur Kenntniß des noch unerforschten Afrika ist uns mittlerweile willkommen, sollte er auch wenig mehr leisten, als das Verlangen nach umständlichen, mehr umfassenden Nachrichten stärker anzufachen, und uns recht anschaulich zu zeigen, wie gar wenig wir noch von einem so großen, so merkwürdigen, und in unserer gegenwärtigen politischen Lage so wichtigen, Erdtheile wissen.«[11]

Drei Jahre später schon kann Forster das Werk Le Vaillants in den »Göttingischen Gelehrten Anzeigen« und dann noch einmal in der »Allgemeinen Literaturzeitung« dem deutschen Publikum vorstellen, als die ersten Bände in Paris erschienen sind. Die grundsätzliche Zustimmung zeigt sich ohne weiteren Vorbehalt schon in den ersten Sätzen der leider sehr kurzen Rezensionen: die Spannung der Erzählweise, die seltene Anschaulichkeit des Berichtes hat ihn sofort gefesselt; die Darstellung Le Vaillants ist mehr als ein Produkt des »geschmacklosen Fleißes«, die literarische Vollkommenheit erscheint ihm als ein Resultat der »inneren Energie des Geistes«, der Mitteilungsdrang, den er hier enthusiastisch nennt, muß zum Reichtum der Ideen hinzutreten; künstlerische Spontaneität ist eben doch mehr als nur passive Empfänglichkeit, subjektive Reizbarkeit und kompilatorische Anstrengung.

Doch ist das Werk Le Vaillants auch seinem Inhalt nach von Reiz und Bedeutung: zwar habe der Verfasser seinen Gegenstand in keiner Weise erschöpft, bemerkt Forster, »allein er gewährt uns zuverlässig eine Menge neuer Ansichten«. Nicht nur wird alles lebhafter vergegenwärtigt als bei seinen Vorgängern, er hat gewissermaßen auch ein Recht dazu, denn »seine Methode, sich in allen Stücken den uranfänglichen Eingeborenen des Landes zu nähern und zu ihrer dem Klima angemessenen Lebensart zu bequemen, mußte ihn in Stand setzen, unzählige engere Verhältnisse richtiger und vollständiger, als bis dahin geschehen war, aufzufassen«.

Der aus Surinam stammende Franzose, der schon in den dortigen Kolonialverhältnissen dem Naturzustand der sog. Wilden näher gewesen war als europäische Reisende im allgemeinen sein konnten, erfährt das Leben mit den Hottentotten und Kaffern in der Tat als Beglückung, er genießt trotz aller Gefahren und Beschwerden den von Rousseau erfundenen Naturzustand, der Gedanke an die ›Ketten der Gesellschaft‹, die ihn eines Tages wieder umschlingen werden, bedrückt ihn. Das Innere Afrikas fasziniert ihn als terra incognita, der Tierwelt wendet er schließlich nicht weniger Aufmerksamkeit zu als den menschlichen Verhältnissen der allgemein sonst nur verachteten Stämme, deren

Vertrauen er gewinnt und deren grausame Gewalttaten gegen die Siedler er sehr bald als Racheakte und verzweifelte Verteidigung zu begreifen lernt. Unmenschen werden die Hottentotten erst durch den bedrohlichen Umgang mit den Weißen, deren weiterschreitende Landnahme die edlen und einfältigen Stämme in ihrer Identität, ja in ihrer Existenz bedroht.

Er reist im eigenen Auftrag, als Abenteurer und zivilisationsmüder Forscher, der sich seiner zivilisatorischen Überlegenheit durchaus bewußt ist, ohne sie jedoch gegen die Eingeborenen auszunützen. Er pocht auf Erfahrung, spottet der bloßen Gelehrsamkeit und genießt schmerzhaft den Kontrast von Zivilisation und Natur. Le Vaillant will nur von dem sprechen, was er selbst gesehen, selbst erlebt hat; seine Erziehung und Herkunft werden ihm zur Erklärung und Entschuldigung seiner Besonderheit. »Aux signes de ma volonté qui commandoit alors souverainement, à la plénitude de mon indépendance, je reconnoissois véritablement dans l'Homme le Monarque des êtres vivans, le Despote absolu de la Nature. On trouvera plus d'une fois alarmante une position que je trouvois délicieuse. Ces bizarreries découlent des premières impressions de ma vie. Elles ne sont que le sentiment pur & naturel de la liberté, qui repousse sans distinction tout ce qui paroit vouloir lui prescrire des bornes.«[12]

Und so erläutert Le Vaillant im Lauf der Reise bei gegebenem Anlaß seine Absichten, als müßte er sich verteidigen, wo er sich doch nur abgrenzen möchte: »Ce ne sont point des speculations de commerce, ni l'amour d'aucun service qui m'ont conduit au Cap; l'impulsion seule de mon caractère, & le désir de connoitre des choses nouvelles ont dirigé mes pas dans cette partie du monde. J'y suis arrivé libre & dans toute l'indépendance du génie. Je suis plus familiarisé avec l'intérieur du Pays & les Nations Etrangères qui l'habitent qu'avec aucune des Colonies du Cap, & le Cap lui-même que je n'ai guère connu que dans mes retours. Nul intérêt personnel ne me fera soupçonner de partialité.«

Die Cap-Bewohner, die holländischen Siedlungen, die dortige Verwaltung interessieren ihn nicht, wohl aber die Welt der Tiere und die Sitten der Eingeborenen. Er resümiert nicht, was da und was zu vermessen ist, er erzählt, was er sieht und was er tut. Deshalb ist sein Bericht reich an Abenteuern, Szenen, Jagderlebnissen und Erfahrungen mit den Hottentotten und den Kaffern wie mit den Tieren, insbesondere dem ihn begleitenden Pavian. Vorurteilslose Geduld im Umgang mit den farbigen Dienern und den Stämmen zeichnet ihn aus wie große Sorgsamkeit im Hinblick auf die Geräte, Proviant und das mitgeführte Vieh. Schon der Zug selbst ist höchst eindrucksvoll: »Mon train étoit composé de trente Boeufs; savoir, vingt pour les deux voitures, & les dix autres pour relais; de trois Chevaux de chasse, de neuf Chiens, & de cinq Hottentots; j'augmentai considérablement par la suite le nombre de mes animaux & de mes hommes ... Celui de ces derniers alloit quelquefois jusqu'à quarante. Il augmentoit ou diminuoit suivant la chaleur de ma cuisine; car, au sein des déserts d'Afrique comme en nos Pays savans, on rencontre des tourbes d'agréables parasites, peu honteux de leur contenance; ceux-là pourtant sans être trop à charge, ne m'étoient point tout-à-fait inutiles, & ne savoient pas comment on fait la pirouette quand la nappe est enlevée.

Le projet de mon voyage étoit connu de toute la Ville du Cap. Aux approches de mon départ, je fus vivement sollicité par plusieurs personnes qui désiroient m'accompagner. C'étoit à qui viendroit m'offrir ses services. Nous raisonnions bien différemment, ces messieurs & moi. Ils s'imaginoient que leurs propositions alloient me causer beaucoup de joie; ils ne pouvoient croire que je pusse me résoudre à partir seul. Cette idée leur sembloit une folie, tandis que je n'y voyois au contraire que de la prudence & de la sagesse. J'étois instruit que de toutes les expéditions ordonnés par le Gouvernement pour la découverte de l'intérieur de l'Afrique, aucune n'avoit réussi (...)«

Le Vaillant erzählt eben auch von sich; deshalb ist seine Reisebeschreibung mehr als ein wissenschaftlicher Bericht, er weiß das auch: »J'ai reposé sur ces détails avec plaisir«, heißt es einmal: »S'ils ne sont rien pour le progrès des connoissances humaines, ils sont beaucoup pour mon ame ingénue & simple. Ils me rappellent des passetems bien doux des jours bien sereins & paisibles, & les seuls momens de ma vie où j'aye connu tout le prix de l'existence.«

Die Erfahrung des Naturzustandes weckt seine Empfindsamkeit, er ahnt wohl, daß, was er hier genießen kann, eigentlich ein verlorenes Glück ist, schließlich bleibt er ja nicht bei den freundlichen Menschen, von denen er mit so viel Anteilnahme erzählt, sondern kehrt wieder zurück in die Zivilisation, aber den von Rousseau sozusagen erfundenen Naturzustand hat er doch erlebt und im Erinnern mit Zügen der Idylle ausgestattet, wie sie Europa sonst nur aus den Berichten von Tahiti sich vergegenwärtigen konnte. Noch im Erzählen scheint ihn die Erinnerung zu überwältigen, und er scheut den Ausruf nicht, den ihm die Dankbarkeit abfordert: »(...) mon souvenir durera plus long-temps & plus glorieusement chez les Hordes sauvages, que par les vains trophées de la vanité des hommes; j'en suis peu digne; je les abjure, mais toi, généreux Klaas, jeune Elève de la Nature, belle ame que n'ont point défigurée nos brillantes institutions, garde toujours la mémoire de ton ami: c'est à toi seul qu'il adresse encore ses pleurs & ses tendres regrets!«

Le Vaillant läßt sogar spüren, daß er diese Empfindungen dem Wilden gegenüber absichtlich und mit Stolz in den Bericht eingehen läßt; wie auf der Reise selbst, will er sich erzählend wiederum von der Gesellschaft der Weißen abgrenzen, dies obschon er sich gestehen muß, daß er der eigenen Zivilisation auf die Dauer sich doch nicht entziehen kann.

Er weiß, welchen Vorurteilen er begegnen muß, und so versichert er noch einmal an anderer Stelle: »J'ose donc attester que, s'il est un coin de la terre où la décence dans la conduite & dans les moeurs soit encore honorée, il faut aller chercher son temple au fond des déserts. Le Sauvage n'a reçu ces principes ni de l'éducation ni des préjugés; il les doit de la Nature; l'amour en lui n'est qu'un besoin très-borné; il n'en a point fait, comme dans les Pays civilisés, une passion tumultueuse, qui traine le désordre & le ravage après elle (...)«

Und weiter: »Un physionomiste, ou si l'on veut un bel esprit moderne, réjouiroit les cercles en assignant au Hottentot, dans la chaine des êtres, une place entre l'homme & l'Orang-outan; je ne puis consentir à lui donner ce portrait; les qualités que j'estime en lui ne sauroient le dégrader à ce point, & je lui ai trouvé la figure assez belle, parce que je lui connois l'ame assez bonne. Il faut pourtant convenir qu'il a dans les traits un caractère particulier qui le sépare en quelque sorte du commun des hommes; (...)«, doch was nun folgt, bezieht sich allein auf physiognomische Einzelheiten. Niemals wird Le Vaillant von ihnen auf intellektuelle, moralische und andere Qualitäten schließen, niemals von daher eine Vorstellung von rassischer Inferiorität begründen. Viel eher ist er in Versuchung, ihren natürlichen und ursprünglichen humanen Zustand den Falschheiten der entwickelten Gesellschaftsformen entgegenzustellen, als sei jede weitere Entwicklung, nur weil sie Nachteile sichtbarer Art produziert habe, im rousseauistischen Sinne eine Art von Sündenfall. Dabei ist dies keineswegs ein Problem des Eigentums, denn den Sinn dafür findet er auch bei Kaffern und Hottentotten, aber er erkennt, daß die Form des Zusammenlebens menschlicher ist, weil diese Gesellschaftsorganisation noch ohne Arbeitsteilung auskommt, ohne Hierarchien und deshalb auch ohne die erbarmungslose Konkurrenz der europäischen Zivilisationsstufe. Auch außerhalb des holländischen Einflußbereichs traut er es sich aufgrund seiner anderen Einstellung, seiner Abgrenzung von den Kolonisten durchaus zu, sich ungeschoren mit Geschick den blutigen Kämpfen zu entziehen, und wenn er vielleicht auch nur Glück gehabt hat, so gibt der Erfolg des Unternehmens ihm schließlich recht. Auch wo seine Hottentotten nicht mehr weiter wollen in das Gebiet der Kaffern, setzt Le Vaillant sich noch durch, und nicht nur, weil er die Sprache zu lernen bereit ist, gewinnt er ihr Vertrauen. Sein Zug mit Wagen, Ochsen, Hunden, Hahn und Affe, Pferden und Ziegen, mit farbigen Dienern und weiteren Teilnehmern aus verschiedenen Horden, die sich ihm vorübergehend anschließen, ist überall schon signalisiert und wird nicht als Vorhut von Eroberung und Unterdrückung zur Kenntnis genommen, sondern als Kuriosum, als eine Ausnahme, als ein Zeichen, daß es auch andere, offenbar nicht räuberische Weiße gibt. Le Vaillant weiß das, er scheint es zuweilen als ein Privileg zu genießen, aber man muß zugeben, daß dieses Privileg sein ganz eigenes Verdienst ist und daß er es durch Gerechtigkeit, Unbefangenheit, Vorurteilslosigkeit und Menschlichkeit hat rechtfertigen können. Immer wieder sieht er, daß die sog. Wilden nur wegen der Übergriffe der Weißen ihre Friedfertigkeit und Gutgläubigkeit verloren haben; seine Reisedarstellung wird so zur Anklage der europäischen Kolonisationspolitik, des freigesetzten Eigennutzes der Weißen, deren Methoden offenbar nur von Hochkulturen, wie etwa in Japan, wirksam abgewehrt und sozusagen paralysiert werden konnten.

Dabei bedarf es für ihn durchaus einer gewissen Taktik, sein Ansehen, seine Würde zu bewahren, damit seine Überlegenheit, die ihm die Sicherheit garantiert. Le Vaillant scheut manch kleines Theater nicht, um das Bild von sich wirken zu lassen, das er bei den kindlichen Hirtenvölkern zu benötigen meint, er sorgt so nicht allein für Ordnung, sondern wahrt einen Abstand, der manche Freundlichkeit zur erfolgreichen Herablassung werden läßt. »Le premier sentiment qu'on doive inspirer aux Sauvages, quand on veut voyager chez eux, c'est la confiance; pour gagner la leur, il faut être humain, bienfaisant, n'abuser jamais de leur faiblesse, ne leur inspirer aucune crainte & n'en pas prendre à leur aspect; ils accordent tout, lorsqu'on n'exige rien. Il faut être assez sûr de ses passions pour garder la plus sévère continence & ne pas convoiter leurs femmes. S'ils sont jaloux, vous avez en eux des ennemis implacables (...)«

Bloße Stärke macht auf sie keinen bedeutenden Eindruck, viel eher riskiert man so, sie unsicher zu machen und zu ängstigen; Le Vaillant hat sich dazu auch die Mühe gemacht, die Sprache zu erlernen, er hat die Mühe niemals bereuen müssen: »Du reste, j'ai trop reçu le prix de mes peines dans cette partie de mes travaux, par toutes les jouissances que m'a procurés le pouvoir de m'entretenir librement avec eux, pour que j'aye à me repentir d'avoir ajouté la connoissance de cet idiome singulier, aux diverses langues, dont les préceptes ont fait le principal objet de l'éducation très-sévère que j'ai reçue.«

Auf dieser Voraussetzung kann er mit Duldung, Freundlichkeit, Vorsicht und Festigkeit das Vertrauen und die Gastfreundschaft der Gruppen gewinnen, denen er, wo er vermag, auch behilflich ist. »Tant d'horreurs commises par les Blancs me faisoient une loi de prendre mes sûretés avec ces Sauvages dont je n'aurois eu rien à craindre dans toute autre circonstance; (...)«

Er weiß es als ein Glück zu empfinden, daß er ein tapferes und freies Volk kennenlernen darf, das nur seine Unabhängigkeit schätzt und keinen wider die Natur gerichteten Neigungen nachgibt, die den freien, freundlichen und großherzigen Charakter verletzen könnten. Die Gonaken vor allem sind in seinen Augen frei, aber sie sind schon von der Habgier der sich ausbreitenden Koloniebewohner bedroht: »Malheur alors à ces peuplades fortunées et tranquilles! les invasions & les massacres détruiront jusqu'aux traces de la liberté.«

Der Wilde ist nicht grausam und barbarisch, stellt Le Vaillant immer wieder fest; der Umgang mit den Weißen erst hat ihre Sitten verdorben und sie ihrer Identität beraubt; so erscheinen ihm die Völkerschaften, die er kennenlernt, in voller Unschuld zu existieren und gleichsam ein Schäferdasein zu führen, la vie pastorale, in dem sie ein Zeugnis davon ablegen, daß der Mensch im Naturzustand gut ist. Dabei sind die Eigentumsverhältnisse nicht ausgebildet, alles gehört allen, und so hat Le Vaillant auch Verständnis für die z. B. von den Mannschaften, die mit Cook unterwegs waren, immer wieder beklagten Übergriffe auf die Gerätschaften der Weißen. Man muß in dieser Hinsicht Nachsicht aufbringen, empfiehlt er, und seine Sachen entsprechend wegstecken. So kann man auch begreifen, daß er nur unter Tränen von seinen Schwarzen, die seine Freunde wurden unter gleichgeteilten Gefahren und Entbehrungen, wieder Abschied nimmt.

Er scheidet wie von einer paradiesischen Welt und wagt den folgenden Ausbruch von Empfindsamkeit: »Mes bons amis, mes vrais amis, je ne vous reverrai plus! ... Quelle que soit la cause des tendres sentiments que vous m' aviez jurés, soyez tranquilles; la source n'en est pas plus pure en Europe que parmi vous; soyez tranquilles; aucune force n'est capable d'en affoiblir la mémoire; pleins de confiance en mes adieux, mes regrets & mes larmes, vous m'aurez peut-être attendu long-temps! dans vos calamités, votre simplicité décevante vous aura peut-être plus d'une fois ramenés aux lieux chéris de nos rendez-vous, de nos fêtes; vous m'aurez vainement cherché; vainement vous m'aurez appelé à votre secours; je n'aurai pu ni vous consoler, ni vous défendre! d'immenses pays nous séparent pour jamais ... Oubliez-moi; qu'un fol espoir ne trouble pas la tranquillité de vos jours; cette idée ferait le tourment de ma vie; j'ai repris les chaînes de la Société; je mourrai, comme tant d'autres, appesanti sous leur poids énorme; mais je pourrai du moins m'écrier à mon heure dernière: ›Mon nom déjà s'efface chez les miens, quand la trace de mes pas est encore empreinte chez les Gonauois‹!«

Statt dessen begegnet ihm bei seiner Rückkehr die gaffende Neugier der Siedler mit dem, was er die törichte Liebe zum Wunderbaren nennt, die vielfache Gerüchte über ihn schon in Umlauf gesetzt hat und weitere nährt, darunter die von staunenerregenden Funden an Goldstaub und edlen Steinen. Le Vaillant aber hat anderes mitgebracht: die Notizen von seinen Erlebnissen und Beobachtungen, die er täglich aufzeichnete, wenn er sein Lager in Wüsten oder Savannen aufgeschlagen hatte, ausgestopfte seltene Vögel und Kenntnisse von Gazellen und Springbock, Schlangen und Nilpferd, Elefanten, Büffeln, Giraffen und Gnu und Strauß. Nicht allein die Trauer des Abschieds von dieser Welt kennzeichnet seine Reisebeschreibung, sondern auch die naturhistorische Reflexion, die dem ergriffenen Staunen sich anschließt: »La morale de l'Histoire Naturelle s'étend plus loin qu'on ne pense. L'oeil de la métaphysique pénètre, de jour en jour, plus avant; l'aveugle curiosité qui formoit seule autrefois nos collections, cède aujourd'hui la place à des motifs plus nobles & plus précieux; il n'est plus de petits objets aux regards du Philosophe; le génie des découvertes fait tout agrandir; les insectes, par exemple, regardés, il y a vingt ans, comme des objets minutieux & bornés, occupent une place brillante dans la chaîne des êtres.«

An dieser Entwicklung, die das 18. Jahrhundert kennzeichnet, hat ein Mann wie Le Vaillant durch die bedeutende Schilderung seiner mutigen und ungewöhnlichen Reise selber teil. Wissenschaftliche Aufmerksamkeit ist so charakteristisch für ihn wie das sehnsuchtsvolle Lebensgefühl im Anblick der von ihm gewiß auch schon verklärten ursprünglichen Lebensform der fremden Hirtenvölker, und wenn er ihre Gefährdung erkennt, so erwägt er doch gleichzeitig die Verbesserung der holländischen Kolonialverwaltung. Er kann sich diesen Widersprüchen nicht entziehen, aber er macht sie sichtbar. Der Zwiespalt ist charakteristisch, nicht nur für ihn, und wenn die europäische Zivilisation überlegen ist, so ist, wie sehr diese Entwicklung auch zu bedauern sein mag, ihre Richtung weder aufzuhalten noch ist die Bevölkerung eines Kontinentes davon auszusparen. Le Vaillants Kritik der europäischen Zivilisation ändert nichts an der Tatsache, daß die von ihm so geliebten Stämme allmählich, wollen sie nicht von ihr vernichtet werden, in diese hineinzuwachsen haben.

Die ›edleren Motive‹ kann man einem Manne wie Le Vaillant, der ohne Auftrag unterwegs ist und sozusagen das wissenschaftliche Abenteuer wagt, wohl unterstellen, für die amtlich vorbereiteten und durchgeführten Expeditionen gilt dies allerdings nur selten, auch wenn sich die Züge der Conquistadoren nicht mehr mit ihrer ganzen Gewalttätigkeit wiederholen.

Die zahlreichen Expeditionen, welche die britische Admiralität seit der Mitte des 18. Jahrhunderts ausrüstet und, mit genauen Instruktionen versehen, ausschickt, die Fahrten der Byron, Wallis, Carteret und Cook erklären sich durch die angestrengte Suche nach dem sagenhaften südlichen Kontinent, dem vermuteten Gegenstück zur nördlichen Kontinentalmasse, das man vor allem im noch wenig erforschten Stillen Ozean, zur Antarktis hin, finden wollte, sie erklärt sich aber auch durch die wachsende Sorge der Briten, die Franzosen könnten ihnen hier zuvorkommen und so ihr Kolonialreich gewaltig vermehren, weiter dann durch die noch immer bestehende Rivalität zu den militärisch freilich schon stark geschwächten Niederländischen Generalstaaten. Diese hatten immerhin mit der Niederländisch-Ostindischen Companie den Gewürzhandel beinahe monopolisiert und unterhielten von Batavia aus als einzige Europäer Handelsverbindungen mit Japan. Australien war zwar bekannt, aber weitgehend noch unerforscht; östlich davon wird nun der große Südkontinent vermutet, dessen Existenz erst durch die Fahrten von James Cook in das Reich der Fabel verwiesen wird.

Auch die bescheidenere, minder erfolgreiche Weltumsege-
lung von Philipp Carteret mit der Schaluppe »Swallow«
ist in diesem Zusammenhang zu sehen, genau wie das ehr-
geizige und erfolgreichere Unternehmen von Bougainville.
Soeben von einer Expedition unter Admiral Byron zurückgekehrt, wird Carteret Befehlshaber eines Schiffes, das
schon dreißig Jahre alt, in sehr schlechtem Zustand dazu ist
und dem erfahrenen Seemann für die Zwecke einer weiten
Expedition durchaus als ungeeignet erscheint. Es fehlt eine
Schmiede, ein Boot, Eisen u. a. m., aber die Admiralität
erteilt dem neuernannten Kommandanten den kühlen Bescheid, »daß das Schiff, so wie es da ausgerüstet sey, für
seine Bestimmung sehr wohl tauge, und von den Noth-
wendigkeiten, um welche ich angesucht hatte, wurde mir
nicht eine einzige zugestanden«.[13]
Man hat den Eindruck, daß die Bürokratie der Admiralität kaltblütig Mannschaft und Schiff zu opfern bereit oder
einfach von den Gefahren einer Weltumschiffung abzusehen in der Lage war, denn die Befürchtungen Carterets
haben sich dann sehr bald schon bestätigt. Eine Reihe von
späteren Gefährdungen hätte sich bei sorgsamerer Vorbereitung und gründlicher Überholung wie Neuausstattung
der Schaluppe sicherlich vermeiden lassen: nachdem Carteret die Magellan-Straße mit Kurs nach Norden an der chi-
lenischen Küste entlang verlassen hat, gerät das Schiff in
einen Sturm; die Hauptsegel wurden gerafft, dann aber
»brach eine erstaunlich große Woge über das Quartier, wo
die Schiffsruder angebunden waren und schwemmte sechse
derselben nebst der Wetterdecke fort. Sie zerbrach auch die
Stange des Besansegels, hart an dem Orte, wo das Segel ein-
gerafft war, ein gleiches geschahe mit dem eisernen Bande
an einer von den Jungfern des großen Mastes, und das
ganze Schiff war eine Zeitlang gleichsam völlig unter Wasser.«
Ein Versuch, dem Leiter der Expedition, der auf der »Dolphin«, einem größeren, sichereren und schnelleren Schiffe

fährt, die Schwierigkeiten der zwar noch leidlich seetüchtigen, aber überalterten »Swallow« vorzustellen und eine Entscheidung über die zu erhoffende Rücksendung herbeizuführen, wird dahingehend beantwortet, »daß, da die Lords der Admiralität die Swallow auf eine Reise ausgeschickt hätten, deren Absicht und Beschaffenheit mir wohl bekannt wäre, er nicht glaube, daß es ihm frei stände, die Bestimmung derselben nach Gutdünken abzuändern«.

Die »Swallow« ist in einem solchen Zustande, daß sie mit vollen Segeln immer noch hinter der »Dolphin«, die nur einen Teil ihrer Segel gesetzt hat, zurückbleibt. Bei Eintritt in die Südsee setzt das große Fahrzeug alle Segel und entschwindet schon bald aus dem Gesichtskreis der »Swallow«, obwohl bis dahin immer davon die Rede gewesen war, daß beide Schiffe die Fahrt gemeinsam durchführen sollten. An Bord der »Dolphin« befindet sich überdies noch ein Teil der notwendigen Ausrüstung der kleineren Schaluppe: Leinwand, Wolltücher, Glaskorallen, Scheren, Messer und Eisengeräte, die als Tauschgegenstände für die Eingeborenen dienen sollten. Da man deren Hilfe auf den Südseeinseln bedarf, muß nun auch mit größeren Schwierigkeiten gerechnet werden, wenn es nötig wird, das Schiff zu überholen oder zu reparieren, Fälle, in denen man auf das Wohlverhalten der sog. Indianer angewiesen ist. Zu den normalen Gefahren treten also nun die eines schlechten Zustandes des Schiffes, fehlender Mittel zur Reparatur und fehlender Tauschwaren für etwa notwendige Landungen und Erholungspausen.

»Am 3ten, bei Anbruch des Tages, fanden wir das Band des Steuerruders zerbrochen, dies war eine neue Ursache, uns über den Mangel einer Schmiede schmerzlich zu beklagen; wir halfen uns indessen so gut wir konnten.«

Auf der weiteren Fahrt nach Westen, unweit einer Insel, muß die Besatzung feststellen, daß das durch viele Stürme strapazierte Schiff, dessen Holz schon von Würmern zerfressen ist, sehr viel Wasser einläßt; es ist also inzwischen schon ›baufällig‹ geworden, »da es eine so lange Zeit über stets mit hohen Wellen, und überhaupt mit einer stürmischen See zu kämpfen gehabt hatte. Unsere Segel waren ebenfalls sehr abgenutzt, und rissen alle Augenblicke, der Segelmacher wurde also gar nicht mit Ausbessern fertig, sondern hatte beständig zu arbeiten«.

Noch eine weitere Gefahr tritt hinzu, für die nun die Lords der Admiralität nicht mehr verantwortlich zu machen sind: war die Besatzung bislang gesund geblieben, so wird sie nunmehr vom Skorbut befallen. Immer wieder werden jetzt schon gefaßte Pläne durch den Zustand des Schiffes wie bald auch durch die schwindenden Kräfte der Besatzung zunichte gemacht; man muß den Kurs wechseln, aber bei heftigen Winden und schlechtem Wetter kommt man schlecht voran, und bald geht es nur noch darum, die eine Hoffnung zu verwirklichen, das Schiff und die Besatzung vom Untergang zu bewahren.

Ein langsamer Rückweg bei Südostkurs ist dem kaum noch regierbaren und leckenden Schiff aufgrund seines Zustandes und der jahreszeitlich bedingten Winde versagt, so steuert Carteret nach Norden und sucht die Möglichkeit, den Passatwind auszunützen, wobei er hoffen kann, zwischendurch auf einer Insel Ruhe und vor allem frische Lebensmittel zu finden.

Schließlich wird in einer günstig gelegenen Bucht nach weiterer gefährlicher Fahrt das Schiff ausgeräumt, hochgezogen, auf die Seite gelegt und ihm das Leck verstopft. Die Innenwand, die sog. Fütterung, war übel zugerichtet und der Boden bereits zerfressen. Mit einer Mischung von Pech und Teer wird der Kiel neu kalfatert; der Zimmermann haut eine Reihe von Schlagbäumen, die für die Seitensegelstangen nötig sind, weil der mitgebrachte Vorrat schon erschöpft ist. Doch auch das so überholte Schiff ist noch immer stärker gefährdet als die schnelleren Fahrzeuge. Unser aller Leben, so berichtet Carteret, »hieng leider ohnfehlbar davon ab, ob wir in der Zeit, daß der Passatwind noch von

Osten her wehte, nach Batavia kommen würden, oder nicht. Nun wußte ich freilich wohl, daß jedes andere Schiff die Reise von hier nach Batavia in dieser Zeit wohl dreimal hätte machen können: allein ich wußte auch, daß diese Zeit, so lang sie seyn mochte, dennoch für die Swallow, so wie sie gegenwärtig beschaffen war, kaum mit genauer Noth dazu hinreichen würde, und daß, wenn wir genöthigt seyn sollten, so lange hier zu verbleiben, bis die gute Jahreszeit wieder käme, es wahrscheinlicherweise ganz unmöglich werden dürfte, mit diesem Schiffe weiter zu segeln, zumal, da es nur eine einfache Fütterung hatte, und überdem der Boden nicht einmal mit Nägeln beschlagen war; mithin die Würmer solchen unterdessen vollends würden durchgefressen haben, wie denn auch bis dahin unsre Vorräthe ganz zu Ende gewesen seyn würden.«

Carteret läßt also die Anker lichten, obgleich die Besatzung noch dringend der Erholung, des frischen Wassers, gesunder Lebensmittel und wichtiger Erfrischungen bedarf. Die Gefahr ist schließlich auch die, daß bei Krankheit und natürlich häufigen, von Skorbut verursachten Todesfällen, die so dezimierte Besatzung nicht mehr ausreicht, bei plötzlichen Windstößen die Segel rechtzeitig einzuholen, dann leiden auch wieder Segel und Takelage, auch die Gefahr des Kenterns erhöht sich. In der Tat wütet der Skorbut bald wie eine Seuche und fordert viele Opfer, die Kranken sind nicht mehr in der Lage, an Deck zu gelangen. Vor der Ruhepause und neuen Instandsetzung auf Celebes zählt Carteret schon dreizehn Tote, dreißig Todkranke, darunter alle Unteroffiziere, er selbst ist, wie ein Leutnant, völlig entkräftet, zumal jetzt auch Arbeiten, Dienst und Wachen von den noch Gesunden für die Schwerkranken mitgeleistet werden müssen.

Genug von den Gefahren, die man sich nicht hinreichend klar zu machen pflegt, von denen man oft auch nicht weiß, in welchem Maße eine engstirnige, rücksichtslose Verwaltung sie zu vermehren in der Lage ist. Wenn die Schaluppe

Carterets tatsächlich wieder in den Heimathafen einlaufen konnte, so ist das außer dem sprichwörtlichen Glück der Energie, Umsicht und Beständigkeit des Kapitäns und seiner Besatzung zu verdanken. Hätte man in aussichtslos scheinenden Momenten aufgegeben, so wäre das Ende schon nicht mehr weit gewesen. Dabei war das Ziel eines solchen Opfers, d. h. einer vollen Besatzung und einer alten Schaluppe, in keiner Weise wert: Carteret nimmt Korrekturen an den geographischen Bestimmungen einiger südamerikanischer und einiger Südseeinseln vor, liefert somit hier und da genauere Messungen, kann Angaben, über die Möglichkeit zu ankern und Wasser an Bord zu nehmen, für einige Südseeinseln machen, den bekannten noch einige unbekannte hinzufügen, er kann auch Angaben über Winde und Strömungen wie über das Verhalten der Eingeborenen machen. Schließlich kommt dabei noch heraus, daß der sagenhafte südliche Kontinent bis in die von ihm durchfahrenen Gebiete offenkundig nicht reicht.

Carteret liefert empirische Einzelerkenntnisse, keine wissenschaftlichen Entdeckungen; er legt Informationen für andere Seefahrer über Winde, Strömungen, Brandung und Ankergründe, Wasser und Lebensmittel für den Fall einer Landung vor. Sein Interesse gilt mehr als den fremden Inseln der Schiffahrt selbst, was wiederum mit dem elenden Zustand seines Fahrzeugs zusammenhängt. Man gewinnt bald den Eindruck, daß es ihm ja nicht mehr darum gehen kann, Entdeckungen zu machen, sondern als dem Hauptzweck der Reise vor allem darum, das Schiff und die Besatzung möglichst ungefährdet wieder nach Hause zu steuern. Man gewinnt aber auch den Eindruck, daß darin schließlich Carterets wirkliche Leistung besteht.

Die geo- und ethnographische Ausbeute darf man, ohne jeden Vorwurf, als bescheiden bezeichnen. Bei der Landung auf der Insel Masafrero z. B. korrigiert er zunächst einige der vorliegenden Angaben, um sodann die Zufahrt zum günstigsten Ankergrund anzugeben und von der Beschaffung von Holz und Wasser, die große Mühe verlangt, zu sprechen. Er fordert zur weiteren Überprüfung auf: »Jedoch gibt es viele Stellen an der Küste, wo sich eine Anfahrt machen ließ, an welcher man dann bequem würde landen können, und es wäre in der That sogar für ein einzelnes Schiff wohl der Mühe werth, diese Arbeit zu unternehmen, wenn es sich sonst eine gewisse Zeit lang allhier aufzuhalten gedächte.«

Dann kommt er auf den von ihm angelaufenen Teil der Insel zurück und beschreibt ihn als guten Ruheplatz, vor allem im Sommer; es gibt Fische, Krebse, Wasservögel, Ziegen, Seehunde und Seekälber in Massen, von denen er viele umbringen läßt, weil sie sich am Strand mit furchtbarem Getöse auf die Menschen zubewegen. Die Tiere geben Tran, Herz und Geschlinge, sind schmackhaft, die Haut ist mit so feinem Haarwerk bedeckt, daß er feinstes Pelzwerk vermutet. Die Nutzanwendung des Beobachteten geht hier schon über die Verwertung für erschöpfte Matrosen hinaus, wie sie Carteret sonst doch vor allem leitet.

Nach dem Besuch der Nova Britannia genannten Inseln erklärt er, daß er keine Sonnenbeobachtung habe anstellen können, und fügt hinzu, er würde das Land an dieser Durchfahrt zwischen zwei Inseln, Einwohner und Nahrung weit vollständiger beschrieben haben, wenn er nicht durch Krankheit so erschöpft gewesen wäre, daß er schon genug hatte, nur den Dienst an Bord zu versehen, den er übernehmen mußte, weil keine Offiziere mehr zur Verfügung standen.

Tatsächlich führt der Skorbut mit Todes- und Krankheitsfällen dazu, daß von den noch Gesunden der drei- bis vierfache Dienst versehen werden muß, was wiederum fortschreitende Entkräftung zur Folge hat. So kann es geschehen, daß im Anblick auftauchender, Erholung und frische Lebensmittel verheißender Inseln die Besatzung von einer »unaussprechlichen Freude« ergriffen wird: »Ein Verbrecher, der auf dem Richtplatze schon den letzten Streich erwartet, kann die Empfindungen nicht höher fühlen, wenn er ›Gnade‹ ausrufen hört.«

In solchen Zusammenhängen allein werden auch bei Carteret Empfindungen laut, die der statistisch und katalogisch angelegten Reisedarstellung sonst abgehen. Als Carteret in Celebes gelandet ist, liegen seit Verlassen der Magellan-Straße 35 Wochen Kreuzfahrt im Pazifischen Ozean und in der Südsee hinter ihm. Er hält es für nötig, alles, was er bei Durchfahrt der Enge beobachtet hat, genau zu beschreiben, denn die englischen wie die französischen Seekarten haben sich als sehr mangelhaft erwiesen. Eine bessere und genauere Kenntnis dürfte jedoch für den China-Handel von Wichtigkeit sein: »Die Schiffe, welche diese Handlung treiben, können eben sowohl diesen als den bisher gewöhnlichen Weg (...) nehmen, weil jener in keinem Stück gefährlicher ist als dieser, und wenn sie während der Zeit, daß der südöstliche Passatwind wehet, China nicht erreichen können und den Passatwind darüber einbüßen; so können sie sich wenigstens darauf verlassen, allhier einen sicheren Kanal, und vom November bis zum Februar, günstige Winde aus Westsüdwesten und bis nach Westnordwesten herum, zu finden.«

So wird der allgemeine Nutzen mitbedacht, wie auch die Inbesitznahme nicht fehlt, für deren Gültigkeit und Wert doch wohl die Voraussetzung gelten muß, daß weitere Schiffe im Auftrag der britischen Admiralität hier vor Anker gehen und die erhobenen Ansprüche bekräftigen werden. Denkt man daran, daß die »Swallow« stets hart am Schiffbruch vorbeisegelt, so wirkt die Landergreifung doch etwas spielerisch oder sogar abstrakt. Auf der Fahrt nach Nova Britannia etwa stößt Carteret auf eine Inselgruppe mit Muskatbäumen, Kokospalmen, ein paar scheuen Tieren, Schlangen, Skorpionen, Centipeden. Die Insel scheint zunächst von Menschen unbewohnt. »Wir stießen«, heißt es sodann, »auf einige verlassene Wohnungen und an diesen lagen die Schalen von Muschelfischen umher gestreuet und schienen noch nicht lange aus dem Wasser gekommen zu seyn, es waren auch noch Ueberbleibsel von einem Feuer zu sehen, denn es lag etwas halbverbranntes Reisholz auf der Erde; solchergestalt mußten die Leute erst kurz vor unserer Ankunft diesen Ort verlassen haben«. Es scheinen, nach den Behausungen zu urteilen, Wilde vom primitivsten Stande gewesen zu sein, bemerkt Carteret hierzu.

Einige Tage später ist das Schiff überholt worden, die Anker werden gelichtet, aber bevor er in See sticht, nimmt Carteret »von diesem Lande und allen seinen Inseln, Baien und Häfen, Besitz für seine Majestät Georg den Dritten, König von Großbrittannien, wir nagelten auch an einen hohen Baum ein mit Blei beschlagenes Breth, auf welches das englische Unionswappen, der Name des Schiffs und seines Befehlshabers, der Name der Bucht, und die Zeit unserer Ankunft daselbst und Abreise von dannen eingegraben zu lesen war«.

Die Bewohner der Insel konnten das wohl nicht lesen und sie werden auch vor solcher Inanspruchnahme nicht gefragt, auch wären sie kaum in der Lage gewesen, die Bedeutung solcher Schilder in ihrer ganzen Tragweite zu erfassen, so daß sie verwundert oder mit ahnungsvoller Unruhe vor dem Wappen und den Schriftzeichen gestanden sein dürften, die ein schwerer Sturm vielleicht auch bald wieder gelöscht haben kann. Die wenig zivilisierten Einwohner der unbekannten Inseln erscheinen sowieso als Kuriositäten wie die species der Fauna und Flora. Ein anthropologisches oder ethnologisches Interesse wird ihnen von diesen Reisenden nicht entgegengebracht. So werden sie wie folgt beschrieben: nackt, sehr dunkel und mit wolligem Haar, hurtig, geschäftig und stark, »es scheint, als ob sie fast eben so gut im Wasser als auf dem Lande leben können; denn sie waren alle Augenblicke bald in ihren Kähnen, dann wieder in der See«.

Ein Boot der Briten war angegriffen worden, so daß die Matrosen nun ein Boot der Eingeborenen in ihre Gewalt bringen, in dem für zwölf Mann Platz ist, aber auch mit nur drei, vier Leuten wissen die Eingeborenen erstaunlich schnell zu rudern und geschickt zu steuern. In dem aufgegriffenen Boot, das mit einem Verwundeten ›übernommen‹ wird, finden sich Pfeil und Bogen. »Mit diesen Waffen treffen sie in einer unglaublichen Entfernung. Einer von den Pfeilen fuhr durch das Wetterbult des Boots, und verwundete einen Schiffsunteroffizier gefährlich in den Schenkel. Ihre Pfeile sind mit Feuersteinen zugespitzt, wir fanden auch im übrigen keine Anzeigen, daß sie etwa irgend eine Art von Metall haben sollten.«

Von hier geht Carteret in seinem schmucklosen Bericht unmittelbar zu einigen Bemerkungen über die Gegend über: »Das Land ist überhaupt waldigt und bergigt, mit vielen dazwischen gelegenen Thälern. Mehrere kleine Flüsse ergießen sich von den inneren Gegenden des Landes her in die See, und an der Küste gibt es viele Hafen. Die Abweichung von der Magnetnadel war allhier ohngefähr 11 Grade, 15 Minuten ostwärts.«

Wo nun die Eingeborenen sich gegen eine Landung zur Wehr zu setzen versuchen, werden die Feindseligkeiten sofort eröffnet. Auf dem Wege nach Mindanao – es ist dies in etwa die Route, die Pigafetta schon beschrieben hatte – kommen in Nähe einer Inselgruppe morgens zahllose Boote dem englischen Schiff entgegen. Die Matrosen verstehen weder den Sinn der Zurufe noch der Zeichen, die sie aber nachzumachen suchen, um die Eingeborenen der gleichen Gesinnung zu versichern. Man zeigt ihnen kleine Waren, um sie an Bord zu laden, doch rudern die Eingeborenen nur noch näher heran, um ihre Wurfspieße plötzlich zum Verdeck hin zu schleudern, wo die Weißen am dichtesten standen. Carteret will ein Blutvergießen vermeiden und setzt, um einem richtigen Gefecht vorzubeugen, nicht alle Waffen ein. Er läßt nur mit Musketen und einer der kleinen drehbaren Kanonen unter die Angreifer schießen, von denen einige getötet oder verwundet werden. Die Boote kehren rasch zum Strand zurück, mit einer schweren Kanone wird noch einmal drohend hinter ihnen her geschossen, was ihre Flucht nur wieder beschleunigt. Doch erscheinen bald darauf Boote von einem anderen Inselteil, die genauso vorgehen wie die der ersten Angreifer. Musketenfeuer vertreibt sie, ein Indianer wird getötet, die anderen verlassen das Fahrzeug des Opfers, das von den Engländern aufgegriffen, untersucht, geleert und schließlich an Bord zu Brennholz zerschlagen wird.

Auf anderen Inseln sind die Kontakte etwas erfolgreicher; die Eingeborenen haben bereits Besuch fremder Schiffe gehabt und sind zum Tauschhandel bereit. »Die Bewohner dieser Insel«, schließt Carteret aus der Freude über ein Stück Eisen, das man ihnen gegeben hat, »(...) schienen in der That das Eisen ungleich höher zu schätzen, als alle übrigen Indianer, die wir bisher gesehen hatten, und ich bin überzeugt, daß sie uns für eiserne Werkzeuge alles gegeben hätten, was wir nur aus den Inseln hätten hinweg bringen können und wollen.«

Auch das ist wohl noch als Wink für die späteren Besucher dieser Inseln zu verstehen.

Die Eingeborenen kommen an Bord, man erkennt sie als kräftig und gewandt, freimütig und offen; sie essen und trinken, was man ihnen anbietet, gehen ungezwungen auf dem Schiff umher und zeigen sich so vertraut mit dem Schiffsvolk, als hätten sie lauter alte Bekannte vor sich.

Der notwendige Raubbau wird im übrigen von Carteret genauso bedauert wie die sinnlosen Opfer der ohnmächtig feindselig sich zeigenden Eingeborenen. So gibt der Kokoskohl, die äußerste Spitze dieser Bäume, ein vortreffliches, gesundes, im Geschmack den Kastanien ähnliches, kräftiges Nahrungsmittel. »So oft wir indessen einen Kopf dergleichen Kohls haben wollten, mußten wir einen Baum umhauen, es that uns unendlich leid, so viel Stämme allhier zu verderben, deren jeder noch manche Frucht hätte tragen können, die vielleicht das kräftigste in der Natur bekannte Gegenmittel wider den Scharbock ist: allein die Noth leidet kein Gesetz. Mit Beihilfe dieses Krautes und insonderheit durch die Milch oder vielmehr das Wasser der Kokosnüsse bekamen unsere Kranken sehr bald ihre Gesundheit und Kräfte wieder.«

Alle Reflexionen dieses mutigen Seefahrers dienen nur dem mittelbaren oder unmittelbaren Nutzen oder gehen doch nur wenig über diesen hinaus. So bemerkt er von der Inselgruppe, die, im Umfange eines großen Königreichs auf dem Weg zu den Philippinen sichtbar wird und die er, wohl ohne Ironie, die Admiralitätsinseln nennt, er hätte sie gern näher in Augenschein genommen, wäre das Schiff nur in besserem Zustande und er noch mit Tauschwaren versehen gewesen, um Handel zu versuchen: »Das Land ist mit dem schönsten Grün bekleidet; die Wälder sind hoch und groß, mit dazwischen gelegenen Stellen wo das Holz ausgereutet und das Land dagegen angebauet ist. Die Eingeborenen scheinen hier sehr zahlreich zu seyn, und ihre Häuser lagen in anmuthigen Hainen von Kokosnüssen. Es wäre gewiß sehr leicht mit diesen Leuten Freundschaft zu machen und einen gegenseitigen Umgang mit ihnen zu stiften; sie würden nämlich bald einsehen, daß es unserer Ueberlegenheit wegen nur umsonst sey, auf Widerstand zu denken, und dagegen Vortheil dabei finden, Handlung mit uns zu treiben.«

Völlig naiv wird hier die technische Überlegenheit, zunächst einmal die der Feuerwaffen, zum Argument, daß die Eingeborenen, ob sie nun wollen oder nicht, über die Vorteile des Handels mit den Europäern nachdrücklich zu belehren sein würden. Von hier aus fällt dann noch einmal Licht auf die kluge, ja verschlagene und strenge Abschließungspolitik der Tokugawa-Regierung in Japan, die sich im gegebenen Moment gegen solche Argumentationen zur Wehr setzte und die Unabhängigkeit des Landes bewahrte, ohne deswegen den Überseehandel vollkommen aufzugeben, eine Lösung, die kleinere und auf anderer Zivilisationsstufe stehende Inselvölker gar nicht erst ausprobieren konnten.

Gewiß kann es kaum der Genugtuung dienen, wenn man sich klar macht, daß die Europäer gegeneinander sich aus dauernder Rivalität des Handels- und Eroberungsgeistes kaum vornehmer verhalten, nur eben, bei gleichgearteten Mitteln, etwas anders. Hierfür liefert Carteret ein recht anschauliches Beispiel: die schwer mitgenommene »Swallow« nähert sich Celebes, man laviert an der Küste, die Mannschaft ist stark dezimiert und völlig erschöpft, man hofft, das Schiff überholen, vor allem aber sich ausruhen und kräftigen zu können. Den Holländern jedoch im Hafen von Makassar ist dieser Besuch eines englischen Kriegsschiffs höchst unangenehm. Carteret bittet den Statthalter um Erlaubnis, den Hafen anzulaufen, Erfrischungen an Bord zu nehmen und wegen des Zustandes des Schiffes wie der Mannschaft die nun zu erwartenden Stürme in Sicherheit vorübergehen lassen zu dürfen. Dem Leutnant aber, der mit einem Boot an Land fährt, erlaubt man gar nicht erst auszusteigen, er liefert seinen Brief den beauftragten Verwaltungsbeamten aus und muß mit der Mannschaft in glühender Hitze schutzlos im Boot warten, ohne daß die Eingeborenen ihm hätten Erfrischungen anbieten dürfen. In der Zwischenzeit rüsten die Holländer alle kriegstüchtigen Schaluppen im Hafen aus. Schließlich werden die Briten vertröstet; ein Vertreter der Holländisch-Ostindischen Companie kommt sodann an Bord und bedeutet Carteret, daß er der Stadt nicht näher kommen dürfe und nirgends an der Küste ihm zu ankern gestattet werde. Als Antwort zeigt Carteret den Holländern die schwerkranken Besatzungsmitglieder an Bord, hält ihnen ihre Grausamkeit vor und daß ihr Verhalten die Naturgesetze beleidige. Die aber bleiben bei ihrer Versicherung, daß kein fremdes Schiff, gleich welcher Nation, den Hafen anlaufen dürfe. Mit Festigkeit erwidert Carteret, daß Schlimmeres als das bisher Erduldete nicht mehr zu leiden sei, er werde also beim ersten günstigen Wind, allen ihren Drohungen zum Trotz, in den Hafen einlaufen, sich dort vor Anker legen und so die Erlaubnis erzwingen. Sollte dies unmöglich sein, so werde er das Schiff auf den Strandwall laufen lassen und sein wie seiner Leute Leben so teuer wie möglich verkaufen.

Die Drohung und wohl ihre Begründung in sichtbarer Hoffnungslosigkeit, ja Verzweiflung, verfehlt ihre Wirkung zunächst; als Carteret am anderen Tage, nachdem die vereinbarte Wartefrist verstrichen ist, Segel setzt, kommen die Holländer von den flankierenden Schaluppen wiederum an Bord und Carteret setzt ihnen auseinander, daß er nichts mehr zu erwarten habe als den Tod durch Schiffbruch, Krankheit oder Hunger, so daß er sein Schiff nun auf den Strand werde treiben lassen, denn er halte es für besser, in »Behauptung einer gerechten Sache« auf einmal umzukommen, als mit dem Blick auf unvermeidlichen Untergang »eines langsamen und grausamen Todes zu sterben«.

Schließlich gibt man ihm doch zu, daß seine Forderungen nicht unbillig seien, liefert ihm sogar Lebensmittel, doch wird ihm zugleich bedeutet, er möge den Hafen verlassen, denn kein fremdes Schiff dürfe sich dort aufhalten, geschweige denn Handel treiben, es sei dies wider die Verträge der Companie mit den Königen der Eingeborenen. Carteret weigert sich wiederum; sein Kriegsschiff komme nicht um Handel zu treiben, der Ankauf von Lebensmitteln für die Besatzung sei ebenfalls nicht Handel. Als er den Holländern dann den Leichnam eines am Morgen verstorbenen Matrosen zeigt und bei seiner Drohung bleibt, werden die niederländischen Unterhändler doch allmählich nachdenklich.

Man gestattet den Engländern schließlich, eine kleine Bucht anzulaufen, wo sie, vor Winden geschützt, ein Hospital für die Kranken anlegen könnten und Lebensmittel genug vorhanden wären. Auch einen Lotsen will man ihnen mitgeben, so daß sich Carteret schließlich noch offiziell des hol-

ländischen Schutzes versichern läßt. Der Aufenthalt in Bont-
hain – so der Name der Bucht – wird zur strengen Qua-
rantäne unter der Bewachung von vierzig holländischen
Kolonialsoldaten.

Jeder Kontakt mit den Eingeborenen wird unterbunden;
die Holländer verdienen 500 bis 1000 % am rasch organisierten Zwischenhandel. Ja, wenn die Engländer Lebensmittel von den Eingeborenen erwerben wollen, so setzen sie
die Preise fest und geben den Verkäufern lediglich, was
ihnen genug dünkt. Wo die Eingeborenen aufbegehren wollen, wird ihnen mit der Waffe gedroht. Die holländischen
Soldaten gehen requirieren wie in Feindesland und nehmen, was sie brauchen oder zu brauchen meinen, was denn
doch auf die mit den Inselkönigen getroffenen Vereinba-
rungen ein sonderbares Licht wirft: entweder sind die Holländer, wenn immer sie wollen, in der Lage, sich über die
Abmachungen hinwegzusetzen, oder aber die Könige (oder
Sultane) dulden die Unterdrückung und Ausplünderung
ihrer Untertanen ohne Widerspruch, weil sie selbst ihrer
privaten Vorteile versichert bleiben. Doch darüber weiß
Carteret nichts zu sagen.

Als die Besatzung dann ausgeruht ist und allmählich Tro-
penkrankheiten sich zeigen, segelt Carteret nach Batavia,
wo er auf der Reede ankert. Das Schiff ist schon wieder
schwer leck und bedarf der Ausbesserung, was nach langen
Verhandlungen auch genehmigt wird. Carteret beklagt sich
bitter über den Hochmut und die Mißgunst der Holländer;
er zeichnet knapp und scharf ein Bild von den herrscher-
lichen Gewohnheiten der hohen Vertreter der Holländisch-
Ostindischen Companie, die mit einer Leibwache ausfahren
und verlangen, daß jedes entgegenkommende Fahrzeug
stillhält, daß sein Besitzer aussteigt und dem Statthalter die
Reverenz erweist, was zu tun Carteret als britischer Offizier sich weigert.

Schließlich, als die »Swallow« überholt ist, kann er mit neu
übernommenen englischen Seeleuten, die er in Batavia an-

getroffen hat, die Rückreise antreten. 20 Besatzungsmitglieder hat er inzwischen verloren, 24 sind so krank, daß
sieben davon auf der Fahrt zum Cap der Guten Hoffnung
den Strapazen erliegen.

Auf dem Weg nach Europa, mehrere Tage nachdem St. He-
lena passiert worden ist, sichtet man ein französisches
Schiff, das, obwohl schneller, wendet, um sich der »Swallow« zu nähern, die man erkannt hat und von der schon
angenommen worden war, daß sie Schiffbruch erlitten
hätte. Man erfährt, daß es sich um ein Schiff der Franzö-
sisch-Ostindischen Companie unter Herrn von Bougainville
handelt, das von der Isle de France nach Europa zurück-
fährt. Offenbar wollen die Franzosen die englische Schaluppe in Augenschein nehmen; ein junger Offizier kommt
an Bord und versucht, Carteret über seine Erlebnisse, d. h.
die Reiseroute und etwaige Entdeckungen auszuhorchen.
Carteret weicht aus und schickt den überaus neugierigen
Gast bald wieder von Bord. Von seiner Besatzung erfährt
er, daß die Erzählungen des Franzosen ein Märchen gewesen sind: die Bootsleute haben geplaudert, und er muß hören, daß Bougainville, so wie er selbst, die Welt umfahren
hatte.

Am 18. März 1769 geht er in Spithead vor Anker. –
Bougainville, der den Rivalen so seltsam auszuhorchen
trachtete, wo doch ein jeder wußte, daß die Ergebnisse solcher Reisen bis zur Freigabe durch die Admiralitäten ge-
heim bleiben mußten, war der erfolgreichere und ist deshalb auch der berühmtere der beiden. Carterets Weltumseglung, deren Beschreibung im Detail durchaus fesselnd ist
und vor allem für Seefahrer, die dieselbe Route wählen
würden oder in die von ihm durchschifften Gewässer verschlagen werden könnten, von zahlreichen wichtigen Informationen und Korrekturen bis dahin vorliegender Ver-
messungsergebnisse durchsetzt ist, erbrachte keine wichtigen
neuen Entdeckungen, sein Bericht bleibt auch frei von bedeutenden Einsichten und Reflexionen. Empirie und Nut-

zen herrschen vor, aber, auf der moralischen Seite, Energie, Zähigkeit, Entschlossenheit und großer Mut.

Im ganzen freilich ist diese Reise, so seltsam das klingen mag, ein paradoxes Unternehmen: denn, auf eine weltweite Erkundungsreise ausgesandt, befinden sich das Schiff Carterets und die Besatzung bald in einem so desolaten Zustand, daß nach kurzer Zeit bereits das einzige Ziel der Reise nur noch zu sein scheint, allen Gefahren und Entbehrungen zum Trotz durchzuhalten und wieder nach England zurückzukehren. Das Ziel der Weltumseglung hat sich dergestalt verkehrt: es ist die Reise weniger mit ihren möglichen Entdeckungen als eben die Heimkehr, und man fragt sich schließlich, zu was die Opfer, Leiden, Energie und Ausdauer denn wirklich gut gewesen sein sollten – als eben zur Rückkehr. So gesehen, hätte man die »Swallow« und ihre Besatzung schließlich auch in europäischen Gewässern lassen können, anstatt sie solchen Belastungen auszusetzen. So jedenfalls scheint es. Aber vielleicht ist eine solche Reise, die uns als Ausnahme erscheinen muß, sogar wieder typisch: wir wissen sonst nur von jenen Kapitänen und Schiffen, die erfolgreich waren, die als Entdecker sozusagen glücklich gewesen sind, während doch die meisten, ohne viel Neues ausgemacht und gefunden zu haben, überhaupt wieder nach Hause zu gelangen die allergrößte Mühe hatten. Wenn dies nur glückte, bestand auch darin ihre Leistung.

IV

TAHITI: DIE ENTDECKUNG
DER EXOTISCHEN IDYLLE

Ein Stück Wunschtraum ist in vielen Reisedarstellungen aufgehoben, nicht allein wegen des Zustands ungebundener Bewegung, der an Freiheit erinnert, sondern wegen des heimlichen Ziels, in unbekannter Ferne die Inseln der Seligen auszumachen. Nicht selten weht hier Wind von Paradiesen, eingebildeten wie wirklichen; Kolumbus meint, an der Mündung des Orinoco einen Hauch von Eden zu spüren, Carletti und Kämpfer erfahren eine Ahnung davon im hochzivilisierten Japan, das sie bewundern, Lady Montagu gibt sich dem Zauber des Orients in den großen Städten des Osmanischen Reiches hin, und für Le Vaillant wird sogar das einfache und gefährdete Leben der Hottentotten zur beneideten Idylle. Der Drang nach Beute und der Drang nach Erkenntnis, der Auftrag und das Abenteuer vertragen sich durchaus mit utopischer Erwartung. »Die Triebe nach Beute und nach Wundern«, so bemerkt Ernst Bloch, »gingen hierbei erstaunlich oft ineinander oder miteinander. Die Erde in der Ferne wird indisch, hinter dem Gewohnten geht sie phantastisch auf. Das Segel befreit vom Festland, die Hochsee wird dadurch befahrbar. Nicht nur erfunden soll werden, sondern auch entdeckt, ein äußerst stoffhaltiger Traum schickt nun dazu aus.«[1]

Die utopischen Romane des 18. Jahrhunderts, literarisch-idyllische Wunschbilder von Holberg, Geiger, Knigge, Rebmann, Stolberg nähren sich, um durch Wahrscheinlichkeit überzeugend zu bleiben, von den Reiseberichten, die damals von weiten Kreisen der Bevölkerung verschlungen werden und in erhaltenen Bibliotheken des Zeitalters einen erstaunlichen Umfang einnahmen, vergleichsweise wohl wie heute das sog. Sachbuch. Literatur war damals noch nicht einseitig als belletristisch abgestempelt, aber die Schriften zur Naturkunde wie die Reisebeschreibungen gerieten auch noch nicht in Verdacht, wenn sie den Schwung des Imaginativen und den Glanz der Darstellung nicht verleugneten, die Pedanten nur der ›reinen Literatur‹ gewähren möchten.

Daß die Idyllenliteratur des 18. Jahrhunderts wie die Reiseliteratur mit ihren Emanationen des utopischen Romans nicht nur der kurzfristig-fiktiven Flucht oder der bloß unterhaltenden Befriedigung unbestimmter Neugier dienten, sondern mit den durch sie vermittelten Inhalten von reineren, natürlicheren, oft eben exotischen Zuständen auch Sozialkritik bedeuten, muß sicher nicht eigens nachgewiesen werden. Immer wieder wird ein idyllischer Zustand beschworen, den die Gegenwart verweigert – der rousseauistische Le Vaillant sagt es ganz offen –, aber über diese Gegenwart drängt Wunsch und Traum und Denken der Menschen hinaus. Sehnsucht nach Vergangenem ist dabei so stark wie die erwartungsvolle Heimwehlust nach vorgefühltem Künftigen; was als Erinnerung oder Vorgriff erscheint, verlockt zur Identifikation. Die Sehnsucht wendet sich einer in der Gegenwart verwehrten Einfachheit und Harmonie zu, richtet sich auf Naturzustände, die mit denen einer fortgeschrittenen Zivilisation nicht mehr zu vereinbaren sind. Die modernen Zustände der sich allmählich entfaltenden bürgerlichen Welt werden somit in Frage gestellt. Zunächst als Kritik am Feudalabsolutismus, wird die literarisch gewordene Sehnsucht auch zur Kritik an den Entwicklungsresultaten der bürgerlichen Gesellschaft selbst. Die Sehnsuchtsbilder, die entworfen werden, sind Projektionen eines an der Wirklichkeit enttäuschten Bewußtseins. Sehnsucht wird sozusagen zu einer Form sozialer Pathologie, aber nicht nur: es gibt Entdeckungen, in die solches Verlangen schließlich eingegangen ist, ohne daß zuvor ein Bewußtsein von Entbehrung und Entfremdung vorhanden war; die Entdeckung erst legt die Zwänge des Gegenwärtigen frei. Der Traum vom schöneren, reineren, natürlichen und freien Leben macht die Gegenwart erträglicher, er hält aber auch das Ungenügen an eben dieser Gegenwart wach. Der sehnsuchtsbeschwerten Empfindsamkeit korrespondiert die Folge der aufkommenden idyllischen und utopischen Dichtungen, nicht aber die der Reisedarstellungen, die ihnen erst das Material vermitteln und das Verlangen plötzlich viel bewußter machen.

Eben die Erfahrung eines unaufhaltsam scheinenden Fortschritts, die keineswegs stets eine rein-positive ist, führt zur Idealisierung verlorener Unschulds- und Naturzustände; damit verändert sich dann auch der Blick auf die seit der Renaissance entdeckten und unterworfenen Völkerschaften. Wirtschaftsdenken und aufklärerische Kritik beginnen, die Formen des Kolonialismus wie des Sklavenhandels aus unterschiedlichen Gründen als überholt, schädlich, unmenschlich, schließlich einfach auch als unökonomisch anzusehen; wirtschaftliche Interessen können schließlich sogar zur Begründung humaner Forderungen werden. Wie dann die Entdeckungen neu beurteilt und sogar in Frage gestellt werden, so sieht man auch auf die Entdeckten, die Betroffenen, mit etwas anderen Augen. Der edle Wilde ist nun eine Gestalt, die gegen die bürgerliche Gesellschaft und das ihr anhaftende Unrecht stets neu wieder beschrieben wird – bis hin zu Seumes berühmt gewordenem Vers.

Doch werden dann auch die Reisen selbst auf neue Weise bedeutungsvoll, sie werden, wie man mit dem Blick auf Georg Forster feststellen kann, jetzt philosophisch. Die ganze Diskussion um Cook – Forster, Lichtenberg, Wehrlin – zeigt dies deutlich genug, doch wird dabei auch erkennbar, daß eine nur moralische Abwägung der Entdeckungsreisen und ihrer Folgen, das hatte schon A. v. Humboldt gesehen, genau wie eine bloß ökonomische, an der Tatsache vorbeigeht, daß die Geschichte des Menschen eben im Wechsel von Vernichtung und Neugründung erst ihre Wirklichkeit hat und jeder Gewinn mit Verlusten sehr wohl aufgewogen werden muß, was konsequent nur bedauern kann, wer den Stillstand als Gesetz der Geschichte geltend machen will. Gerade in diesem Zusammenhang hat ja James Cook und als sein philosophischer Reisebegleiter Georg Forster mit herrschenden Vorurteilen aufgeräumt.

Vor allem an der Entdeckung Tahitis und dem dadurch vermittelten Bild der unschuldigen, freien Inselwelt wird die poetische Sehnsucht als eine exotisch stimulierte Gesellschaftskritik erkennbar. Die ersten Ansätze einer Kritik am einfachen Fortschrittsbegriff entzünden sich hier. Die bloße Anwendung der Kategorien der bürgerlichen Gesellschaft in verallgemeinernder Form auf die gesamte Menschheit diente zum einen der Rechtfertigung humanitärer Ziele, zum anderen aber auch der Leiden, die auf dem Weg des Fortschritts, der doch auch ein moralischer sein sollte, zu erdulden waren. Die erkannte Perfektibilität der menschlichen Natur legitimiert die Forderung nach Gleichheit, entlarvt aber auch den ungeschichtlichen Naturzustand als bloße Konstruktion. Als dann die Reisen des Captain Cook der Phantasie, die doch von irdischen Paradiesen träumen wollte, alle Möglichkeiten nahmen, weil alles nun erfahren war, da wurde durch die Entdeckung Tahitis der Mythos vom glücklichen Naturmenschen und von den paradiesischen Inseln noch einmal erneuert. Georg Forster trat mit seiner nicht unkritischen Darstellung solchen Illusionen entgegen und wies nach, daß auch hier von vollkommen zwanglosen Naturzuständen nicht könnte gesprochen werden, und richtete gleichzeitig, bei der Beschreibung dieser Inselwelt, den Blick auf die europäischen Zustände. Auch die kritische Reflexion auf den zweifelhaften Wert solcher Entdeckungen, die weniger Vorteile wegen den glücklichen Zustand ganzer Völkerschaften vernichten, wird zur Wendung gegen den europäischen Kolonialismus, was gleichzeitig heißt, daß die europäischen Verhältnisse ihrer eigenen Moralität von Aufklärung noch nicht entsprechen. Dennoch hat das Bild von Tahiti seit Bougainville enthusiastische Wirkungen, vor allem in Deutschland geübt, bis hin zu den Auswanderungsplänen junger Dichter aus dem Sturm und

Drang und dem Umkreis des »Göttinger Hain«, die dort die Fron der Gesellschaft in einem sozusagen paradiesischen Altertum vergessen wollten. Mit seinen freien Sitten und seiner üppigen Natur wurde Tahiti entweder zur Versuchung oder zur Provokation; es fehlt deshalb auch nicht an Versuchen, die Tahiti-Sehnsucht der Epoche heftig abzuwehren.

Daß allerdings Tahiti das übriggebliebene, goldene Zeitalter schließlich doch nicht ist, das deutet sich flüchtig bereits bei Bougainville an, wird aber erst von Forster frühzeitig und konsequent verständlich gemacht. So wird die Legende von Tahiti, wo die poetische Einbildungskraft sich ihrer bedient, zum einen ein Dokument der unverbindlichen Flucht aus dem bürgerlichen Alltag, zum anderen aber doch eine Bereicherung der aufklärerischen Utopien, gegen deren naive Momente dann Diderot sich wehren sollte. In Deutschland hat man damals nicht verstanden, daß gerade hier die Aufklärung im Begriff stand, sich über sich selbst aufzuklären.

Als wirkliches Wunschbild ist Tahiti von kaum geringerer Wirkung und Bedeutung gewesen als etwa die Ossian-Erfindung Macphersons, der sie korrespondiert. Der Wunschtraum vom besseren Leben bleibt gegenwärtig noch bis in das »Noa Noa« Paul Gauguins hinein, nicht nur als Ungenügen am Bestehenden, sondern oft genug als dessen Widerlegung. Der Kurzschluß freilich dabei ist der, daß man so tut, als könnte die Entwicklung, die eben zur Entdeckung solcher Insel-Träume führte und sie vielleicht sogar nötig machte, stillgestellt oder rückgängig gemacht werden. Deshalb haftet jeder Flucht in die reale Idylle etwas Ohnmächtiges an, denn sie bestätigt die Gewalt dessen, dem sie sich entziehen will. Ein anderes aber ist es, im schlechten Gegenwärtigen den Traum vom versöhnten Leben wachzuhalten gegen den täglichen Widerstand. So resümiert Ernst Bloch: »Insgesamt also: das Geschäft der menschlichen Hoffnungen besitzt im Horizont der großen Entdeckungsfahrten seinen eigenen: die Erde ist zwar ziemlich bekannt geworden, aber das Eldorado, das Jason wie Kolumbus im Sinn hatten, ist noch nicht gefunden.«[2]

Louis Antoine de Bougainville ist der erste Franzose, der eine wissenschaftlich bestimmte Weltumseglung in offiziellem Auftrag durchgeführt hat. Von Brest mit der »Boudeuse« und der »Etoile« auslaufend, gelangt er durch die Magellan-Straße in den Pazifischen Ozean; im März 1768 entdeckt er die von ihm die Quatre Facardins genannten, heute die Tehai-Inseln, wenig später landet er auf einer fruchtbaren Insel, die er anspielungsreich die Nouvelle-Cythère nennt. Es handelt sich um Tahiti, das 1606 bereits der Portugiese Ferdinandés de Luciros und nicht lange vor Bougainville der Engländer Samuel Wallis betreten hatten. Aber Bougainville bezieht sich in der Vorrede zu seiner Reisebeschreibung auf Magellan, der als erster die Welt umschiffte: »Encouragés par son exemple, les navigateurs anglais et hollandais trouvèrent de nouvelles terres et enrichirent l'Europe en l'éclairant.« Aber, fährt er in dieser Widmung an den König fort, »cette espèce de primauté et d'aînesse en matière de découvertes n'empêche pas les navigateurs français de revendiquer avec justice une partie de la gloire attachée à ces brillantes, mais pénibles entreprises«.[3]

Was seinen Bericht betrifft, so ist Bougainville bescheiden: er will kein amüsantes Werk vorlegen, sondern einen Rechenschaftsbericht, der vor allem den Seeleuten nützlich ist, es fehlen die Abenteuer, wie sie in Kriegszeiten möglich werden, und Mangel an schriftstellerischer Übung hindert ihn, wie er meint, sich vor einer grundsätzlichen Trockenheit zu bewahren. Das unruhige, bewegte, wilde Leben, wie er es geführt hat, diente eben nicht der Ausbildung der schriftstellerischen Fähigkeiten. Aber in diese Bescheidenheits-Formeln mischt sich bald schon Polemik: »Je suis voyageur et marin, c'est-à-dire un menteur et un imbécile aux yeux de cette classe d'écrivains paresseux et superbes qui, dans l'ombre de leur cabinet, philosophent à perte de vue sur le monde et ses habitants, et soumettent impérieusement la nature à leurs imaginations. Procédé bien singulier, bien inconcevable de la part de gens qui, n'ayant rien observé eux-mêmes, n'écrivent, ne dogmatisent que d'après des observations empruntées de ces mêmes voyageurs auxquels ils refusent la faculté de voir et de penser.«

Auch im Bericht selbst nimmt Bougainville bei Gelegenheit navigatorischer Schwierigkeiten noch einmal Bezug auf die Reiseberichte, wie sie für das Publikum zurechtgemacht werden: »(...) outre l'affectation des auteurs de ces extraits à retrancher tout ce qui peut n'être qu'utile à la navigation, s'il leur échappe quelque détail qui y ait trait, l'ignorance des termes de l'art dont un marin est obligé de se servir leur fait prendre pour des mots vicieux des expressions nécessaires et consacrées, qu'ils remplacent par des absurdités. Tout leur but est de faire un ouvrage agréable aux femmelettes de deux sexes, et leur travail aboutit à composer un livre ennuyeux à tout le monde et qui n'est utile à personne.«

Damit ist dann auch gesagt, welch anderen Anspruch Bougainville erhebt, daß er vor allem empirisch und genau, niemals etwa auf Kosten der Wahrheit unterhaltend sein will. »Mais la geographie est une science des faits; on n'y peut rien donner dans son cabinet à l'esprit de système, sans risquer les plus grandes erreurs qui, souvent ensuite, ne se corrigent qu'aux dépens des navigateurs.«

In der Tat ist fortan viel von Navigation und Vermessungen, Strömungen und Stürmen, Krankheiten, Gefahren und Entbehrungen die Rede, die allerdings begreifbar machen, daß bestimmte Landschaften und Lebensverhältnisse den strapazierten Seefahrern als idyllische Lockung erscheinen; so bemerkt Bougainville schon aus Anlaß des erholsamen Aufenthaltes in Montevideo: »En effet, comment résister à la comparaison de couler dans le sein de l'oisivité des

jours tranquilles sous un climat heureux, ou de languir af-
faissé sous le poids d'une vie constamment laborieuse et
d'accélérer dans les travaux de la mer les douleurs d'une
vieillesse indigente?«

Die Reise mit ihren Einzelbeobachtungen über das Verhalten von Eingeborenen, die schon das Glück hatten, von
europäischen Fahrzeugen besucht zu werden, von Schwierigkeiten der Navigation, widrigen Winden, raschem Wet-
terwechsel, auftretenden Krankheiten und allem, was da-
zugehört, muß hier nicht nachgezeichnet werden; sie würde
sich im wesentlichen nicht von anderen Berichten dieser
Art mehr unterscheiden. Das Wichtigste ist eben doch
der Höhepunkt dieser Weltumseglung, der aber lautet:
Tahiti. Und doch ist es nicht einfach der Naturzustand, der
die Franzosen dieser beiden Schiffe entzückt und die Schilderung zu »einer Art Idylle« werden läßt: den reinen Naturzustand hatten ihnen bereits die Pêcherais gezeigt, und
Bougainville fand keinen Anlaß, sie seinetwegen zu benei-
den, im Gegenteil, mit Bedauern stellt er fest, daß sie vieles
entbehren müssen, daß sie unter der Härte eines der schreck-
lichsten Klimate zu leben haben, ohne doch in der Lage zu
sein, ihr Los zu erleichtern. Auch hat er erfahren, wie Eingeborene die Fremden fliehen, als seien diese gekommen,
um sie auszurotten; doch nicht weniger weiß er, daß jede
fruchtbare Küste mit Wasser und Früchten für die erschöpf-
ten und kranken Matrosen, die auf ein kaum mehr glaub-
haftes Existenzminimum reduziert worden waren, leicht
zum Paradies wird, denn die Maßstäbe haben sich während
einer wochenlangen und gleichsam unnatürlichen Bordexi-
stenz bereits auf verständliche Weise verschoben. Das alles
erklärt aber nicht den Zauber, der von Tahiti als der neuen
Cythera ausgehen sollte.

Am 5. April 1768 kreuzt er vor der unbekannten Insel,
es gilt, einen Ankerplatz zu finden: »L'aspect de cette
côte, élévée en amphthéâtre, nous offrait le plus riant spectacle. Quoique les montagnes y soient d'une grande hau-

214

teur, le rocher n'y montre nulle part son aride nudité; tout y est couvert de bois. A peine en crûmes-nous nos yeux, lorsque nous découvrîmes un pic chargé d'arbres jusqu'à sa cime isolée qui s'élevait au niveau des montagnes, dans l'intérieur de la partie méridionale de l'île. Il ne paraissait pas avoir plus de trente troises de diamètre et diminuait de grosseur en montant; on l'eût pris de loin pour une pyramide d'une hauteur immense que la main d'un décorateur habile aurait parée de guirlandes de feuillages. Les terrains moins élevés sont entrecoupés de prairies et de bosquets, et dans toute l'étendue de la côte il règne, sur les bords de la mer, au pied du pays haut, une lisière de terre basse et unie, couverte de plantations. C'est là qu'au milieu des bananiers, des cocotiers et d'autres arbres chargés de fruits, nous apercevions les maisons des insulaires.

Comme nous prolongions la côte, nos yeux furent frappés de la vue d'une belle cascade qui s'élançait du haut des montagnes, et précipitait à la mer ses eaux écumantes. Un village était bâti au pied, et la côte y paraissait sans brisants.«

Die Linien der Berge, die Farben, die fruchtbare Vegetation, Berge, Wasser und Häuser der Inselbewohner, das ist der Inhalt der ersten nüchternen Schilderung, in der man den Keim der späteren Idyllisierung und die Versatzstücke künftiger Verklärungen noch nicht erkennen kann.

Bald kommen die Boote der Eingeborenen längsseits, der Tauschhandel beginnt: sie bringen Früchte, Geflügel, Geräte für den Fischfang, Stoffe und Muscheln. Ganz unbesorgt klettert ein Inselbewohner sogar an Bord der »Etoile«, um dort die Nacht zu verbringen. Die Menschen scheinen hier so einladend zu wirken wie das Land und das Klima, in dem sie existieren: »A mesure que nous avions approché la terre, les insulaires avaient environné les navires. L'affluence des pirogues fut si grande autour des vaisseaux, que nous eûmes beaucoup de peine à nous amarrer au milieu de la foule et du bruit. Tous venaient en criant *tayo,* qui veut dire *ami,* et en nous donnant mille témoignages d'amitié; tous demandaient des clous et des pendants d'oreilles. Les pirogues étaient remplies des femmes qui ne cèdent pas, pour l'agrément de la figure, au plus grand nombre des Européennes et qui, pour la beauté du corps, pourraient le disputer à toutes avec avantage. La plupart de ces nymphes étaient nues, car les hommes et les vieilles qui les accompagnaient leur avaient ôté le pagne dont ordinairement elles s'enveloppent. Elles nous firent d'abord, de leurs pirogues, des agaceries où, malgré leur naïveté, on découvrit quelque embarras; soit que la nature ait partout embelli le sexe d'une timidité ingénue, soit que, même dans les pays où règne encore la franchise de l'âge d'or, les femmes paraissent ne pas vouloir ce qu'elles désirent le plus. Les hommes, plus simples ou plus libres, s'énoncèrent bientôt clairement: ils nous pressaient de choisir une femme, de la suivre à terre, et leurs gestes non équivoques démontraient la manière dont il fallait faire connaissance avec elle. Je le demande: comment retenir au travail, au milieu d'un spectacle pareil, quatre cent Français, jeunes, marins, et qui depuis six mois n'avaient point vu de femmes?«

Aller Vorsicht zum Trotz kommt doch ein junges Mädchen an Bord; sie läßt bald das wenige fallen, was ihre Blöße deckt, und erscheint nun, so drückt es Bougainville aus, allen wie Venus, die sich dem phrygischen Hirten zeigt: »elle en avait la forme céleste.« Er gibt zu, daß es schwierig war, sich zu beherrschen. Ein Franzose hat sich von Bord gestohlen und kommt mehr tot als lebendig zurück: auf dem Lande hat man ihn erst einmal ausgezogen und begutachtet. Da er Worte und Rufe nicht verstand, meinte er, man werde ihn jetzt umbringen. Schließlich erhielt er seine Kleider zurück, auch alles, was man aus den Taschen gezogen hatte, und das Mädchen, dem er gefolgt war, wird ihm zugeführt, damit es seinen Wunsch erfüllen kann. Doch war es dafür nun zu spät und der Schrecken viel zu groß gewesen.

Das ist der erste verführerische und überraschende Eindruck von Tahiti; er wird nicht widerrufen, sondern präzisiert und ausgeweitet. Als Bougainville an Land geht, empfängt man ihn mit Neugier und freudiger Überraschung, ohne jede Spur von Mißtrauen oder Feindseligkeit; die Leute tragen hier keine Waffen, nicht einmal Stöcke. Der Ortsvorsteher nimmt die hohen Gäste in sein Haus, wo sich fünf, sechs Frauen finden und ein ehrwürdiger Greis, der allerdings kaum Notiz von den fremden Besuchern zu nehmen scheint und sich bald ohne jede Neugier oder Furcht zurückzieht: »(...) fort éloigné de prendre part à l'espèce d'extase que notre vue causait à tout ce peuple, son air rêveur et soucieux semblait annoncer qu'il craignait que ces jours heureux, écoulés pour lui dans le sein du repos, ne fussent troublés par l'arrivée d'une nouvelle race.«

Es spricht für Bougainville, daß er, obwohl vielleicht erst im nachhinein, diese Möglichkeit überhaupt erwägt.

Doch so, wie sich die Insel darstellt, finden sich die Franzosen plötzlich in einer rein arkadischen Landschaft, die sie in keiner Weise zu gefährden die Absicht haben: ein wohlgebauter Mann lädt die Fremden ein und läßt sie zum Klang einer Flöte, die ein anderer bläst, ein, wie Bougainville sofort meint, anakreontisches Lied vernehmen, eine Szene, die er bezeichnenderweise des Pinsels eines Boucher für würdig erachtet. Die Europäer wollen sich revanchieren: den Gästen an Bord spielt man etwas europäische Musik mit Flöte, Baß und Violine vor, schließlich gewährt man ihnen ein Feuerwerk: »Ce spectacle leur causa une surprise mêlée d'effroi.«

Um die Kranken besser pflegen und ihnen Ruhe gewähren zu können, erbittet Bougainville, eine behelfsmäßige Unterkunft an Land errichten und benutzen zu können, was ihm freilich erst nach langen Beratungen gestattet wird. Das Lager wird abgezäunt und bewacht. Hier entwickelt sich dann ein intensiver Tauschhandel, bei dem die Europäer alles erhalten, was sie benötigen, Lebensmittel vor allem, die Inselbewohner hingegen Nägel, Werkzeuge, falsche Perlen und all den Tand, den Europäer in der Vergangenheit für solche Zwecke meinten anbieten zu dürfen, der ein Bedürfnis eher weckt als stillt. Allerdings wird auch vieles von den Eingeborenen auf die geschickteste Weise entwendet, doch versteht Bougainville durchaus, daß die Neugier der Grund des Begehrens sein kann. Nichtsdestoweniger gibt er Anweisung, auf Diebe, also Räuber, zu schießen. Freilich kann er sich dabei auf die Worte eines der freundschaftlich gesinnten Cytherianer berufen, der ihm dergleichen angeraten. Außerdem verläuft sonst alles in der liebenswürdigsten Weise. Die Gäste gehen an Land spazieren, man lädt sie ein, sie werden bewirtet, und man bietet ihnen auch die jungen Mädchen an, auf eine so selbstverständliche Weise, daß die anderen Dorfbewohner in das Haus kommen, Musik gemacht wird und alles Zeuge der zärtlichen Begebenheiten sein will, was den Europäern nun wieder auf störende Weise seltsam erscheint. Bougainville bringt es in die treffende Formel, daß Venus hier die Göttin der Gastfreundschaft sei, ihr Kult ist deshalb frei von Mysterien, und alle Freude wird dem ganzen Haus zum Fest – auch die erotische.

Die ganze Insel erscheint ihm schließlich als eine Art von Eden. Da ist der Rasen mit den Obstbäumen, die von Bächen bewässerte Gartenlandschaft, die in der Sonne für Kühlung sorgen; ein zahlreiches Volk genießt die Schätze, welche die Natur freigebig verschenkt, doch wie diese sind auch die Menschen großzügig und gastfreundlich. Die Europäer bringen in das Paradies, was postparadiesische Errungenschaften sind, sie lassen ihre Werkzeuge bewundern, lehren die freundlichen Gastgeber, wie man Gärten anlegt, Getreide, Reis, Mais, Zwiebeln, Suppenkräuter züchtet. Doch dauert es nicht lange, da wird dann auch ein Eingeborener von den Weißen getötet; Gartenwerkzeuge sind eben harmloser als Feuerwaffen. Dies geschah, obwohl Bougainville streng verboten hatte, mit den Feuerwaffen an Land zu gehen. Die freundlichen Gastgeber sind denn auch bald davon überzeugt, daß der so Ermordete selbst schuld an seinem Unglück habe, und so ist auch das noch einmal beigelegt. Doch sollte sich dergleichen in schärferer Weise wiederholen.

Es kommt schließlich so weit, daß sich die Inselbewohner in das Innere zurückziehen und niemand mehr am Strande sichtbar wird. Die Häuser sind verlassen, kein Boot wagt sich mehr hinaus zu den fremden Schiffen. Dem mitreisenden Prinzen von Nassau gelingt es schließlich, einige Tahitaner aufzuspüren und ihr Vertrauen ohne große Komplikationen wiederzuerlangen. Der bedrohte Frieden ist abermals gerettet, mehr als der Frieden: die Freundschaft sogar, denn als die französischen Schiffe wieder so weit sind, daß die Rückreise festgesetzt werden kann, kommt einer der jüngeren Männer aus der führenden Familie an Bord, um die Reise nach Europa mitzumachen. Auch der Abschied enthält alle Züge eines überaus freundlichen Einvernehmens, und die Gastgeschenke werden auf nicht nur formelle Weise ausgetauscht. »Nous quittâmes ainsi ce bon peuple, et je ne fus pas moins surpris du chagrin que leur causait notre départ, que je l'avais été de leur confiance affectueuse à notre arrivée.«

Das wäre fast alles, würde das hier erfahrene Beispiel nicht weiterwirken und noch im nachhinein wie im Hinblick auf die neuen Begegnungen zum Maßstab für Bougainville und seine Besatzung werden. Im anschließenden, rückblickend resümierenden Kapitel lesen wir: »La hauteur des montagnes qui occupent tout l'intérieur de Tahiti est surprenante, eu égard à l'étendue de l'île. Loin d'en rendre l'aspect triste et sauvage, elles servent à l'embellir en variant à chaque pas les points de vue, et présentant de riches paysages couverts de plus riches productions de la nature, avec ce désordre dont l'art ne sut jamais imiter l'agrément.

De là sortent une infinité de petites rivières qui fertilisent le pays et ne servent pas moins à la commodité des habitans qu'à l'ornement des campagnes. Tout le plat pays, depuis les bords de la mer jusqu'aux montagnes, est consacré aux arbres fruitiers, sous lesquels, comme je l'ai déjà dit, sont bâties les maisons des Tahitiens, dispersées sans aucun ordre, et sans former jamais de village; on croit être dans les Champs-Elysées. Des sentiers publics, pratiqués avec intelligence et soigneusement entretenus, rendent partout les communications faciles.«

Ausgeglichenheit und relative Milde des Klimas, Fruchtbarkeit des Bodens und die Art, in der die Menschen ohne sichtbare Gebrechen altern, sprechen von der wunderbaren Gesundheit dieser Insellage und seiner Bewohner. Mühelos ist erhältlich, was man zur Reproduktion des Lebens nötig hat, Arbeit und Konkurrenzkampf im europäischen Sinne sind unbekannt wie Luxus und Ausschweifung; die vollkommen sinnliche Existenz hat auch keinen Sittenkodex entwickelt, dem zufolge die unmittelbaren sinnlichen Bedürfnisse mit Sündhaftigkeit und Vorurteil hätten belastet werden können. Die Anmut der physischen Erscheinung korrespondiert der Reinlichkeit der Lebensweise, und den Charakter der Bewohner bestimmt Bougainville als sanft und wohltätig. Bürgerkrieg und Haß scheinen unbekannt zu sein, dies, obwohl die Insel in verschiedene Bezirke aufgeteilt ist. Für alles, was dem Leben notwendig ist, gibt es keine Eigentumsbegriffe, alles scheint hier allen zu gehören.

Hingegen führen diese sanften Inselbewohner ständig Kriege mit den Eingeborenen der benachbarten Inseln. Hier zeigen sie sogar eine Grausamkeit, die man bei ihnen nicht vermutet hätte, sie scheint an europäische Maße heranzureichen. Auch scheint es mit der vermuteten Gleichheit nicht ganz so bestellt zu sein, wie man zunächst hatte annehmen können: die Standesunterschiede sind stark ausgeprägt, die Mißverhältnisse grausam; die Könige und die Großen können über das Leben der Sklaven und Diener verfügen, auch die unterste Klasse der Bevölkerung scheint in solcher Abhängigkeit zu leben, sie stellt zumindest die gelegentlich dargebrachten Menschenopfer. Fleisch und Fisch scheinen im allgemeinen der Tafel der Großen vorbehalten zu sein, für das Volk sind Früchte und Gemüse hinreichend gut. Bis in den Gebrauch des Feuerholzes hinein zeigen sich die Unterschiede des Standes. Auch essen die Männer nicht mit ihren Frauen, sie werden vielmehr von ihnen zur Mahlzeit stets bedient.

Das sind gravierende Einschränkungen, aber sie verändern dennoch nicht die Bedeutung, die Tahiti für die fremden Reisenden gewinnt; eine allgemeine Bedürfnislosigkeit scheint das Joch leichter zu machen, das viele zu tragen haben. Die einzige Leidenschaft scheint die Liebe zu sein, die große Zahl der Frauen ist offenbar der einzige wirkliche Luxus, den sich die Reichen gestatten. Haus- und Landarbeit wird kaum von ihnen verlangt, dafür scheint es Sklaven oder Diener zu geben, ein sanfter Müßiggang scheint noch das Vorrecht der Frauen zu sein, ihre einzige Aufgabe die, zu gefallen. Die Frauen sind den Männern unterworfen, Ehebruch wird wohl auch einmal mit dem Leben bezahlt, aber im allgemeinen pflegt der Gatte zu gestatten, daß sie sich einem anderen hingeben, ja er wird die Frau unter Umständen dazu auffordern. Eifersucht scheint auf der Insel unbekannt zu sein, und die jungen Mädchen sind sowieso jederzeit frei, ihren Neigungen zu folgen. »Cette habitude de vivre continuellement dans le plaisir donne aux Tahitiens un penchant marqué pour cette douce plaisanterie, fille du repos et de la joie. Ils en contractent aussi dans le caractère une légereté dont nous étions tous les jours étonnés. Tout les frappe, rien ne les occupe; au milieu des objets nouveaux que nous leur présentions, nous n'avons jamais réussi à fixer deux minutes de suite l'attention d'aucun d'eux.«

Sie sind offenkundig der Reflexion nicht fähig und entziehen sich ihr wie auch der mühseligen Arbeit. Nichtsdestoweniger will Bougainville den Tahitianern nicht Mangel an Intelligenz vorhalten, allgemeine Geschicklichkeit, auch Handwerksfleiß, soweit sie seiner bedürfen, sprechen dagegen. Viele Geräte, wie etwa die für den Fischfang, sind höchst kunstvoll verfertigt, auch die Herstellung von Stoffen spricht für Begabung und Intelligenz. Schließlich nimmt er Aotourou auf sein inständiges Bitten hin an Bord und mit nach Europa. Die ganze Bevölkerung scheint diesen mutigen Entschluß zu billigen, Bougainville hofft überdies, sich seiner zur Vermittlung mit den Eingeborenen auf anderen Inseln während der noch bevorstehenden Fahrt bedienen zu können. »D'ailleurs, en supposant que notre patrie voulût profiter de l'union d'un peuple puissant situé au milieu des plus belles contrées de l'univers, quel gage pour cimenter l'alliance que l'éternelle obligation dont nous allions enchaîner ce peuple en lui renvoyant son concitoyen, bien traité par nous et enrichi de connaissances utiles qu'il leur porterait! Dieu veuille que le besoin et le zèle, qui nous ont inspirés ne soient pas funestes au courageux Aotourou!«

Tahiti bleibt ein Maßstab: die anderen Inseln, die noch besucht werden, sind minder einladend, die Eingeborenen wilder, die Früchte nicht so gut, nirgends stellt sich wieder ein so gutes Einvernehmen her. Es ist, als hätte man ein Stück Antike in der Südsee ausgemacht. Doch mit der Antike war es dann vorbei.

Diderots »Supplément au voyage de Bougainville« schließt sich zwar unmittelbar an die Reisebeschreibung an, entwickelt aber aus dem Tahiti-Kapitel des Buches Gesellschafts-, Zivilisationskritik und Utopie. Es handelt sich also nicht wie in der deutschen Literatur des 18. Jahrhunderts von Schnabel bis Knigge um einen realitätsfremden Entwurf, sondern um eine Darstellung im engen Zusammenhang mit den von Bougainville gelieferten Materialien, um eine Darstellung von Möglichkeiten und die der Berechtigung, über Bestehendes hinauszudenken.

1771 hatte Bougainville seinen Reisebericht erscheinen lassen; er zeigt sich darin als wissenschaftlich gebildeter Seeoffizier mit genauem und kritischem Blick, der die Schwierigkeiten langer Seefahrt ebenso beschreibt wie den Raubbau der Holländer auf den Gewürzinseln, mit dessen Hilfe sie das Handelsmonopol aufrechterhalten. Er glänzt vor allem in der Schilderung der ozeanischen Inseln, die hier als paradiesisch erscheinen. Er hat, z. T. auf derselben Route wie Carteret, sehr viel mehr Glück, vor allem wohl auch ein besseres Schiff gehabt. Schließlich hat er auch Aotourou mitgebracht und ihn mit der Wirklichkeit der europäischen Zivilisation konfrontieren können. Die Herzogin von Choiseul hat den dunklen Gast sogar adoptiert, und die philosophischen Freunde der Mademoiselle de Lespinasse haben Gelegenheit gefunden, sich mit ihm zu unterhalten und ihn auszufragen. Bougainville hat auch für überseeische Erwerbungen gesprochen, aber von der größten Wirkung war schließlich doch die Beschreibung der Insel, die er die Neue Cythera nennt. Pariser Raffinement und Wollust begeistert sich für die unschuldige Freiheit der tahitanischen Sitten; hier scheint noch unverstellte Natur erkennbar zu sein, der ›gute Wilde‹ ist nun wirklich entdeckt: es ist der Bewohner der tahitanischen Inselwelt.

Das Echo ist rasch festzustellen, bei Diderot vor allem, aber noch in den Anekdoten von Chamfort findet sich der Widerhall. Der Exotismus ist dabei viel weniger wichtig als die im ›Exotismus‹ sichtbar gewordene Möglichkeit der freien Liebe. Darüber wird dann leicht vergessen, was Bougainville schließlich noch zu berichten weiß. Nicht seine Reise, sondern eine ihrer Entdeckungen wird zum philosophischen und gesellschaftskritischen Hauptthema. Dem hat Bougainville nur insofern Vorschub geleistet, als die Schilderung jener Insel etwas Verlockendes hat: die Wunder von Würde und Unschuld beginnen die entwickelte Zivilisation Europas zu verführen und zu beunruhigen. Zunächst sind ja auch die Reisenden verwundert, niemand wagte gleich an die paradiesische Unschuld zu rühren. Dezenz, also die Beschränkung der Instinkte durch anerzogene Konventionen, hinderte die Weißen, das sich bietende Glück gleich voll zu würdigen und zu ergreifen.

So sind Tahitis Gestade »elysäische Gefilde«, sind ein sichtbares Paradies. Bougainville sieht alles durch die Brille des verwöhnten, gebildeten Franzosen der Epoche, er evoziert die Bilder Bouchers, Flötenspiel, Rezitation und Tanz sind für ihn reine Anakreontik, die wiedergefundene Idylle zivilisations- oder nur reisemüder Europäer. Die Landschaft wird ästhetisch gesehen, die Menschen fast wie mythologische Erscheinungen: sie sind wie Herkules oder Mars gebaut, die Frauen als Venus, und unter einem europäischen Himmel wären sie wohl weiß. Also sind sie eigentlich unschuldig gebliebene Europäer. Es gibt auf der Insel nichts, was bedrohlich wäre, von Erdbeben, Stürmen, Vulkanen ist nicht die Rede, hohe Bäume spenden Frucht und Schatten, das Klima ist milde, ein steter Sommer scheint hier zu herrschen; von Insekten und giftigen Tieren, Skorpionen und Schlangen etwa, ist nicht die Rede, auch von gefährlichen Raubtieren nicht. Die Lebensweise ist von arkadischer Einfachheit. Einer der Begleiter Bougainvilles, Philibert de Commerson, wagt sogar die Morus entlehnte Benennung Utopia: »(...) c'est le seul coin de la terre où habitent des hommes sans vices, sans préjugés, sans besoin, sans dissensions. Nés sous le plus beau ciel, nourris des fruits d'une terre féconde sans culture, régis par des pères de famille plutôt que par des rois, ils ne connaissent d'autre dieu que l'Amour. Tous les jours lui sont consacrés, toute l'île est son temple, toutes les femmes en sont les autels, tous les hommes les sacrificateurs. Et quelles femmes, me demandez-vous? Les rivales des Gérgiennes en beauté, et les sœurs des Grâces toutes nues. Là, ni la honte, ni la pudeur n'excercent point leur tyrannie: la plus légère des gazes flotte toujours au gré des vents et des désirs: l'acte de créer son semblable est un acte de religion; les préludes en sont encouragés par les voeux et les chants de tout le peuple assemblé, et la fin célébrée par des applaudissements universels; tout étranger est admis à participer à ces heureux mystères; c'est même un des devoirs de l'hospitalité que de les inviter, de sorte que le bon Utopien jouit sans cesse ou du sentiment de ses propres plaisirs ou du spectacle de ceux des autres.«[4]

Die Franzosen haben aber Mühe, die religiösen Bräuche zu begreifen, es gibt offenbar doch noch andere Götter als nur den der Liebe, auch der Totenkult bleibt ihnen unverständlich, und Tote gibt es nicht nur durch das hohe Alter nach einem heiter verbrachten Leben: schließlich führt man ja Kriege mit den Bewohnern der Nachbarinseln. Es gibt überdies eine genau beobachtete Hierarchie, und wenn man von patriarchalischer Ordnung sprechen könnte, so hat doch die Gütergemeinschaft in den Vorrechten einiger weniger ihre deutliche Grenze. Das entscheidende Erlebnis für die Franzosen bleibt schließlich das der freien Liebe, der allgemein geduldeten Polygamie; keine Beschränkung der Triebe wird hier erwartet, jedes Mädchen darf seiner Neigung nachgeben, der öffentliche Beifall ehrt, was man in Europa ihre Niederlage nennen würde. ›Lasziv‹ nennt Bougainville ihre Stellungen beim Tanz; doch er irrt sich, weil er die Perspektive nicht wechseln kann: er müßte konsequenterweise auch hier von ›Unschuld‹ sprechen.

Man sieht nun schon, was Diderot in seinem berühmten »Supplément« davon aufgegriffen hat, was er daraus gemacht hat; er lehnt nicht allein die von derartigen Reisen nicht zu trennende europäische Kolonialpolitik ab, er kontrastiert nun schon den guten Wilden mit der korrupten und korrumpierenden Zivilisation; Probleme der sexuellen Freizügigkeit werden von ihm so reflektiert wie die der Wohltaten und Verheerungen durch die plötzliche Bekanntschaft mit den abendländischen Errungenschaften. Die geschichtsphilosophische Reflexion ist der eigentliche Nachtrag zu Bougainvilles Reise.

Im Gespräch zwischen A. und B. werden zunächst die Resultate der großen Reise erörtert; zur weiteren Information wenden sich dann beide dem fiktiven ›Nachtrag‹ zu. In ihm steht zentral die resignierend-drohende Abschiedsrede des greisen Tahitianers, der davon spricht, daß sie, die Einwohner, nunmehr durch solche Entdeckungen alles verlieren würden. Diderot knüpft also geschickt an eine eher beiläufige Bemerkung Bougainvilles an, unschwer läßt sich in dem Greis der alte Mann aus der Hütte seines Gastgebers erkennen, der an der allgemeinen freudigen Erregung und Neugier keinen Anteil nahm und eher sehr besorgt zu sein schien.

Diderot wendet sich weiter gegen das von dem Priester vertretene positive Recht. Exotische und europäische Zustände werden im Anschluß an die Lektüre verglichen; die Diskussion resümiert, was bis dahin schon sichtbar werden konnte: Naturrecht und Staatsrecht werden miteinander konfrontiert, der Streit des moralischen mit dem sinnlichen Menschen thematisiert. Natur und Zivilisation stehen sich so spannungsvoll gegenüber wie positives und natürliches Recht, das durch Einschränkung geschädigt wird. Religion und Moral, Staatsgesetz und Zivilrecht sind die Formen, die den Trieb einschränken, aber nicht selbst als Ziel verstanden werden dürfen, nur im Hinblick auf eine sinnvoll geordnete Gesellschaft haben sie ihre Berechtigung. Die eigene Bedürfnisbefriedigung darf nicht im Gegensatz zu den Mitmenschen erfolgen, also auf ihre Kosten; Selbsterhaltung und Reproduktion der Gattung bleiben das erklärte Ziel.

1794 in den »Opuscules philosophiques et littéraires« erschienen, wurde der Dialog erst nach dem Tode Diderots bekannt. Er ist in vier Teile untergliedert: das Urteil über Bougainvilles Reise, die Abschiedsrede des Greises als den eigentlichen Nachtrag, das Gespräch des europäischen Priesters mit dem alten Oron und die Fortsetzung des Dialogs.

Ausgehend von der Tatsache des Kindermords, der auf manchen Südseeinseln praktiziert wurde und sich vielleicht dadurch erklären läßt, daß die beschränkten Gebiete bei Überbevölkerung von Hungersnot bedroht waren, wird Tahiti immerhin als ein Ort dargestellt, der bis zum Eintreffen der Europäer den Bewohnern ein ganz naturgebundenes Dasein von höchster denkbarer Glückseligkeit gewährte. Aotourou, der junge Tahitianer, den Bougainville mitgebracht hatte, soll sich in Paris recht unglücklich gefühlt haben. In den Abschiedsworten des Oron wird die Ungerechtigkeit, Gewalttätigkeit, Grausamkeit und Bosheit der Europäer mit Nachdruck beschrieben. Der Greis sieht den Untergang des schönen, glücklichen Lebens der Inselbewohner voraus: die Europäer werden wiederkommen und dem bisherigen Dasein ein Ende bereiten. In seiner Rede verklärt der alte Mann die Lebensweise und die Sitten der Bevölkerung vor ihrer Entdeckung durch die barbarischen Weißen. Nahrung, Kleidung, Wohnung, ungehemmte Befriedigung der geschlechtlichen Bedürfnisse, Jagd und Fischfang, Spiele und Ernte waren allen gemeinsam und in allem war ein glückliches Leben. So gab es keine Kriege, keinen Privatbesitz, keine Privilegien.

Es folgt die Unterhaltung des Priesters mit Oron, der ihm in seiner Hütte Gastfreundschaft gewährt. Zu dieser gehört nun auch, daß er ihm seine noch junge Frau und seine fast erwachsene Tochter anbietet; die Weigerung des Priesters, auch dieses Entgegenkommen noch anzunehmen, ist dem alten Manne unverständlich. Auf die Frage, ob er krank sei oder impotent, verweist der Priester auf das Keuschheitsgelöbnis. Das aber kann Oron nicht begreifen. Er erklärt dem Gast die Art der freien Liebe auf Tahiti: der Mann ist zum Unterhalt der von ihm erzeugten Kinder verpflichtet, nur die unfruchtbaren Frauen sind öffentliche Mädchen und nicht etwa als solche, sondern eben nur durch ihre Unfruchtbarkeit deklassiert. So müßten seine Töchter sich auch entehrt vorkommen, wenn der Gast es verschmähen wollte,

mit ihnen zu schlafen. Dann wird der Priester mit der jüngsten, sehr schönen Tochter allein gelassen, die bittet und
klagt, bis der Priester schließlich, er weiß offenbar selbst nicht
mehr wieso, am nächsten Morgen an ihrer Seite erwacht. So
setzt sich die Gastfreundschaft fort, bis schließlich auch die
Frau des Hauses in den Armen des Priesters ruht, indes er
ausruft: »Mais ma religion! Mais mon état!«[5]

Das ist nun keine ›boshafte Idylle‹ (K. Rosenkranz) mehr,
sondern, mit dem Tartufe-Anklang, bereits moralische Satire. Ihr schließt sich ein Gespräch über die Frage an, wie
ein so vornehmer Zweck, zu welchem die Natur den Menschen durch einen starken Trieb einlädt, die Zeugung eben,
wie diese Freude, dieser Genuß, zur Quelle der Entartung
und der Leiden der Menschen hat werden können. Die
Ursache sieht Diderot darin, daß die Tyrannei des Mannes
die Frau zum bloßen Besitzgegenstand gemacht hat; Sitte
und Konvention beschweren die eheliche Verbindung, die
bürgerlichen Gesetze unterwerfen die Heirat einer Fülle
von Förmlichkeiten; weiter sind durch Verschiedenheit von
Rang und Vermögen in der bürgerlichen Gesellschaft ent-
sprechende Verhältnisse entstanden, und durch einen eigen-
artigen Widerspruch ist in allen Gesellschaften die Geburt
eines Kindes zwar ein Zuwachs des nationalen Reichtums,
für die jeweilige Familie aber eine Last und die Ursache
wachsender Armut. Die Fürsten knüpfen Sicherheit und
Nutzen an die Institution der Ehe, die Religionen überdies
klassifizieren Handlungen, die eigentlich frei von Moralität
sind, je nachdem als Tugenden oder Laster.

Das heißt, wie Diderot es ausdrückt, man hat in den natürlichen Menschen einen künstlichen eingeführt und damit
einen fortwährenden Zwist hervorgerufen, der das Leben
hindurch andauert und in dem bald der natürliche, bald der
künstlich-moralische Mensch den Sieg davonträgt.[6] Das ist
die Qual des Menschen: Heraustreten aus dem Naturzustand und dauernde Sehnsucht nach diesem, die nicht mehr
gestillt werden kann. Nur die extremen Erfahrungen,

Elend und Krankheit etwa, führen den Menschen wieder auf seinen Naturzustand zurück.

Ehe wie Galanterie sind in der Natur begründet, Beständigkeit wie Treue hingegen sind es nicht. Soll man den Zivilisationszustand verwerfen und sich neuerdings für den Naturzustand erklären? Diderot vermag die Frage nicht eindeutig beantworten zu lassen. Die Staatswesen und Gesellschaftsformen sind bereits zu weit entwickelt, natürliche Ungezwungenheit findet sich eben nur noch in Tahiti oder vielleicht hier und dort vereinzelt in einem südlichen Land. Sollen wir nun den Gesetzen folgen oder sollen wir uns der Natur überlassen? Diderot fordert, gegen die unsinnigen, d. h. widernatürlichen Gesetze anzugehen, bis diese reformiert sind, so lange aber doch sich ihnen zu unterwerfen; wer mit privater Willkür ein schlechtes Gesetz zu brechen sich erkühnt, berechtigt damit indirekt einen jeden anderen, auch jedes gute Gesetz zu brechen, wenn dieses ihm nun einmal nicht paßt. Es gibt nur die Lösung, die der französische Priester im Hause des Oron gefunden hat: als Mönch in Frankreich zu leben, in Tahiti aber als der Gast der sogenannten Wilden.

Hier so wenig wie sonst – etwa in den ›Moralischen Erzählungen‹ – plädiert Diderot für die gewaltsame Abschaffung störender, weil widervernünftiger Gesetze, sondern nur für ihre Verbesserung. Freilich sagt er nicht, wie, denn mit der Aufhebung der Ehe wäre auch die des Privateigentums verbunden. Aber experimentierend stellt Diderot analog zu seiner Verfahrensweise in anderen Erzähl- und Dialogstücken auch die Ehe, auch das Eigentum in Frage, schaut nach, wie es aussieht, wenn das positive Recht zugunsten von Naturrecht und Vernunftansprüchen zeitweise aufgehoben wird. Der Widerspruch von Naturrecht und positivem Recht der bürgerlichen Gesellschaft wie den Forderungen, die die Kirche erhebt, beunruhigt ihn. Die einfache Rückkehr zum Naturzustand à la tahitienne erscheint ihm immerhin als bedenklich, den Gehorsam gegen die bestehenden Gesetze will er nicht aufgekündigt wissen, er hat eine mit Sympathie durchsetzte Scheu vor der Anarchie. Und nicht ihr redet er das Wort, wenn er Bedenken gegen die Institution der Ehe anmeldet.

Bei Diderot ist die Reisebeschreibung Bougainvilles mehr als nur der Anlaß zu einem ausführlichen Kommentar. Die Vorteile dieses Unternehmens läßt er einen der Dialogpartner wie folgt zusammenfassen: genauere Kenntnisse von dem Planeten, auf dem wir leben, damit auch von seinen Bewohnern, sodann mehr Sicherheit für die Schiffe, die die Weltmeere befahren, denn Bougainville hat Tiefenmessungen angestellt, schließlich auch wichtige Korrekturen auf den Land- und Seekarten vorgenommen. Aber das ist noch nicht alles; nach solch trockener Aufzählung finden sich auch Worte der Bewunderung, ja des Enthusiasmus. Bougainville, so heißt es, »est parti avec des lumières nécessaires et les qualités propres à ses vues: de la philosophie, du courage, de la véracité, un coup d'œil prompt qui saisit les choses et abrège le temps des observations; de la circonspection, de la patience; le désir de voir, de s'éclairer et d'instruire; la science du calcul, des mécaniques, de la géométrie, de l'astronomie; et une teinture suffisante de l'histoire naturelle«.[7]

Auch die Darstellung wird gelobt, der Stil – »sans apprêt; le ton de la chose, de la simplicité et de la clarté« – dies vor allem, wenn man die Sprache der Seeleute beherrscht. Diderot findet auch warme Worte für den bewiesenen Mut, die Ausdauer im Leiden, die Bougainville noch angesichts menschlicher Härte und Niedertracht hat unter Beweis stellen müssen. Dennoch gilt, vor allem im Hinblick auf die Tahiti gewidmeten Passagen, das folgende Geständnis: »Le Voyage de Bougainville est le seul qui m'ait donné du goût pour une autre contrée que la mienne; jusqu' à cette lecture, j'avais pensé qu'on n'était nulle part aussi bien que chez soi; résultat que je croyais le même pour chaque habitant de la terre.«

Hier nun ist zum ersten Male ein neues Moment festzuhalten: Diderot ist nicht allein auf Begebenheiten und Stoff, Kuriositäten, Abenteuer, Exotismen aus: er erfaßt genau eine Welt, die sozusagen noch in ihrer zivilisatorischen Kindheit steht und dem das europäische Alter nichts entgegenzusetzen weiß als Kompliziertheit, Unnatur, Unterdrückung, Falschheit und organisierte Glücklosigkeit. Nachdem mit Kämpfer der exotische Stoff, historische und ethnographische Neuigkeiten vermittelt worden waren wie einst von Olearius die über das persische Kaiserreich, nachdem Linné die fast exotischen Abenteuer, die biologischen wie menschlichen Besonderheiten am Rande der europäischen Welt notiert, Lady Montagu den Orient der höheren Stände erfährt, Niebuhr den arabischen Orient vor den europäischen Lesern so gut wie allein mit dem Blick auf das stoffliche und wissenschaftliche Interesse ausbreitet, Le Gentil trocken genug dasselbe tut, Le Vaillant aber im südlichen Afrika unter den Eingeborenen ein Glück empfindet, das sich in der Erinnerung nur noch verklärt, nachdem durch Carteret die Absurdität einer unzulänglich vorbereiteten Weltumseglung deutlich geworden ist, nachdem nun von Abenteuerlichem, Anekdotischem, Stofflichem, ja auch von naiven Details genug die Rede gewesen, finden wir in Diderots »Supplément« Anzeichen dafür, wie eine Reise nicht nur durchgeführt und dargestellt, sondern auch, wie sie rezipiert wird. Das bedeutet, daß die Darstellung von Bougainville zum Ausgangspunkt historischer und zivilisationskritischer wie philosophischer Reflexionen wird. Nachdem Generationen naiver Leser gelesen, was oft kaum minder naive Reisende geschrieben haben, kommt Diderot und zeigt in einem satirischen Dialog, was solche Reisen, was die Begegnung zweier so verschiedener Zivilisationen, die durch Stufen der Entwicklung bis zur wechselseitigen Unverständlichkeit getrennt sind, tatsächlich bedeuten und was daraus für Probleme entstehen. Diderot stellt nun die Gegenstände und Fundstücke, die Sonderbarkeiten und die

Verhaltensweisen wie die Sitten nicht einfach auf geschickte Weise popularisierend aus, er zeigt, was sie für den Europäer bedeuten, und stellt damit die eigenen Einrichtungen, Überlieferungen, den eigenen Entwicklungsstand, europäische Genugtuung und gradliniges Fortschrittsdenken radikal in Frage. Um das zu tun, benutzt er Bougainvilles Text zur fiktiv vorgenommenen Erörterung und erfindet, was ihn ergänzt, steigert, symptomatisch macht. Weint, Tahitianer, so ruft der alte Oron bei Diderot aus, aber nicht über die Abfahrt, sondern über die Ankunft dieser Leute, eines Tages werdet Ihr ihnen unterworfen, so verdorben und so unglücklich sein wie sie! Er sagt den Europäern, daß man in Tahiti ihrer nicht bedarf: »Tout ce qui nous est nécessaire et bon, nous le possédons. Sommes-nous dignes de mépris, parce que nous n'avons pas su nous faire des besoins superflus? Lorsque nous avons faim, nous avons de quoi manger; lorsque nous avons froid, nous avons de quoi nous vêtir. Tu es entré dans nos cabanes, qu'y manque-t-il, à ton avis? Poursuis jusqu'où tu voudras ce que tu appelles commodités de la vie; mais permets à des êtres sensés de s'arrêter, lorsqu'ils n'auraient à obtenir, de la continuité de leurs pénibles efforts, que des biens imaginaires. Si tu nous persuades de franchir l'étroite limite du besoin, quand finirons-nous de travailler? Quand jouirons-nous?«

Die selbstgenügsame Inselwelt wird nun hineingerissen in den fatalen Sog der Bedürfnisse, welcher der Preis der europäischen Entwicklung ist, einer Entwicklung, die denen, die davon profitieren, indem sie, in ihm lebend, ihn befördern, in ihren destruktiven Konsequenzen weitgehend noch verborgen bleibt.

Als der bedeutendste Reisende und Entdecker der Epoche galt dem 18. Jahrhundert James Cook, aber er ist heute mehr eine abenteuerliche als eine faszinierende Figur. Unzählige Verhältnisse, so drückte es Georg Forster aus, »deren verborgener Verkettung wir hier nicht nachgehen können, müssen zusammentreffen, um in einem Decenium mehr Entdeckungen zu concentrieren, als seit drei Jahrhunderten durch Zufall oder Absicht ans Licht getreten sind; müssen sich wunderbar kreuzen und verbinden, um dem aufgeklärten Theile der Bewohner von Europa Unterricht und Unterhaltung zu gewähren und unzählige Bilder von den entferntesten Weltgegenden vor ihrem Geistesauge vorüberschweben zu lassen«.[8]

Diese Worte fallen im Zusammenhang mit James Cook, den Forster bewunderte, denn er sah in ihm nicht allein den mutigen Seemann, der sich vom Schiffsjungen zum Kapitän und Mitglied Gelehrter Gesellschaften, zum weithin anerkannten Forscher und Entdecker aufgeschwungen hatte, den Mann großer Energie und Entschlußkraft, sondern auch den Mann von Talent, Umsicht und Charakter.

Drei große Weltreisen markieren das Leben Cooks und sind seine eigentliche Leistung. Er hat als erster die Welt von Westen nach Osten umschifft, hat dreimal mit seinen Schiffen innerhalb des südlichen Polarkreises gekreuzt und ist noch, auf der Suche nach der Durchfahrt vom Pazifischen zum Atlantischen Ozean, über den nördlichen Polarkreis hinaus vorgestoßen. Durch seine vieljährigen abenteuerlichen Fahrten hat er, wie man sagt, Licht in verborgene und unbekannte Gegenden gebracht, hat geographische Hirngespinste widerlegt, hat imaginäre Erdteile wie den südpolarischen Kontinent in das Reich der Legende verwiesen. Zu den geographischen Entdeckungen, wie den Hawai-Inseln, zu zahlreichen wichtigen Korrekturen, treten kartographische Leistungen und bedeutende Neuerungen in der nautischen Medizin. »Der Geist der Entdeckung beseelte ihn ganz, und seine Eigenschaften waren dem Geschäfte, wozu ihn das Schicksal auserkor, so angemessen, daß er allein mehr als alle seine Vorgänger zusammengenommen leistete, und als Seemann und Entdecker unerreichbar und einzig, der Stolz unseres Jahrhunderts blieb«, so wußte ihn Forster zu rühmen, der damit in einer Zeit, in der man in Deutschland einseitig literarische und philosophische Leistungen anzuerkennen bereit war, einen neuen Akzent setzte: die Konsequenz aus solchen Worten ist schließlich die, Cook fortan neben Franklin und Voltà, D'Alembert und Voltaire, Gibbon und Hume zu sehen, einzig auf seinem Gebiet und so der »Stolz des Jahrhunderts«. So hat ihn auch J. P. Baggesen in einem unvollendeten Epos, der »Oceanide«, gefeiert.

Man muß sich dessen bewußt sein, will man den Logbüchern, die erst sehr viel später, mehr als ein Jahrhundert nach den offiziellen, von der britischen Admiralität autorisierten Reiseberichten erschienen sind, gerecht werden. Denn ihrer Funktion entsprechend sind diese Logbücher keine schriftstellerischen Erzeugnisse, nicht einmal Rechenschaftsberichte. Als unliterarisches Seetagebuch ist dergleichen nicht mehr als eine nüchterne Notizenfolge im Hinblick auf Fakten, Vorgänge, Einsichten und Erfahrungen, die im unmittelbaren Zusammenhang mit der Reise selbst stehen. Doch könnte man sagen, daß eben darin auch ihr Reiz liegt: der unverfälschte Lakonismus, das scheinbar ungeordnete Zugleich der genau vermerkten Erlebnisse, die kühne Unmittelbarkeit bei vollkommenem Zurücktreten der bewußten Subjektivität, deshalb auch der Verzicht auf Stilisierung und Interpretation – das sind Qualitäten ganz eigener Art.

Gewiß reflektiert Cook auch die Möglichkeiten der Inbesitznahme neuentdeckter Landstriche durch das mächtige England, schließlich fährt er ja, obwohl mit wissenschaftlichen Aufträgen, im Dienste der hohen Admiralität und hat dementsprechend auf die Entwicklungsmöglichkeiten und die eventuelle Besiedelung von Australien und Neuseeland hingewiesen, auch das von ihm gefundene Hawai sollte nicht lange von den Europäern mehr verschont bleiben, aber der Hochmut des Kolonialisten, die Grausamkeit des Eroberers liegen ihm fern: die Bewohner von Neu-Holland gestattet er sich glücklicher zu nennen als die Europäer, denn sie »befinden sich in völliger Unkenntnis der überflüssigen wie der notwendigen Annehmlichkeiten, welchen das höchste Streben der Europäer gilt, und sie sind glücklich durch ihr Unwissen. Sie leben in einer Ruhe, welche nicht durch die Ungleichheit der Umstände gestört wird; das Land und das Meer versorgen sie von selbst mit allen Dingen, die zum Leben notwendig sind«.[9]

Dem Jahrhundert der Aufklärung wagt er das Glück der unwissenden Bedürfnislosigkeit entgegenzuhalten, der fortgeschrittenen Zivilisation den Verzicht auf alles Überflüssige, der eifrigen Unruhe das ungestörte Glück des eingeschränkten natürlichen Daseins, das aber heißt, er meldet unpolemisch schon Zweifel an der rapiden wie antihumanen Entwicklung der europäischen Länder an. Damit müssen ihm aber auch Zweifel gekommen sein an der Berechtigung seiner eigenen Unternehmungen. Noch diese Bedenken hält er fest, denn er sieht, wie Forster, wie es deutlich und paradox auch Diderot gesehen hat, daß die Europäer die Moral der Eingeborenen korrumpieren, mit aller Begehrlichkeit auch Streit und Mißgunst wecken, die jenen zuvor unbekannt waren und denen es dann rasch gelingt, »die glückliche Beschaulichkeit zu zerstören, deren sie und ihre Vorfahren sich stets erfreuten. Sollte irgend jemand die Wahrheit dieser Behauptung leugnen, so möge er mir doch erklären, was wohl der Nutzen der Eingeborenen in ganz Amerika durch den Handel sein mag, den sie mit den Europäern hatten«.

Das sind nun allerdings Einwände, die den recht unbefangenen Instruktionen der Admiralität nicht eben entsprechen. In der ersten vom 30. Juli 1768 heißt es nämlich: »Alldieweil die Entdeckung bislang unbekannter Länder und der Erwerb von Kenntnissen über ferne Teile des Erdenrunds, so zwar entdeckt, hingegen aber unzureichend erforscht sind, dem Ruhm dieser Nation als einer Seemacht wie auch der Würde der Krone Großbritanniens in höchstem Maße zuträglich sind und den Handel und die Navigation in jenen Breiten auf das Hervorragendste zu befördern vermögen; und alldieweil gewisse Gründe zu der Annahme berechtigen, ein Kontinent oder ein Land großen Ausmaßes sei im Süden jener Zone zu finden, welche Kapitän Wallis im Schiffe Seiner Majestät, dem Dolphin, bereiste (...), dessenthalben belieben es Seiner Majestät, Euch zu ersuchen, alsbald mit dem Euch unterstehenden Schiffe in See zu stechen, nachdem Ihr die Beobachtung des Durchgangs der Venus abgeschlossen habt (...)«[10]

Dem wissenschaftlich eindeutigen Zweck also schließt sich der zweideutige handelspolitische unmittelbar an; wenn von Handel und Navigation die Rede ist, so bedeutet das gewiß nicht Navigation um ihrer selbst willen, sondern als Voraussetzung von Kolonisation und Handel im Dienst des Ruhmes – wie des Reichtums – der großen Seemacht, d. h. zur Mehrung des britischen Einflusses und seiner Sicherung in noch kaum bekannten Weltgegenden und in Konkurrenz mit den Franzosen, den Spaniern und den Holländern. Das alles fordert die »Würde der Krone«.

Weitere Abschnitte der Instruktion lauten dahingehend, die Eigentümlichkeiten, die Lebensbedingungen und Produkte ferner Zonen, Tiere, Vögel, Fische, Früchte, Steine zu untersuchen und zu sammeln. »Gleichfalls sollt Ihr die Eigenarten, die geistigen Kräfte, die Gemütsverfassung und die Zahl der Eingeborenen, so solche vorhanden, beobachten. Auf jede gebührliche Art sollt Ihr eine Freundschaft und Verbindung zu denselben anstreben und ihnen dabei kleine Gaben nach ihrem Geschmacke zukommen lassen; auch sollt Ihr sie zum Handel ermuntern und ihnen dabei jegliche Achtung erweisen.«

Doch hat dieser freundschaftliche Handelsgeist auch seine Nachteile, die den Eingeborenen ferner Inseln, mit denen sich zu verständigen durchaus nicht leicht gewesen sein wird, vermutlich so rasch gar nicht aufgegangen sein dürften, denn die Instruktion sieht weiter vor: »Gleichfalls sollt Ihr, so die Eingeborenen dem zustimmen, günstige

Plätze des Landes im Namen des Königs von Großbritannien in Besitz nehmen; oder falls Ihr das Land unbewohnt findet, Eure Besitznahme desselben durch Seine Majestät dadurch kenntlich machen, daß Ihr in angemessener Weise Markierungen und Tafeln anbringt, welche Euch als Entdecker und Besitzer ausweisen.«

Hier ist in aller Harmlosigkeit zusammen, was an politischen und ökonomischen Tendenzen die Entdeckungen und Forschungsfahrten meistens erst anregen sollte: das Handelsinteresse, die Überprüfung der Eingeborenen auf ihre Qualitäten als mögliche Untertanen der britischen Krone, schließlich unter verschiedenen Formen auch die Inbesitznahme bewohnter wie unbewohnter Landstriche, Inseln oder Ankerplätze. »Gleichfalls sollt Ihr«, heißt es lakonisch und ohne Rücksicht auf die Bewohner, die ihr Glück noch gar nicht kennen, »genauestens die Lage solcher Inseln beobachten, so Ihr im Verlaufe Eurer Reise entdecken möget und welche bis dato keines Europäers Auge je erblickte; selbige sollt Ihr für Seine Majestät vereinnahmen«.

Die Instruktion für die dritte Reise Cooks vom 6. Juli 1776 weicht, was die grundsätzlichen Ziele und Verhaltensweisen betrifft, von der eben charakterisierten Ordre nicht ab. Auch hier sollen die Lebensverhältnisse und die Produkte der Eingeborenen genau überprüft werden: Intelligenz, Verhalten, Temperament und Zahl sollen erkundet werden, es gilt ihre Freundschaft zu erlangen, Geschenke zu machen und ständig vor ihnen auf der Hut zu sein.

Die Dosierung von Leutseligkeit und Mißtrauen ist die charakteristische Einstellung der handeltreibenden Eroberer: die zu verteilenden billigen Geschenke sind wohl weniger Gaben der Gastfreundschaft als Zeichen der erfolgreich durchgeführten Landung, der Stempel gleichsam, den man den Bewohnern als Schmuck überreicht, der aber zum Beweis für später Kommende dient, daß hier schon andere Europäer ihre Ansprüche rechtzeitig wußten anzumelden. Denn wie ausführlich die Direktiven auch immer hinsichtlich der Erforschung, Beobachtung, Vermessung etc. sein mögen, der eine wichtige Punkt wird niemals vergessen, der Captain Cook anweist, er solle »im Einvernehmen mit den Eingeborenen, Besitz ergreifen im Namen Seiner Majestät des Königs von Großbritannien von solchen geeigneten Plätzen in jenen Landen, so Ihr entdecken mögt, die zuvor noch nicht entdeckt oder besucht worden von irgendeiner andren europäischen Macht (...)«.

Die unbewohnten Lande aber sollten, wie es schon in der ersten Geheiminstruktion hieß, durch angemessene Markierungen als bereits in Besitz genommen gekennzeichnet werden.

Diese Instruktionen waren Geheime Kommandosache, wie auch bei der Rückkehr stets alle Notizen, Tagebücher, Beschreibungen von der Besatzung einzufordern und einer genauen Überprüfung zu unterziehen waren, so daß wider den Willen der Admiralität vor dem offiziellen Bericht keine detaillierten Reisebeschreibungen vorliegen konnten. Offenbar sollten mit den offiziellen Darlegungen und Rechenschaften unter genauer Lagebestimmung die erworbenen Inseln und Länder für die britische Krone auch anderen europäischen Mächten gegenüber reklamiert werden. Vermutlich sollten auch Mißgriffe und Fehlhandlungen auf solche Weise der Öffentlichkeit vorenthalten werden.

Die Begegnung mit den Eingeborenen fällt nämlich nicht immer einfach so aus, daß diese ihren Dank dafür bekunden, von den Engländern entdeckt, mit Glasperlen und einfachen Werkzeugen beschenkt worden zu sein und bereit sind, fortan sich als Schützlinge der britischen Krone zu fühlen. Nicht immer läuft alles so glücklich ab, wie für Bougainville und dann für Cook auf Tahiti. Nicht selten kommt es aufgrund von Mißverständnissen, auch aus Verlangen nach europäischen Geräten, gegebenenfalls aus bloßer Neugierde schon, zu Übergriffen, die weniger von Cook selbst als vielmehr von seinen Offizieren mit größter Strenge geahndet werden. Unsicherheit macht die Europäer nervös, sie benutzen dann allzurasch das Gewehr, demgegenüber die Eingeborenen machtlos sind. Ein bescheidener Diebstahl kostet einen jungen Insulaner rasch das Leben, Vorfälle, über die Georg Forster wie Cook selbst berichten, beide stets mit Skrupeln und Bedauern.

So sagt Cook einmal, nachdem zwei, drei Fremde in einem Boot, die sich erschreckt gegen die Begegnung hatten zur Wehr setzen wollen, getötet, die anderen drei aber gefangen, dann allerdings freundlich behandelt worden waren: »Ich bin mir wohl bewußt, daß die meisten humanen Männer, welche Dinge dieser Art noch nicht erlebt, mein Verhalten und die Schüsse auf die Leute dieses Boots verurteilen werden; auch glaube ich selbst keineswegs, daß mich der Grund rechtfertigt, den ich zu ihrer Ergreifung hatte. Und hätte ich daran gedacht, daß sie auch nur den geringsten Widerstand leisten würden, wäre ich ihnen nicht nahegekommen. Doch da sie solches taten, konnte ich nicht tatenlos verharren und erdulden, daß ich oder jene, die mit mir waren, aufs Haupt geschlagen würden.«

In anderem Zusammenhang ergibt sich, daß Cook in der Tat zuweilen die Reaktionen der Eingeborenen richtig als gegen fremde Eroberer gerichtet versteht. Tatsache ist, daß die Europäer aus Ungeschicklichkeit, Stolz und Überlegenheitsgefühl sich nicht selten selbst in die Lage bringen, in der sie dann allerdings aus Notwehr das folgenschwere Unrecht begehen. Die wenigsten freilich, das sieht man an vielen Reiseberichten, sind sich des verhängnisvollen Vorgehens auch bewußt und suchen Zwischenfälle so geschickt zu vermeiden, wie Cook dies tut.

Die Inbesitznahme der fernen Inseln vollzieht sich meist auf recht harmlose, fast treuherzig zu nennende Weise. Cook gibt dafür ein besonders naives Beispiel unter dem 31. Januar 1770: er erklärt einigen Leuten der Insel, es handelt sich um Maoris, mit denen er sich sogar mit Hilfe eines eingeborenen Dolmetschers verständigen kann, man sei gekommen, auf dieser Insel eine Markierung anzubringen, »welche jedem Schiffe, das hierher kommen mochte, zeigen sollte, daß wir als erste an diesem Ort gewesen. Sie gaben nicht nur ihre volle Zustimmung, sondern versprachen auch, diese Markierung niemals zu entfernen.

Dann überreichte ich jedem Anwesenden das eine oder andere Ding; dem alten Manne gab ich silberne Threepennymünzen mit dem Datum 1763 und Nägel, und die Pfeilspitze des Königs ließ ich an all jenen Dingen anbringen, die mir angetan schienen, lange in seinem Besitz zu bleiben«.

Soweit also ist der berühmte Gesellschaftsvertrag dann abgeschlossen, die Maoris haben in Wahrheit keine Ahnung, was ihnen geschehen ist, wüßten sie es aber, sie vermöchten es gar nicht zu ermessen. Der Markierungspfosten wird auf dem höchsten Punkt der Insel tief in die Erde gerammt, der Union-Jack gehißt und die Stelle auf den Namen Queen-Charlott-Sund getauft. Also nimmt Cook nach eigenen Worten öffentlich Besitz von diesem sowie dem angrenzenden Gebiet, dies im Namen Seiner Majestät. »Dann tranken wir eine Flasche Wein auf das Wohl Seiner Majestät und gaben die leere Flasche dem alten Mann (welcher uns auf den Hügel begleitet hatte), worüber sich dieser hocherfreut zeigte.«

In Cooks Ausführungen über Neuseeland und seine Bewohner heißt es unzweideutig: »Sollte je an eine Besiedelung dieses Landes gedacht werden, so wäre die beste Stelle für die Errichtung einer Kolonie entweder an dem Flusse Themse oder an der Bucht der Inseln zu finden; jeder dieser Orte hat den Vorteil eines guten Hafens (...)«

Die Eigenart der Eingeborenen verheißt den Europäern keine besonderen Schwierigkeiten bei der Gründung einer Niederlassung, sie sind nämlich, wie es heißt, unter sich so zerstritten, daß sie sich wohl kaum zu gemeinsamem Widerstand vereinen würden.

Über die Fragwürdigkeit dieses Vorgehens macht sich Cook offenbar bei solcher Gelegenheit keine Gedanken, als briti-

BILDTEIL

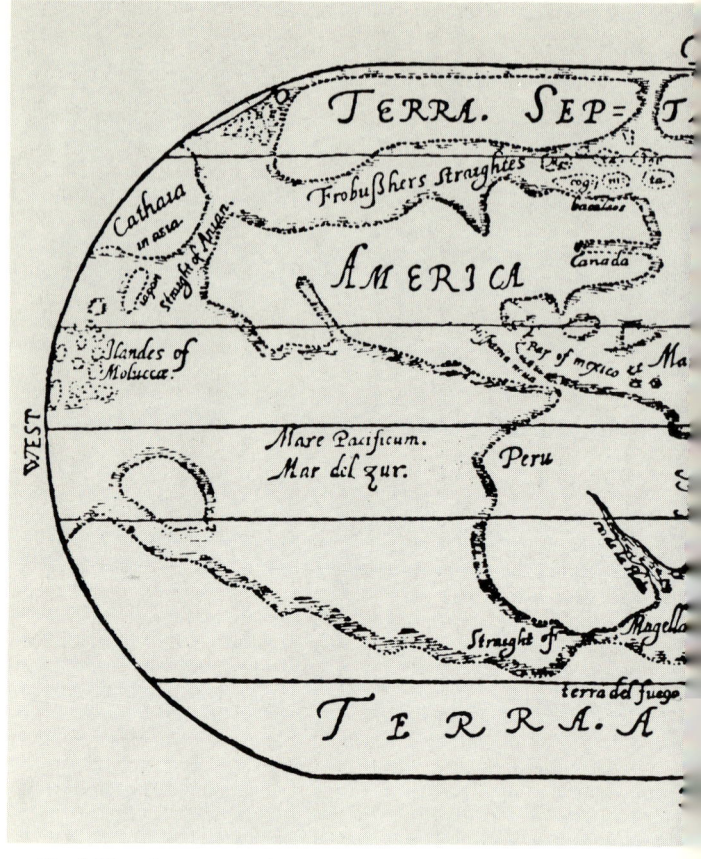

1. Nord-West-Passage. 1578

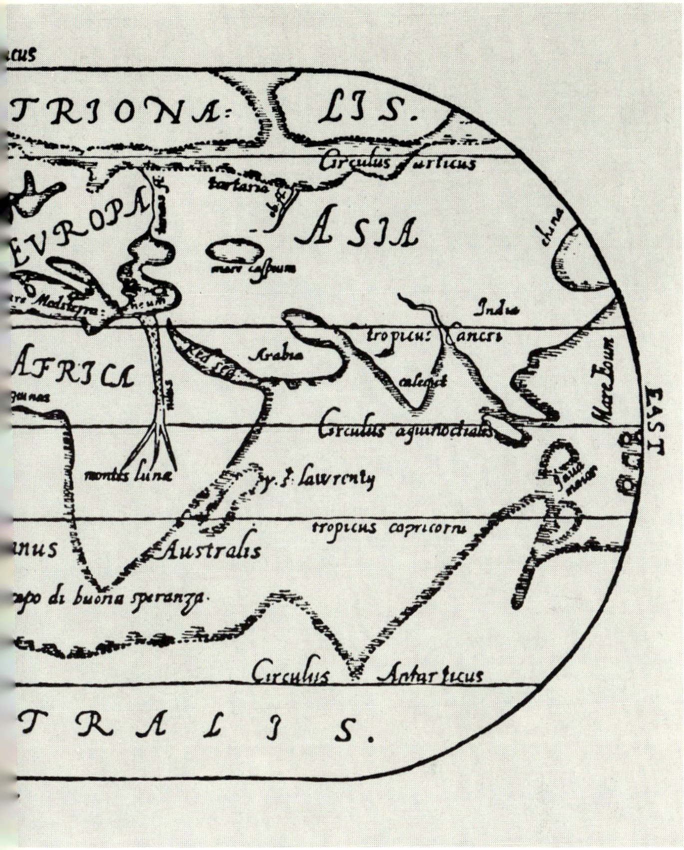

ıcus

TRIONA: LIS.

Circulus articus

tartaria

EVROPA

ASIA

china

mare Caspium

are Mediterra...

India

AFRICA

Arabia

tropicus cancri

calcois

Nilus

Mare Indicum

Circulus aequinoctialis

montis lune

y. S. Lawrenty

Iaua maior

EAST 808

tropicus capricorni

nus Australis

...po di buona speranza

Circulus Antarticus

TRALIS.

2. Englisches Linienschiff zur Zeit Cooks. 18. Jhd.

3. James Cook (1728–1779)

4. *James Cook (1728–1779)*

5. *Die beiden Forster*

6. *Alexander von Humboldt (1769–1859)*

7. Alexander von Humboldt (1769–1859)

8. *Italien. Die Grotte des Pausilipp bei Neapel. 18. Jhd.*

9. Italien. Puzzuolo. 18. Jhd.

10. Konstantinopel. Ansicht der Sultan-Selim-Moschee. 18. Jhd.

11. Konstantinopel. 18. Jhd.

12. Konstantinopel. Straßenszene. 18. Jhd.

13. *Japanischer Tempelgarten in Suruga*

駿州葛山村

ゴクショウ
タチワレ岩
アワウシヲニ
エビス岩
サイ丁ウ山
アメウ山
ボサン岩
エンドウ
サル七岩
西行モドリ松
フジガ岩
クルヤ岩
ヨシザク之
ハヽ

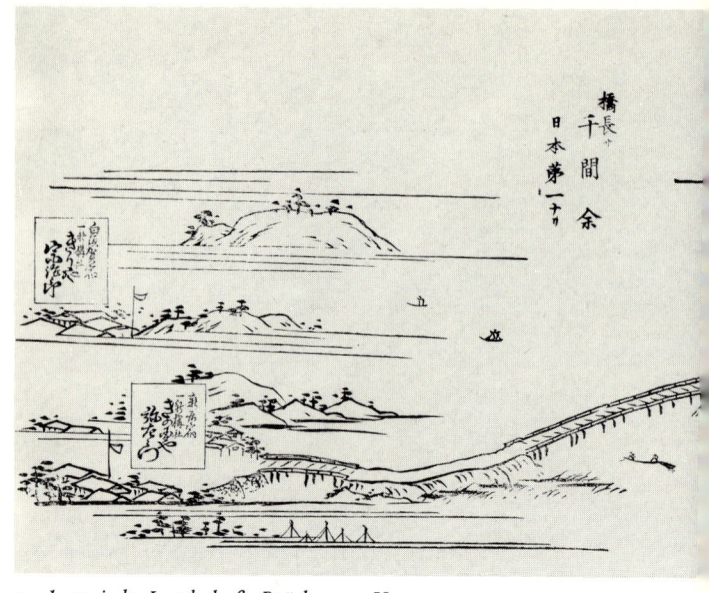

14. Japanische Landschaft: Brücke von Hamana

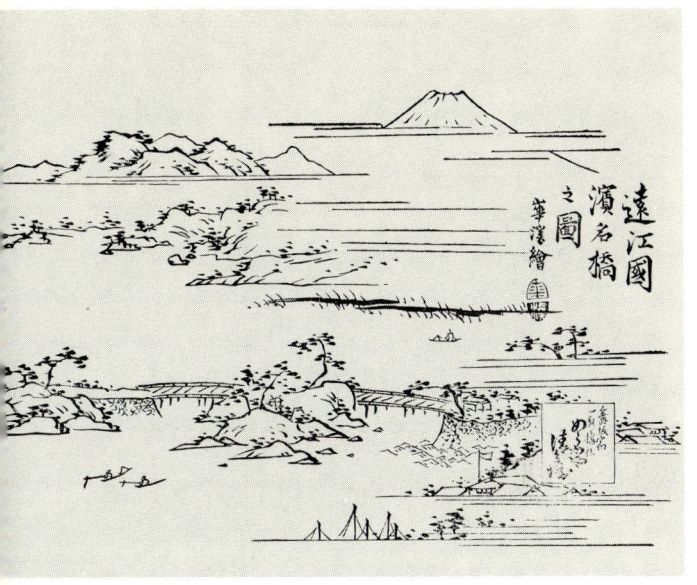

遠江國
濱名橋
之
圖
筆溪繪

15. Weißkopfliest. Tropischer Vogel nach einer Zeichnung von Georg Forster

scher Seeoffizier ist er anscheinend dagegen gefeit, aber er ist dann doch wieder moralisch wach genug, um den europäischen Einfluß bedenklich zu finden. Deutlich wird dies bei seiner puritanischen und, was das eigene Verhalten betrifft, sogar asketischen Einstellung, vor allem gegenüber geschlechtlichen Phänomenen.

Auf der zweiten Reise stellt er in Tahiti fest, was er wohl auch woanders hätte bemerken können, wie alles, was im Zusammenhang mit Cooks Reisen hier deutlich wurde, nicht minder, potentiell, für Tahiti gelten durfte, daß der erneute Besuch der englischen Besatzungen die Sexualmoral der Inselbewohner in keiner Weise verbesserte, denn »die Frauen dieses Landes hatte ich von jeher für keuscher denn die Indianerfrauen im allgemeinen gehalten, was immer einige von ihnen mit der Mannschaft der Endeavour getrieben haben mögen, es war normalerweise verborgen geschehen und ohne daß es die Männer zu interessieren schien; nun jedoch mußte ich sehen, daß die Männer der Hauptmotor jener moralischen Verderbnis geworden waren, und für einen Spieker oder irgendein anderes Ding von Wert für sie, zwangen sie ihre Weiber und Töchter zur Prostitution, ganz gleich, ob diese wollten oder nicht, und dies alles keineswegs in jener dezenten Privatatmosphäre, die hier angezeigt gewesen wäre; das also sind nun die Konsequenzen eines Handels mit Europäern (...)«; es gereiche, stellt er weiter fest, den Christen noch mehr zur Schande, daß sie der Insulaner Moral so bedenkenlos korrumpieren und ihre Habgier wecken.

Immerhin deutet sich für Cook doch schon an, daß keineswegs einfach der Niedergang der Sexualmoral das Entscheidende ist, sondern dieser nur eine Folge der Aufreizung zu Tausch und Handel und damit eben auch der Tatsache, daß ungekannte Bedürfnisse geweckt worden waren, die zu befriedigen die Bewohner von Tahiti sonst keinen Anlaß hatten, ja, sie ahnten von ihnen nichts. Das bedeutet: die Waren haben die Moral korrumpiert, und fortan steht die freie Liebe der Tahitianer im Dienst der Tauschgeschäfte, welche die Europäer zu machen sie verlockt haben. Dabei ist die von Cook vermerkte Öffentlichkeit auch des Intimen nicht etwa Schamlosigkeit, sondern, wie man von Bougainville weiß, noch Zeichen einer für die Europäer verlorenen vollkommenen Natürlichkeit.

Nicht selten freilich gewinnen Pflichtgefühl oder einfach Neugier überhand gegenüber moralischen Grundsätzen, so etwa bei der entsetzlichen Erfahrung des Kannibalismus der Maoris. Unter dem 23. November 1773 berichtet Cook, daß einige seiner Offiziere an Land Schädel und Eingeweide eines jungen Mannes entdeckten, der erst vor kurzem umgebracht worden war: sein Herz war aufgespießt am Bug eines großen Kanus befestigt. Der Schädel wurde an Bord gebracht. Cook selbst war gerade an Land, kehrte jedoch auf das Schiff zurück, als er von der Begebenheit erfuhr, und findet nun das Zwischendeck seines Schiffes mit Eingeborenen bevölkert: »Nun seh ich auch den zerfleischten Kopf oder das, was von ihm noch übrig war, denn Unterkiefer, Lippen etc. fehlten, der Schädel war an der linken Seite gleich über der Schläfe zertrümmert, das Gesicht hatte das Aussehen eines Jungen von vielleicht 14 oder 15 Jahren, ein Stück Fleisches war gebraten und von den Eingeborenen in Anwesenheit der Mehrzahl der Offiziere gegessen worden. Der Anblick des Kopfes und die Umstände, wie ich sie eben erwähnte, versetzten mir einen Schrecken und füllten meinen Geist mit Unmut gegen jene Kannibalen; als ich mir jedoch vergegenwärtigte; daß, welch' Ressentiment auch immer ich zeigen konnte, dieses nur wenig würde auszurichten vermögen, und da ich begierig war, ein Augenzeuge zu werden eines Vorganges, welchen viele Leute anzweifeln, überwand ich meinen Widerwillen und befahl, ein Stück des Fleisches zu braten und auf das Zwischendeck zu bringen, wo einer dieser Kannibalen es mit offensichtlich gutem Appetit verzehrte im Angesicht der gesamten Mannschaft, welcher Vorgang auf einige von ihnen eine solche Wirkung hatte, daß diese sich übergeben mußten (...)«

Vermutlich ist Cook wiederholt gefragt worden, ob er wirklich einmal Zeuge eines solchen Aktes des Kannibalismus gewesen sei, denn man hat damals noch oft genug die Möglichkeit, daß Menschenfleisch verzehrt werde, für eine bloße Fabel gehalten oder doch nur an einen bloß rituellen, nicht wirklichen Verzehr glauben wollen; allein, so wendet Cook nun ein und stellt damit manches richtig, »nur wenige machen sich eine Vorstellung davon, was ein Wilder in seinem Originalzustand ist und sogar noch, nachdem er in einem gewissen Grade zivilisiert ist; die Neuseeländer haben ohne Zweifel einen gewissen Stand von Zivilisation, ihr Verhalten uns gegenüber war entgegenkommend und friedfertig, wobei sie jederzeit die Bereitschaft zeigten, uns zu achten; es gibt unter ihnen auch einige Künste (...)«

Offenbar hat man Mühe, den Begriff der Zivilisation genauer zu bestimmen, die Grenzen sind fließend und nicht immer identisch mit denen der Humanität. Die Gewohnheit der Wilden, ihre im Kampf getöteten Feinde zu verzehren – Cook meint sogar, daß sie sich nur in solchen Fällen den Genuß von menschlichem Fleisch gestatten –, betrachtet er vorurteilslos als Überlieferung aus ältester Zeit, und wir wissen, fährt er fort, »daß es alles andere als ein leichtes Unterfangen ist, ein Volk von seinen alten Gebräuchen abzubringen, und seien diese noch so unmenschlich und grausig, in Sonderheit dann, so dieses Volk bar aller religiösen Prinzipien ist, wie das – wie ich glaube – bei den Neuseeländern im allgemeinen der Fall ist; hinzukommt, daß sie keinerlei Art etablierter Regierungsgewalt kennen; so sie erst zu einer größeren inneren Einheit gelangen, werden sie von deren Verfolg weniger Feinde haben und zivilisierter werden, und dann und nicht eher mag dieser Brauch in Vergessenheit geraten«; noch fehlt bei ihnen, meint Cook, die Vorstellung, man solle andere Menschen so behandeln, wie man selbst behandelt werden möchte, statt so, wie man meint, daß man selbst behandelt werden würde. Nur vergißt Cook eben, daß sich die Europäer ihrerseits keineswegs stets so verhalten, wie sie ihrerseits behandelt zu werden wünschen; außerdem bleibt die Frage, ob nicht gerade das im Hinblick auf den Kannibalismus die Hoffnung der Eingeborenen wäre, insofern nämlich, als dem verzehrten Gegner damit nach eigener Vorstellung sogar eine höhere Ehre erwiesen werden könnte.

Cook zeigt sich zuweilen als hart und harsch, wohl auch jähzornig und vor allem nicht ohne Ehrgeiz, doch im wesentlichen gerecht, umsichtig, und oft auch aus Geschicklichkeit schon human; die Unverhältnismäßigkeit der Mittel im Einsatz, die gegen kleine Diebstähle von den überlegenen Weißen eingesetzt werden, die wohl freundschaftlich landen, jedem Widerstand aber sofort Gewalt entgegensetzen würden, findet seine Billigung im Grunde nicht. Er war vorausblickend, tatkräftig, nüchtern und klug, ein **Philosoph** war er natürlich nicht, und der uns erkennbaren Widersprüchlichkeit seines Tuns war er sich zweifellos nicht voll bewußt. Er bleibt befangen, obschon ihn Eindrücke und Erfahrungen bereits von vielen Vorurteilen befreit haben, wodurch allein schon er seine Offiziere überragt. Vieles hat erst Georg Forster richtig, zumindest hat er es genauer gesehen; damit tut man Cook kein Unrecht, denn das bedeutende Jugendwerk G. Forsters trägt, genau wie viele seiner späteren Aufsätze, bei zum Ruhm des großen Weltumseglers, des Captain Cook.

Zusammen mit seinem Vater Johann Reinhold hat Georg Forster, noch nicht zwanzigjährig, James Cook auf seiner zweiten Weltumseglung begleitet und, da er nicht an die Abmachungen mit der britischen Admiralität gebunden war, die Reise beschreiben können, als seinem Vater, dessen Aufzeichnungen er wie die Cooks mitbenutzte, die Genehmigung zur Veröffentlichung seiner Erlebnisse verweigert wurde. Deutschland, und nicht nur Deutschland, erhält sein Tahiti-Bild wirksamer noch als durch Bougainville, den

Johann Reinhold Forster dann übersetzte, durch Georg Forster. Aber es erhält nicht einfach die Darstellung einer seligen Insel, sondern mehr: die Folge von Reflexionen über den Inselstaat und die Wirkungen der europäischen Besuche; der ›Nachtrag zur Reise Cooks‹ wird so in die Beschreibung der Weltumseglung schon hereingenommen; der unmittelbare Eindruck wird durch die Reihe der kritischen Überlegungen in einer Weise aufgehoben, daß die Schwärmerei sich nicht verselbständigen und zu falschen Folgerungen führen kann. Auch ist das Tahiti-Bild nicht einfach nur Folie für eine Kritik der europäischen Entwicklung, wie sich dies bei Diderot anzudeuten scheint: das Paradies, als welches Bougainville die Insel geschildert hatte, wird akzeptiert – um sodann aufgrund mannigfacher und widersprüchlicher Erfahrungen in Frage gestellt zu werden, denn die reine Natur ist hier denn doch so rein wieder auch nicht, was wiederum nicht heißt, daß Forster daraus die Berechtigung des europäischen Eindringens herzuleiten wagen würde. Es hängt dies nun wieder mit der besonderen Qualität seiner Reisebeschreibung zusammen, die ihm zumindest als Intention bewußt gewesen ist. Aufgrund ihrer sieht sein Tahiti-Bild doch etwas anders aus als die Legende, die sich von ihm herleitete, anders auch als das Bougainvilles, der ja nicht einmal der erste Europäer war, der hier landete; vor Forster waren dort schon einmal Cook und Wallis und de Quiros und andere gewesen, man wußte dort schon von den Weißen, deren Waren die Begehrlichkeit der Männer weckte, aber erst Forster entdeckte, wie wenig der reine Naturzustand wirklich der eines Gartens Eden war, der Zuflucht bot für frühzeitig zivilisationsmüde Europäer, er ahnte wohl auch, wie wenig sie einem wirklichen Naturzustand wären gewachsen gewesen.

All das aber ergibt sich aus seinen Voraussetzungen, was ein anderes als seine Vorbildung ist, er legt es dar in Vorrede und Einleitung seiner »Reise um die Welt in den Jahren 1772 bis 1775«:

Schon in den ersten Sätzen des Buches kündigt sich die Ambivalenz, deren G. Forster sich wohl stets bewußt geblieben ist, an; lange, so heißt es, »wäre Amerika mit allen seinen Schätzen unentdeckt geblieben, wenn sich nicht ein Columbus durch seine Standhaftigkeit und edle Schwärmerei, trotz aller Hindernisse, die ihm Neid und Unwissenheit in den Weg legten, zu Ferdinand und Isabellen gleichsam hingedrängt hätte. Doch dieser unsterbliche Seemann ward endlich nur darum in Schutz genommen, weil er eine neue, unfehlbare Quelle von Reichthümern entdeckte. Umsonst hofft man, daß Plutus und die Musen ein dauerhaftes Bündnis schließen können; nur so lange währt die Freundschaft, als die beiden Göttinnen, wie Danaiden, die Schatzkammer des Unersättlichen mit Golde füllen.«[11]

Als entrée en matière ist das eindeutig, man darf annehmen, daß Forster, der ja über die Instruktionen, die Cook erhalten hatte, informiert gewesen ist, nicht eben aus Verlegenheit mit solchen Worten beginnt. Dementsprechend heißt es wenig später in einer Anmerkung, welche die britische Admiralität kaum gerne zur Kenntnis genommen haben dürfte, bei einer Übersicht über die bisherigen Weltreisen, von denen sich die Cooks durch eine andere Qualität unterscheiden sollte, und wie um sich von ihnen abzugrenzen: »Die Reisen der Engländer, Sir Franz Drake 1577 bis 1580 und Sir Thomas Candish 1580-1588 gehören nicht hierher. Sie machten keine Entdeckung. Ihr Object war Raub und Beute. Drake kam jedoch schon damals an der N. W. Küste von Amerika weiter als die Spanier sich bisher (bis auf die letzt verfloßenen zehn Jahre) gewagt haben, und nannte das Land nordwärts von Californien Neu-Albion.«

Dementsprechend heißt es denn auch von den Holländern in diesem Zusammenhang: »Die holländischen Reisen eines Simon de Cordes, Olivier von Noorts und Georg Spiegelbergens, kommen wieder nicht in meinen Plan. Sie plünderten nur die Spanischen Colonien in Peru, und nahmen alsdann den bekannten Cours nach den Ladronischen Inseln in der nördlichen Halbkugel.«

Von seiner Intention sprechend, bemerkt er kritisch: »Vor allen Dingen aber ist zu bemerken, daß man einerlei Dinge oft aus verschiedenen Gesichtspunkten ansieht, und daß dieselben Vorfälle oft ganz verschiedene Ideen hervorbringen. Dem Seefahrer, der von Kindesbeinen an mit dem rauhen Element bekannt geworden, muß Manches alltäglich und unbemerkenswerth dünken, was dem Landmann, der auf dem festen Lande lebt, neu und unterhaltend scheinen wird. Jener sieht am Lande Manches mit beständiger Rücksicht aufs Seewesen; dieser hingegen beobachtet es nur, in so weit es einen ökonomischen Nutzen haben kann. Mit einem Wort, die Verschiedenheit unsrer Wissenschaften, unsrer Köpfe und unsrer Herzen haben nothwendigerweise eine Verschiedenheit in unsern Empfindungen, Beobachtungen und Ausdrücken hervorbringen müssen. Unsre Beschreibungen sind noch in einem andern Umstande sehr wesentlich von einander verschieden; weil ich über alles, was die innere Haushaltung des Schiffs und der Matrosen betrifft, kurz weggegangen bin.«

Aber die so eingestandene Inkompetenz in manchen Dingen ist nur eine Seite, die andere zeugt dafür, daß sich der junge Schriftsteller einer gewissen Kompetenz durchaus bewußt ist: »Die Philosophen dieses Jahrhunderts, denen die anscheinenden Widersprüche verschiedner Reisenden sehr mißfielen, wählten sich gewisse Schriftsteller, welche sie den übrigen vorzogen, ihnen allen Glauben beimaßen, hingegen alle andre für fabelhaft ansahen. Ohne hinreichende Kenntniß warfen sie sich zu Richtern auf, nahmen gewisse Sätze für wahr an, (die sie noch dazu nach eignem Gutdünken vorstellten,) und bauten sich auf diese Art Systeme, die von fern ins Auge fallen, aber, bei näherer Untersuchung, uns wie ein Traum mit falschen Erscheinungen betrügen. Endlich wurden es die Gelehrten müde, durch Declamation und sophistische Gründe hingerissen zu werden, und verlangten überlaut, daß man doch nur Thatsachen sammlen sollte. Ihr Wunsch ward erfüllt: in allen Welttheilen trieb man Thatsachen auf, und bei dem Allen stand es um ihre Wissenschaft nichts besser. Sie bekamen einen vermischten Haufen loser einzelner Glieder, woraus sich durch keine Kunst ein Ganzes hervorbringen ließ; und indem sie bis zum Unsinn nach Facten jagten, verloren sie jedes Augenmerk, und wurden unfähig, auch nur einen einzigen Satz zu bestimmen und zu abstrahiren; so wie jene Mikrologen, die ihr ganzes Leben auf die Anatomie einer Mücke verwenden, aus der sich doch für Menschen und Vieh nicht die geringste Folge ziehen läßt. Außerdem haben selten zwei Reisende einerlei Gegenstand auf gleiche Weise gesehen, sondern jeder gab, nach Maßgabe seiner Empfindung und Denkungsart, eine besondere Nachricht davon.«

Daraus folgt: »Ein Reisender, der nach meinem Begriffe alle Erwartungen erfüllen wollte, müßte Rechtschaffenheit genug haben, einzelne Gegenstände richtig und in ihrem wahren Lichte zu beobachten, aber auch Scharfsinn genug, dieselben zu verbinden, allgemeine Folgerungen daraus zu ziehen, um dadurch sich und seinen Lesern den Weg zu neuen Entdeckungen und künftigen Untersuchungen zu bahnen.«

Beobachtungsgeist und Scharfsinn also sind erforderlich, aber auch die Ehrlichkeit, das Mitwirken der eigenen Subjektivität einzugestehen wie sichtbar zu machen, die ›Farbe des Glases‹ also, durch das man sieht. Wenn er auch bei Bejahung der eigenen Empfindungsfähigkeit, welche der Empirie nicht im Wege stehen muß, nicht notwendig schildert, was ein jeder gesehen und gefühlt haben muß, so will Forster doch auch auf Eleganz der Darstellung wiederum verzichten: »Mein Zweck war, deutlich und verständlich zu sein. Nur darauf habe ich meine Aufmerksamkeit eingeschränkt. Ich hoffe also Nachsicht zu finden, falls mir minder wichtige Fehler entwischt sein sollten.«

Fakten und Ideen schießen so zusammen, der Empirismus und das spekulative Denken, so wird die Reise philosophisch wie auch die Beschreibung davon. »Meine Absicht dabei war, die Natur des Menschen so viel wie möglich in mehreres Licht zu setzen und den Geist auf den Standpunkt zu erheben, auf welchem er einer ausgebreiteteren Aussicht genießt, und die Wege der Vorsehung zu bewundern im Stande ist.«

Aber die Wege der Vorsehung sind offenbar nicht immer die des Menschen, und die Natur ist keine reine Natur mehr zu nennen: nicht erst auf Tahiti erkennt Forster die allmähliche Zerstörung der Sitten durch die von den Europäern geweckten Bedürfnisse; wir haben, sagt er bei Gelegenheit, »alle Ursache vermuthen, daß sich die Neu-Seeländer zu einem dergleichen schändlichen Mädchenhandel nur seitdem erst erniedrigt hatten, als vermittelst des Eisengeräthes neue Bedürfnisse unter ihnen veranlaßt worden. Nun diese einmal stattfanden, nun erst verfielen sie, zu Befriedigung derselben, auf Handlungen, an die sie zuvor nie gedacht haben mochten, und die nach unsern Begriffen auch nicht einmal mit einem Schatten von Ehre und Empfindsamkeit bestehen können.«

Hier wird das Faktum bereits interpretiert, der Deutung schließen sich kritische Erwägungen an: es sei schon schlimm genug, daß die europäischen Entdeckungen so vielen Unschuldigen das Leben kosten sollen; es ist dies hart für die kleinen, weniger zivilisierten Völkerschaften, aber »doch wahrscheinlich nur eine Kleinigkeit im Vergleich mit dem unersetzlichen Schaden, den ihnen diese durch den Umsturz ihrer sittlichen Grundsätze zugefügt haben. Wäre dies Übel gewissermaßen dadurch wieder gut gemacht, daß man sie wahrhaft nützliche Dinge gelehrt, oder irgend eine unmoralische und verderbliche Gewohnheit unter ihnen ausgerottet hätte, so könnten wir uns wenigstens mit dem Gedanken trösten, daß sie auf einer Seite wieder gewonnen hätten, was sie auf der andern verloren haben möchten. So aber besorge ich leider, daß unsre Bekanntschaft den Einwohnern der Süd-See *durchaus* nachtheilig gewesen ist; und ich bin der Meinung, daß gerade diejenigen Völkerschaften am besten weggekommen sind, die sich immer von uns entfernt gehalten und aus Besorgniß und Mißtrauen unserm Seevolk nie erlaubt haben zu bekannt und zu vertraut mit ihnen zu werden.«

Damit ist die Problematik, die sich vor allem an Tahiti entfalten sollte, schon vorweggenommen worden; was kommt, wird vom Erzähler schon präludiert. Tahiti taucht auf: »Bei Untergang der Sonne sah man bereits die Berge dieser erwünschten Insel aus den vergoldeten Wolken über dem Horizont hervorragen. Jedermann an Bord, einen oder zwei ausgenommen, die sich nicht rühren konnten, eilte begierig aufs vordere Verdeck, um die Augen an dem Anblick dieses Landes zu weiden, von dem man die größten Erwartungen haben mußte, sowohl weil nach dem einstimmigen Zeugniß aller Seefahrer, die da gewesen, nicht nur Überfluß an frischen Lebensmitteln vorhanden, sondern weil die Einwohner auch von besonders gutherzigem und gefälligem Charakter sein sollten.«

Schon vergißt die Besatzung die ausgestandenen Gefahren und Entbehrungen, die Gedanken an Auszehrung, Krankheit und Tod werden verdrängt »und alle unsre Sorgen entschliefen«.

So endet das Kapitel, in dem von der Ankunft die Rede ist, das folgende hebt dementsprechend wieder an: »Ein Morgen war's, schöner hat ihn schwerlich je ein Dichter beschrieben, an welchem wir die Insel O-Tahiti, 2 Meilen vor uns sahen. Der Ostwind, unser bisheriger Begleiter, hatte sich gelegt; ein vom Lande wehendes Lüftchen führte uns die erfrischendsten und herrlichsten Wohlgerüche entgegen und kräuselte die Fläche der See.«*

---

* Hierzu gehört auch das Fragment einer Landschaftsbeschreibung aus dem Nachlaß Forsters, das sich zweifellos auf Tahiti bezieht: »Die Kokospalme. Dunkelblau, wie der Saphir, ist des Meeres unendliche Fläche; lichter blau sind die ewigen Räume des Aethers, von der blendenden Sonne durchglänzt. Ein rascher Ostwind kühlt die Luft und füllt die Segel. Brausend und zischend bricht der Rand der aufgeregten Wellen zu schneeweiszem Schaum. Die tau-

Die Inselbewohner setzen sich in ihre Boote und rudern den großen Schiffen mit Zeichen der Freundschaft und lautem Zuruf entgegen; sie sind in der Tat voll Vertrauen und liebenswürdiger Zuversicht: »Es währte nicht lange, so sah man das Ufer mit einer Menge Menschen bedeckt, die nach uns hingukten, indessen andere, voll Zutrauens auf das geschloßne Friedensbündniß, ihre Canots ins Wasser stießen und sie mit Landesproducten beladeten. In weniger als einer Stunde umgaben uns Hunderte von dergleichen Fahrzeugen, in derem jeden sich ein, zwei, drei, zuweilen auch vier Mann befanden. Ihr Vertrauen zu uns ging so weit, daß sie sämmtlich unbewaffnet kamen. Von allen Seiten erschallte das willkommene Tayo! und wir erwiderten es mit wahrhaftem und herzlichem Vergnügen, über eine so günstige Veränderung unsrer Umstände.«

Die Übergabe der Gastgeschenke ist zugleich der Beginn des lebhaften Tauschhandels, der nun einsetzt; die Menschen sind sanft und gefällig und empfehlen sich durch ein sehr anziehendes Äußeres. Es gilt dies insbesonders für die Frauen, die mit einem einfachen Überwurf und einer Art von Tunica bekleidet sind. »War diese Tracht gleich nicht vollkommen so schön, als jene an den griechischen Statuen

sendfarbige Dorade schießt pfeilschnell am Schiffe vorüber, schwimmt rund umher und holt es wieder ein. Jetzt stößt sie auf ein schüchternes Heer von kleinen Fliegefischen, die das Meer mit der Luft vertauschen. Ueber des Mastbaums höchster Spitze schwebt, die schwarzen Fittige weit ausgebreitet, der Fregattvogel, und staunt das segelnde Fahrzeug wie ein fremdes Ungeheuer aus seiner sichern Höhe an. Mit langen, schmalen Steuerfedern schimmert der rosenfarbige Tropikvogel in der Sonne, und spielt im vollen Genusse seiner Kräfte durch die höheren Regionen der Luft. Aber das ersehnte Land sucht unser Blick noch vergebens ringsum am Horizonte.
Jetzt reihen sich über dem unermeszlichen Meere kleine Punkte wie Wölkchen in gleicher Höhe. Jedes Wölkchen, durch das Fernglas, scheint oben in kleine Strahlen getheilt. Körperlicher als gesammelte Düfte pflegen, schwebt es dennoch ohne Stütze in der Luft. Jetzt erblick' ich am Rande des Meeres, wo es sich vom hellen Himmel scheidet, einen dunklen Strich; – es ist Land!
Ein flaches Koralleneiland ist es, und die darüber schwebenden Wölkchen sind die Gipfel der Kokospalmen. Noch seh' ich ihre zarten schlanken Stämme nicht; vom Lichte des Tages umflossen, verlieren sie sich darin, wie des Mondes schwach erleuchtete Hälfte vor unsern Augen verschwindet.«
(Georg Forster's sämmtl. Schriften. Hg. v. dessen Tochter u. begl. mit einer Charakteristik Forster's v. G. G. Gervinus, Leipzig 1843, 5. Band, S. 250 f.)

251

bewunderten Draperien, so übertraf sie doch unsere Erwartungen gar sehr und dünkte uns der menschlichen Bildung ungleich vortheilhafter, als jede andere, die wir bis jetzt gesehen.«

Die Landschaft zeigt sich bei weiteren Expeditionen ins Innere so schön, wie sie sich von Bord bereits angekündigt hatte: »Das Ufer, dessen schlängelnder Krümmung wir aufwärts folgten, brachte uns zu einem senkrecht stehenden und mit mancherlei wohlriechendem Gebüsch behangenen Felsen, auf welchem sich eine kristallhelle Wassersäule in einen glatten klaren Teich herabstürzte, dessen anmuthiges Gestade überall mit bunten Blumen prangte. Dies war eine der schönsten Gegenden, die ich in meinem Leben gesehen. Kein Dichter kann sie so schön malen. Wir sahen von oben auf die fruchtbare überall angebaute und bewohnte Ebene herab, und jenseits dieser in das weite, blaue Meer hinaus. Die Bäume, welche ihre dickbelaubten Zweige gegen den Teich hin ausbreiteten, gewährten uns kühlen Schatten, und ein angenehmes Lüftchen, welches über das Wasser herwehte, milderte die Hitze des Tages noch mehr. Hier legten wir uns auf den weichen Rasen hin, um beim feierlich einförmigen Geräusch des Wasserfalls, dazwischen dann und wann ein Vogel schlug, die eingesammelten Pflanzen zu beschreiben, ehe sie verwelkten. Unsre Tahitischen Begleiter lagerten sich ebenfalls unter das Gebüsch hin, und sahen uns mit stiller Aufmerksamkeit zu. Wir hätten den ganzen Tag in dieser reizenden Einöde zubringen mögen (...)«

So malt auch Forster die Idylle in der exotischen Südsee, nicht einmal das Bild des Greises, der ohne Sorgen und Leiden ehrwürdig gealtert erscheint, wie Bougainville es schon gesehen hatte, fehlt in diesem Zusammenhang; der alte Mann, »aus dessen Blicken Frieden und Ruhe hervorleuchtete, lag auf einer reinen Matte und sein Haupt ruhte auf einem Stuhle, der ihm zum Kissen diente. Es war etwas sehr Ehrwürdiges in seiner Bildung. Sein silbergraues Haar hing in vollen Locken um das Haupt her, und ein dicker

Bart, so weiß als Schnee, lag auf der Brust. In den Augen war Leben, und Gesundheit saß auf den vollen Wangen. Der Runzeln, welche unter uns das Antheil der Greise sind, waren wenig; denn Kummer, Sorgen und Unglück, die uns so frühzeitig alt machen, scheinen diesem glücklichen Volke gänzlich unbekannt zu sein. Einige Kinder, die wir für seine Großkinder ansahen, der Landesgewohnheit nach ganz nackend, spielten mit dem Alten, dessen Handlungen, Blick und Mienen augenscheinlich bewiesen, wie Einfalt des Lebens die Sinne bis ins hohe Alter bei vollen Kräften zu erhalten vermag. Einige wohlgebildete Männer und kunstlose Dirnen hatten sich um ihn her gelagert und bei unserm Eintritt schien die ganze Gesellschaft, nach einer ländlich frugalen Mahlzeit, im vertraulichen Gespräch begriffen zu sein. Sie verlangten, daß wir uns auf die Matten neben sie setzen mögten, wozu wir uns nicht zweimal nöthigen ließen. Es schien als hätten sie noch keinen Europäer in der Nähe gesehen, wenigstens fingen sie sogleich an, unsere Kleidungen und Waffen neugierigst zu untersuchen, doch ließ ihr angebornes flatterhaftes Wesen nicht zu, länger als einen Augenblick bei einerlei Gegenstande zu verweilen. Man bewunderte unsre Farbe, drückte uns die Hände, konnte nicht begreifen, warum keine Punkturen darauf waren und daß wir keine langen Nägel hätten.«

In diesem patriarchalischen Zustandsgemälde wird noch einmal der idyllische Charakter dieser Inselwelt evoziert, aber die ersten Ahnungen bestehender Ungleichheit tauchen doch schon auf: die langen Nägel waren Forster schon einmal aufgefallen, sie sind ein Zeichen vornehmeren Standes, d. h. hier der privilegierten Untätigkeit; auch wird er Zeuge, wie ein fetter Mann im Liegen unterhalten und gefüttert wird; er würdigt die Europäer kaum eines kurzen Blicks, und nun fällt der erste Schatten auf das Gemälde vom allgemeinen Glück: »Wir hatten uns bis dahin mit der angenehmen Hoffnung geschmeichelt, daß wir doch endlich einen kleinen Winkel der Erde ausfindig gemacht,

wo eine ganze Nation einen Grad von Civilisation zu erreichen und dabei doch eine gewisse frugale Gleichheit unter sich zu erhalten gewußt habe, dergestalt, daß alle
Stände mehr oder minder gleiche Kost, gleiche Vergnügungen, gleiche Arbeit und Ruhe mit einander gemein hätten.
Aber wie verschwand diese schöne Einbildung beim Anblick
dieses trägen Wollüstlings, der sein Leben in der üppigsten
Unthätigkeit ohne allen Nutzen für die menschliche Gesellschaft eben so schlecht hinbrachte, wie jene privilegierten Schmarotzer in gesitteten Ländern, die sich mit dem
Fette und Ueberflusse des Landes mästen, indeß der fleißi-
gere Bürger desselben im Schweiß seines Angesichts darben
muß.«
Die schon bestehende Ungleichheit muß sich bei wachsenden
Bedürfnissen und dementsprechend sich entfaltendem Handel verschärfen, nur der jetzt schon unmöglich gewordene
Versuch, keine neuen Bedürfnisse aufkommen zu lassen,
kann das Land jedenfalls in dem jetzigen Zustand erhalten,
der doch schon minder ›natürlich‹ ist, als er zunächst zu sein
schien. »Es ist wirklich im Ernste zu wünschen, daß der
Umgang der Europäer mit den Einwohnern der Südseeinseln in Zeiten abgebrochen werden möge, ehe die ver-
derbten Sitten der civilisirten Völker diese unschuldigen
Leute anstecken können, die hier in ihrer Unwissenheit und
Einfalt so glücklich leben«, wagt Forster zu folgern.
Beim Aufenthalt in der Matavai-Bay stört ihn zwar das
Auftreten der allen Ausschweifungen zugeneigten Mädchen
der Insel an Bord des Schiffes, er gibt aber zu bedenken,
daß »ein großer Theil dessen, was nach unsern Gebräuchen
tadelnswerth zu nennen wäre, hier, wegen der Einfalt der
Erziehung und Tracht, wirklich für unschuldig gelten
kann«, und also »sind die Tahitischen Buhlerinnen im
Grunde minder frech und ausschweifend, als die gesitteter-
en in Europa«.
Über das Schweinefleisch freilich, das sonst nur die Vornehmeren genießen, fallen sie hemmungslos her, ein Anblick,

der ihn erschreckt. Die günstigen Eindrücke scheinen bedroht zu sein, aber Forster erwägt das folgende: »Die menschliche Natur muß freilich sehr unvollkommen sein, daß eine sonst so gute, einfältige und glückliche Nation zu solchem Verderbniß und zu solcher Sittenlosigkeit hat herabsinken können; und es ist allerdings herzlich zu bejammern, dasz die reichlichsten und besten Geschenke eines gütigen Schöpfers am leichtesten gemißbraucht werden und daß Irren so menschlich ist!«

Das ist freilich keine Erklärung, sondern nur der Versuch, mit der aufkommenden Ernüchterung fertig zu werden. Nichtsdestoweniger nimmt er wie alle anderen an Bord mit schwerem Herzen Abschied von Tahiti: »Der Wind, mit welchem wir absegelten, war so schwach, daß wir die Insel den ganzen Abend hindurch noch nahe im Gesicht behielten, und die überschwenglich schöne Aussicht auf die Ebene vor uns hatten, welche selbst bei dieser todten Winterjahreszeit den schönsten Landschaften in andern Gegenden der Welt noch immer zur Seite gesetzt werden konnte. Der fruchtbare Boden und das wohlthätige Klima bringen von selbst so vielerlei Arten nahrhafter Gewächse hervor, daß die Einwohner in dieser Absicht wohl auf eine ungestörte sorgenfreie Glückseligkeit rechnen können, und, in so fern unterm Monde nirgends etwas Vollkommenes, Glückseligkeit immer nur ein relativer Begriff ist, in so fern dürften im Ganzen genommen schwerlich mehrere Völker der Erden sich einer so erwünschten Lage rühmen können. Da nun alle Lebensmittel leicht zu haben, und die Bedürfnisse dieses Volks sehr eingeschränkt sind, so ist, natürlicherweise, auch der große Endzweck unseres körperlichen Daseins, die Hervorbringung vernünftiger Creaturen, hier nicht mit so vielen drückenden Lasten überhäuft und beschwert, als in civilisirtern Ländern, wo Noth und Kummer den Ehestand oft so mühselig und sauer machen. Die guten Leute folgen hier dem Triebe der Natur ganz ungehindert und daraus entsteht eine Bevölkerung, die im Verhältniß zu dem angebauten, nur kleinen Theile der Insel sehr groß ist.«

Er sieht voraus, daß man weitere Gebiete wird anzubauen beginnen. Die Verfassung vergleicht er mit dem alten europäischen Feudalsystem; drei Klassen stehen unter der Herrschaft eines allgemein anerkannten Fürsten, und die deutlich vorhandenen Klassenunterschiede beeinträchtigen die Glückseligkeit des Volkes im Ganzen genommen deshalb nur wenig, weil die Lebensart der Nation doch wieder zu einfach ist, als daß sich darin die Standesunterschiede allzu deutlich bemerkbar machen könnten. Unter diesen klimatischen Gegebenheiten, bei diesem Stand der Bedürfnisse sind Neid und Ehrgeiz sozusagen noch nicht geweckt, noch sind die Verhältnisse unbefragt patriarchalisch, auch der König legt in seinem Kanu selbst noch Hand ans Ruder. Insofern gibt es tatsächlich noch eine natürliche Gleichheit, doch sieht sie Forster bereits gefährdet. Die Faulheit der Vornehmen scheint ihr keine Dauer zu verheißen: je mehr sie sich vermehren, um so stärker wird alle Last auf den arbeitenden Teil der Bevölkerung fallen, bis sie der wachsende Druck veranlaßt, sich zur Wehr zu setzen und ihre Rechte einzuklagen. Noch freilich steht eine solche Veränderung nicht zu befürchten, versichert er, »ob aber die Einführung des fremden Luxus die Ankunft dieser unglücklichen Periode nicht beschleunigen werde, das muß man den Europäern zur ernstlichen Erwägung anheim stellen. Wahrlich! wenn die Wissenschaft und Gelehrsamkeit einzelner Menschen auf Kosten der Glückseligkeit ganzer Nationen erkauft werden muß, so wär' es, für die Entdecker und Entdeckten, besser, daß die Südsee den unruhigen Europäern ewig unbekannt geblieben wäre!«

Aufklärung und Glückseligkeit sind in Widerstreit getreten; Forster hütet sich wohl, dem Naturzustand das Wort zu reden, aber sowenig wie Diderot will er den Europäern das Recht zugestehen, ihn um ökonomischer oder auch humanitär-aufklärerischer Ziele willen den anderen Völkern rücksichtslos zu rauben. Auch daß eine relative Unfreiheit bei einer entsprechenden Bewußtseinsstufe sich durchaus mit einem glücklichen Leben vertragen kann, erkennt er an.

Und noch ein zweites Mal landet Cook mit seinen Schiffen auf Tahiti, wiederum übt die Insel ihren ganzen Zauber aus: »Den Morgen war ich früh erwacht, und welch Entzücken gewährte mir da die herrliche Aussicht! Es war, als hätte ich die reizende Gegend, die vor mir lag, noch nie gesehen; doch war sie jetzt auch in der That weit schöner als vor acht Monaten, da ich sie zu einer ganz andern Jahreszeit gesehen hatte. Die Wälder auf den Bergen waren mit frischem Grün bekleidet, das in mannigfaltigen Farben durcheinander spielte; die kleinen Hügel hier und da, grünten ebenfalls im neuen Frühlingskleide und verschönerten an manchen Orten die reizende Aussicht. Besonders aber prangten die Ebenen mit allem Schmuck der jungen Wiesen. Kurz, alles erinnerte mich an die Beschreibungen von Calypso's bezauberter Insel.«

So heißt er sie denn auch in solchem Zusammenhange »die Königin der tropischen Inseln«. Sie hält auch der zweiten Begegnung noch stand: »Diesmal hatten nun auch wir etwas von der eigenthümlichen Glückseligkeit genossen, welche die Natur den Bewohnern dieser Insel hat zu Theil werden lassen. Der ruhige, vergnügte Zustand dieser guten Leute, ihre einfache Lebensart, die Schönheit der Landschaft, das vortreffliche Klima, die Menge gesunder, wohlschmeckender Früchte, alles war bezaubernd und erfüllte uns mit theilnehmender Freude.«

Der Gesellschaftszustand erinnert ihn insofern auch an den Griechenlands, so wie Homer ihn überliefert, ohne daß er es nun wagt, den Vergleich genauer auszuführen. Es geht ihm nur darum, zu zeigen, »daß Menschen, bei einem gleichen Grade von Kultur, auch in den entferntesten Welttheilen einander ähnlich sein können«. Hier liegt der Keim zu einer vergleichenden Kulturanthropologie.

Dergestalt wird die exotische Ferne, wie sie hier erfahren

werden konnte, mit einer der eigenen Überlieferung vertrauten Frühstufe geschichtlicher Ferne in Verbindung gesetzt. Auch dadurch wird Tahiti nun Arkadien. Es geschieht, was kommen mußte: einer der Matrosen sucht sich von Bord zu stehlen und auf der Insel Unterschlupf zu finden, die Eingeborenen sind bereit, ihn aufzunehmen, er wird aber rechtzeitig ergriffen und in Ketten gelegt. Forster hat alles Verständnis für die Beweggründe dieses Mannes, das harte Leben der Matrosen ist ihm bekannt, genau wie der Arbeitszwang der bürgerlichen Gesellschaft in Europa. Dann lockt Tahiti als ein Glück ohne Schweiß, als ein Garten, der fast von selbst die notwendigen Früchte trägt und sorglose Heiterkeit gestattet. Freilich, so meint er, wer so handelt, denkt nur an das Glück der Sinnlichkeit, kein Wunder also, daß der Matrose sich den Freuden des nur im Augenblick angesiedelten Lebens hingeben wollte. »Freilich, mit etwas mehr Beurtheilungskraft würde er eingesehen haben, daß ein Mensch von seiner Art, der zu einem thätigen Leben geboren, mit tausend Gegenständen bekannt, wovon die Tahitier nichts wissen, und gewohnt ist an das Vergangne und Zukünftige zu denken, daß der einer so ununterbrochenen Ruhe und eines beständigen Einerlei bald überdrüßig werden müsse, und daß eine solche Lage nur einem Volk erträglich sein könne, dessen Begriffe so einfach und eingeschränkt sind, als wir sie bei den Tahitiern fanden.«

So leiht Forster dem britischen Seemann sein eigenes Bewußtsein. Mit Entschiedenheit also widerspricht er, wie Le Vaillant dies dann auch später bekennen sollte, dem Traum, aus der Zivilisation zu entfliehen; der Weg zurück bleibt versperrt, was aber kein Urteil über andere, angeblich niedere Völkerschaften oder Zivilisationsstufen bedeutet: die Vorstellungen von Glück sind unter den verschiedenen Himmelsstrichen so verschieden wie Kultur und Sitten es sind. Von hier aus gesehen, ist auch der gelegentlich geäußerte bedenkenvolle Wunsch, es wäre doch besser gewesen, die Europäer hätten das Glück der Südseebewohner niemals gestört, nur das Bedauern über eine nun schon eingeleitete unaufhaltsame Entwicklung, von Trauer beschwerte Einsicht in das Unvermeidliche, die freilich schon von aller Naivität befreit ist, die da meinen möchte, die europäische Aufklärung sei das Glück, das die Bewohner des Abendlandes allen Völkern zu bringen hätten.

Für Forsters Beschreibung der großen Weltreise mit James Cook sind die Tahiti-Kapitel vor allem vom Gegenstand, nicht so sehr von der Darstellungs- und Behandlungsweise her repräsentativ; sie zeigen das spannungsvolle Verhältnis zwischen dem Entdeckungszauber und der damit verbundenen Europa-Kritik, aber dies nicht im Sinn einer naiven Konfrontation mit einseitiger Bewertung, sie deuten die Verluste an, die der Preis des oft grausamen Fortschritts sind. Forster erfährt in Tahiti, anders als Bougainville, ein Zugleich von Beseligung und Enttäuschung; neben der Schönheit, Einfachheit, Üppigkeit und Glückseligkeit der tropischen Insel erfährt er auch die bestehende Ungleichheit, erfährt von Kriegen, erkennt die durch Bedürfnislosigkeit verdeckten Entbehrungen, Raub und Prostitution wie die Zerstörung der bestehenden Verhältnisse durch die Bekanntschaft mit den Europäern. Zum einen also ist Tahiti nicht so unschuldig-paradiesisch, wie man zunächst wohl meinte, zum andern aber ist es auch in diesem Zustande schon bedroht, schließlich ist es die europäische Unruhe und Habgier, die eine solche Bedrohung ständig gegenwärtig macht.

Das sind Einsichten, die über die der konventionellen Reiseliteratur weit hinausgehen. Nicht nur Länder- und Naturkunde, Nautik und Klimatologie, die Katalogisierung und klassifizierende Benennung neuer Arten auf dem Gebiet der Botanik und Zoologie ist ihr wesentlicher Inhalt – obschon es auch daran nicht fehlt –, sondern der philosophisch-historische Impetus, der sich auf Formen des Menschendaseins und der Gesellschaft richtet und dem das europäische

Vorgehen so unvermeidbar, sinnvoll wie vernichtend oder doch bedenklich erscheint. Diesen Widerspruch wußte Forster zur Folie seiner Weltreise und ihrer Darstellung zu machen.

Wie ein Appendix zu den Reiseberichten von Cooks Weltumseglung, zu seinen Logbüchern, zu Forsters Darstellung der bedeutenden 2. großen Reise und zu seinem philosophisch erhellten Cook-Porträt liest sich der Reisebericht von Heinrich Zimmermann aus Wiesloch, der die 3. Weltumseglung mit James Cook mitgemacht hat, über seinen Tod auf Hawai berichtet und der anschließend wieder nach Deutschland zurückkehrte, wo sich Georg Forster dann bemühte, Wissenswertes von ihm zu erfahren.

Für den unliterarischen Matrosen und eher zufälligen Weltreisenden stellt sich die große Fahrt als eine Summe von Abenteuern doch erheblich anders dar als für den Leiter der Expedition, der die Eintragungen in seinem Logbuch vornimmt, oder auch als für den Naturforscher und Schriftsteller Forster. Im »Göttingischen Magazin der Wissenschaften und Literatur« veröffentlichte Forster bereits die »Fragmente über Capitain Cooks letzte Reise und sein Ende«, einen Bericht, den er zwei deutschen Teilnehmern dieser letzten Cookschen Reise verdankte, denen er in Kassel begegnete und die er aufs genaueste auszufragen verstand, wahrscheinlich wohl wie kaum jemand sonst, denn Vorgänge und Kurs, Schwierigkeiten und Gefahren waren ihm ja von der eigenen Weltumseglung her im wesentlichen vertraut.[12]

Ein Jahr später schon, 1781, erscheint in Mannheim der Bericht von H. Zimmermann, die erste Darstellung der 3. Weltumseglung unter Cooks Leitung, die in Buchform publiziert wurde. Die amtlichen Reisetagebücher erschienen erst drei Jahre später, deren deutsche Fassung, von G. Forster herausgegeben, dann 1787-1789. 1781 allerdings legt auch Johann Reinhold Forster das »Tagebuch einer Entdekkungsreise nach der Südsee in den Jahren 1776 bis 1780 (...)« vor, ohne dabei die Gewährsleute oder Verfasser des Originals zu nennen. Neben so vielen Zeugnissen, Dokumenten, Berichten und Deutungen wird dann freilich das Werk des Pfälzer Matrosen scheinbar unwichtig – wenn uns nicht gerade interessieren sollte, wie ein unbekannter, anspruchsloser Teilnehmer einer solchen Reise seine Erfahrungen verarbeitet, eben kein Wissenschaftler, kein Schriftsteller, keiner der verantwortlich Leitenden. 1926 nahm man überhaupt in England von diesem Bericht erst Kenntnis; zwei Jahre später machte der Herausgeber einer deutschen Neuausgabe in einer Weise darauf aufmerksam, die suggerieren könnte, es sei dies gewissermaßen seine Entdeckung. Immerhin bestätigt er die Authentizität der Reiseschilderung und die Tatsache, daß, was Zimmermann vorzubringen weiß, einer Nachprüfung auch standhält. Die Bedeutung, die der Völkerkundler H. Plischke den faktisch überprüfbaren Einzelheiten beimißt, erscheint als so korrekt wie berechtigt. In anderen Zusammenhängen freilich wird die Genauigkeit auf andere Weise wichtig, dort nämlich, wo es um Zimmermanns Zeugenschaft beim Tode Cooks geht. Ob Genauigkeit und Breite seiner Darstellung auf die Fragen Forsters zurückgehen, der so gewissermaßen für die Anlage des Reiseberichtes wie als Mentor in Anspruch genommen wird, muß dahingestellt bleiben. Auch das Bild von Cook soll sich auf den Einfluß der Fragen Forsters zurückführen lassen. Das schaut dann allzubald so aus, als dürften einfache Handwerker, eben Leute wie Zimmermann, als Autodidakten einfach nicht in der Lage gewesen sein, selbständig und genau einen solchen Bericht vorzulegen; was also auch Erstaunen sein dürfte, wird somit rasch zum Vorurteil. Was schließlich die Zuverlässigkeit Zimmermanns betrifft, so wurde diese bereits von keinem Geringeren als Forster bestätigt.[13]

Zimmermann selbst hat, in einer ähnlichen Lage wie etwa Arno Bräker bei der Niederschrift seiner Autobiographie, darüber durchaus nachgedacht: »Ist's denn aber nicht auch etwas Neues, etwas, das man von England nicht erwarten wird, wenn ein Matrose seine Art die Sachen anzustaunen, dem Publikum vorlegt? Und kann der Weg den anderen kreuzen, den nur erfahrene Beobachter gehen können?«[14] Die Frage spricht für seinen Verstand wie für seine Ehrlichkeit; er fürchtet, die Begriffe nicht zu haben, die der Erfahrenere haben dürfte; er ahnt, daß Erfahrung weniger mit Sensation als mit Begreifen zu tun hat.

Zimmermann gesteht, obschon er genau weiß, daß er einem Verbot der Admiralität zuwiderhandelt, da doch alle Papiere bei der Rückkehr hätten abgeliefert werden müssen, so könne doch sein Bericht, unvollständig und recht einfach, niemals mit der englischen, der offiziellen Darstellung konkurrieren, geschweige denn ihr Abbruch tun. In jedem Falle werde die offizielle Version eben amtlich und die richtigere sein, fügt er scheinbar treuherzig hinzu. Überdies habe er ja nicht sein Gedächtnis verkauft, und die Erinnerungen wolle er nun drucken lassen.

»Ist's doch einem Reisenden nicht möglich, alles zu vergessen, was er gesehen hat, und niemals davon zu reden oder zu schreiben.«

Der Dank an Forster, den der spätere Herausgeber als notwendig suggeriert, fehlt allerdings. Statt dessen entschuldigt er sich für mancherlei Schreibfehler, denn: »Meine Erziehung hatte es mir nicht gegeben, daß ich diesem nachspähen oder in Büchern mir deshalb Rat holen könnte; und daher die Fehler. Wäre die Sache selbst nicht so wichtig«, fährt er ganz konsequent fort, »daß sie an sich alle Aufmerksamkeit verdiente, dann hätte ich Unrecht, mein Werk mit so wenig Vorbereitungen in die Welt zu schicken; so aber mag es Nachsicht bei Billigdenkenden erhalten, und zu dieser empfehle ich mich ihnen.«

Was nun Forster in seinem Fragment von der letzten Reise Cooks berichtet hatte, findet sich hier um einiges ausführlicher wieder; die einzelnen Stationen sind zwar tagebuchartig knapp verzeichnet und nur in größeren Abständen aufgeführt, aber für die Landungen, die daraus folgenden Begegnungen mit den Eingeborenen von Neu-Holland, Tahiti und Hawai nimmt sich Zimmermann dann immer sehr viel mehr Zeit. Der Tenor der Darstellung wird etwa durch folgenden Auszug bereits vernehmbar: »Über ihre Religion und Sitten konnte ich gar keine Nachricht einziehen, weil wir schon am vierten Tage nach Neuseeland abgingen.« Ohne jeden Übergang, nur nach einem Absatz, heißt es dann: »Unterwegs, am 4. Februar, fiel im Sturm abermals ein Seesoldat ohne Rettung über Bord; und am 12. kamen wir in Neuseeland, wovon Herr Cook eine genaue Karte schon früher entworfen hatte, und in der von ihm entdeckten und das Land in zwei Hauptteile trennenden Meerenge an.«

Das kaustische Nebeneinander des Disparaten ist Resultat der Gleichzeitigkeit im Berichten und der Gleichwertigkeit des Faktischen in einer unreflektierten, der Sonderung eigentlich nicht fähigen Erinnerung. Es ist aber aufschlußreich als die Form, in der Wahrnehmung im Gedächtnis sich niederschlägt.

Auf einer der Inseln der Otaheite-Gruppe wird Omai, der seit Rückkehr von der letzten Reise in England ausgeführt und vorgestellt worden war – Lichtenberg hatte ihn hier sehen und sprechen können –, wieder abgesetzt und kommt bei seinem Volk zu höchsten Ehren, mit ihm natürlich auch der ›oberste liebe Cook‹, wie er hier genannt wird.

Allerdings findet sich auf einer der Inseln auch ein von den Spaniern wenige Jahre zuvor erbautes Holzhaus, desgleichen ein Kreuz, das die Spanier, die doch hier früher schon zum ersten Male gelandet waren, sofort aufgerichtet hatten. Es trägt den Namen eines darunter bestatteten spanischen Kapitäns. Im Hause finden sich spanische Schriften sowie ein spanisches Gewand. Das ruft die folgende, wohl typische, aber von Forsters Cook-Bild her doch überraschende Reaktion hervor: »Herr Cook ließ das Kreuz ausreißen, und zum Beweis, daß England diese Insel durch Kapitän Wallis eher als Spanien entdeckt habe, auf der andern Seite den Namen des Königs von England samt der Jahreszahl der Entdeckung, nämlich 1767, einhauen und alsdann dasselbe wieder auf seine vorige Stelle einsetzen.«

Kleine Diebstähle und Neckereien der Eingeborenen bringen den großen Cook, allen schon gemachten Erfahrungen zum Trotz, in größten Zorn; als gar eine Ziege, die man geweidet hatte, verschwunden ist und die Einwohner, die ja die Weißen schon kennen, sich unwissend stellen oder gar spotten, reagiert er wider alle sonst oft geübte Mäßigung und von ihm praktizierte Vernunft: Er läßt nämlich »zwei Tage lang durch die Soldaten auf dem Lande alle erreichbaren Hütten verbrennen und durch die Matrosen an der Küste die nämliche Verwüstung ausüben, dabei auch noch alle greifbaren Kähne der Einwohner gänzlich zerhauen und zerstreuen«.

Von europäischen Vorstellungen beschwert, bemerkt Zimmermann treuherzig und mitfühlend, sachlich wohl falsch, aber das Verhalten Cooks doch zu Recht mißbilligend: »Den Schaden, der den Einwohnern dadurch verursacht worden, können sie in einem Jahrhundert schwerlich mehr ersetzen.«

Allerdings muß er auch feststellen, daß Omai und drei von seinen Ruderknechten sich bei diesen Repressalien besonders hervortun und ärger noch als die Europäer verfahren. Hierbei kann es sich natürlich, denn es ist nicht Omais Insel, um eine Stammesfehde handeln, in deren Austragung sich ja auch die sonst sanften Tahitianer mit größter Härte und Grausamkeit zeigen. Bei einem anderen Diebstahl läßt Cook den Übeltäter, in diesem Falle sogar einen der Vornehmen des Landes, an Bord bringen und am nächsten Tage derart fürchterlich auspeitschen, »bis die Fetzen auf der Haut wegflogen. Er murrte beständig aus Bosheit, bat nicht um Nachlaß und schrie nicht einmal. Herr Cook be-

fahl schließlich, daß man ihn losbinde und so lange zu gei-
ßeln fortfahren solle, bis er über Bord springe«.

Das tut der Delinquent denn auch und rächt sich dann für
alles Erlittene an Omai, der ihn festgenommen hatte, indem er seinen Garten mit den Kapländischen Weinstöcken
verwüstet; Omai fängt ihn wiederum ein, bringt ihn zu
seinen Protektoren an Bord zurück, wo Cook ihm wirklich
beide Ohren abschneiden und den so Geschändeten von
Bord jagen läßt.

Als Matrosen von Bord gegangen sind, die in Tahiti ein
glücklicheres Leben suchen als sie auf den englischen Schiffen ertragen müssen, läßt Cook den mit ihm eigentlich be-
freundeten König, dessen Schwiegersohn und Tochter auf
seinem Schiff so lange als Geiseln festhalten, bis die Deser-
teure aufgespürt und wieder an Deck zurückgebracht worden sind. Auch dieses Vorgehen war wohl nur deshalb erfolgreich, weil die Europäer mit ihren Schußwaffen nicht
zu besiegen sind; von europäischer Großmut, christlicher
Sanftheit oder aufklärerischer Toleranz freilich ist dies
keine überzeugende Lektion.

Die Reiseroute, von der Zimmermann berichtet, ist durch die
vorhergehenden Weltumsegelungen bereits bekannt, jedenfalls bis Tahiti, neu sind dann die Vorstöße in Richtung Hawaii, weiter bis zur amerikanischen Westküste, nach Alaska,
nach Sibirien und durch die Behringstraße in das Eismeer.

»Am 9. August landeten wir bei 65 Grad nördlicher Breite
auf der asiatischen Küste. Die Einwohner hier sind den
vorher beschriebenen Amerikanern ganz ähnlich, nur sind
sie von etwas brauner und dunklerer Gesichtsfarbe; sie
versammelten sich in einer starken Anzahl mit Bogen und
Pfeilen am Ufer. Herr Cook ging des ungeachtet ganz
allein an Land und machte durch Geschenke Freundschaft
mit ihnen. Ihre Nahrung besteht in Fischen, und besonders
in Seekühen, und die Haut von diesen wissen sie so gut wie
ein Gerber zuzubereiten. Der Komodore gab dem Vorgebirge dieses Landes den Namen Cookstown.«

Zimmermann fährt sodann fort: »Wir strichen längs dieser asiatischen Küste hinauf bis zum 66. Grad nördlicher Breite und kamen alsda in eine Meerenge, die Asien und Amerika trennt. In der Mitte dieser Meerenge konnten wir bei hellem Wetter diese beiden Weltteile, die ungefähr vierzig deutsche Stunden voneinander liegen, zugleich sehen.«

Ein ungewöhnlicher Anblick, ein Eindruck wohl, der heute noch erstaunlich heißen darf; Zimmermann läßt jedes Staunen, jede Betroffenheit vermissen. Nur daß er ihn vermerkt, ist ein Hinweis auf die auch ihm bewußt gewordene Besonderheit der Tatsache. Er hat bei nicht weit entwickelter Intelligenz doch hinreichend Verstand für seine Darstellung, und reichlich intellektuelle Neugier besitzt er doch auch. Seine Neugier ist eben mehr als bloß Erlebnisdurst und Abenteuerlust. So bemerkt er von Hawaii, er könne nicht angeben, wie der Götzendienst dort gehalten werde, er habe zu jener Zeit gerade Dienst gehabt. Über Opfer und Zeremonien vermöge er nichts zu sagen. »So viel kann man aber doch schon annehmen, daß diese, wie alle übrigen bisher entdeckten Heiden zur nicht geringen Verwunderung eine Gottheit anerkennen und verehren.«

Interessant sind schließlich auch noch die Einzelzüge zu einem Porträt von Cook, wie Zimmermann sie festgehalten hat, wichtiger jedenfalls als die Einzelheiten seines Todes, welche damals die Zeitgenossen so stark beschäftigt haben. Strenge, Schweigsamkeit, Genauigkeit, Gerechtigkeitssinn, eine gewisse gedrungene Beredsamkeit aus gegebenem Anlaß, Kargheit, eine nicht zur Schau getragene nüchterne Frömmigkeit, Reinlichkeit und Mäßigkeit lassen sich rasch erschließen. Es sind dies deutlich hervortretende bürgerlich-protestantische, aber auch soldatische Charakterzüge. Enthaltsamkeit, Mut, Sinn für Gleichheit sowie ein deutlicher Instinkt für Gefahren sind bemerkenswert. So berichtet Zimmermann: »Sonnabends war er meist freundlicher als sonst, er trank auch dann ein Glas Punsch mehr als gewöhnlich auf die Gesundheit schöner Frauen und Mädchen.«

Er war, so bemerkt Zimmermann trotz allem, »geboren, mit den Wilden umzugehen«, und dieser Umgang habe ihm offenkundig Freude gemacht. Sein Tod rief allgemeine Bestürzung hervor. Die Insulaner, die ihn erschlugen, haben ihn mit Ehren beigesetzt, wie sie sie sonst nur ihren obersten Häuptlingen zu erweisen pflegen.

V

DIE KÜNSTLER- UND BILDUNGSREISE

Läßt sich von den bloßen Gegenständen und erfahrenen Bereichen her eine wie vorsichtig auch immer gehaltene Typologie der Reisebeschreibung sinnvoll nicht aufstellen und rechtfertigen, so doch in einer groben Unterscheidung von der Intention der Reise her: der Forschungs- und Entdeckungsreise eines Kaempfer, eines Linné, eines Niebuhr, eines Le Vaillant oder Carteret, gar eines Bougainville, Cook oder Forster läßt sich die Bildungs- wie die Künstlerreise eines Boswell oder de Brosses, eines Moritz, eines Goethe, eines Seume oder Karamsin, wie sehr auch wieder Erwartung und Zielvorstellung divergieren mögen, zum einen so entgegenstellen wie zum anderen die zeit- oder sozialkritisch orientierten Reisebücher eines Riesbeck oder Forster – hier mit den »Ansichten vom Niederrhein« –, wobei es dann immer wieder zu Schwierigkeiten bei der genaueren Abgrenzung kommen wird; für diese geben dann auch die formalen Kennzeichen, etwa nach Brief- und Tagebuchform oder zusammenfassend-interpretierender Darstellungsweise nichts mehr her. So wird man die große, d. h. umfangreiche Beschreibung Nicolais von seiner Reise durch Deutschland und die Schweiz der Forschungsreise so wenig zuschlagen wollen wie der sozialkritischen oder der Bildungsreise, wie philosophisch auch ihr Anspruch sonst sein mag; andererseits sind die Briefe der Lady Montagu aus dem Orient mit dem Expeditionsbericht Niebuhrs kaum zu vergleichen und nur mit Mühe zusammen zu sehen: war hier doch alles Zufall, keine Absicht zunächst gegeben und, was als Abenteuer erscheint, doch wiederum abgesichert durch die besondere Rolle, die ihr als Gattin des britischen Gesandten zu übernehmen vergönnt gewesen ist. Hier ist der Zufall, was bei anderen Reisenden Auftrag und Absicht ist, doch spielt dies für die Erfahrungsweise, die Perspektive, die Urteilsfähigkeit der Autorin, schließlich für die Qualität ihrer Reisebriefe kaum eine Rolle, es bestimmt nur die Situation, in der sie ihre Mitteilungen macht. Entscheidend ist die Art und Weise, sich auf das Fremde einzulassen oder das scheinbar Bekannte zu überprüfen, d. h. unterwegs zu sein, Erfahrungen zu machen, anstatt nur Vorgewußtes bestätigend gewissermaßen abzuhaken. Wirklichkeit abzuschildern oder zu registrieren ist so wenig als Erfahrung zu bezeichnen wie das impressionistische Anempfinden des Fremden; nur ein Bewußtsein, das die Sicherheit, alles begreifen zu können, für alles Maßstab und Urteil, Ordnungsschemata und Organisationsformen der Erkenntnis bereit zu haben, immer wieder preiszugeben bereit ist, wird Erfahrungen machen können, anstatt nur Wunderliches zu sammeln oder sich dem Fremden als dem Anderen in staunender Abwehr entgegenzustellen. Die Unfähigkeit, Erfahrungen zu machen, kann sowohl der begrifflosen Dumpfheit eignen als der leeren Festigkeit der vorgeformten Begriffswelt eines Verstandes, der sich selbst alle Gewißheit ist. Wie Anschauung zum Begriff, muß das Eigene zum Fremden, die Welt der Gegenstände zum Bewußtsein kommen, das sich an ihnen erst füllt und entfaltet. Dann wird Erfahrung des Fremden aber auch zu einer Art, sich selbst zu erfahren, auf dem Umweg über die erfahrene Welt. Subjektivität ist dann keine problematische Kategorie für das Verständnis von Reisen, sondern seine Voraussetzung, auch wenn man zugibt, daß nicht allein die Theorie, sondern auch der jeweilige Auftrag die Wahrnehmung und das Verständnis deutlich bestimmen.

Nirgends zeigt sich der Zusammenhang von Reiseschilderung und autobiographischer Vergewisserung so deutlich wie in Herders »Journal meiner Reise im Jahre 1769«; anders als in Lichtenbergs Tagebuch der englischen Reisen und ähnlich wie bei James Boswell steht das Ich so stark im Vordergrund, daß man diese Schrift im Grunde zu den diaristischen Selbstzeugnissen der Epoche rechnen müßte. Aber die Besonderheit dieser autobiographischen Schrift liegt doch darin, daß, was hier das Individuum von sich zu sagen weiß, ja die Art der Befragung noch, an die Situation gebunden ist, in der sie sich vollzieht. Es ist die der Reise, aber eben die der eine Fülle von erfahrbaren Gegenständen ausschließenden Fahrt an Bord eines Schiffes; die rhapsodische Selbstdarstellung beginnt mit den Worten: »Den 23. Mai/3. Juni reisete ich von Riga ab und den 25./5. ging ich in See, um, ich weiß nicht wohin, zu gehen. Ein großer Teil unsrer Lebensbegebenheiten hängt wirklich vom Wurf von Zufällen ab.«[1]

Schwierigkeiten der Eingewöhnung, Berufsausübung, im bürgerlichen Stande wie auch als Autor, trieben ihn fort: »Mut und Kräfte genug hatte ich nicht, alle diese Mißsituationen zu zerstören und mich ganz in eine andre Laufbahn hineinzuschwingen. Ich mußte also reisen; und da ich an der Möglichkeit hiezu verzweifelte, so schleunig, übertäubend und fast abenteuerlich reisen, als ich konnte. So war's. Den 4./15. Mai Examen, den 5./16. renonciert, den 9./20. Erlassung erhalten, den 10./21. die letzte Amtsverrichtung, den 13./24. Einladung von der Krone, den 17./28. Abschiedspredigt, den 23./3. aus Riga, den 25./5. in See.«

So chronologisch geht es freilich nicht fort; Herder reflektiert über den Abschied, er reflektiert über sich selbst, sein Leben, seine Bildung, seine Autorschaft. Kein Zweifel, daß die Entfernung von der terra ferma, die ungewohnte Situation, auf dem Schiff gleichsam zwischen Himmel und Wasser zu stehen, den wilden Flug seiner Gedanken befördert; keinerlei Gegenstände lenken ihn ab, reisend beugt sich Herder über sich selbst. »So denkt man«, heißt es, »wenn man aus Situation in Situation tritt, und was gibt ein Schiff, das zwischen Himmel und Meer schwebt, nicht für weite Sphäre zu denken! Alles gibt hier dem Gedanken Flügel und Bewegung und weiten Luftkreis! Das flatternde Segel, das immer wankende Schiff, der rauschende Wellenstrom, die fliegende Wolke, der weite, unendliche Luftkreis! Auf der Erde ist man an einen toten Punkt angeheftet und

in den engen Kreis einer Situation eingeschlossen (...)« –
nämlich in die Studierstube, den Beruf, die kleine Stadt, ins
Einerlei der Tätigkeiten. Davon hat die Abfahrt ihn befreit, die Bewegung wird zur Lösung, wird Bild auch jenes
Aufbruchs, den der Tod verheißt. »Der enge, feste, einge-
schränkte Mittelpunkt ist verschwunden, du flatterst in den
Lüften oder schwimmst auf einem Meere – die Welt verschwindet dir – ist unter dir verschwunden! – Welch neue
Denkart! aber sie kostet Thränen, Reue, Herauswindung
aus dem Alten, Selbstverdammung! – bis auf meine Tugend war ich nicht mehr mit mir zufrieden; (...)«

Nicht die, wie immer monotone, Umwelt wird thematisiert,
sondern das Reisen selbst, der Aufbruch, die Entspannung,
der nun einsetzende Erinnerungs- und Reflexionsprozeß,
der schließlich in die Darstellung von Entwürfen zu künf-
tigem Wirken übergeht. Aber immer wieder lenkt Herder
auf die Situation zurück, die so inspirierend auf ihn wirkt:
»Wasser ist eine schwerere Luft, Wellen und Ströme sind
seine Winde, die Fische seine Bewohner, der Wassergrund
ist eine neue Erde! Wer kennt diese? Welcher Kolumb und
Galilei kann sie entdecken? Welche urinatorische neue
Schiffahrt und welche neue Ferngläser für diese Weite sind
noch zu erfinden? Sind die letzten nicht möglich, um die
Sonnenstrahlen bei stillem Wetter zu vereinigen und gleichsam das Medium des Seewassers damit zu überwinden?
Was würde der urinatorischen Kunst und der Schiffahrt
nicht dadurch für unendliche Leichtigkeit gegeben?«

Die Phantasie drängt hier, wie im Biographischen, über das
Bestehende und Gewohnte hinaus, fordernd, entwerfend
oder auch nur vermutend.

Nach weiteren, wie bei Herder so oft, rhapsodischen Er-
wägungen unterbricht er sich und fährt gedämpfter fort:
»Ich komme wieder aufs Meer zurück und in seinen Grund.
Ist da nicht solch eine Kette von Geschöpfen wie auf der
Erde? Und wo die Seemenschen? Tritonen und Sirenen sind
Erdichtungen; aber daß es nicht wenigstens Meeraffen

gebe, glaube ich sehr wohl. Maupertius' Leiter wird nicht voll, bis das Meer entdeckt ist. Natürlich können sie so wenig schwimmen wie wir fliegen. Der Fisch fühlt wenig, sein Kopf, seine Schuppen – sind, was dem Vogel Federn und sein Kopf, jedes in sein Element.«

Naturphilosophische Aperçus, die den Metamorphosen- und Entwicklungsgedanken verpflichtet sind, überführen die Phänomene sofort in Ansätze zur phantasiegeschwängerten Spekulation, die ihre Ursache in der Unzufriedenheit mit den bestehenden Erklärungs- und Klassifikationssystemen hat. Andererseits wird so alles in einen Bedeutungs- und Verweisungszusammenhang überführt, der dem einzelnen Gegenstand sein Eigenrecht kaum noch läßt, auch das Schiff ist nun, in diesem metaphorisch-spekulativen Zusammenhang, mehr als nur ein Schiff: »Das Schiff ist das Urbild einer sehr besondern und strengen Regierungsform. Da es ein kleiner Staat ist, der überall Feinde um sich siehet, Himmel, Ungewitter, Wind, See, Strom, Klippe, Nacht, andre Schiffe, Ufer, so gehört ein Gouvernement dazu, das dem Despotismus der ersten feindlichen Zeiten nahekommt. Hier ist ein Monarch und sein erster Minister, der Steuermann; alles hinter ihm hat seine angewiesenen Stellen und Aemter, deren Vernachlässigung und Empörung insonderheit so scharf bestraft wird.«

Schon lenkt ihn die Beobachtung der Besonderheit eines Schiffs auf die topische Metapher von Herrscher und Staatsschiff, aber auch die Geschichte der Seefahrt und der Völker ist der Erörterung nicht unwert: »Seefahrer waren's, die den Griechen ihre erste Religion brachten, ganz Griechenland war an der See Kolonie; es konnte also nicht seine Mythologie haben wie Aegypter und Araber hinter ihren Sandwüsten, sondern eine *Religion der Fremde, des Meeres und der Haine*; sie muß also auch zur See gelesen werden. Und da wir ein solches Buch noch durchaus nicht haben, was hätte ich gegeben, um einen Orpheus und eine Odyssee zu Schiff lesen zu können!«

Schon erinnert sich Herder des Staunens, mit dem er zum ersten Male das Schiff betrachtet und betreten, er erfährt nun Schiff und Seereise als Bildungselement und weiß sofort auf die darin liegenden möglichen Konsequenzen zu reflektieren, die er im Erörtern schon wieder sinnlich poetisiert: »Auf dem Meer muß man nicht Gartenidyllen und Georgica, sondern Romane, abenteuerliche Geschichten, Robinsons, Odysseen und Aeneiden lesen! So fliegt man mit den Fittichen des Windes und schifft mit dem abenteuerlichen Seehelden, statt daß jetzt die Bewegung des Geistes und des Körpers entgegenstreben.«

Die besondere Situation des Seereisenden, dem das Schiff nicht allein ein Transportfahrzeug ist, wird Herder deutlich, er weiß, wie anders dieses Reisen ist, will man es mit dem in der Postkutsche oder der Fußwanderung vergleichen: »Man bildet sich ein, daß man auf Meeren, indem man Länder und Weltteile vorbeifliegt, man viel von ihnen denken werde; allein diese Länder und Weltteile siehet man nicht. Sie sind nur fernher stehende Nebel, und so sind auch meistens die Ideen von ihnen für gemeine Seelen. Es ist kein Unterschied, ob das jetzt das kurische, preußische, pommerische, dänische, schwedische, norwegische, holländische, englische, französische Meer ist: wie unsre Schiffahrt geht, ist's nur überall Meer. Die Schiffahrt der Alten war hierin anders. Sie zeigte Küsten und Menschengattungen; in ihren Schlachten redeten Charaktere und Menschen – jetzt ist alles Kunst, Schlacht und Krieg und Seefahrt und alles. Ich wollte den Reisebeschreiber zu Hilfe nehmen, um an den Küsten jedes Landes dasselbe zu denken, als ob ich's sähe, aber auch vergebens. Ich fand nichts als Okularverzeichnisse und sahe nichts als entfernte Küsten.«

Hier erkennt Herder Aufgaben, die – für ihn – bereitliegen, Forderungen der Zeit, die erfüllt werden sollten; von der Unmöglichkeit, profilierte Landschaften aufzufassen, kommt Herder zu historisch-politischen Erwägungen, in denen die Möglichkeit eigener Tätigkeit sich abzeichnet.

273

Das einzig Feste, was er findet, ist gewissermaßen er selbst, hochfliegende Pläne treten an die Stelle konkreter Küsten, an denen zu landen wäre. Vorweggenommene Zukunft ist das eigentliche Ziel der Reise, ihre Zeitform wird nun zum Optativ: »So lernte ich ganz mein Leben brauchen, nutzen, anwenden; kein Schritt, Geschichte, Erfahrung wäre vergebens; ich hätte alles in meiner Gewalt, nichts wäre verlöscht, nichts unfruchtbar; alles würde Hebel, mich weiter fortzubringen. Dazu reise ich jetzt, dazu will ich mein Tagebuch schreiben, dazu will ich Bemerkungen sammlen, dazu meinen Geist in eine Bemerkungslage setzen, dazu mich in der lebendigen Anwendung dessen, was ich sehe und weiß, was ich gesehen und gewesen bin, üben!«

Künftige Schriften, Lehrverfahren und Bildungsmöglichkeiten erörternd, kommt Herder auch zur Bedeutung der Reisebeschreibungen, wie er selbst sie in dieser Lage nicht vorlegen kann: die Besonderheiten der Natur sollen sichtbar, Instrumente, Kupferstiche, alles soll anschaulich werden, Wiedergaben und Sammelstücke sollen die Naturgeschichte fortsetzen, die Naturhistorie führt notwendigerweise zur Geographie, und überall wirken Erzählung und Bild, nicht die Statistik und die Klassifikation. Die Geographie wird physische Geographie, und in ihr »versammelt sich Naturlehre, Naturhistorie, etwas Mathematik und viel Data, viel Erscheinungen, viel Geschichten«.

Der weitausgreifende Erziehungsplan bestimmt mehr als die Hälfte des Herderschen Journals, das so noch mehr pädagogisches und Bildungsprojekt denn autobiographisches und Reisedokument zu sein scheint, es ist dies freilich alles zugleich. Ohne die autobiographische Vergewisserung wären die großen Projekte kaum zu denken, die Reise aber gibt den Rahmen hierfür ab, wohl auch noch mehr, die Voraussetzungen nämlich. Bei Nantes geht er schließlich von Bord, am 4. bzw. 15. Juli, denn er bedient sich nicht nur des Gregorianischen Kalenders. »Man gewöhnt sich an alles«, heißt es nun, »sogar ans Schiff, und mein erster Eintritt in die Barke war nicht ohne kleinen Schauder, so bei Helsingör, so hier. Wie gut wäre es gewesen, mich bei Kopenhagen zu debarkieren!«

Wieder ist der Aufruf nur ein Ungenügen, das die ganze Schrift durchzieht, Ungenügen am Gegenwärtigen, das durch Vorwegnahme des Künftigen überflogen wird. »Der erste Anblick von Nantes war Betäubung; ich sah überall, was ich nachher nie mehr sahe: eine Verzerrung ins Groteske ohngefähr; das ist der Schnitt meines Auges, und nicht auch meiner Denkart! Woher das?«

Das Ungenügen ist charakteristisch. Auch hierin wird ein Impuls Rousseaus erkennbar, wie er noch eine Generation früher nicht denkbar gewesen wäre.

Es ist seltsam, zu denken, daß die »Vertraulichen Briefe« des Parlamentspräsidenten Charles de Brosses, zu Lebzeiten des Verfassers nie veröffentlicht, erst viele Jahre nach seinem Tode, zu Ende des Jahrhunderts, wenige Jahre vor Seumes Fußwanderung, gedruckt werden sollten. Freilich hatten diese Mitteilungen, zunächst als private Korrespondenz, ihr Adressaten sehr wohl erreicht und wurden, wie damals üblich, im Freundeskreis weitergereicht und vorgelesen. Da der Verfasser noch viele Jahre an ihnen weitergeschrieben, redigiert und gefeilt hat – zwei Drittel der Briefe sind, wie man jetzt weiß, überhaupt nicht an Ort und Stelle geschrieben –, war eine Publikation in Buchform beabsichtigt – die dann erst 1799 erfolgte. Doch erst im 20. Jahrhundert wurde eine korrekte kritische Ausgabe möglich. Von den Italienreisenden des 18. Jahrhunderts, Burney wie Boswell, Goethe wie Moritz oder Dupaty hat sich niemand auf sie beziehen können, so wie de Brosses sich zuweilen auf Addison bezog und Montaigne jedenfalls erwähnte.

Geistreich, lebhaft, locker, zuweilen auch ein wenig frivol, sind diese Briefe von einer Bildungsreise nach Italien in den Jahren 1739/40 so vielseitig, materialreich und in

vieler Hinsicht auch vorurteilslos wie kaum ein Reisetagebuch des Jahrhunderts – denn um eine Art von Tagebuch
handelt es sich immerhin, in dem von Station zu Station
Eindrücke und Etappen resümiert oder entwickelt werden.
Kunstwerke, Landschaften und Städte, Menschen, Sitten,
Lebensformen, Gesellschaft und Politik sind dem Verfasser gleich nah und gleich wichtig. Auch Klatsch hat auf diesen Blättern seinen angemessenen Platz, de Brosses ist ein
vornehmer Herr seiner Zeit, der sich für die Antike, für die
Renaissance interessiert, aber doch ganz in seiner Epoche
lebt, d. h. also mit seinen Zeitgenossen, von denen er nicht
selten mit Voltaireschem Witz zu sprechen weiß. Schließlich, obschon er nicht allein reist, vermißt er die Gesellschaft des Salons seiner Heimatstadt und die gewohnten
Causerien, da werden ihm die Briefe zum Ersatz. »Ich will
Ihnen ganz offen sagen«, gesteht er in einem Brief aus Venedig vom 20. August 1739, »: eine der Hauptunerfreu-
lichkeiten dieser Reise ist die, daß man, wenn der Abend
kommt, nicht seine guten Pusselchen, seinen dicken Blan-
cey, seinen guten Quintin um sich haben kann, seine Freunde Maleteste und Bevy, seine Madama Cortois, die aus-
gezeichneten Dämchen von Montor und Bourbonne, kurz
unseren ganzen kleinen Kreis, um mit aufgestützten Ellenbogen eine Unterhaltung zu führen, die hundert Lanzen-
längen über dem Markusplatz und dem Broglio steht. Aber
darauf muß man in der Fremde gefaßt sein: die Augen
werden satt, aber das Herz bleibt leer, Vergnügungen Ihrer Neugierde, so viel Sie wünschen, Freuden feiner Geselligkeit keine. Sie leben nur mit Menschen zusammen, die
sich durchaus nicht für Sie interessieren, genau so wenig,
wie Sie sich für sie.«[2]
Häufiger noch wird diese Klage vernehmbar, welche die
Reisebriefe als Ersatz für zu entbehrende Geselligkeit erscheinen läßt: er will denn auch, daß seine Briefe weitergereicht werden, er betrachtet sie zunächst einmal als Plaude-
reien – selbst wenn die stets geistreiche Lockerheit erarbei-

tet sein sollte. »Nur pünktlich Briefe schreiben kann ich noch«, heißt es einmal aus Rom im Dezember 1739, »und mit dem einen oder anderen von Euch plaudern, je nach seiner Liebhaberei und Neigung, und wie mir die Dinge gerade wieder einfallen.«

Doch dann gibt de Brosses wieder zu bedenken, daß, da so viele Leute Rom schon gesehen haben, alles, was zum Gegenstand vorzubringen ist, ein dauerndes »Wiederkäuen« werden müßte. Seine Briefe seien nur ein unordentliches Durcheinander, meinte er später und spottet selbst über die von ihm erreichte, scheinbare essayistische Formlosigkeit.

Die Gegenstände häufen sich; für alles scheint der gebildete Jurist noch kompetent zu sein, Literatur und Theater, Oper und Konzerte, Antiquitäten, Bildergalerien, naturhistorische Sammlungen, Akademien und Bibliotheken, Kardinäle und Kurtisanen. Da er eine Sallustübersetzung plant, sucht er nach Handschriften und nach Materialien für den Kommentar. Man werde ihn weitschweifig nennen, klagt er im vorhinein und erklärt: »Alles, was Humanismus heißt, ist nicht mehr recht der Geschmack unseres Zeitalters, das scheinbar einzig und allein die philosophischen Wissenschaften noch gelten lassen will, so dasz man sich gewissermaszen entschuldigen muß, will man heute etwas in dieser Gattung arbeiten, die vor zweihundert Jahren so allgemein gepflegt wurde. Es ist ja wahr, wir haben ihn nicht mehr so nötig, aber wenn man die Literatur der Alten derart, wie man jetzt tut, vernachlässigt, ist dann nicht zu befürchten, dasz wir langsam wieder in die Barbarei zurücksinken, aus der er allein uns gezogen hat? Wenn ich mich nicht irre, haben wir schon einige Schritte in die Richtung getan.«

Solche Sorge führt ihn weiter zu Zweifeln an den Errungenschaften, selbst am Geschmack seiner eigenen, das übrige Europa so stark bestimmenden Kultur: scharfsinnige Analyse, didaktische Gliederung, die Fähigkeit zu Schlußfolgerungen, denen »Gefühl und Ursprünglichkeit« abgehen, haben zu einer solchen Lähmung des Geschmacks geführt, »daß wir statt des großen, natürlichen Geschmackes der Antike, wie er noch im vorigen Jahrhundert galt, kalte Richtigkeit, kindische Symmetrie oder läppische metaphysische Spitzfindigkeiten gesetzt haben«. Hier kündigt sich nun Diderot schon an.

Rom hat de Brosses fasziniert, selbst wenn er später zugeben muß, daß ihm Neapel viel eher als Hauptstadt erscheint. »(...) Sie begegnen hier, kurz gesagt, sämmtlichen Völkern Europas und Asiens. Auf den Straßen geht es zu wie auf einer Maskenkirmes, und Sprachen schwirren durcheinander wie um den Turm zu Babel. Umgangssprache ist wohl Französisch, wenigstens wird es allgemein genug gesprochen, um dafür zu gelten. Die Stadt ist außerordentlich dicht bevölkert und gewährt Religionsfreiheit: jedes Volk darf unbehindert seinen religiösen Kult ausüben.«

Er scheut sich nicht, gegen Vorurteile anzugehen; selbst wenn es nun weniger Unbefangenheit als vielmehr Coquetterie des Geschmacks sein sollte. Die so oft gemalte Campagna, diesen Bewunderungstopos par excellence, ironisiert de Brosses recht freimütig: »Und dann sehen Sie die echte und hochgepriesene römische Campagna vor sich da liegen! Wissen Sie, was das in Wirklichkeit ist, diese Campagna? Eine Masse unfruchtbarer, unangebauter Hügelchen, ohne ein menschliches Wesen, das Abstoßendste und Kümmerlichste, was man sich denken kann! Romulus muß gerade besoffen gewesen sein, als er darauf verfiel, in einem derart häßlichen Gelände seine Stadt zu bauen.«

Einzig die Aquädukte lockern den trostlosen Anblick ein wenig auf, machen sie heiterer und geben Anlaß, die Großartigkeit der Werke der Römer zu bewundern. Freilich bleibt die Luft stickend, das Klima ungesund, erschreckend die Einöde dieser Landschaft. Man weiß nicht, ob de Brosses die berühmte Landschaft nur verspotten will oder ob die Maler damals schon etwas entdeckt hatten, was ihm und anderen Schriftstellern der Epoche noch gar nicht aufgehen wollte.

Über Neapel und Pozzuoli kehrt de Brosses nach einem ersten Aufenthalt wiederum nach Rom zurück, d. h. auch zu den Römern, denn hier genießt er das Leben in der Gesellschaft, in der bei aller Einförmigkeit doch Lebensart herrscht und Zwanglosigkeit; überdies fesselt ihn die Stadt mit ihren Bauten und Kunstschätzen: »Denn Rom ist wirklich schön, ja so schön, dasz mir damit verglichen alles andere Bagatelle scheint.«

Sodann ins Detail gehend, sagt er mit überraschender Unbefangenheit: »Ueberhaupt sind für mein Empfinden das Allerschönste an Rom seine Brunnen. Der auf der Piazza Navona zum Beispiel wirkte auf mich so gewaltig wie nichts auf meiner ganzen Reise. Die springenden Brunnen, denen man auf Schritt und Tritt begegnet, die Flüsse förmlich, die sich aus ihnen ergießen, sind noch erstaunlicher und erfreulicher als selbst seine Bauten.«

Als er eigentlich wieder an die Rückreise denken sollte, läßt er sich mühelos zum Bleiben bewegen, »denn Sie müssen wissen, daß man jemand, der behauptet, von Rom abzureisen, nur schwer ernst nimmt. Es lebt sich da so wohl, so sachte dort. Man hat so viel zu sehen und nochmals zu sehen, daß es kein Ende gibt«.

Zur Auflockerung der nicht selten mit Bildung beschwerten ausführlichen Briefe trägt auch die wiederholt geübte launische Anthropomorphisierung von Naturerscheinungen bei, die wohl zum Konversationsstil der Epoche so sehr gehört wie sie zugleich an Voltaire erinnert. Vom Lucriner See heißt es in einem nach dem Neapolitaner Abstecher geschriebenen Brief: »Er ist heute nur noch eine elende Mistpfütze, die köstlichen Austern von Catilinas Großvater, die in unseren Augen selbst die Frevel seines Enkels in milderem Lichte erscheinen ließen, sind in unglückliche Aale, die nach Schlamm riechen, verwandelt. Ein großer Taps von Berg, aus Asche, Kohle und Bimsstein, ließ sich im Jahre 1599 einfallen, in einer einzigen Nacht wie ein Pilz aus dem Boden zu schießen, rempelte dabei unseren armen See mit den Ellenbogen an und hat ihn in den traurigen Zustand versetzt, von dem er sich seitdem nicht wieder erholt hat.«

Den zurückgebliebenen Freunden erteilt er auch Ratschläge für eine Italienreise und empfiehlt dabei nicht genau die von ihm eingeschlagene Route, sowenig wie er die von ihm gewählten Termine empfiehlt: er rät, im September abzufahren, den Weg durch die Provence zu nehmen (wie er es getan), Nîmes dabei nicht auszulassen und von Toulon mit dem Schiff nach Genua zu fahren, von dort über Viareggio, Livorno, Pisa, Lucca, Florenz und Siena sich nach Rom zu begeben, von wo aus wenige Tage später die Reise nach Neapel angetreten werden sollte, »damit Sie dort Allerheiligen miterleben. Dann ist noch schönes Wetter und beginnt das Theater. Ende November müssen Sie wieder zurück sein und in Rom bis eben vor Himmelfahrt bleiben, denn zu Himmelfahrt sind Sie in Venedig«. Er schlägt vor, dorthin über Loretto, Ancona und Ravenna zu fahren, um in Venedig »einen netten, kleinen Karneval« zu erleben. Die Heimreise sollte dann über Vicenza, Verona, Mantua, Bologna, Modena, die Lombardei, Parma, Piacenza und Mailand erfolgen – »und ich sehe Sie schon in Turin, Chambéry, Genf und Besançon. Nun sind Sie wieder da, und ich habe Sie nicht zu sehr ermüdet auf der Reise, nicht? Na also, wann geht sie los, die Reise?«

Wie weit de Brosses als Denkgefährte Montaignes und Zeitgenosse Montesquieus von Vorurteilen frei ist, zeigt sich nicht zuletzt in den wiederholten Gegenüberstellungen französischer und italienischer Verhaltensweisen: »Wir Franzosen sagen oft, der Italiener sei kleinlich und geizig, wisse sein Geld nicht auf gute Art auszugeben und Ehre damit einzulegen (...), nur bei uns hätten die großen Herren vornehmes Auftreten, eine üppige Tafel, glänzendes Fuhrwerk und Möbel, Schmuck, Juwelen und geschmackvollen Aufputz. Ich habe nun hier öfter die Möglichkeit, die Art, wie der Italiener Aufwand treibt, mit der unserer

Nation zu vergleichen, und sage freiheraus: der italienische scheint weit reicher, edler, erfreulicher, nutzbringender und glänzender und läßt mehr Größe spüren.«

›Ein großes Haus‹ machen, heißt in Frankreich eben ›großartig speisen‹; der Italiener aber zeichnet sich dann nicht durch zahlreiche Köche und eine üppige Tafel aus, sondern dadurch, »daß er einen öffentlichen Bau aufführt, der seinem Vaterlande zu Schmuck und Ehre gereicht und seinen Namen, seine Macht und Größe und seinen Geschmack dauernd auf die Nachwelt bringt«.

De Brosses weiß sehr wohl, daß auch dies nicht ohne Eigenliebe geschieht, aber, so fragt er: »Ist diese Art von Eitelkeit nicht weit verständiger und erreicht sie ihren Zweck nicht besser?«

Das läßt nun weiter darauf schließen, daß er mehr als für Luxus Verständnis für die Kunst hat, so daß auch in dieser Hinsicht seine Urteile aufschlußreich werden. Allerdings hat er für Werke des Mittelalters noch keinen Blick, aber für die der Antike, der Renaissance und der Gegenwart. So bemerkt er über Bernini, zurechtweisend, nachdem er vom Borghesischen Fechter gesprochen: »In Arbeiten, die Weichheit und Zartheit erfordern, ist Bernini Meister, aber sein Empfinden liegt weit ab von dem kühnen, großen und schlichten Empfinden der Antike. Darüber können Sie sich gerade hier in aller Bequemlichkeit klar werden, indem Sie einige seiner Glanzstücke mit den nicht wenig davon aufgestellten Antiken vergleichen.«

Bei Gelegenheit eines Porträts, das Raffael von seiner Geliebten verfertigt hat, erklärt er: »Wer behauptet, daß es ihm an Farbigkeit fehlte, sollte dieses Bild studieren, und dann noch weiter sagen, Tizian oder Guido hätten je etwas so Kraftvolles und Vollendetes geschaffen oder die Seide mit mehr Glanz behandelt. Es hat bisweilen den Anschein, als vernachlässige er jenes Gebiet der Malerei, um keine Zeit damit zu verlieren und alle Kraft auf die Anordnung, die Reinheit der Zeichnung, und die schöne und weise Verteilung der Stellungen zu wenden, sowie auf edle Anmut und vollkommene Natürlichkeit im Ausdruck.«

Das aber erklärt de Brosses aus den Sujets, die meist religiös sind, bei ›kleineren‹ Gegenständen aber steht er in ›Süsze‹ den Meistern der venetianischen und lombardischen Schule in nichts nach. Das »Jüngste Gericht« Michelangelos erscheint die Brosses schon als eines der Fresken ersten Ranges, das Werk wird empfunden als eine »wahre Raserei in Anatomien«.

Selbst die italienische Poesie hat seiner Ansicht nach der französischen manches voraus, die flüssigere, wohllautende Sprache, die Majestät wie »anmutiges Getändel« gestattet, größere syntaktische Freiheit, während das Französische nur klar ist, deshalb »gut für Geschichtsschreibung, Abhandlung oder dramatische Dichtung. Das Epische liegt uns schon weniger, die ewige Wiederkehr unverschlungener männlicher oder weiblicher Reime wird bei langatmigen Stücken für das Ohr unerträglich«.

Sogar China tritt schon im Umgang mit gelehrten Jesuiten in seinen Blick; freilich überrascht ihn die herrschende patriarchalische Gewalt, er hält nach allem, was er in Erfahrung bringt, das Land denn doch für minder gut verwaltet und reich an Tugenden, wie sonst wohl berichtet wird. Ohne es zu wollen, deutet er auf die Zustände in seinem Lande, wenn er folgert: »Denn jede Knechtschaft macht Herz und Geist gemein, und hat so auch die Verderbnis der Sitten zur Folge.«

De Brosses, der Edelmann des Ancien régime, der Spötter und Genießer, ist in den bedeutendsten Abschnitten seiner niemals ermüdenden Briefe, so typisch er dabei auch für den Konversationston seiner Epoche sein mag, dieser auch fast immer schon wieder ein wenig voraus. Als aber seine Briefe gedruckt erscheinen, waren sie schon wieder hinter der Zeit, die sie aufnehmen sollte, ein wenig zurück. Italien war inzwischen neu entdeckt worden, von Goethe, Moritz, Heinse und anderen. Und wenige Jahre später schon, nach Seume bereits, wurde Italiens Landschaft pathetisch und sentimentalisch erfahren.

Herders fragmentarisch gebliebenes Stück emphatischer Selbstbetrachtung läßt sich mit keinem anderen autobiographischen oder Reisedokument vergleichen, weder Mensch noch Landschaft und Städte erscheinen, Erinnerungen haben so wenig Platz wie überhaupt sinnliche Umwelt auftaucht. Doch wo der Vergleich nicht möglich ist, da bietet eben der Kontrast sich an. Nicht nur der mit de Brosses: James Boswell, aus schottischem Hochadel stammend, reist 24jährig auf dem Kontinent, also etwa in dem Alter, in dem Herder seine Seereise nach Frankreich antritt; er ist ganz auf die soziale Welt gerichtet, beobachtet genau und sucht, schon ganz erfüllt von seiner künftigen Bedeutung, Anerkennung und Bekanntschaften unter dem Hochadel und unter berühmten Männern, scheut keine Aufdringlichkeit, aber auch keinen Widerspruch und verhält sich eigentlich als Snob. Tagebücher, Merkzettel und Briefe haben die Zusammenstellung dieses unstilisierten Reiseberichtes möglich gemacht, in dem Boswell sich selbst nicht weniger als die erfahrene Welt hervortreten läßt.

Von Utrecht aus fährt er nach Deutschland, im Vierspänner und, wie er gesteht, »freudig bewegt wie in jungen Tagen« (!), er scheint bei aller Festigkeit leicht beeinflußbar zu sein, jedenfalls schildert er sich so, und es fehlt dann nicht an altklugen Zweifeln, Vorbehalten und Entscheidungen: »Lord Marischal erzählte mir so viel Sonderbares, daß er mich in meinem Glauben wankend machte. Ich nahm mir jedoch vor, am Christentum in einer gemilderten Form festzuhalten.« (22. Juni)[2]

Am nächsten Tag heißt es sodann: »Wir kamen diesen Tag bis Herford. Ich war wie umgewandelt, ein ganz neuer Mensch, nicht mehr gedrückt und verängstigt. Ein Gespräch mit Madame de Froment, die als Mohammedanerin erzogen wurde und immer noch an den großen Propheten als

283

Gottes Boten glaubt, war für mich sehr aufschlußreich. Ich beschloß, Vorsicht walten zu lassen und von meinen häufigen Anfechtungen nichts zu verraten. In bester Laune faßte ich den Vorsatz, von dem Gewölk, das mich umdräute, freizukommen und mir ein männlich-selbstsicheres Auftreten anzueignen.«

Nach einem Besuch am Hof in Hannover reist Boswell mit seinen Begleitern weiter nach Berlin. Hier sucht er die Aufmerksamkeit des preußischen Königs zu erlangen, den er bestaunt wie ein Denkmal; so notiert er am 13. Juli in Potsdam: »Dann begab ich mich zum Paradeplatz, wo ich den König zu sehen bekam. Es war ein denkwürdiger Anblick. Er trug einen blauen Rock mit einem Ordensstern und einen schlichten Dreispitz mit weißer Feder; in der Hand hielt er einen Stock. Im gleißenden Sonnenschein stand er vor dem Schloß, mit einer ehernen Selbstsicherheit, die keinen Widerstand duldet. Wie ein Magnet, der Nadeln bewegt, wie ein Sturm die hohen Eichen beugt, so sah Friedrich der Große die preußischen Offiziere sich unterwürfig beugen, als er hoheitsvoll in ihre Mitte trat. Mir war erhaben zumute, während ich das großartige Schauspiel in mich aufnahm, das ich nie vergessen werde. Ein Andrang von Empfindungen bestürmte mich. Ich hatte den König vor mir, der ganz Europa mit seinen kriegerischen Taten in Erstaunen gesetzt hatte. Ich hatte (erfreulich zu denken) den großen Verteidiger der protestantischen Sache vor mir, für den in allen schottischen Kirchen gebetet worden war. Ich hatte den Philosophen von Sansouci vor mir. Es zeugt allerdings nicht von hohem Sinn, daß mir dabei der Gedanke kam, es lohne sich, all die Strapazen eines Krieges zu erdulden, um dann in der Lage zu sein, so großartig dazustehen wie dieser Monarch.«

Er findet englische Offiziere in preußischen Diensten und überhaupt viel mehr Lebensart, als er sich vorgestellt hatte. Doch werden auch Zweifel wach: »Meine Anschauungen vom Wert des Menschen haben sich gewandelt, seit ich hier bin. Wenn man bedenkt, wie viele Prachtkerle ausgebildet werden, um sich abschlachten zu lassen, dann kommen einem die Menschen vor wie Heringe in einer ertragreichen Fangzeit. Was kümmern einen ein paar Tonnen Heringe, und auch auf ein paar Regimenter Menschen mehr oder weniger wird es nicht ankommen, denkt man. Was gelte dann ich, ein einzelner? Sonderbarer Gedanke! Lassen wir's.« (13. Juli)

Dennoch registriert Boswell nicht ohne Anteilnahme, was sich auf den Übungsplätzen zuträgt: »Hübner kam mit in den Tiergarten, wo ich ein preußisches Regiment exerzieren sah. Die Soldaten schienen ganz verängstigt; für das kleinste Vergehen wurden sie wie Hunde geprügelt. Ich weiß aber nicht, ob solche Kerle nicht noch die besten Soldaten abgeben. Maschinen sind zuverlässiger als Menschen.«

Auch wird er Zeuge, wie ein Deserteur Spießruten laufen muß, zwölfmal die enge Gasse auf und ab. »Er war arg zerschunden. Es wurde mir bei dem Anblick ganz übel.« (3. September)

Seine Bewunderung für Friedrich II. nimmt erst ab, als er einsehen muß, daß es ihm auch nach längeren Bemühungen nicht gelingen soll, dem König vorgestellt zu werden; nun heißt es: »Dieser König wird gefürchtet wie ein böses Tier. Mit meiner Vorliebe für die Monarchie ist es aus.« (22. September)

Im ganzen aber gefällt er sich in Berlin sehr gut, er hat gesellschaftliche Erfolge und Liebesabenteuer, freut sich, seine Hypochondrie losgeworden zu sein, gesteht aber auch, daß ihn die nahende Abreise freut, weil er auf Abwechslung aus ist. Doch dürfte dabei auch der Mißerfolg beim König eine gewisse Rolle spielen. »Nun durchmaß ich das Eßzimmer in jenem Zustand angenehmer Erregung, in den ich immer gerate, wenn ich einen Ort verlasse, wo es mir gut gegangen ist. Mein Aufenthalt hier kam mir wie ein Traum vor. Du meine Güte, bin ich in zwei Monaten schon so mit dieser Familie verwachsen? Ich verstehe es offenbar, mich beliebt zu machen«, stellt er mit Genugtuung fest. (19. September)

In Dessau interessieren ihn die landwirtschaftlichen Objekte des Fürsten, Stallungen, Weide usf., aber auch die herbstliche Landschaft selbst, er meint, ein schottischer Majoratsherr könne nichts besseres tun, als sich in Deutschland umzusehen, denn, heißt es weiter: »Wenn er nach Italien oder Frankreich fährt, bewegt er sich unter Menschen, die in Städten zusammengepfercht leben und der Natur entfremdet sind. An ihre Stelle ist freilich eine so angenehme Lebenskunst getreten, daß diese Leute sich glücklich fühlen, obwohl die wahrhaft männliche Lebensart zu einem verfeinerten Wohlleben zusammengeschmolzen ist. Wenn es dem schottischen Gutsherrn beschieden wäre, sein ganzes Leben im Ausland zu verbringen, würde er seiner Verweichlichung ebenso wenig inne wie die andern. Da er aber in seine Heimat zurück muß, sollte er sehen, daß es für diese nicht untauglich wird. Da besucht er am besten die deutschen Fürstenhöfe, wo er sich Französischkenntnisse und feine Manieren aneignen und gleichzeitig mit Leuten verkehren kann, deren Lebensstil dem seinen in Schottland ähnlich ist. So lernt er, mit Würde seiner Bestimmung nachzuleben und mag sich auf seinem väterlichen Gut fühlen wie ein Fürst.« (27. September)

Im Grunde ist dies ebensosehr ein zweifelhaftes Lob, wie es von einem ungewöhnlichen Adelsstolz spricht: der englische Lord stellt sich naiv den deutschen Standesherrn gleich. Als erklärter Protestant fährt Boswell sodann mit der Extrapost nach Wittenberg, um dort das Grab Luthers und Melanchthons zu besuchen. »Mir war ganz feierlich zumute, und da hatte ich einen höchst absonderlichen und doch passenden Einfall, nämlich Samuel Johnson von Melanchthons Grab aus zu schreiben. Die Frau, die mich in der Kirche herumführte, war eine gute Haut und verschaffte mir bereitwillig Tinte und Feder. Damit mein Briefpapier buchstäblich auf der Grabplatte dieses großen und guten

Mannes ruhe, legte ich mich bäuchlings hin und schrieb in dieser Stellung.«

Der bizarre Einfall hat die erwartete Wirkung; nicht ohne Genugtuung registriert Boswell, wie man ihm zusieht: »Die gute Frau und noch ein paar einfache Gemüter scharten sich um mich und sperrten Mund und Nase auf. Sie hielten mich wohl für übergeschnappt. Grabstätten waren schon immer ein beliebter Aufenthaltsort für griesgrämige, zerrüttete Seelen. Von dem Hitzkopf Luther sagte ich in meinem Brief nichts. Ich sprach nur von dem sanften Melanchthon und daß ich an seinem Grab Johnson ewige Treue geschworen hätte.«

Empfindsamkeit und Skurrilität werden in der Reflexion wieder kontrolliert, sind so bewußt gesteuerte Verhaltensweisen des sonderbaren Reisenden, der nun auch noch von seinem Brief Distanz gewinnt, der, wie er meint, dem Freunde sicherlich lieb sein werde. »Ich schicke ihn aber erst ab, wenn ich weiß, ob er mir auf meine beiden letzten Briefe eine gnädige Antwort zuteilwerden läßt. Wirklich ein ausgezeichneter Einfall. Der Brief soll ein wertvolles Denkblatt sein.« (30. September)

Auch hier bleibt als Hauptmerkmal die große Selbstzufriedenheit des Verfassers, die als eingestandene schon wieder erträglich zu werden beginnt. In ein Stammbuch schreibt er ungeniert: »Noch nie hat ein Ausländer dem Reisen so viel abgewonnen wie ich, der ich als Philosoph reise. Zwar nicht so ungestalt wie Diogenes, bin ich doch wie er auf der Suche nach dem Menschen: nach Wesen, wert, die Würde des Menschentums hochzuhalten. Unter diese Wesen erkühne ich mich, Herrn von Guericke zu rechnen. Gedenken Sie eines wackeren Schotten, der die Ehre hat, mit vieler Hochachtung zu verbleiben Ihr untertänigster und gehorsamster Diener Boswell von Auchinleck.« (1. Oktober)

Ein seltsames Verfahren ersinnt sich Boswell, um Briefe zu schreiben, aber doch nicht abzuschicken: »Ich möchte nicht, daß mein Freund Johnson häufig Postgebühren zu entrichten hat für Briefe, die ich ihm aus der Fremde schicke, und doch habe ich Lust, ihm oft zu schreiben, schon weil das die Freundschaft am Leben erhält. Ich werde deshalb an jedem Hof und in jeder Stadt, wo ich länger bleibe, einen Brief an ihn aufsetzen. Diese Briefe werde ich mit Anschrift und Siegel versehen, so daß sie für mich ebenso erledigt sind, als wären sie wirklich abgeschickt. Sie werden beziffert und gebündelt, und wenn ich nach der britischen Insel zurückkehre, machen wir sie zusammen auf, um sie in Muße zu lesen und darin zu schwelgen.« (1. Oktober)

Der Einfall mutet an wie aus einer Erzählung Jean Pauls; Empfindsamkeit wird als Mittel des Selbstgenusses inszeniert, wird in der Reflexion als nicht mehr nur spontane sehr bewußt ausgekostet, ohne deswegen schon ›falsch‹ zu werden. Hier ist der Gefühlskult von Anfang an ›literarisch‹.

In Dresden interessiert ihn die Gemäldegalerie und auch ein Straßenmädchen, in Gotha das Münzkabinett und die herzogliche Tafel, in Kassel wie in Dresden die Naturaliensammlung, die der Altertümer und eine Sammlung von Musikinstrumenten. In Mannheim lobt er die Stadt und findet zur Abwechslung dann den Hof einmal unausstehlich, weil man sich nicht genug um ihn bemüht hat, vermutlich. Besser gefällt es ihm wieder bei den badischen Höfen, die er auf dem Weg nach Genf, zu Rousseau und zu Voltaire besucht.

Aber die Reise Boswells ist weit mehr Selbstdarstellung im Medium der sozialen Umwelt als Darstellung der erfahrenen Welt, wie viele Einzelzüge zu einem Sittengemälde der deutschen Höfe und Städte sich diesen Reisenotizen auch entnehmen lassen. Nichts überzeugt so sehr wie Boswells Reflexionen über sich selbst. So gesteht er angesichts einer geistreichen Oberhofmeisterin in Gotha, die den Tod ihrer einzigen Tochter in, wie er meint, »allzu schön gedrechselten Sätzen« beklagt, »offenbar hört sie sich gerne reden – ein betrüblicher Fehler, von dem ich selber nicht frei bin. Allen

Leuten von erkünsteltem Benehmen haftet er an, und da ich schlecht erzogen wurde, muß ich vornehmere Manieren erkünsteln und bin so in die Gewohnheit des Schauspielerns hineingeraten.« (18. Oktober)

So reist Boswell auch weniger, um die Welt zu sehen als vielmehr in ihr die Anerkennung zu finden, der er sich später erst wird würdig erweisen können.

Mit erklärten Absichten und genauem Plan hingegen reist Charles Burney, der Musik-Doctor, auf dem Kontinent, er meint in seiner Vorrede selbst, es sei doch höchst seltsam, »daß unter der Menge von Reisenden, welche das reizende Land Italien aus verschiedenen, entweder neugierigen oder gewinnsüchtigen Ursachen, besucht, und ihre gemachten Anmerkungen haben drucken lassen, sich bisher noch keiner befunden hat, der seine Absichten und Untersuchungen auf den Ursprung und Fortgang, oder den gegenwärtigen Zustand der Musik in dem Theile der Welt eingeschränkt hätte, woselbst solche mit so vielem Glück kultiviert worden, und woher das übrige Europa nicht nur mit den besten Komponisten und musikalischen Künstlern versehen worden, sondern von dem es sogar seine Begriffe vom Schönen und Vortrefflichen in dieser Kunst entlehnt hat«.[3] Wenn schon die anderen Künste eine tote Sprache reden, lebt die Musik bis in die Gegenwart hinein fort, stellt Burney fest, und niemals habe die Musik über ganz Europa hin in so hohem Ansehen gestanden: »Die Musik ist noch immer das Vergnügen vortrefflicher Prinzen, und der wohlgewählteste Zeitvertreib der gesittetsten Höfe gewesen: Gegenwärtig aber ist sie dergestalt sowohl mit wichtigen und heiligen Dingen, als mit unsern vernünftigen Ergötzlichkeiten verwebt, daß es scheint, die Menschen würden gänzlich unfähig seyn, ihrer zu entbehren.«

Da die Bücher ihm für die geplante Geschichte der Musik zu wenig Material in die Hand geben, entschließt sich Burney, nach Italien zu fahren, selbst zu hören und sich um nichts zu kümmern als Musik, dies sogar unter Mißachtung der Bilder, Statuen und Gebäude. Im Juni 1770 reist Burney auf den Kontinent und hält, wie das Tagebuch seiner musikalischen Reise, das bald schon ins Deutsche übersetzt werden sollte, zeigt, an seiner einseitigen Absicht konsequent fest. Nur gelegentlich fließen auch literarische Urteile in die Notizenfolge ein, Gemälde betrachtet er vor allem, wenn sie, wie etwa bei Paolo Veronese, Aufschlüsse über die Instrumente vergangener Zeitalter Aufschluß verheißen. Als er in Paris Molières »Georges Dandin« sieht, nennt er es »ein Possenspiel voller Narrentheidungen und Unanständigkeiten. Es geht diesem Stücke, wie einigen von Shakespeare, der Nahme erhält es noch in Ansehen; denn es wäre sehr bald um die Ehre eines neueren Schriftstellers geschehen, der solche grobe Zoten und Unsinn hervorbrachte: (...)«

Als er in Genf zunächst die Gelegenheit versäumt hat, Voltaire in Ferney aufzusuchen, gesteht er sofort: »Allein die Wahrheit zu sagen, ich fragte nicht viel darnach, mit diesen Leuten zu gehen, die nur durch einen Buchführer bey ihm eingeführet wurden, (...)«

Er hat sich um seine musikalischen Informationen gekümmert, was seinem Reisezweck entspricht, und außerdem erfahren, daß Voltaire kürzlich einige Engländer, die ohne Empfehlungsschreiben zu ihm gekommen waren, recht unfreundlich abgefertigt hatte, als solle er von ihnen wie ein Tier oder ein Ungeheuer betrachtet werden. Schließlich sieht er ihn doch noch und bekennt: »Mein Herz schlug mir bey dem Anblicke eines so außerordentlichen Mannes. Er kam eben zum Garten heraus, und ging quer über den Hof vor seinem Hause. Da er meine Kutsche und mich im Begriffe sah hinein zu steigen, so winkte er seinem Bedienten, der mein Cicerone gewesen war, zu ihm zu kommen, um, wie ich glaube zu fragen, wer ich wäre. Nachdem sie ein paar Worte miteinander geredet hatten, näherte er sich dem Orte, wo ich unbeweglich stand, seine Person so viel wie möglich wenn er von mir wegsah, zu betrachten; allein als ich sah, daß er auf mich zu gieng, so fühlte ich, daß eine unwiderstehliche Macht mich zu ihm hinzog, und ohne zu wissen, was ich that, eilte ich ihm auf den halben Weg entgegen. Es ist schwer zu begreifen, wie ein Mensch in einer Gestalt, die beynahe bloß aus Haut und Knochen besteht, wie Herr von Voltaire, das Leben haben könne.«

Auch Michelangelo gehört zu den nichtmusikalischen Ausnahmeerscheinungen, denen Burney seine Aufmerksamkeit zuwendet; wenn er von Diderot und von Rousseau spricht, so nur deshalb, weil er Gelegenheit hatte, sich mit ihnen über Musik zu unterhalten. Die Sixtinische Kapelle interessiert ihn vor allem als der Ort des Ursprungs wie der Vollendung der Kirchenmusik, dann aber heißt es immerhin: »Dieß Gemählde vom jüngsten Gerichte ist das größte Werk des *Michel Angelo,* und vielleicht der Kunst überhaupt. Nichts kann schrecklicher und erstaunender seyn, als die Gedanken und Figuren, welche seine schwarze Einbildungskraft hervorgebracht hat: weder das Inferno des Dante noch die Miltons Hölle kann etwas schrecklichers hervorbringen. Allein dieß erstaunliche Werk ist sehr verbleicht, und von der Decke, welches eben dieser Mahler verfertiget hat, ist an manchen Orten der Kalk ein Paar Fuß breit abgefallen.«

Sonst sind die Städte und Gegenden nur nach ihren für die Musik wichtigen Aspekten für Burney interessant. Venedig betritt er voll Erwartungen: »Die St. Markus-Kirche hat immer sehr geschickte Kapellmeister gehabt, von den Zeiten des Adriano Vorwesers des Zarlino an, bis auf ihren gegenwärtigen würdigen Komponisten Galuppi. Venedig ist ebenfalls eine der ersten Städte in Europa gewesen, woselbst sich das musikalische Drama, oder die Oper gebildet hat, und in dem ernsthaften Style hat es die Ehre gehabt, einen Lotto und Marcello aufzuweisen. Denkt man sich zu diesen Vorzügen noch die hier eingerichteten Conservatorios, und die Lieder der Gondolieri, oder Gondelfahrer hinzu, welche so berühmt sind, daß jeder Musiksammler in Europa einen Vorrath davon haben muß, so wird erhellen, daß meine Erwartungen gegründet waren.«

Schon auf der Gasse vernimmt er von herumziehenden Musikanten die ersten Melodien, man achtet ihrer hier kaum, wo sie doch an jedem anderen Orte Europas den lebhaftesten Beifall sich erwerben würden. Um Mitternacht erst scheint Venedig richtig zu leben; einmal fängt dann auch Burney über die sachlichen Feststellungen hinaus etwas von der Atmosphäre einer Sadt ein: »Um diese Stunde sind die Canäle mit Gondeln bedeckt, und der Markusplatz ist voller Menschen, selbst die Ufer der Canäle sind voller Volks, und von allen Seiten hört man Musik. Wo nur zwey Menschen, von der niedrigsten Classe Arm in Arm spatzieren gehen, scheinen sie sich im Gesange zu unterreden; mit Gesellschaften zu Wasser in einer Gondel ist es dasselbe; eine bloße Melodie ohne zwote Stimme bekomet man in dieser Stadt nicht zu hören. Alle Lieder auf den Gassen werden als Duette gesungen. Glücklicher Weise für mich, war diese Nacht eine Barke mit Musik, die aus einer schönen Bande mit Violinen, Flöten, Hörnern, Bässen und Pauken bestand, auf dem großen Canale, und legte nicht weit von meinen Hause an. Es war eine Nachtmusik, die ein Inamorato seiner Geliebten machen ließ.«

Mitgerissen, möchte Burney lauter Ohr sein für die Musik, aber auch zuweilen dann lauter Auge für die Malerei und die Architektur. Abermals lockert sich vorübergehend der rigide Plan der Zielvorstellungen und Interessen. Schließlich entdeckt er auf den Gemälden Hinweise und Dokumente zur Musik der früheren Epochen. Niemals wieder, auch in Neapel nicht, ist er so gefesselt von dem, was sich den Ohren anbietet; er sucht schließlich auch Erklärungen für das Phänomen dieser spezifisch musikalischen Stadt; die Erklärung ist praktisch und plausibel, so hausbacken sie zunächst auch erscheint: »Um meine Nachricht von der Musik dieser reizenden Stadt zu schließen, muß ich noch bemerken, daß die Hauptkennzeichen der Komponisten aus der venetianischen Schule, ob sie gleich überhaupt genommen, gute Contrapunktisten sind, in der Feinheit des Geschmacks und der Fruchtbarkeit der Erfindungskunst bestehe. Es kommen viele Umstände zusammen, um die venetianische Musik besser und allgemeiner zu machen, als sie sonst irgendwo ist: Die Venetianer haben außer den theatralischen wenig Belustigungen. Spatzierengehen, Reiten und alle andere ländliche Ergötzungen sind ihnen versagt. Diesem hat man es einigermaßen zuzuschreiben, daß die Musik so häufig ist, und mit so vielem Aufwande getrieben wird.«

Zu den Nachrichten, die Burney seinen Lesern mitzuteilen weiß, gehört im übrigen auch die, daß er in Bologna bei den dortigen Musikern »Herrn Mozart und seinen Sohn, den kleinen Deutschen vorgefunden habe, dessen frühzeitige und stets übernatürliche Talente uns vor einigen Jahren in London in Erstaunen setzten, als er kaum über seine Kinderjahre hinaus war. Seit seiner Ankunft in Italien ist er zu Rom und Neapel sehr bewundert worden«.

In Florenz wird er Zeuge, wie am letzten Abend der Vorstellung einer Truppe nicht nur Zulauf und Beifall ungewöhnlich werden, sondern wie man schließlich auch gedruckte Sonette zum Preis der Sänger und Tänzer herabwirft, Blätter, welche die Zuschauer zu erhaschen suchen. Hier ist eine Art von Überschwang erkennbar, die Burney gern rechtfertigen möchte. Den Nützlichkeitsfanatikern hält er entgegen, was sie gern übersehen möchten, und diese Argumentation zeigt doch, daß er mehr gesehen hat als nur Noten: »Vielleicht mögte man wegen der Menge musikalischer Institute und der aufgeführten Musiker, die Italiäner beschuldigen, daß sie die Musik, bis zur Ausschweifung liebten; allein wer sich nur kurze Zeit in einer von ihren Hauptstädten aufhält, wird bald merken, daß andere Künste und Wissenschaften nicht vernachläßiget werden: und wenn man auch selbst das Land durchreiset, so sieht man, (einen Theil des Kirchenstaats ausgenommen) daß die natürliche Fruchtbarkeit des Bodens nicht die einzige Ursache des Überflusses an Lebensmitteln ist; denn ich mögte behaupten, daß durch die ganze Lombardey und Toscana so geschickt und lebhaft getrieben wird, daß ich nie, so viel ich mich erinnern kann, Ländereyen besser angebauet oder weniger habe brach liegen sehen. Die Armen werden freylich unterdrückt, und durch die harte Regierung entnervet; aber waren sie es weniger unter ihren gothischen Tyrannen, da Künste und Wissenschaften bey ihnen nicht nur vernachläßigt, sondern so gar ausgerottet worden? Vielleicht mag die Kultur der Künste des Friedens eben so viel zu der Glückseligkeit der itzigen Einwohner Italiens, so wie der übrigen Welt, beytragen, als die Eroberung ganzer Königreiche ihre kriegerischen Vorfahren beglückte, welche alle ihre Zeit und Talente, so bald sie nicht beschäftigt waren, einander die Hälse zu brechen, bloß dazu anwendeten, das menschliche Geschlecht auszuplündern und zu Sclaven zu machen.«

Im übrigen wird die Darstellung bald allzu stoffreich und sogar monoton, die Eindrücke ähneln sich, wenn sie sich nicht wiederholen, Opern, Konzerte, Straßenmusiken wechseln mit Informationsgesprächen und archivalischen Studien; je mehr er sieht und hört, desto weniger finde er Zeit zu überlegen und zu schreiben, stellt Burney bescheiden fest; er rettet sich mit der Versicherung, daß, was er zu berichten hatte, wenigstens ›getreu‹ wiedergegeben worden ist.

Zwei Jahre später ist Burney schon wieder unterwegs, reist durch die Niederlande, den Rhein abwärts und über München nach Wien, aufmerksam auf Konzerte, Messen, Militärmusik. Er wundert sich, bei seiner Rheinfahrt von dem Hang der Deutschen zur Musik so gut wie nichts zu bemerken, noch am Sonntag vernimmt er in Koblenz keine Stimme, kein Instrument, in Frankfurt findet er nur ein paar arme Schüler, die singen gehen. Dafür wird er in Darmstadt entschädigt, als dort die Garde des Landgrafen zur Wache aufzieht (»Ich habe niemals eine Kriegsmusik gehört, die mir mehr gefallen hätte«). Dafür hat er nun auch anderes zu berichten als nur von musikalischen Entdeckungen: die Straßenverhältnisse, die Verschlagenheit der Posthalter und Postillone, die Häßlichkeit der Frauenzimmer beschäftigen ihn.

Selbst in Schwetzingen, wo es immerhin einiges über Musik zu berichten gibt, kommt Burney noch einmal auf die Situation des Reisenden zurück und stellt fest, daß Reisen in diesem Lande nicht eben gewöhnlich sei, »und die Leute scheuen hier, wie in England, einen Fremden, und wünschen ihn los zu werden. In Frankreich und Italien sind die Einwohner gewohnt, die Honneurs zu machen, und machen sie gut. Was meine besondre Nachforschungen hier betraf, welche in der That, mehr ihre, als meine eigne Ehre anging, so fand ich damit nur geringen Beystand. Es hielt schwer zu entdecken, wer mir einigen leisten könnte, und noch schwerer, diejenigen zu finden, welche wollten«.

Um so dankbarer ist er, als er in Ludwigsburg Schubart kennenlernen kann, dessen musikalische Begabung er bewundert und der ihm zu helfen bereit ist, beide verständigen sich übrigens auf Lateinisch. Bezeichnend ist aber auch die Feststellung: »Da, wo er itzt hin verpflanzt ist, kennt man ihn wenig: die gemeinen Leute halten ihn für närrisch, und die übrigen bekümmern sich nicht um ihn.«

Von den Deutschen hat Burney überhaupt nicht den besten Eindruck; bei der Floßfahrt donauabwärts achtet er, da keine Musik ihn ablenkt, mehr auf die Landschaft, bemerkt vernachlässigte Landstriche und gewaltige Wälder, was ihn vermuten läßt, »daß die Menge unnützer Forsten und Wälder in verschiedenen Gegenden Deutschlands, ein barbarisches wildes Volk anzeigen; und die Wahrheit zu sagen, die großen Handelsstädte und die Residenzen der Prinzen ausgenommen, scheinen die Deutschen sehr roh und ungebildet«.

Für die Unbilden der Reise entschädigt Burney der Wiener Aufenthalt, Kirche, Oper und Theater; er lernt Metastasio kennen, Hasse und vor allem den Ritter Gluck, »eines der außerordentlichen Genies, welche dieses, oder vielleicht alle Jahrhunderte und alle Nationen aufzuweisen haben«.

Wien ist für ihn nicht nur die Hauptstadt des deutschen Reiches, sondern auch der deutschen Musik, hier hält er sich längere Zeit und zufrieden mit seiner musikalischen Ausbeute auf, eh er über Prag und Dresden weiterreist nach Leipzig und Berlin. Das Reisen selbst macht ihm weit weniger Spaß als in Italien, und so notiert er vor der Weiterfahrt in die preußische Hauptstadt: »Noch ein paar Worte von den Beschwerlichkeiten der Reisen durch Deutschland, womit ich meinen Beschreibungen und Klagen ein Ende machen will. Der Pfad zu den Wissenschaften ist rauh und in allen Ländern ungebahnt, nirgend aber mehr so, als in Deutschland.«

In Berlin sucht er Nicolai auf, der ihm die erwünschten weiteren Bekanntschaften vermittelt, so daß Burney die Brüder Benda, aber auch Quantz kennenlernen und sprechen kann, der bereit ist, ihm vorzuspielen. »Seine Musik ist simpel und natürlich. Sein Geschmack ist derselbe wie vor vierzig Jahren; und ob das gleich ein ausnehmend guter Zeitpunkt für die Komposition gewesen seyn mag: so kann ich doch nicht ganz einstimmig mit der Meinung derjenigen seyn, welche glauben, es sey nach der Zeit nichts mehr in der Musik erfunden, welches der Mühe werth sey, anzunehmen.«

Auch die Musik ist nicht unveränderlich auf einem Punkte der Vollkommenheit zu erhalten, stellt Burney fest, die Querelle des Anciens et des Modernes ist für ihn, ohne daß er weiter auf das Problem hinweisen wollte, schon entschieden.

Interessant ist noch eine andere Beobachtung, die er in Berlin anzustellen Gelegenheit findet: »Als ich umher ging die Hauptgassen und Plätze dieser schönen Stadt zu besehen, welche neu, prächtig, schön gebauet und gepflastert ist, konnt ich mich nicht entbrechen, die Anmerkung zu machen, daß die Fußgänger sowohl hier, als in allen europäischen

Städten, London ausgenommen, wegen Mangel eines abgesonderten Fußweges allerley Zufällen von Fuhrwerken und Pferden, und der Grobheit und Brutalität ihrer Reiter und Führer ausgesetzt sind.«

Die Via Appia und die alten Heerstraßen Italiens haben an jeder Seite Wege für die Fußgänger, und so stellt Burney fest: »Ein römischer Bürger, Patricier oder Plebejer, war ein ehrwürdiger Charakter; und, vielleicht ist itziger Zeit England das einzige Land, worin das gemeine Volk hoch genug geschätzt wird, ums der Mühe werth zu halten, für die Erhaltung seines Lebens und seiner gesunden Gliedmaßen zu sorgen.«

Immerhin kommt Burney heil durch Berlin und wieder heraus, um nach Hamburg zu reisen, wo er nicht nur Klopstock vorgestellt wird, sondern auch mit Philipp Emanuel Bach bekannt wird. In Rotterdam endigt Burney dann seine zweite Musikreise auf dem Kontinent. »Was Deutschland betrifft, wenn ich an verschiedene Oerter unmöglich habe gelangen können, die sonst wohl ein Recht auf meine Aufmerksamkeit gehabt hätten, oder wenn ich an andern eines oder des andern geschickten Tonkünstlers nicht erwähnt habe: so hoffe ich, wird man bedenken, daß ich auf das Leben eines Patriarchen hätte müssen rechnen können, um eine jede Provinz, jeden Hof oder jede Stadt dieses weitläuftigen Reichs zu besuchen, und an jedem Orte so lange mich aufzuhalten, bis ich in der Carnvalszeit die besten Musiker alle gehöret hätte, wie mir solches sehr oft angerathen wurde.«

Er macht darauf aufmerksam, daß er fast jede Hauptstadt besucht habe, daß er von Westen nach Osten, von Süden nach Norden, durch Flandern, Brabant und das Reich 400 Meilen zurückgelegt, eh er wieder von Holland nach England sich einschiffte.

Wer so zweckbestimmt reist, muß gewissermaßen pedantisch sein, doch nur wer pedantisch ist, wird so zweckbestimmt reisen. Selten sind Kunst- und Bildungsreisen auf so enge Weise zweckhaft eingeschränkt, viel eher ist oft eine höhere Zwecklosigkeit, das Reisen um seiner selbst willen, das Ziel solcher Unternehmungen, wie stark auch der eine oder andere äußere Anlaß zunächst noch ins Gewicht fallen mag.

Goethes Reisebriefe und -notizen in der nicht oder nur geringfügig überarbeiteten Form sind hierfür ein bedeutendes Beispiel, wie auch die Briefe von de Brosses, wie vor allem die Reisenotizen von Heinse mit ihren individuell erfaßten, lokalisierbaren Landschaften, aber auch Moritz oder Seume. Drei Schweizer Reisen hat Goethe unternommen, die erste 1775, von der in »Dichtung und Wahrheit« berichtet wird, ist ganz Bestandteil der Autobiographie geworden, die zweite dann, 1779, liegt dem zweiten Teil der Veröffentlichung der »Briefe aus der Schweiz«, 1796 in den »Horen« zugrunde, während der erste Teil auf Aufzeichnungen von beiden Reisen zurückzugehen scheint. Das »Tagebuch der italienischen Reise«, für Frau von Stein geschrieben, führt nur bis Rom, hat also fragmentarischen Charakter und geht in die spätere Darstellung der »Italienischen Reise« dergestalt ein, daß schon von einer Ur-Form kaum noch gesprochen werden kann. Die dritte »Reise in die Schweiz 1797« wird dann aus dem Nachlaß erst von Eckermann ediert; mehr als zwanzig Jahre liegen zwischen der ersten und der dritten Schweizer Reise, das Ungestüm des jungen ist der pedantischen Sorgsamkeit des gealterten Goethe gewichen. Aber schon die »Briefe aus der Schweiz« werden, aufschlußreich genug, in ihrem ersten Teil distanzierend dem Werther zugeschrieben, der die Fahrt unternommen haben sollte, bevor er Lotten kennenlernte. Die Fiktion wird zur literarischen Rechtfertigung auch der im Ansatz novellistischen Bearbeitung früherer Erfahrungen auf der mit den Grafen Stolberg und dem Grafen Haugwitz unternommenen Reise.

Unmut am Text, Unmut an den Gegenständen spricht aus

den ersten Sätzen, Ungenügen am Geschriebenen, wenn er den Ekel erwähnt, der ihn beim Wiederlesen der eigenen Aufzeichnungen überfällt. Dann mischen sich rebellische Töne in die Darstellung: die Freiheit der wohlhabenden wie der armen Schweizer wird zur Legende erklärt; weder ihre Zivilisation, die bürgerlichen Verhältnisse, noch ihr relativer Naturzustand gestattet noch die Rede von den freien Schweizern. »Pfui, wie sieht so ein Menschenwerk und so ein schlechtes nothgedrungenes Menschenwerk, so ein schwarzes Städtchen, so ein Schindel- und Steinhaufen, mitten in der großen herrlichen Natur aus! Große Kiesel- und andere Steine auf den Dächern, daß ja der Sturm ihnen die traurige Decke nicht vom Kopfe wegführe, und den Schmutz, den Mist! und staunende Wahnsinnige! – Wo man den Menschen nur wieder begegnet, möchte man von ihnen und ihren kümmerlichen Werken gleich davon fliehen.«[4]

Nicht nur geistige, auch körperliche Anlagen des Menschen kommen im Leben nicht zur Entfaltung, sie verkümmern, wo sie doch auf eine bessere Zeit in der Zukunft zu deuten schienen, auf Harmonie mit der Natur und in der Gesellschaft, auf soziales und sinnliches Glück. Trotzig erklärt der junge ›Werther‹: »Man sagt mir wieder, daß die Menschen, die mich unterwegs gesehen haben, sehr wenig mit mir zufrieden sind. Ich will es gern glauben, denn auch niemand von ihnen hat zu meiner Zufriedenheit beigetragen. Was weiß ich, wie es zugeht! Daß die Gesellschaften mich drücken, daß die Höflichkeit mir unbequem ist, daß das was sie mir sagen mich nicht interessirt, daß das was sie mir zeigen mir entweder gleichgültig ist, oder mich ganz anders aufregt. Seh' ich eine gezeichnete, eine gemalte Landschaft, so entsteht eine Unruhe in mir, die unaussprechlich ist.«

Die von Rousseau geweckte Sehnsucht nach unverstelltem Leben äußert sich als heftige Kritik der sozialen Erscheinungen, ein Rest gesunder Anarchie hat sich im Schreiber dieser Briefe erhalten, der sich beklagt: »Was bildet man nicht immer an unserer Jugend! Da sollen wir bald diese bald jene Unart ablegen, und doch sind die Unarten meist eben so viele Organe, die dem Menschen durch das Leben helfen. Was ist man nicht hinter dem Knaben her, dem man einen Funken Eitelkeit abmerkt! Was ist der Mensch für eine elende Creatur, wenn er alle Eitelkeit abgelegt hat!«

Größe der Natureindrücke, Größe historischer Erscheinungen hat den Abstand zu den vorhandenen Institutionen verdeutlicht, das Selbstgefühl herabgestimmt, das Verlangen nach sinnvoller Tätigkeit, nach nicht entfremdeter Arbeit wachwerden lassen; der kritische Blick richtet sich bei Gelegenheit auf den gewohnten falschen Wortgebrauch, er unterbricht sich, als er »ein liebes Abenteuer« erwähnt, denn es ist dies schließlich nichts, was abenteuerlich heißen darf, »in einem sanften Zuge, der Menschen zu Menschen hinzieht«. Im Gegenteil: »Unser bürgerliches Leben, unsere falschen Verhältnisse, das sind die Abenteuer, das sind die Ungeheuer, und sie kommen uns doch so bekannt, so verwandt wie Onkel und Tanten vor!«

Alle Naturgegenstände sind registriert, bekannt und vertraut, aber das Meisterstück der Natur, den Körper des Menschen, kennt er nur durch einen allgemeinen Begriff, der eigentlich keiner ist. Er beobachtet den Freund beim Baden und denkt sich die Venusgestalt dazu, bis er sich dann als Maler ausgibt und von einer alten Frau in Genf ein Mädchen besorgen läßt, das bereit ist, sich ihm unverhüllt zu zeigen. Fremd, ja schauerlich ist der erste Eindruck der unverhüllten Natur, deren Entstellung die Menschen meist schon als selbstverständlich hinzunehmen wissen. Staunend und bewundernd sieht der noch von keiner Lotte träumende Werther der jungen Schönen zu, bis ihn diese auf das Lager ruft, eh sie entschlummert.

Das ist keine willkürliche Einleitung, die mit Mühe und Not hier untergebracht wurde, sondern hat programmatischen Charakter: der Gehalt der Reise wird erzählerisch gespiegelt.

Am 3. Oktober heißt es aus Münster: »Mein Auge und meine Seele konnten die Gegenstände fassen, und da ich rein war, diese Empfindung nirgends falsch widerstieß, so wirkten sie was sie sollten. Vergleicht man solch ein Gefühl mit jenem, wenn wir uns mühselig im Kleinen umtreiben, alles aufbieten, diesem so viel als möglich zu borgen und aufzuflicken, und unserm Geist durch seine eigne Creatur Freude und Futter zu bereiten; so sieht man erst, wie ein armseliger Behelf es ist.«

Es ist auch nicht die Neuheit der Gegenstände, die so gewichtige Wirkungen tut, denn, heißt es, »wenn wir einen solchen Gegenstand zum ersten Mal erblicken, so weitet sich die ungewohnte Seele erst aus, und es macht dies ein schmerzliches Vergnügen, eine Ueberfülle, die die Seele bewegt und uns wollüstige Tränen ablockt. Durch diese Operation wird die Seele in sich größer, ohne es zu wissen, und ist jener ersten Empfindung nicht mehr fähig. Der Mensch glaubt verloren zu haben, er hat aber gewonnen. Was er an Wollust verliert, gewinnt er an innerm Wachstum.«

Der Verlust an aufnehmender Unschuld wird dem Bewußtsein zum Gewinn – wenn einer gelernt hat, sich auf die Gegenstände einzulassen, statt sich von widernatürlich bewahrter Naivität oder von den Kategorien routinierter Vorverständigkeit leiten zu lassen. Wenige Autoren zeigen das so deutlich wie Goethe. In Saint Maurice notiert er am 7. November: »Auch hier wieder, wie so oft auf dieser Reise, fühlten wir, daß große Gegenstände im Vorübergehen gar nicht empfunden und genossen werden können.«

Große Gegenstände aber bietet diese Reise immer wieder; so »zog die Reihe der glänzenden Eisgebirge das Aug' und die Seele an sich. Die Sonne wendete sich meist gegen Abend und erleuchtete ihre größern Flächen gegen uns zu. Schon was vom See auf für schwarze Felsrücken, Zähne, Türme und Mauern in vielfachen Reihen vor ihnen aufsteigen! Wilde, ungeheure, undurchdringliche Vorhöfe bilden! Wenn sie dann erst selbst in der Reinheit und Klarheit in der freien Luft mannigfaltig da liegen; man gibt da gern jede Prätension an's Unendliche auf, da man nicht einmal mit dem Endlichen im Anschauen und Gedanken fertig werden kann«.

Den Schimmer des Mondes im Wasser zeichnet Goethe so genau nach wie den Sonnenaufgang am neblichten Morgen des Novembertags, wie die Ufer und den Lauf der Arve. »Wir fühlten«, heißt es nun, »daß wir einem stärkern und mächtigern Satz von Bergen immer näher rückten. Wir kamen über ein breites trockenes Bett von Kieseln und Steinen, das die Wasserfluthen die Länge des Berges hinab zerreißen und wieder füllen; von da in ein sehr angenehmes, rundgeschlossenes, flaches Thal, worin das Dörfchen Servoz liegt. Von da geht der Weg um einige sehr bunte Felsen, wieder gegen die Arve. Wenn man über sie weg ist, steigt man einen Berg hinan, die Massen werden hier immer größer, die Natur hat hier mit sachter Hand das Ungeheure zu bereiten angefangen.«

Im Tal von Chamonix wird es dunkler, die Sterne gehen auf, doch über den Gipfeln steht unerklärliches Licht, hell und glanzlos wie die Milchstraße, es ist der Gipfel des Montblanc. »Es war die Schönheit dieses Anblicks ganz außerordentlich; denn, da er mit den Sternen, die um ihn herumstanden, zwar nicht in gleich raschem Licht, doch in einer breitern zusammenhängenden Masse leuchtete, so schien er den Augen zu einer höhern Sphäre zu gehören und man hatte Müh', in Gedanken seine Wurzeln wieder an die Erde zu befestigen. Vor ihm sahen wir eine Reihe von schwarzen Fichtenbergen liegen und ungeheure Gletscher zwischen den schwarzen Wäldern herunter ins Thal steigen.«

So wird die Befestigung der Wurzeln an die Erde wieder eingeleitet – bis in das Bild und den Rhythmus dieser Prosa hinein. Nicht immer ist es die Schwäche des Kommentierenden, wenn ein Text so für sich selbst spricht, daß das erwählte Zitat die mögliche Interpretation gewissermaßen beiseite schiebt. Goethe selbst fährt nach dem angeführten Absatz wie folgt fort: »Meine Beschreibung fängt an unordentlich und ängstlich zu werden; auch brauchte es eigentlich immer zwei Menschen, einen der's sähe und einen der's beschriebe.«

Fülle und Gewalt der Gegenstände verändern das Zeitbewußtsein, der Tag, so bemerkt Goethe, kommt einem dann wie eine ganze Woche vor. Er sucht aber nicht nur den Genuß des Gesehenen, sondern auch den Sinn davon und bemerkt wie selbstverständlich: »Und wie in jedem Menschen, auch selbst dem gemeinen, sonderbare Spuren übrig bleiben, wenn er bei großen ungewöhnlichen Handlungen etwa einmal gegenwärtig gewesen ist; wie er sich von diesem einen Flecke gleichsam größer fühlt, unermüdlich eben dasselbe erzählend wiederholt, und so, auf jene Weise, einen Schatz für sein ganzes Leben gewonnen hat: so ist es auch dem Menschen, der solche große Gegenstände der Natur gesehen und mit ihnen vertraut geworden ist. Er hat, wenn er diese Eindrücke zu bewahren, sie mit andern Empfindungen und Gedanken, die in ihm entstehen, zu verbinden weiß, gewiß einen Vorrath von Gewürz, womit er den unschmackhaften Theil des Lebens verbessern und seinem ganzen Wesen einen durchziehenden guten Geschmack geben kann.«

So wird die Darstellung der Reise zugleich schon Reflexion über Art und Sinn des Reisens, nicht aus der Theorie, sondern aus der Erfahrung der Gegenstände und der Reflexion auf ihre Wirkung gewonnen. Goethe merkt aber auch an, daß er die Menschen, zu Unrecht eigentlich, nicht erwähnt und sucht die darin liegende Herbheit auch wieder abzumildern. Doch schon wenig später spricht er von Unsauberkeit, ihn schreckt hier »Mangel und ängstlicher Erwerb« der eigentlich doch privilegierten und, wie man sagt, freien Bewohner.

Auf dem Gipfel des St. Gotthard schließlich nimmt er die

Rückkehr vorweg, dies nicht ohne Emphase: »Endlich sind wir auf dem Gipfel unserer Reise glücklich angelangt! Hier, ist's beschlossen, wollen wir stille stehen und uns wieder nach dem Vaterlande zuwenden. Ich komme mir sehr wunderbar hier oben vor; wo ich mich vor vier Jahren mit ganz andern Sorgen, Gesinnungen, Planen und Hoffnungen, in einer andern Jahreszeit, einige Tage aufhielt, und mein künftiges Schicksal unvorahnend, durch ein ich weiß nicht was bewegt, Italien den Rücken zukehrte und meiner jetzigen Bestimmung unwissend entgegen ging.«

Noch einmal faßt er zusammen, was an möglichen Wegen in dieser Landschaft liegt, geographische Beschreibung und Deutung verknüpfend: »Die Gebirge von Schweiz und Unterwalden, gekettet an die von Uri, steigen von Mitternacht, von Morgen die Gebirge des Graubünd'ner Landes, von Mittag die der italiänischen Vogteien herauf, und von Abend drängt sich durch die Furka das doppelte Gebirg, welches Wallis einschließt, an ihn heran. Nicht weit vom Hause hier sind zwei kleine Seen, davon der eine den Tessin durch Schluchten und Thäler nach Italien, der andere gleicherweise die Reuß nach dem Vierwaldstättersee ausgieszt. Nicht fern von hier entspringt der Rhein und läuft gegen Morgen, und wenn man alsdann die Rhone dazunimmt, die an einem Fuß der Furka entspringt, und nach Abend durch das Wallis läuft; so befindet man sich hier auf einem Kreuzpunkte, von dem aus Gebirge und Flüsse in alle vier Himmels-Gegenden auslaufen.«

Der Blick auf die geographischen Gegebenheiten ist zugleich eine Andeutung der möglichen Reiserouten, möglicher Erfahrungen; die Geographie und die Morphologie der Gebirge wie die Genese der großen Flüsse deutet neue Erfahrungsbereiche zumindest an, aber Goethe hat noch Jahre gewartet, bis er den Weg nach Süden antrat, der mehr als einmal so verlockend vor ihm sich geöffnet hatte.

Das Tagebuch der Italienreise vermerkt, daß er sich am 3. September 1786 aus Karlsbad einfach weggestohlen

habe, man habe es wohl geahnt, aber er hätte sich nicht wollen hindern lassen. Was er dem Tagebuch anvertraut, wird später in der autobiographisch intendierten Fassung der »Italienischen Reise« nicht mehr zu lesen sein: »Wie glücklich mich meine Art, die Welt anzusehn, macht, ist unsäglich, und was ich täglich lerne! und wie doch mir fast keine Existenz ein Rätsel ist. Es spricht eben alles zu mir und zeigt sich mir an. Und da ich ohne Diener bin, bin ich mit der ganzen Welt Freund. Jeder Bettler weist mich zurechte, und ich rede mit den Leuten, die mir begegnen, als wenn wir uns lange kennten. Es ist mir eine rechte Lust.«[5]
Dazu gehört auch die Notiz vom 5. September: »Auch ist's recht gut, daß ich allein bin, denn gewiß, man wird durch anhaltende Bedienung vor der Zeit alt und unfähig. Jetzt freut mich alles mehr, und ich fang in allem gleichsam wieder von vorne an.«
Beide Bemerkungen fehlen in der »Italienischen Reise«, der nicht nur damit viel von ihrer Frische und Ursprünglichkeit verloren ging. In ihr reist allerdings ein anderer Goethe. Als er weiter auf dem Weg nach Süden den ersten beschneiten Gipfel erblickte, griff er »nach dem Hute, doch war es mir unbegreiflich schon so nahe an den Schneebergen zu sein«.
Als er Bozen passiert, beklagt er sich zwar über die Eile des Postillons, strebt aber doch weiter nach Süden, ohne sich um genauere Angaben zu kümmern, da die »statistischen Zeiten« das überflüssig machen, denn »ein andrer hat schon die Sorge übernommen, mir ist's jetzt nur um die sinnlichen Eindrücke zu tun, die mir kein Buch und kein Bild geben kann, daß ich wieder Interesse an der Welt nehme und dasz ich meinen Beobachtungsgeist versuche und auch sehe, wie weit es mit meinen Wissenschaften und Kenntnissen geht, ob und wie mein Auge licht, rein und hell ist, was ich in der Geschwindigkeit fassen kann und ob die Falten, die sich in mein Gemüt geschlagen und gedruckt haben, wieder auszutilgen sind«.
Damit ist nun er selbst so sehr das Ziel der Reise wie das

Land und die Städte, die er besuchen will, sie sind das Medium der intendierten Selbstheilung, als welche er diese Reise versteht. Damit hängt dann auch zusammen, daß er sich wiederholt einem Kinde vergleicht, das erst zu leben lernen muß. Diese Art von Zwecklosigkeit macht ihn locker und frei, auf zwanglose Weise aufmerksam, ein Zustand, den Goethe denn auch selbst beschreibt: »Ich gehe nur immer herum und sehe und übe mein Aug' und meinen innern Sinn. Auch bin ich wohl und von glücklichem Humor. Meine Bemerkungen über Menschen, Volk, Staat, Regierung, Natur, Kunst, Gebrauch, Geschichte gehen immer fort, und ohne daß ich im mindesten aufgespannt bin, hab ich den schönsten Genuß und gute Betrachtung.«

In diesem Zusammenhang fällt das Wort von der »Gegenwart der Dinge« und dem Gespräch, das er mit ihnen führt. Nichts klammert er dabei aus, Gegenstände der Kunst sind ihm so wichtig wie Naturobjekte und Erscheinungen des öffentlichen Lebens, das eine besondere Art der Humanität hervorbringt. Schon meint der Reisende selbst, an Menschlichkeit gewonnen zu haben: »Wie ich aber auch fühle, was wir in den kleinen souveränen Staaten für elende, einsame Menschen sein müssen, weil man, und besonders in meiner Lage, fast mit niemand reden darf, der nicht was wollte und möchte. Den Wert der Geselligkeit hab ich nie so sehr gefühlt (...)«

In Venedig schließlich wird er sich der großen Veränderungen, die in ihm sich vollziehen, bewußt: »Die Revolution, die ich voraussah, und die jetzt in mir vorgeht, ist die in jedem Künstler entstand, der lange emsig der Natur treu gewesen und nun die Ueberbleibsel des alten, großen Geistes erblickte; die Seele quoll auf, und er fühlte eine innere Art von Verklärung seiner selbst, ein Gefühl von freierem Leben, höherer Existenz, Leichtigkeit und Grazie.«

Doch auch die weiteren Folgen werden ins Auge gefaßt, die Zukunft wird bewußt vorweggenommen: Goethe spricht die Erwartung aus, er werde sein Gemüt »über die schönen Künste beruhigen«, ihr Bild aufnehmen und im Gemüt bewahren; dann aber will er sich den Handwerkern zuwenden, schließlich auch Mechanik wie Chemie studieren, denn, so heißt es in scheinbarer Resignation, »die Zeit des Schönen ist vorüber, nur die Not und das strenge Bedürfnis erfordern unsre Tage«.

Schon weiß er, daß er dem Zauber Venedigs nicht erliegen wird, er gesteht sogar, hier nicht leben zu wollen, Geburt und Gewohnheit sind zu mächtig in ihm. Dennoch ist ihm bewußt, was er dieser Reise verdankt und wie sie seinem Dasein unerläßlich war. Hätte ich nicht, so sagt er rechtfertigend, »den Entschluß gefaßt, den ich jetzt ausführe, so wäre ich rein zugrunde gegangen und zu allem unfähig geworden, solch einen Grad von Reife hatte die Begierde, diese Gegenstände mit Augen zu sehen, in meinem Gemüt erlangt«.

Die historische Erkenntnis war ungenügend, und nun folgt die entscheidende Feststellung: »(. . .) die Gegenstände standen gleichsam nur eine Handbreit von mir ab, waren aber durch eine undurchdringliche Mauer von mir abgesondert.« So kommt es ihm nun vor, als sähe er nicht einfach diese Sachen, sondern als sähe er sie wieder. Die kurze Zeit, die er in Venedig verbringt, scheint ihm den Zeitraum von vollen zwanzig Jahren zu umspannen. »Auch weiß ich, daß ich, wenn auch einen unvollständigen, doch gewiß einen ganz klaren und wahren Begriff mit fortnehme.«

An einem Franzosen, den er im übrigen schätzt, wird ihm deutlich, wie man auch reisen kann, er sieht so »einen recht eingefleischten Versailler in der Fremde«, und das heißt wohl, einen Menschen, der sich auf das Unvertraute nicht einlassen kann und der gewissermaßen in der Fremde noch zu Hause bleibt.

Über Ferrara, Bologna, Florenz und Perugia reist Goethe schließlich nach Rom. Seine Ungeduld wächst, aber auch seine innere Vertrautheit mit den Gegenständen. »Die römische Geschichte wird mir, als wenn ich dabei gewesen wäre.« In Foligno kommt er bei Nacht an und sieht so weder ein berühmtes Bild von Raffael, noch in Terni die Wasserfälle, da es schon spät wird: »Bei meiner ersten kursorischen Lesung Italiens muß und kann ich nicht alles mitnehmen. Rom! Rom! – Ich ziehe mich gar nicht mehr aus, um früh gleich bei der Hand zu sein. Noch zwei Nächte! Und wenn uns der Engel des Herrn nicht auf dem Wege schlägt, sind wir da.«

Man weiß, wie anders sich die ausgearbeitete »Italienische Reise« liest, wieviel gestrichen, wieviel mehr auch hinzugefügt, hineingearbeitet, wohl auch im nachhinein erfunden worden ist. Vollständigkeit und Stilisierung der endgültigen Version waren mit der Unmittelbarkeit, der spontanen Willkür des Tagebuches wie der Reisebriefe offenbar nicht zu vereinbaren, wie schon im Tagebuch neben die Einzelnotizen die Exkurse zu bestimmten Themen (Gebirge und Bergarten, Menschen, Theater und Museen, Witterung u. a. m.) treten. Er hat den Jubel gedämpft und die Unbefangenheit geopfert. Freilich, wie einer reisen sollte, das hat er darüber noch lange nicht vergessen.

Gewandelt hat sich aber auch das Bewußtsein vom Reisen, und der Drang nach immer weiterer Erfassung des Weltstoffs ist unverkennbar. Am 8. August 1797 notiert Goethe in Frankfurt folgendes: »Zum ersten Mal habe ich die Reise aus Thüringen nach dem Mainstrome durchaus bei Tage mit Ruhe und Bewußtseyn gemacht, und das deutliche Bild der verschiedenen Gegenden, ihre Charaktere und Uebergänge war mir sehr lebhaft und angenehm. In der Nähe von Erfurt war mir der Kessel merkwürdig, worin diese Stadt liegt. Er scheint sich in der Urzeit gebildet zu haben, da noch Ebbe und Fluth hinreichte, und die Unstrut durch die Gera heraufwirkte.«[6]

Lebhaft, angenehm, merkwürdig, das sind die bevorzugten, neutralen Adjektive; sie deuten auf distanzierte Aufmerksamkeit, nicht aber auf jene Nähe zu den Gegenständen, wie sie einst sein Glück ausmachte. Der Zeitpunkt erscheint ihm wegen der reifenden Früchte des Feldes als »sehr bedeutend«. Vier Tage hat Goethe von Weimar her gebraucht und unter der Hitze offenbar nicht gelitten: »So bin ich denn vergnügt und gesund am 3ten in Frankfurt angekommen und überlege in einer ruhigen und heiteren Wohnung nun erst: was es heiße in meinen Jahren in die Welt zu gehen. In früherer Zeit imponieren und verwirren uns die Gegenstände mehr, weil wir sie nicht beurtheilen noch zusammenfassen können, aber wir werden doch mit ihnen leichter fertig, weil wir nur aufnehmen, was in unserm Wege liegt und rechts und links wenig achten. Später kennen wir die Dinge mehr, es interessirt uns deren eine grössere Anzahl und wir würden uns gar übel befinden, wenn uns nicht Gemüthsruhe und Methode in diesen Fällen zu Hülfe kämen.«

Goethe gibt zu, daß das Alter eine andere Art von Erfahrung herbeiführt, gegen die er sich nicht wehren will; doch klingt zuweilen Resignation durch: »Was mich betrifft, so sehe ich nur immer mehr ein, daß jeder nur sein Handwerk ernsthaft treiben und das übrige alles lustig nehmen soll. Ein paar Verse, die ich zu machen habe, interessieren mich mehr als viel wichtigere Dinge, auf die mir kein Einfluß gestattet ist, und wenn ein jeder das gleiche thut, so wird es in der Stadt und im Hause wohl stehen.« (9. Aug.)

Er verzichtet auch darauf, von der Schweiz weiter nach Italien zu gehen; hier hindern ihn die Kriege; die bloßen Raupen der Freiheit will er, wie es heißt, nicht so gerne sehen wie die ausgeschlüpften französischen Schmetterlinge. Er scheut die Wirren, die Mühsal, ja auch die Einseitigkeit und reflektiert noch einmal auf die Situation des Reisenden: »Ueber den eigentlichen Zustand eines aufmerksam Reisenden habe ich eigne Erfahrungen gemacht und eingesehen, worin sehr oft der Fehler der Reisebeschreibungen liegt. Man mag sich stellen wie man will, so sieht man auf der Reise die Sache nur von Einer Seite und übereilt sich im

Urtheil; dagegen sieht man aber auch die Sache von dieser Seite lebhaft, und das Urtheil ist im gewissen Sinne richtig. Ich habe mir daher Acten gemacht, worin ich alle Arten von öffentlichen Papieren, die mir jetzt begegnen: Zeitungen, Wochenblätter, Predigtauszüge, Verordnungen, Komödienzettel, Preiscurrente einheften lasse und sodann auch sowohl das was ich sehe und bemerke als auch mein augenblickliches Urteil einschalte.«

Aber mit diesem privaten Verwaltungsakt des vorsichtigen Reisenden ist es noch nicht getan: »Ich spreche nachher von diesen Dingen in Gesellschaft und bringe meine Meinung vor, da ich denn bald sehe, in wiefern ich gut unterrichtet bin, und in wiefern mein Urtheil mit dem Urtheil wohlunterrichteter Menschen übereintrifft. Sodann nehme ich die neue Erfahrung und Belehrung auch wieder zu den Acten, und so gibt es Materialien, die mir künftig als Geschichte des Äußern und Innern interessant genug bleiben müssen. Wenn ich bei meinen Vorkenntnissen und meiner Geistesgeübtheit Lust behalte dieses Handwerk eine Weile fortzusetzen, so kann ich eine große Masse zusammenbringen.« (15. Aug.)

Drang nach Objektivität und Vollständigkeit, nach ständig erweitertem Wissen, vermehrt bei dieser Art zu reisen schon vor Aufbruch die Fülle des Gepäcks und droht Ballast zu werden, den Blick doch wieder zu verstellen, die Aufmerksamkeit zumindest zu lenken. Am 19. August gesteht er denn auch: »Für einen Reisenden geziemt sich ein skeptischer Realismen; was noch idealistisch an mir ist wird in einem Schatullchen, wohlverschlossen, mitgeführt wie jenes undinische Pygmäenweibchen (...) obgleich in der Empirie fast alles einzeln unangenehm auf mich wirkt, so thut doch das Ganze sehr wohl, wenn man endlich zum Bewußtsein seiner eigenen Besonnenheit kommt.«

Städte, Menschen, Kunstwerke, Theater, das alles beschäftigt ihn und wird mitgeteilt, das eigene Ich, Freude, Wohlbehagen, Enttäuschung oder Ungenügen kommen kaum zu

Wort. Als Indiz genügt die Notiz über Heilbronn: »Heilbronn hat mich sehr interessirt, sowohl wegen seiner offnen fruchtbaren wohlgebauten Lage, als auch wegen des Wohlstandes der Bürger und der guten Administration ihrer Vorgesetzten. Ich hätte gewünscht diesen kleinen Kreis näher kennen zu lernen.« (11. September)

Dann aber pocht doch noch einmal die frühere Lebhaftigkeit und die Fähigkeit, sich beglücken zu lassen, unter der formelhaften Sprache, denn es heißt nun: »Von da nach Stuttgart wird man von der Einförmigkeit einer glücklichen Cultur beinah trunken und ermüdet.«

Auch später, vor dem Rheinfall von Schaffhausen wird die Gewalt des Eindrucks voll vergegenwärtigt, zugleich aber wird wieder das Beschreiben als Aufgabe empfunden wie das Zeichnen, und zwar unter dem Gesetz der Kommunikation.

Immer wieder geht es ihm um wechselseitige Teilnahme. Sie diktiert auch Goethes dazugehörige Briefe. So schreibt er am 25. September an Schiller aus Stäfa: »Nun soll es in einigen Tagen nach dem Vierwaldstätter See gehen. Die großen Naturszenen die ihn umgeben muß ich mir, da wir so nahe sind, wieder zum Anschauen bringen, denn die Rubrik dieser ungeheurn Felsen darf mir unter meinen Reisecapiteln nicht fehlen. Ich habe schon ein Paar tüchtige Actenfaszikel gesammelt, in die alles was ich erfahren habe, oder was mir sonst vorgekommen ist, sich eingeschrieben und eingeheftet befindet, bis jetzt noch der bunteste Stoff von der Welt, aus dem ich auch nicht einmal, wie ich früher hoffte, etwas für die Horen heraustheben könnte.«

Nur scheinbar ironisch wird hier der Naturgegenstand durch die Metapher von der Rubrik der Felsen zum aktenkundigen Vorgang, die Reise wird tatsächlich distanzierend behandelt wie ein Verwaltungsvorgang. Deshalb fährt Goethe fort: »Ich hoffe, diese Reisesammlung noch um vieles zu vermehren, und kann mich dabei an so mancherlei Gegenständen prüfen. Man genießt doch zuletzt, wenn man fühlt daß man so manches subsumiren kann, die Früchte der großen und anfangs unfruchtbar scheinenden Arbeiten, mit denen man sich in seinem Leben geplagt hat.«

Welt wird Erfahrung, wird als solche registriert, um wieder mitgeteilt zu werden.

Als Karl Philipp Moritz 1786 nach Italien geht, hat er einen Vertrag mit dem Verleger Campe über eine Beschreibung seiner Reise schon in der Tasche, der ihm den notwendigen Vorschuß eingetragen hatte. Er selbst hat bereits eine Reisebeschreibung aus England publiziert, und jetzt ist eine Italienfahrt als Kunst- und Bildungsreise, seit Montaigne, Coryate, Addison und vor allem de Brosses, schon eine fast traditionell zu nennende Einrichtung geworden. Bald häufen sich die Beschreibungen solcher klassizistisch orientierten Bildungsreisen, man denke außer an de Brosses an den »Viaggio in Italia« von Goethes Vater, an Archenholtz, Dupaty, Goethe wie Seume; über ihnen steht zumeist das »et in Arcadia ego« oder genauer noch das Moritzsche Motto »Romam quaero!«

Freilich ist nun gerade die Häufigkeit ein die Beschreibung erschwerendes Moment, denn sie soll ja nicht zur bloß individuell eingefärbten Wiederholung werden, auch nicht zum stets leicht wieder modernisierten Reiseführer erstarren. Moritz ist sich dieser Schwierigkeiten bewußt; er schreibt an Campe: »Da ich nämlich die Sache reiflich erwogen habe, so scheint es mir, als müsse eine Reisebeschreibung von Italien ganz etwas andres werden als die von England, wenn ich meinen Kredit beim Publikum nicht verlieren will (...) Mein Buch über Italien muß notwendig etwas Gründlicheres und dabei Unterhaltendes sein, wenn es sich unter den vielen Büchern, die man über Italien hat, vorteilhaft auszeichnen soll.«[7]

So will er die Reiseroute als Leitfaden verwenden und dabei jeweils an der passenden Stelle die Bemerkungen über

Sitten, Antike etc. anbringen, »um auf diese Weise eine Art von täuschender Komposition hervorzubringen, worin die allgemeinen Bemerkungen immer auf dem gehörigen Fleck lebhaft und anschaulich gemacht würden und wo zugleich auf die Altertümer eine solche zweckmäßige Rücksicht genommen würde, daß dies Buch zugleich als ein Pendant zu den von mir auszuarbeitenden römischen Antiquitäten betrachtet und wie diese ein bleibendes Werk werden könnte.«

Gründlich, gelehrt und unterhaltend zugleich soll das Buch werden, mehr als bloß eine Niederschrift subjektiver Eindrücke; Moritz ist seinen Absichten nachgekommen: den einzelnen Stationen folgend, von Verona über San Marino, Ancona nach Rom und weiter nach Neapel, Pompeji, Herculanum und dann von dort wieder nach Rom zurück, entsteht so ein Skizzenbuch, d. h. tagebuchartige Aufzeichnungen in Briefform mit direkter Anrede. Damit verzichtet Moritz auf die geschlossene, gar systematische Darstellung; die wechselnden Gegenstände scheinen von Zufall, Stimmung und Stunde geboten. Die Behandlung ist locker, selten ausführlich oder erschöpfend, das andeutungsvolle, raffende Verfahren mündet oft in allgemeine Reflexionen ein. Zusammenhängende Beschreibungen sind selten. »Ich fasse das Schnellvorübergehende auf und mache es mir zum bleibenden Eigentum, das Zeit und Zufall mir nicht rauben kann«, heißt es am 20. September 1788.

Die Niederschrift, für die Moritz auch andere, schon vorliegende Materialien zu verwenden sich nicht scheute – auch Goethe benutzt den damals gängigen Volkmann –, ist der Akt des Festhaltens und Begreifens, wie sehr sich die Niederschrift auch stets zugleich dem Leser zuzuwenden scheint.

Gegenstände sind Natur und Landschaft, Antike als Geschichte und Kunstwelt, menschliche Zustände, Sitten, Spiele, Lebensweise, Städte, d. h. also ästhetische wie soziale Phänomene, Vergangenheit und Gegenwart, Altertum und Renaissance, Theater, Bibliotheken und Museen, wozu auch psychologische Beobachtungen treten, Reflexionen auf den Gegensatz von Nord und Süd, über die Eigentümlichkeiten des Nationalcharakters, wie ihn z. B. Sprichwörter verdeutlichen können. Ein besonderes Element ist die Beschreibung von Kunstwerken und die kritische Erörterung der Möglichkeiten wie der Grundsätze der Beschreibung von Kunstwerken. Sozialkritische Erörterungen sind nicht eben häufig, wirken aber in ihrer Seltenheit dann um so heftiger; so heißt es in Erinnerung an die Situation des Persius und an seine Satiren: »Die Verderbtheit und Weichlichkeit der Sitten konnte nie weiter gehen, als wie sie damals ging; wenn jetzt ein Persius aufstände, der müßte über Pfaffendruck und Ueppigkeit und Volksbettelei und Aberglauben seine Geißel schwingen.«

Dergestalt verschränken sich bei Moritz Antike und Gegenwart.

Moritz erfaßt die Augenblicklichkeit des südlichen Daseins und die Gegenwart althergebrachter patriarchalischer Zustände, er verklärt nichts, er hütet sich zu schwärmen, er sucht nur festzuhalten, was ihn des Festhaltens wert dünkt, auch wenn dies zuweilen nur fragmentarisch oder aphoristisch möglich zu sein scheint. Der Schwierigkeiten des Vorgehens ist er sich in einer Weise bewußt, daß man ihn für einen Autor halten könnte, dem das Schreiben insofern Mühe macht, als er dem Anspruch der Gegenstände gerecht werden will. So heißt es angesichts des Apoll von Belvedere mit vorsichtiger Kritik an Winckelmanns berühmter Beschreibung: »Wem daran liegt, dem Schönen zu huldigen, wird seine Rede dem Kunstwerke, das er beschreiben will, unterordnen und mehr durch halbe Winke andeuten als vollständig zu beschreiben suchen: denn nicht seine Beschreibung, sondern der Gegenstand derselben soll bewundert, und über dem Anblick des Kunstwerks selbst soll jede Beschreibung vergessen werden.«

Es scheint dies das Prinzip seiner Reisebeschreibung überhaupt zu sein.

Der Einsatz ist zunächst noch enthusiastisch, beschwingt von der Erwartung, bald am Ziel zu sein: »Das *dort* ist nun *hier* geworden (...) Die zackichten Tiroleralpen, durch welche wir uns in manchen Krümmungen gewunden haben, sind hinter uns, und ich betrete nun den Boden des Landes, wohin ich so oft mich sehnte, das mir mit seinen Monumenten der Vergangenheit zwischen immer grünen Gefilden so oft in reizenden Bildern vorschwebte und den Wunsch des Pilgrims in mir weckte, die heiligen Plätze zu besuchen, wo die Menschheit einst in der höchsten Anstrengung ihrer Kräfte sich entwickelte, wo jede Anlage in Blüten und Frucht emporschoß und wo beinahe jeder Fleck durch irgendeine große Begebenheit oder durch eine schöne und rühmliche Tat, welche die Geschichte uns aufbewahrt, bezeichnet ist.«

Als ›Pilger‹ zum heiligen Rom der heidnischen Antike gebraucht er säkularisierte religiöse Wendungen, Rom ist jetzt die Hauptstadt des klassischen Altertums und Tempelstätte einer irdischen, der Kunstreligion. Von der Hauptstadt des Christentums ist nicht die Rede; die Wallfahrt gilt anderen Gegenständen: »(...) dorthin eil ich, wo auf den sieben Hügeln das Größte und Glänzendste, was einst der Erdkreis sahe, sich gründete und bildete und wo noch itzt die Kunst bei den erhabensten Ueberresten der Vorzeit ihren festen Wohnsitz findet.«

Ein Anblick unterwegs wird zur knappen idyllischen Zeichnung: »Nun kam schon ein Winzer mit der Leiter in der Hand und setzte sie an einen Baum, um sein frühes Tagewerk anzufangen. – Weinbeladene Wagen, von bekränzten Ochsen gezogen, fuhren vorbei, und jauchzende Knaben saßen reitend auf den Fässern.«

Aber beim Eindruck des uralt und virgilisch anmutenden Landlebens bleibt Moritz nicht stehen. Aus Ancona bemerkt er wenig später: »An manchen Orten in der Stadt wurde gebaut, von den Schiffen aus dem Meere wurden grosze Steine hinaufgewunden; überall, wo ich hinkam, sah ich Geschäftigkeit und Betriebsamkeit von Hohen und Niedrigen; und selbst kleine Kinder waren schon mit Arbeit und Zulangen beschäftigt; die Freiheit und ungestörte Geselligkeit scheint hier alles mit neuem Mute zu beleben.«

In Rom angelangt, beginnt er seine Stadtwanderung zu den Monumenten und Kunstwerken, die er nur einfach erwähnt, doch mit dem bezeichnenden Zusatz: »dennoch aber wage ich es jetzt nicht, über dies alles eine Silbe zu schreiben.«

Was ist geschehen?

Der Eindruck des Neuen, die Vielfalt, die Gewalt der Gegenstände wirken zu stark auf die Einbildungskraft, die sich dem einzelnen nicht mehr voll zuwenden kann: »Auch ist die Seele noch zu voll von den Gegenständen; alles, was sie darüber sagen oder davon wieder ausdrücken soll, kommt ihr viel zu klein und geringfügig gegen die Sachen selbst vor.«

So bittet Moritz den imaginären Adressaten, sich zu gedulden, bis er imstande sein werde, über Kunst und Schönheit etwas den Gegenständen Würdiges hervorzubringen. Er beginnt zu sehen (was man ja in Deutschland nicht recht üben kann), beginnt zu lernen, läßt die Dinge auf sich einwirken und freut sich schließlich, daß Studium und Vergnügen so ungeschieden sind.

Aus dieser Erfahrung entwickelt Moritz eine Reihe von Grundsätzen, die er viel später noch in entsprechenden Zusammenhängen formuliert: »Am besten tut man gewiß, wenn man ohne alles Abarbeiten sich den Eindrücken ruhig überläßt und abwartet, bis man von einem Gegenstande unwillkürlich angezogen und von mehrern Seiten dafür interessiert wird.«

Anlaß zu dieser Maxime ist die Begegnung mit einem deutschen Kaufmann, der sich und seine Familie schon fast im Sinn moderner Touristik von Kunstwerk zu Denkmal, von Altertum zu Altertum schleppt und angestrengt sein Bildungspensum zu erledigen bestrebt ist, bis er sich schließlich nach Besuch einer Sammlung ermutigend sagen kann: »Nun gottlob, das haben wir auch gesehen!« Moritz berichtet davon ohne falsche, elitäre Überlegenheit, weil er genau weiß, daß der notwendige Schönheitssinn sich in einer deutschen Reichsstadt unmöglich entfalten kann, daß die Voraussetzungen zum Verständnis fehlen müssen, so daß man dann einer Konvention erliegt, die einfach verlangt, die berühmten Gegenstände, die der Fremdenführer routiniert anpreist, erhaben und schön zu finden. »Nun erfordert aber gewiß in der Welt nichts mehr Anstrengung, als wenn man sich ehrenhalber zwingen muß, in Entzükkung zu geraten; weswegen man denn auch wohl sagen kann, daß die Betrachtung der Kunstwerke mehr Leiden in der Welt verursacht, als man denken sollte.«

So quälen sich die Menschen zu falschem Genuß und zwingen sich zu einer so schmerzlichen wie zwecklosen Anspannung.

Moritz selbst hat, abgesehen von seinem Vorverständnis, seinen Interessen und ästhetischen Leidenschaften, inzwischen eine Unbefangenheit gewonnen, die seine Studien und Beobachtungen zwanglos und vergnüglich zu machen beginnt. Die Volksgesinnung, so bemerkt er, »scheint hier ansteckend zu sein; man gewöhnt sich nach und nach, die Sachen bloß anzusehn und sie zum Zeitvertreibe vor sich übergehn zu lassen, ohne Reflexionen darüber anzustellen, die nichts nützen. Man beschränkt sich immer mehr auf den Moment und hört auf, das Leben im Ganzen zu betrachten und sich vergebliche Mühe zu geben, seine labyrinthischen Verwickelungen zu enträtseln«.

So ist er frei geworden von den Bürden seiner Berliner Existenz, der Norden lastet nicht mehr auf ihm, er vermag nun vorurteilslos über die Gegensätze Aufschluß zu gewinnen und stellt deswegen doch keineswegs die Reflexion schon voreilig still. –

Moritz beobachtet. Die italienischen Volkslieder etwa zeigen sich anders als die Balladen aus den nördlichen Ländern Europas mit ihren Geistererscheinungen und schrecklichen Begebenheiten. »Hier (...) atmet alles Lebenslust und Ruhe und frohen Genuß der fliehenden Tage«; selbst die Legenden der Heiligen werden naiv und heiter. Ein Hexenlied würde hier, meint er, fehl am Platze wirken, denn: »Hier wird freilich auch die Phantasie nicht so wie bei den nordischen Völkern durch die Ungemächlichkeiten des Klimas und der Witterung aus den Regionen des Lebens hinweggedrängt, sondern sie kann ruhig auf den Gegenständen der wirklichen Welt verweilen und findet reichen Stoff, sich zu beschäftigen.«

Aufschlußreich sind dann eben auch die Sprichwörter des Volkes wie die Spiele der Kinder; »Not bricht Eisen«, sagt man im Deutschen, italienisch aber drückt man das anders aus: »La necessità fa trottare l'asino.« Sich nach der Decke strecken, diese idiomatische Wendung wird im Italienischen sehr viel anschaulicher: »fare il passo secondo la gamba« heißt es hier. Auch die derbe Wendung fehlt nicht: Gewalt geht vor Recht, sagen wir im Deutschen, der Italiener aber sagt: »La forza caca sopra la ragione.«

Gewohnheiten, Bräuche und Sitten spiegeln sich in den Kinderspielen; wie man in Deutschland Räuber und Gendarm spielt, so hier Häscher und Verfolgter, der an der Schwelle der Kirche nach altem Herkommen ein sicheres Asyl findet. Das Spiel ahmt hier die wirklichen Verhältnisse nach, wie Moritz noch beobachten konnte, wobei dann das Volk im Streit, ob der Verfolgte wirklich schon im Schutz der Kirche war, als die Sbirren diesen packen wollen, die Partei des Bedrohten nimmt. »Das Mitleid gegen die Verbrecher geht so weit, daß man ihnen Betten und Speisen auf die Schwelle der Kirchtüren bringt, wo sie liegen«, und »cari peccatori« ist die Formel, die man oft vernimmt.

Von hier ist der Schritt nicht mehr weit zu sozialkritischen Bemerkungen: so spricht man in Italien von einem Geistlichen oder einem angesehenen und vermögenden Manne als von einem uomo di conscienza, woran Moritz die folgende Erwägung knüpft: »Je weniger also, nach diesem Maßstabe, einer zu verlieren hat, desto weniger Gewissen hat er auch. – Ich habe nie ein schrecklichers und herabwürdigenders Wort für die Menschheit als dies gehört.«

So schreibt man einer Klasse von Menschen, den Privilegierten eben, Gewissen zu, den andern aber spricht man es gewissermaßen ab. »Hat denn der Pöbel«, fragt Moritz, »der selber den Dolch zur Rache zückt, während daß die Gerechtigkeit ihr Schwert in der Scheide verrosten läßt, etwa ein unreineres Gewissen als die Priesterschaft, welche ihn bis zu dieser viehischen Gefühllosigkeit darniederdrückt, die kein Mitleid und kein Erbarmen kennt?«

Solche Kritik am Klerus wird wiederholt aufgenommen, Moritz macht deutlich, daß dessen Macht im wesentlichen bereits gebrochen ist. Ironisch kommentiert er auch den triumphal zu nennenden Zug des Papstes mit seiner schweren Karosse, die sich, sechsspännig, sehr langsam voranbewegt, mit Prälaten, Paradepferden, der Schweizergarde und Sänften im Gefolge, berittenen Garden und wieder den neuen Kutschen der Kardinäle mit ihren Dienern und dem ihnen zustehenden Gefolge. »Wenn man erwägt, daß bei diesem Zuge zur Fortbewegung eines einzigen Menschen eine ungeheure Kutsche, zwei mit köstlichen Decken geschmückte Pferde und eine kleine und eine große Sänfte in Bereitschaft sind, und einem alsdann auch die prophetischen Worte einfallen: ›Siehe, dein König kommt zu dir sanftmütig, reitend auf einem Esel und auf dem Füllen der lastbaren Eselin‹, so kann man sich doch nicht enthalten, an diesem Zuge, wenn man ihn die lange gerade Straße herunterkommen sieht, Vergnügen zu finden, denn ein ähnliches Schauspiel kann sich schwerlich in der Welt dem Auge darbieten; (...)«

Doch trübt das ironische Vergnügen an diesem Aufzug nicht den Blick für Ungerechtigkeit und Ausbeutung. Die Staatsverfassung Alt-Roms kontrastiert Moritz mit der neueren, d. h. die Republik mit der Kardinalsherrschaft, die Macht der Senatoren mit der des Statthalters von Rom, um schließlich mit dem Blick auf die apostolische Kammer, d. i. das Finanzsekretariat des Kirchenstaates, das Ausmaß der Bedrückung und daraus folgenden Verelendung anzuprangern, für das doch die fromme Verwaltung verantwortlich ist. Strenge Gesetze zwingen die Untertanen des Papstes, Getreide und Öl allein an die päpstliche Kammer und zu festgelegten Preisen abzugeben; niemand darf sein Brot selbst backen, dies tun vielmehr die Bäcker der Kammer. Der Weiterverkauf durch sie erfolgt nach kleinerem Maße als der Einkauf. Fleisch, Fische, Früchte werden von der Kammer taxiert, die auch das Monopol für das Öl besitzt, welches sie sich billig abliefern läßt, um es verschlechtert, dafür auch teurer weiterzuverkaufen, an die Verbraucher wie an die Produzenten. Resultat dieser Art von Wirtschaft ist die Verelendung der Landbevölkerung, streckenweise auch der Verzicht der Bauern auf den Anbau von Öl und Getreide; ganze Felder veröden, statt eine Quelle des Reichtums zu werden, denn wer das Land bebaut, tut dies allein zum Vorteil der päpstlichen Kammer »und hat für sich kaum Sklavenlohn. – Darum liegen die schönsten Felder wüst, und bei dem ergiebigsten Boden ist, wenn die Ernte einmal schlecht ausfällt, die schrecklichste Hungersnot zu befürchten«.

Moritz achtet nicht allein auf die Spuren des Altertums und die Gegenwart der Kunstwerke, auch die Spuren der gegenwärtigen Unterdrückung versteht er sehr genau zu lesen.

Dennoch bleibt das Hauptthema die römisch-griechische Kunstwelt, und nicht einmal allein die Antike; gelegentlich könnte man den Eindruck gewinnen, daß Moritz Lebensgewohnheiten und Sozialphänomene kontrastierend in den Bericht einbaut, um seine Darstellung nicht einseitig ästhetisch, dafür aber lebhafter werden zu lassen. Vorrang behalten jedoch die Kunstwerke, nicht aber als museale Zeugnisse, sondern als Zeugnisse einer Vollkommenheit, in der

der Mensch seine höchsten Möglichkeiten bezeugt oder doch ihrer inne wird. »Wenn irgend etwas einen hohen Grad von Bildung unter den Menschen bezeichnet, so sind es doch die Werke, welche, für die Nachwelt hervorgebracht, der Zerstörung trotzen.«

Nur weil sie erhalten blieben, auch die Nachwelt als den Adressaten anzunehmen, ist emphatisch und kühn wie das Horazische ›exegi monumentum aere perennius‹. Je mehr nun der Gesichtskreis des Menschen sich einengt, argumentiert Moritz, um so mehr nimmt seine Bildung ab, der Mensch fixiert sich auf die unmittelbaren Bedürfnisse, die Nachwelt beschäftigt den Menschen nicht mehr. So sieht das Resultat eines solchen Verfalls der Gesittung aus: »Es entstehen Hüllen, die nicht so lange wie ihre Bewohner dauern. Aus dem selbstsüchtigen Bestreben, nur seine täglichen, dringendsten Bedürfnisse zu befriedigen, erwächst nichts Majestätisches und nichts Großes.«

Aber nicht allein das Große ist Kennzeichen der Antike; im Museum zu Portici bewundert Moritz das sichere Gefühl der Antike für das Schöne, wie es sich noch in den Gerätschaften des täglichen Lebens zeigt, in den Gebrauchsgegenständen, den Lampen, den Verzierungen der Räume. Als wesentliches Kennzeichen der antiken Kunst erklärt Moritz im Gegensatz zu neueren Werken die Unterordnung des einzelnen unter das Ganze der ästhetischen Gestaltung. »Der Mangel eines solchen großen Überblickes scheint zwischen den alten und neuen Kunstwerken vorzüglich die Grenzscheidung zu machen.«

Die Kunst ging nicht auf das Ungeheure und Übermenschliche, nicht das war ihr Ziel, sondern bloß »das Menschliche in seiner höchsten Erhabenheit und Würde«. Hierin lag dann die Wirkung der antiken Kunst, genauer: hierin liegt sie, denn diese Idealität ist ja das Ergebnis der neuen Rezeption und Deutung; wie sie zur Zeit ihrer Entstehung gewirkt hat, wissen wir nun einmal nicht. Dadurch eben, bemerkt aber Moritz, »erhielt alles auf den Geist der Menschen eine unmittelbar zurückwirkende Kraft, und die Griechen arbeiteten sich dadurch zu einem Grade von Kultur empor, welchen nach ihnen noch kein Volk erreicht hat.

Rom ist ihm die Stätte, wo die Erinnerung an das Altertum als an die in sich einzig vollkommene Jugendstufe der Menschheit sozusagen konzentriert erscheint und wo zugleich schon die in frühester Zeit aufgezeichnete geschichtliche Überlieferung der Erklärung eben dieser Erinnerungsstücke dient. Darüber hinaus ist diese Erfahrung zugleich das Lehrbeispiel für Kunsterfahrung überhaupt, für Geschmacksausbildung und Erziehung zur Aufnahme der Werke. Das ›interesselose Wohlgefallen‹ wird von Moritz im Begriff der Uneigennützigkeit erfaßt: der reine Genuß des Kunstwerkes setzt solche »Uneigennützigkeit des Gemüts« voraus; wer hierbei Freude empfinden will, darf keine Rücksicht mehr auf sich nehmen, er muß sich selber vielmehr »in der Betrachtung des Schönen vergessen und verlieren«, und was in solchem Zusammenhang vor sich geht, führt dazu, »daß wechselweise der Genuß des Schönen durch edle Gesinnungen und edle Gesinnungen durch den Genuß des Schönen erhöht und verfeinert werden«.

Der Geschmack ist also mehr und anderes als durch verfeinernde Erziehung vermittelter Selbstgenuß der Subjektivität. Seine Grundsätze liegen in gleicher Weise im Verstande wie im Gefühl. »Man glaubt zu fühlen, daß etwas schön ist; man fühlt es durch den Gedanken. – Darum läßt sich wohl über den Geschmack reden.«

Also ist der Geschmack nicht ein unkontrolliertes Empfinden, seine Prinzipien unterstehen der kritischen Vernunft. Eben weil es Rechenschaft über die Rezeption der ästhetischen Phänomene gibt, weil sie sogar zu fordern ist, kann weder ein irrationales Empfinden noch die bloß normative Setzung von Regeln, ihre Anwendbarkeit und deren Kontrolle im Wiedererkennen am Werk konstitutiv für den Umgang mit Kunst sein. Wie das Kunstwerk ein Gegenstand der Anschauung, so ist der Mensch Gegenstand der von diesem ausgehenden Einwirkung; angeblickt schaut er gewissermaßen zurück.

Die Kunst ist eine Zeichensprache, in der, nach den Prinzipien der Natur, alle Einzelteile auf ein Größeres und Ganzes verweisen. So wird alles bedeutungsvoll, wird zu lesende Spur, wird Sprache. Da wir nun nichts Höheres als die Sprache besitzen, so wird das Schöne zum Höchsten gesteigert, »wenn wir sagen, daß es gleichsam durch eine höhere Sprache zu uns redet«.

Freilich muß diese Sprache, um vernehmbar zu werden, gelernt sein; es gilt, sich zurechtzufinden in der Fülle der Erscheinungen: »Eine Welt von schönen Formen schwimmt wie ein Meer vor der Seele, und man muß sich in diesem groszen Schauplatze erst zu orientieren suchen, ehe der Blick auf einzelnen Gestalten haftet.«

So gehören weite Partien der Reisebeschreibung schon in den Zusammenhang der ästhetischen Schriften von Moritz, die entfalten, was in den Reisenotizen oft nur Aperçu, Andeutung und Ankündigung bleibt. Mit der Reiseschilderung wie den ästhetischen Schriften tritt Moritz in den Gesprächszusammenhang der klassizistischen Kunsttheorie in Deutschland ein, die seit Lessing, Herder, Winckelmann zu Forster, Goethe, Schiller, Hegel und Schelling hin anhält und der sich auch die Romantik nicht entzieht. Dabei geht es um die Autonomie des Kunstwerks und seine als erzieherische humanisierende Funktion: die politischen Zustände schienen nur dieses zu ermöglichen: Ausbildung des Menschlichen als Voraussetzung menschlicherer Zustände, ohne daß eine Veränderung der politischen Zustände mit Gewalt ernsthaft wäre ins Auge gefaßt worden. Freilich bedeutet dies keine Beruhigung im entpolitisierten Freiraum. Wo die Widersprüche bewußt bleiben, schweigt die Kritik keineswegs. Von dieser Spannung zwischen den Eröffnungen und Verheißungen des angeschauten Schönen und dem herrschenden Elend, der anhaltenden Unterdrückung zehrt auch die Italienische Reise von Karl Philipp Moritz. –

An nichts als an Kunstgegenständen interessiert zeigt sich Daniel Chodowiecki, der 1789 incognito eine Reise von Berlin nach Dresden unternimmt, wovon der Bericht als das »Journal gehalten auf einer Lustreyse von Berlin nach Dreszden, Leipzig, Halle, Dessau etc. Anno 1789« überliefert ist. Die nachgestellte Vorrede vermerkt launisch: »Da es doch wohl nicht möglich ist, eine gute Reysebeschreibung zu schreiben, ohne ihr eine Vorrede vorzusetzen und sie mit einem TitelKupfer zu verzieren, so will ich Dir lieber Leser auch dieses nicht vorenthalten, ob wohl der Platz dazu vorne fehlet.«[8]

Er macht auf das aufmerksam, was der Leser schon gemerkt haben dürfte: »Du wirst Bald sehen, dasz meine Reysebeschreibung weder Oeconomische, noch Statistische, viel weniger Physische Bemerkungen enthält, weil unter uns gesagt ich davon nichts verstehe, auch findest Du darinn nichts von MeilenMeßern, wir hatten keinen; denn Herr Catel ist krank; auch nichts von Geburths und Todten-Listen – Eigentlich haben wir nur auf Kunstsachen Jagd gemacht, wovon Du auch etwas finden wirst. Und da ich ihr die Form eines Journals gegeben habe, so must Du schon billig sein und einige Kleine Wiederholungen entschuldigen, auch wenn Du zuweilen als z. B. pag. 24 Wörter finden wirst die undeutlich geschrieben sind, so must Du wißen, daß ich keine andre Zeit hatte zu schreiben, als des Abends, da pflegte mich dann der Leidige Schlaf, der Bruder des Todes, zuweilen zu überfallen – daß ich hin und wieder getadelt habe, muß Dich auch nicht Böse machen, denn ich habe ja auch gelobt waß ich Lobenswerth gefunden habe.«

Begleitet von zwei Freunden und seinem Sohn, bricht er am 10. Juni morgens sehr früh zu Pferde auf, Chodowiecki hält nichts fest als die Reiseroute, die Stationen, die Mahlzeiten und Personen, denen er begegnet ist. In Moritzburg aber werden auch Curiosa verzeichnet, die zum Schlosse gehören, auch daß die Kiefern dort anders sind. Das Wirtshaus freilich, findet er, sieht »sehr romantisch aus. Ein großer Hoff mit vielen Gebäuden, Ställen und Beiszenden Hunden an Ketten liegend umgeben, eh man ins Hauß hineinkommt muß man verschiedene steinerne Stufenparthien paßieren, wo man, wenn man sich müde geritten hat, Halß und Bein Brechen kann. Endlich gehts über eine wincklichte Treppe zu einem mit vielen Zimmer umgebenen Saal hinauf. Unser Zimmer war mit vielen Gemählden von sehr verschiedener Güte ausgeziehrt. Wir Lagerten unsere Müden Knochen wo wir etwas sitzbaares fanden.«

Knapp und kaustisch charakterisiert Chodowiecki noch den Wirt und seine Frau; »die Mägde waren alle häßlich und immer eine schmutziger wie die andere«.

Ausführlich ist dann noch einmal vom Schloß die Rede, schließlich von den Besuchen und Besichtigungen in der sächsischen Hauptstadt mit ihren reichen Sammlungen. Der Ausflug nach Pillnitz wird genau beschrieben, die Schönheit des Elbtals hat Chodowiecki gefesselt: »Da wir den höchsten Theil des Berges hinauf gestiegen waren, kammen wir zu einer Künstlich von großen Steinen zusammen getragenen höle welche vermittels einer art von Stiege auf eine PlatteForm führt, die mit einem Geländer umgeben, und mit einem Tisch und etlichen Bänken besetzt ist. Hier ruhten wir uns vom heraufsteigen aus und hatten von allen Seiten die schönsten Aussichten. Auf der einen Seite an dem rechten Ufer der Elbe liegt der Königstein, an dem Lincken der Lilienstein, Beßerhin der Pfafenstein, der Jungfersprung in ihrer ganzen Pracht; der Königstein ein hoher steiler Felsen, worauf die Festung die ganze oberfläche einnimmt war von der Sonne sehr schön erleuchtet, Dreßden hingegen (dem Auge viel näher) Lag in einem finstern Gewitterregen, weiter hin und bis zum Lilienstein sahen wir nichts als Berge, die hinter Königstein weg rechter Hand fortlauffen so daß wir die HorizontalLinie nicht Bestimmen konten (...)«

Nüchtern und genau, ist diese Stelle charakteristisch für das ganze kleine Reisejournal; so heißt es an anderer Stelle: »Von Meißen aus gehts längs der Elbe welche rechter Hand des Weges fließt. Links ist er von hohen Felsen begleitet welches etwan eine halbe Meile fortgeht, dieser Weg ist eine schöne Chaussée (wie der von Dreßden bis Meißen) an der sehr viele Arbeiter reparirten, andre waren Beschäftigt die dazu Benöthigten Steine von dem Felsen abzuschlagen. Am Anfang dieses Weges sahen wir rechter Hand hinter einem GartenZaune, Gothische Überbleibsel eines Closters, welches sich sehr mahlerisch zwischen Bäumen, Stauden und Sträuchern ausnimmt.«

Sorgfältige Beobachtung und die Abwesenheit von Reflexion kennzeichnen dieses Journal.

Bildungsreise par excellence ist die Reise zu nennen, die der noch nicht 24jährige Nikolai Karamsin 1789 nach Westeuropa unternimmt und über die er, von Station zu Station, seinen Freunden in ausführlichen Briefen berichtet. Diese Briefe wurden dann ihm nach seiner Rückkehr 1791-1792 in einem von ihm herausgegebenen Magazin fast vollständig veröffentlicht, einige Jahre später, vollständig, auch in Buchform (1799-1802). Fast gleichzeitig erscheint auch schon eine deutsche Übersetzung. Den Stellenwert des Buches in der russischen Literatur zu bestimmen, in der es erfolgreich rezipiert wurde, kann hier nicht die Aufgabe sein. Hier geht es vielmehr um die Reise als Darstellungsform, von der Karamsins »Briefe eines reisenden Russen« ein beredtes, autobiographisch gefärbtes Zeugnis ablegen. Der junge Dichter und Übersetzer (von Geßner, Haller, Shakespeare, Lessing, Bonnet) lieferte jedenfalls für seine Heimat die ersten ausführlichen Darstellungen westlicher Literatur- und Lebensverhältnisse.

Sie kennenzulernen war er von Moskau abgereist, aber er kommt nun in eine wohl unbekannte, keineswegs aber wirklich fremde Welt: Deutsch wie Französisch spricht er fast mühelos, er ist gebildet und belesen, ist informiert, weiß, wo er hinreist, überdies wen er sehen und sprechen will. Der junge Autor unternimmt, wie stellvertretend für sein Land, eine Bildungsreise, sie dient der persönlichen Bekanntschaft, der Bestätigung, der Information, der literarischen Vermittlung. Neugierig, aufnahmebereit, geistreich und empfindsam, besucht der junge Russe die westlichen Länder, und in jedem trifft er, auf andere Weise, seinesgleichen, begeisterungsfähige junge Menschen, gebildete Zirkel und nimmt teil am literarischen und philosophischen Gespräch der eleganten wie der akademischen Welt. Er reist mit Büchern und der Bücher wegen, d. h. auch um der Leute willen, die solche schreiben. Soziale Zustände, die wirtschaftliche Situation, Natur und Landschaft interessieren ihn nur nebenbei; Kunst, Theater, Geschichte, Anekdotisches fesseln seinen lebhaften Geist sehr viel stärker.

Über das Reisen selbst reflektiert er wenig und notiert zuweilen, was andere darüber sagen, ohne weiter dazu Stellung zu nehmen. So berichtet er von einem Gespräch mit Moritz, der nach England wie nach Italien gereist war, um, wie es nun heißt, »neue Ideen und neue Empfindungen zu sammeln«. Die Englandreise, sagt Karamsin, habe er mit großem Vergnügen gelesen. Moritz äußert ihm gegenüber, es sei nichts so angenehm als reisen. Er gibt dafür die folgende Erklärung: »Alle Ideen, die man aus Büchern erhält, kann man tote nennen im Vergleich zu jenen, die man durch Anschauen bekommt. – Wer ein aufgeklärtes Volk sehen will, das durch seine Industrie auf die höchste Stufe der Verfeinerung gestiegen ist, der muß nach England reisen; wer aber die Alten recht verstehen lernen will, der muß Italien sehen.«[9]

So weit Moritz, der hier wiederum das Interesse an gegenwärtiger wie vergangener Welt in gleicher Weise bekundet.

Wieland, den Karamsin in Weimar aufsucht, ist wenig geneigt, einem unbekannten Durchreisenden seine Zeit zu opfern. Er kennt das Reisen nicht als Reisender, eher als Besichtigungsobjekt, zu dem er durch seinen Ruhm geworden ist. »Es ist jetzt in Deutschland Mode geworden, zu reisen und dann seine Reise zu beschreiben. Dergleichen Reisebeschreiber, deren Anzahl nicht gering ist, ziehen von Stadt zu Stadt und versuchen mit berühmten Leuten nur deswegen zu sprechen, um das, was sie von ihnen hören, drucken zu lassen. Was unter vier Augen gesprochen wurde, wird dann vor dem Publikum ausposaunt, und dadurch haben schon manche gelitten. Ich bin meiner nicht ganz gewiß; bisweilen bin ich gar zu offen.«

Natürlich ist auch Karamsin damit getroffen, der besänftigend repliziert: »Erinnern Sie sich, daß ich kein Deutscher bin und für das deutsche Publikum unmöglich schreiben kann.«

Daß sich dadurch nicht viel ändert, weil er, wie es dann geschah, auch übersetzt werden könnte, bemerkt er offenbar nicht. Wieland sieht denn auch keinen großen Unterschied und erklärt lediglich: »Was nützt es aber, daß wir bekannt werden? Gesetzt, wir würden einer dem andern interessant, müssen wir uns nicht bald wieder trennen?«

Wieland begegnet dem aufgeklärten Enthusiasmus seines Gastes mit sehr rationalen Argumenten, die schließlich auch die der Selbstverteidigung sind. Daß es Karamsin dann doch gelingt, ausgiebig mit Wieland zusammen zu sein, liegt an seiner Beharrlichkeit und seinem gewinnenden, freimütigen Auftreten. Er hat selbst etwas andere Ansichten vom Reisen als Wieland, der hier nur noch als Gegenstand von Reisebeschreibungen reagiert. Karamsin schwärmt: »Wie angenehm und erfreulich ist es, meine Freunde, von einem Land ins andere zu reisen, neue Gegenstände zu sehen, durch die unser Geist sozusagen ein neues Leben bekommt, und die unschätzbare Freiheit des Menschen zu fühlen, die ihn in der Tat des Namens ›Herr der Schöpfung‹ würdig macht. Alle anderen lebendigen Geschöpfe sind an gewisse Klimate gefesselt und können die von der Natur bestimmten Schranken nicht überschreiten, sondern sterben da, wo sie geboren wurden. Nicht so der Mensch. Durch die Kraft seines mächtigen Willens schreitet er aus einem Klima ins andere, sucht und findet überall Genüsse, ist überall der Natur ein willkommener Gast, die ihm allenthalben neue Quellen des Vergnügens öffnet, freut sich überall seines Daseins und segnet sein Menschentum.«

Eigentlich ist der Mensch als Reisender, von Boden und Klima nicht mehr abhängig, nicht viel mehr als der ubiquitäre Selbstgenuß. Alles scheint sich so auf den reisenden Karamsin zu beziehen: »Und wie weise ist nicht das allgemeine Band, mittels dessen ich in jedem Lande alle möglichen Bequemlichkeiten des Lebens finde, als wären sie mit Fleiß für mich im voraus bereitet, das die Bewohner aller Länder dazu bringt, mir die Früchte ihrer Arbeit und Industrie darzubieten und mich gleichsam einzuladen, an ihren Vergnügungen und Freuden teilzunehmen!«

Unmittelbare Freude, die sich im Konsum – auch der Anblick ist ein Konsumieren – bestätigt sieht, unterscheidet den so gearteten Reisenden eigentlich wenig von Strichvögeln oder Heuschrecken, nur daß er seiner Freude bewußten Ausdruck zu geben vermag. Man muß aber den jungen Karamsin nicht auf eine solch naive Anschauung reduzieren, man täte ihm Unrecht. Er poetisiert das Reisen sehr absichtsvoll, sieht in ihm Heilung und Nahrung: »Mit einem Wort, meine Freunde, das Reisen nährt Geist und Herz. Der Hypochonder reise, um seine Hypochondrie zu vergessen! Der Misanthrop reise, um die Menschen liebzugewinnen! Es reise alles, was reisen kann!«

Freilich ist diese Art zu reisen stets da zu Ende, wo dem sanften Selbstgenuß Entbehrung und Gefahr entgegentreten, wo das vergnügliche Abenteuer Anstrengung und Verzicht zu werden beginnt. So besucht Karamsin in Paris auch Le Vaillant, den er leider nicht antrifft, und muß der Frau, die stolz ist auf die berühmte Reise ihres Mannes, die Vortrefflichkeit seines Werkes bestätigen, aber auch etwas für ihn selbst höchst Aufschlußreiches hinzufügen: er habe sich beim Lesen doch gewundert, »wie es möglich ist, Vaterland, Freunde, Familie und alle Bequemlichkeiten des Lebens zu verlassen, um jenseits des Ozeans in unbekannten Wüsten umherzuirren, damit irgend ein Vogel genauer und richtiger beschrieben werden könne. Und jetzt, da ich Sie sehe, wundere ich mich noch mehr«, fügt er galant hinzu.

Sie fragt erstaunt zurück, Karamsin muß sein Kompliment erklärend wiederholen, das sie dann nicht ungern annimmt. Sie belehrt ihn daraufhin: »die Neugierde hat ebensogut ihre Märtyrer wie die Religion. Wir Weiber sind bestimmt, auf einer Stelle zu bleiben, aber ihr Männer seid allzumal Kalmücken, die von einem Ort zum andern wandern, um Gott weiß was zu suchen, ohne sich um unsere Unruhe zu kümmern.«

Selten steht so deutlich wie hier bei Karamsin das Interesse der Bildungsreise gegen die im Dienst der Erkenntnis unternommene wissenschaftliche Reise, gegen die philosophische Welterwerbung, der es nicht eben um das Subjekt geht. Man könnte daran eine subjektive und eine objektive Form der Reise verdeutlichen, wobei ja doch die Entdeckungsfahrt, wie die des jungen Forster, überdies noch ihren subjektiven Aspekt, den der Bildung durch das Fremde, durch Gefahr, Anstrengung, Erfahrung besitzt, nicht aber die bloße Bildungsreise ihren objektiven.

Doch muß man Karamsin nicht immer genau beim Wort nehmen; er ist jung und zartfühlend, impressionabel also, lebhaft und notiert in einem Augenblick, was er wenig später so nicht mehr behaupten würde. Gerade in dieser Spontaneität liegt neben den literaturhistorischen Nebenzügen der Hauptreiz der Briefe. Er ist ein geselliger Mensch und will so seinen Freunden im Gedächtnis bleiben: »Leset nur Tevernier, Paul Lucas, Chardin und andere berühmte Reisende, die den größten Teil ihres Lebens in fremden

Ländern zubrachten; findet ihr wohl in ihren Schriften Spuren eines zarten, gefühlvollen Herzens? Rühren sie wohl eure Seele? Ach! Meine Freunde, der Mensch, der zehn, zwanzig und mehr Jahre im fernen Ausland unter fremden Menschen zubringen kann, ohne sich nach denen zu sehnen, mit denen er unter einem Himmel geboren wurde, mit denen er von Kindheit auf einerlei Luft einsog, mit denen er zugleich die ersten Töne stammeln lernte, die einst mit ihm auf einem Feld spielten und mit ihm weinten und lachten – dieser Mensch kann nie mein Freund werden.«

Das Haften an Klima und Boden hat Karamsin also nur verworfen, um das an Menschen, an Freunden wie Verwandten dafür einzusetzen. Karamsin selbst, das sieht man bald, reist nicht, um unterwegs zu sein, auch nicht, um sich ans Fremde zu verlieren, sondern allein, um innerlich bereichert wieder in die Heimat zu gelangen. Auch seine Reise ist sozusagen Rückkehr von Anbeginn. Deshalb sind die letzten Zeilen des Buches, der Eintrag aus Kronstadt, September 1790, diktiert von der Freude, bald wieder zu Hause und bei den Freunden zu sein, nicht mit der Beglückung, sich überstandener Gefahren bewußt zu werden, sondern mit dem Vergnügen geschrieben, sich nach langer Abwesenheit wieder dem Vaterlande zu nähern, Russisch sprechen zu können, wie in der Erwartung, dann auch ein Hüttchen zu finden, »wo ich mich nach Gefallen an den Schattenbildern meiner Einbildungskraft ergötzen kann, wo ich trauere mit meinem Herzen und mich vergnüge mit meinen Freunden«.

Die Reise hatte ihn über Riga und Königsberg nach Berlin geführt, von dort weiter nach Dresden und Leipzig. Prag und Wien hat Karamsin vermieden, er reiste weiter nach Weimar, Erfurt, Frankfurt, von dort über Darmstadt nach Mainz – wo er G. Forster nicht besuchte – und weiter über Mannheim nach Straßburg, Basel, Zürich und Bern. Über Lausanne und Genf geht er nach Lyon und Paris, um schließlich von London mit dem Schiff die Heimreise anzutreten. Die Sehenswürdigkeiten dieser Städte hat er kurz beschrieben, wie die Gespräche mit den von ihm besuchten bedeutenden Männern, Schriftstellern zumeist, die ihn im allgemeinen freundlich empfangen: Kant in Königsberg, Nicolai, Ramler und Moritz in Berlin, Platner und F. Weiße in Leipzig, Herder und Wieland in Weimar – von Goethe erblickt er nur den Kopf! –, Lavater in Zürich. In Genf besucht er Bonnet, Matthisson in Lyon. In Paris trifft er Barthélémy, den Verfasser der »Reisen des jungen Anarchasis«, Marmontel, La Harpe. In der Nationalversammlung hört er Mirabeau reden, für ihn offenbar kaum anders als er Banks in der Akademie der Wissenschaften zu London präsidieren sieht, nicht viel anders als Horne Took bei einer Wahlversammlung in Covent Garden, der damals von vielen für den Verfasser der berühmten »Junius-Briefe« gehalten wurde. Zwei interessante Reisebekanntschaften sind zu erwähnen: der republikanische Adam Graf Moltke und Jens Baggesen, dessen literarische Laufbahn damals gerade begann.

Karamsin reist mit Rousseau, Thompson, dem »Ossian« und Sterne im Gepäck, gefühlvoll, witzig und zuweilen mit schon nicht mehr nur ironischer Genauigkeit auf die Plätze achtend, die mit bedeutenden Autoren verbunden oder durch Romanhandlung zur Losung geworden waren wie Calais oder Vewey. Von Landschaften ist recht wenig die Rede und oft nur mit stereotyp kennzeichnenden Worten, Ostpreußen etwa, dann das sommerliche Elsaß oder die Pfalz, nachdem ihn zuvor das Elbtal südlich von Dresden bezaubert hatte. Ausführlicher und vielleicht durch Geßners Idyllen angeregt, schildert er die Alpen, die er von Bern aus gründlich durchstreift, mit Rousseau sieht er den Genfer See; Jura und Rhonetal werden eher erwähnt als beschrieben. Offensichtlich fühlt sich Karamsin in den Städten sehr viel wohler. »Der Genfer See breitet sich wie ein Spiegel vor meinen Augen aus. Diesseits erblicke ich eine Menge Städte, Dörfer, Landhäuser, Wiesen, Gehölze und

Wege, die sich durchkreuzen und bald sich trennen, bald wieder zusammenlaufen und auf denen es von Menschen wimmelt. Jenseits auf den savoyischen Ufern erheben sich die grausenerregenden Berge und unter ihnen der stolze Montblanc, der, eingehüllt in seinen Schneemantel und mit seiner rosenfarbenen Krone, wie ein König über alle hervorragt. – Sättige dich, mein Blick, an diesem reizenden Gemälde! – Ich muß ja dies Land wieder verlassen. – Warum denn aber, wenn es so schön ist? –«

Karamsin möchte verweilen und will es doch wieder nicht, er vermißt seine Freunde, behauptet er. Der Geßner-Anklang in Empfindung und Ausdrucksweise ist unverkenn-

In der Bewunderung gegenwärtiger Naturschönheit regt sich schon die arg empfindsame Trauer darüber, nicht verweilen zu können, was er schließlich auch gar nicht will, denn er sucht nicht die Einsamkeit in der Natur, sondern Geselligkeit mit gleichgesinnt-Empfindsamen, für welche Natur dann nicht mehr sein muß als der Hintergrund der gepflegten und genossenen Feinfühligkeit, der Stimmung. Ähnliches gilt für Monumente: auf dem Weg nach Paris läßt Karamsin nicht zum ersten Male durchblicken, daß er ein Freund der sog. Altertümer sei, er »suche gern die Spuren verflossener Jahrhunderte auf. – So verließ ich heute die Stadt, um die Denkmäler der stolzen Römer, die Ruinen der berühmten Wasserleitung, zu sehen. Eine dicke Mauer mit Bogengängen, die mehrere Ellen hoch ist und aus kleinen Felsensteinen besteht, die in dicken Kalk eingedrückt sind, hat eine solche erstaunliche Festigkeit, daß es fast unmöglich ist, sie auf irgendeine Art zu zerstören. In dieser Mauer lagen die Röhren. Die Römer wollten noch im Andenken der Nachwelt leben und errichteten Gebäude, die der alles zerstörenden Zeit trotzen. In unserem jetzigen philosophischen Zeitalter denkt man anders. Wir rechnen die Zahl unserer Tage aus, und das Ziel dieser ist auch das Äußerste unserer Wünsche und Unternehmungen. Weiter erstreckt sich unser Blick nicht, und niemand pflanzt eine

Eiche, wenn er nicht Hoffnung hat, unter ihrem Schatten auszuruhen«.

Dagegen nun die Städte: er ist kaum in Berlin angekommen, da ruft er schon aus, es sei eine herrliche Stadt. Das heißt nicht weiter viel, denn wenig später schon bemerkt Karamsin: »Kaum waren wir auf der Straße, so mußte ich mir die Nase zuhalten vor dem Gestank, den die Unreinlichkeiten aller Art verursachten, die man in die Kanäle schüttet. Warum reinigt man sie nicht? Oder haben die Berliner keinen Geruchsinn?«

Er wird unter die Linden geführt und stellt fest, dies sei ein herrlicher Spaziergang. »In der Mitte sind Alleen zum Spazieren, und an den Seiten ist Pflaster. Lebt man hier reinlicher, oder verbessern die Düfte der Linden die schlechte Luft – ich fühlte wenigstens hier nicht den geringsten unangenehmen Geruch. Die Häuser sind zwar nicht so hoch wie einige in Petersburg, aber sie sind sehr schön. In den Alleen, die über tausend Schritte lang sind, spazierten viele Menschen. Wir gingen einige Male auf und ab, und dann brachte mich mein Landsmann nach Hause.«

Als er dann nach Dresden gelangt, kann der so angestellte Vergleich in dieser Weise kaum überzeugen, denn alles ist hier frischer, heiterer, majestätischer. »Der Morgen war herrlich. Die Vögel sangen, und die jungen Hirsche spielten am Weg. Auf einmal lag Dresden vor mir auf einer weitläufigen Ebene, durch welche die stille Elbe fließt. Die grünen Hügel auf der einen Seite des Flusses, die majestätische Stadt und eine weite fruchtbare Ebene – dies machte zusammen eine herrliche Ansicht. In einer sehr heiteren Stimmung kam ich nach Dresden, und auf den ersten Blick schien mir diese Stadt noch schöner als Berlin zu sein.«

Die Wiedergabe ist nur die allgemeiner subjektiver Eindrücke, nirgends versucht Karamsin sich an der Eigentümlichkeit der Gegenstände und einer genauen Beschreibung, er nimmt auf, aber er erfaßt nicht eigentlich; auch nicht bei Landschaften, Baudenkmälern, Gemälden, Opern sucht er das unverwechselbar-Besondere der Gegenstände festzuhalten; es genügt ihm der Eindruck auf das eigene Innere, der vom Objekt ausgeht, die Wirkung. Nur in Paris ändert sich das ein wenig und wie ohne Ein- und Absicht: die Unverwechselbarkeit der Stadt nötigt ihm Notizen ab, die über das bis dahin schon Geschriebene hinausgehen: Karamsin erblickt und begreift mehr, weil der Gegenstand sehr viel mehr bedeutet und sozusagen mehr von ihm zu fordern scheint.

»Ich bin in Paris«, schreibt er am 2. April 1790. »Dieser Gedanke erregt eine ganz besondere, rasche, unerklärliche, aber angenehme Empfindung in meiner Seele. – ›Ich bin in Paris‹, sagte ich zu mir selbst und laufe Straße auf, Straße nieder, aus den Tuilerien in die Champs-Elysées – auf einmal bleibe ich wieder stehen und betrachte alles mit außerordentlicher Neugierde – Häuser, Wagen, Menschen –, und tausend verschiedene Gedanken durchkreuzen meinen Kopf.«

Nach den ersten Tagen vermag er noch gar nicht zu einer Art von Rechenschaft zu gelangen, die Eindrücke sind zu stark, zu lebhaft und zu vielfältig. »Jetzt bemerke ich nur das – was mir auch der Hauptzug im Charakter der Pariser scheint –, daß alles das Gepräge der Lebhaftigkeit und Geschwindigkeit trägt, Bewegungen, Worte und Handlungen. Das System des Descartes von den Wirbeln war in dem Kopf eines Parisers ganz natürlich. Hier eilt alles irgendwohin; alles scheint einander zu jagen. Man hascht, man errät die Gedanken eines andern, um ihn so geschwind als möglich abzufertigen.«

Er ahnt: das Wesen der Großstadt ist Tempo, die Menge ist schon eine neue Qualität, deutlich wird der Charakter der Stadt aber schließlich auch im Lob der Warenwelt. Und auch der ausgebrochenen Revolution, zum Teil von ihm nur als Insubordination, bloße Forderung und einzelne Übergriffe verstanden, wendet er eine begrenzte Aufmerksamkeit zu. Im Rückblick spricht er dann aus, was sein Reisen deutlich charakterisiert: »Ich lebte mitten unter deinen geräuschvollen Erscheinungen ruhig und heiter wie ein sorgloser Kosmopolit. Mit ruhiger Seele blickte ich auf den Sturm, der in dir wütet, wie der friedliche Hirt von seinem Berg hinab auf das stürmische Meer blickt. Weder deine Jakobiner noch deine Aristokraten haben mir das geringste Böse zugefügt. Ich sah ihren Kampf, ohne mich dareinzumengen. Ich ging in deine prächtigen Tempel, um mit Augen und Ohren zu genießen; dorthin, wo der strahlende Gott der Kunst in den schönsten Produkten des Geistes und der Talente glänzt, wo der Genius des Ruhms majestätisch auf Lorbeeren ruht. – Ich habe nicht alle angenehmen Eindrücke beschreiben können, die du in mir erregt hast, ich habe selbst nicht alles genießen können, aber ich verlasse dich nicht mit leerer Seele (...)« etc.

Der Hymnus muß nicht weitergeführt werden; nur das sieht man, daß Paris doch der stärkste Eindruck seiner Reise war, und wenn Karamsin wenig später London erblickt, dann vermag er es als Großstadt so nur zu erfassen, weil er dies in Paris gelernt hat und weil die Städte eben darin übereinstimmen. London, das weiß er auch schon, wie wenig ihn sonst dergleichen auch interessiert, ist immer der »Mittelpunkt des Welthandels«. Jetzt kennt er die beiden Metropolen Europas und gesteht, er könne sich nicht enthalten, auszurufen: »London ist eine schöne Stadt! Was für ein Kontrast mit Paris! Dort Pracht neben Dürftigkeit, hier Einfachheit und bewunderungswürdige Reinlichkeit; dort Verschwendung neben Armut, hier allgemeiner Wohlstand, dort Paläste, aus denen mit Lumpen behangene Gerippe kriechen, und hier kleine Häuser aus Backsteinen, aus denen die Gesundheit und die Zufriedenheit mit edlem ruhigem Blick treten. Dort fährt ein geputzter und gepuderter Herr in einem elenden Fiaker; hier sitzt selbst der Landmann in einem guten, mit zwei stolzen Rossen bespannten Wagen. Dort Kot und dunkle Enge; hier überall trockener Weg und, ohngeachtet der Volksmenge, nirgends Gedränge.«

Die schematische Kontrastierung verführt den Verfasser gewiß zu mancher Übertreibung, aber noch in ihr wird der Unterschied der beiden Welthauptstädte nicht verfälscht. Karamsin ist auch erstaunt, daß die Stadt bei solcher Bevölkerungszahl nicht eigentlich geräuschvoll ist; aber, wenn man zeitgenössische Berichte liest, muß man wiederum sagen, er übertreibt im folgenden: »Wenn nicht von Zeit zu Zeit das Rollen der Wagen die Gehörnerven erschütterte, so könnte man sich hier in den volkreichsten Straßen für taub halten.«

Stille herrscht angeblich auch in den Caféhäusern, wo die Leute Zeitung lesen und Portwein trinken. Ehrlichkeit, Arbeitsamkeit und Reichtum imponieren dem russischen Dichter, aber er möchte denn doch nicht unter Engländern und im englischen Nebel leben. Und der Gedanke bedrückt ihn, daß die Armut durch das Diktum ›wer arm ist, der verdient kein besseres Schicksal‹, gewissermaßen zum Laster gemacht wird.

Es ist auch zu erwähnen, daß Karamsin außer dem Tower und anderen Sehenswürdigkeiten Newgate, das Gefängnis, und Bedlam, das Irrenhaus, aufsucht. Vielleicht hätte er das früher nicht getan, aber in Paris wurde ihm klar, daß die interessanteste Beschreibung der Stadt nicht die Kunstdenkmäler und Seltenheiten aller Art allein zum Inhalt haben müßte, wiewohl diese ihren Wert haben dürften, aber er würde zehn solcher Beschreibungen »für eine kurze Charakteristik der merkwürdigsten Menschen in Paris hingeben, die nicht etwa in Palästen, sondern größtenteils unterm Dach unbekannt und in Dürftigkeit leben. Das wäre ein weites Feld für den Anekdotensammler!«

Hier wird nun einmal ein nicht nur ästhetisches Interesse laut, fast als habe er Mercier gelesen und Balzac geahnt, das sonst kaum bei ihm zu erkennen ist, sich aber dort andeutet, wo Karamsin etwa kurz die Strenge der Berner Patrizierherrschaft erwähnt oder die unmenschlichen Bedingungen, unter denen in Frankfurt die Juden in ihrer Gasse zu hausen gezwungen sind. Enthusiasmus, Empfindsamkeit, Aufklärung und humanes Denken sind hier noch unzerteilt und – ungeprüft. Sein Herz ist aufgeschlossen, aber sein Blick bleibt doch beschränkt. Aufklärung, wie er sie versteht, ist geförderte Tugend und ist Reinheit der Empfindungen; der eigentlich kritisch-polemische Charakter ist ihr, anders als bei Radistschew, in solchem Verständnis schon abhanden gekommen. Erziehung und Moralität, fortschreitende Bildung ereignen sich für ihn wie von selbst. Empfindsame Betrachtungen und Wunschvorstellungen von Harmonie charakterisieren das Geschichtsbild Karamsins. Auch seine Reise steht unter dem Gesetz der Harmonisierung disparater Erfahrungen; seine Empfindungen, die so unvermittelt und überzeugend erscheinen, sind im wesentlichen vermittelt und geliehen. Bekannte Literatur hat seinen Blick bereits vorgeformt, er sieht nur, was er sehen möchte und so, wie es zu sehen sich seiner Ansicht nach geziemt. Was er als Inhalte erfährt, ist weitgehend bereits formalisiert. Authentische Erfahrung gibt es nur noch dort, wo er solche in der Natur zu finden meint, aber auch sie ist ja bereits weitgehend vorgeformt durch Kenntnis und Absicht. So wird das Erlebnis bei Karamsin sehr oft zur Nachempfindung von literarisch vorgebildeter Erfahrung.

Die Interessen, die ihn leiten, sind scheinbar humanitär, in Wirklichkeit sind sie lediglich privat; alles Empfundene und Geschaute ist als Impression und Anregung wichtig, es wird niemals auf seine Voraussetzungen hin befragt und in seiner Qualität überprüft. Aufklärung ist hier, ihrer kritischen Kraft entkleidet, zum bloßen Bildungsbesitz geworden, den es zu erwerben gilt. Das Individuum realisiert sich allein in den Bereichen einer selbstverständlichen Bildung und einer nur subjektiv bestimmten literarischen Empfindsamkeit und nachahmender Produktivität.

Die republikanische Fußwanderung, die Johann G. Seume im Jahre 1801/02 von Sachsen nach Sizilien und über

Frankreich zurück unternimmt, ist als Gegensatz zur adligen Kavalierstour, zur Bildungsreise ebenso, zu begreifen. Der Mann, der hier wandert, hat zwar den Thukydides und Theokrit in seinem Tornister aus Seehundsfell, aber er reist nicht nach Italien als in das klassische Land der Bildung. Nicht daß er keinen Blick hätte für Bauten, Bilder, Statuen aus der Zeit von Hellas und Rom, er interessiert sich schließlich nicht nur für Museen, sondern auch für Theater, besonders für Bibliotheken, er läßt weder Syrakus noch Agrigent, Pästum so wenig wie Pompeji aus, und dem klassischen Zitat gesellt sich die eigene Übersetzung, ja das eigene Gedicht noch hinzu, aber das alles findet man doch ausführlicher und als wirkliches Erlebnis der Antike wie der gegenwärtigen römischen Welt, bei Moritz und bei Goethe. Seume hat einen scharfen Blick für die menschlichen, die sozialen und politischen Verhältnisse wie kaum ein zweiter der vielen Italienfahrer jener Epoche.

Die Form ist die lockere des zusammenfassenden Berichtes, von Station zu Station in brieflicher Mitteilung ausgeführt, die eine durchgehaltene persönliche Anrede gestattet, den Plauderton der fiktiven Vertraulichkeit, dazu das unpedantische Moment der von Erklärung und wissenschaftlichem Ballast freien Selbstdarstellung wie der Consensus voraussetzenden Anspielung, kurz, der Gesprächscharakter, den Forster zuweilen erzwingt, den Goethe aus dem Tagebuch seiner Italienreise wieder tilgt: »Du weißt, daß Schreibseligkeit eben nicht meine Erbsünde ist und wirst mir auch Deiner selbst wegen sehr gern verzeihen, wenn ich Dir eher zuwenig als zuviel erzähle. Wenn ich recht viel hätte schreiben wollen, hätte ich ebensogut in meinem Polstersessel bleiben können. Nimm also mit Fragmenten vorlieb, aus denen am Ende doch unser ganzes Leben besteht«, schreibt er aus Budin.[10]

Und aus Syrakus läßt sich Seume, durchaus noch im Sinne eines Fragmentisten, wie man auch ihn nennen könnte, wie folgt vernehmen: »Wo fange ich an? Wo höre ich auf?

Wenn man in Syrakus nicht weit von der Arethuse sitzt und einem Freunde im Vaterlande schreibt, so stürmen die Gegenstände auf den Geist: vergib mir also ein bißchen Unordnung!«

Im Sinn des Fragmentisten herrscht das Detail vor, aber die Hauptaufmerksamkeit gilt den Verhältnissen der Menschen. »Seit einigen Tagen bin ich mit einem alten Genuesen, der halb Europa kennt, und hier den Lohnbedienten und ein Stück vom Cicerone macht, in der Stadt herumgelaufen. Der alte Kerl hat ziemlich viel Sinn und richtigen Takt für das Gute und sogar für das Schöne. Er hielt mir einen langen Sermon über die Landhäuser der Kaufleute rund in der Gegend umher und bemerkte mit zensorischer Strenge, daß sie das Verderben vieler Familien würden. Man wetteiferte gewöhnlich, wer das schönste Landhaus und die schönste Equipage habe, wer auf seinem Casino die anspruchsvollsten Vergnügen genieße und genießen lasse, und wetteiferte sich oft zur Vergessenheit und endlich ins Unglück. Sitte und Ehre und Vermögen würden vergeudet. Kaum habe der Kaufmann ein kleines Etablissement in der Stadt [= Neapel], so denke er schon auf eines auf dem Lande; und das zweite koste oft mehr als das erste. Spiel und Weibergalanterie und das verfluchte oft abwechselnde Cicisbeat seien die stärksten Gegenstände des Aufwands; (...)«

Eitelkeit, Konkurrenzgesinnung und daraus resultierender ehrgeiziger Luxus werden als Quelle der Vergeudung, schließlich als Grund der Zerrüttung der wirtschaftlichen Verhältnisse einer Oberschicht angeführt, die angesichts der herrschenden Armut und Verelendung, die zu allgemeiner Unsicherheit der Straßen und Wege führt, weit besseres zu tun hätte, würde sie willens und in der Lage sein, sich auf ihre Verantwortung zu besinnen. Immer wieder kontrastiert er die Erhabenheit von Kunstgegenständen und Landschaften mit der Prosa des Alltags, also auch des sozialen Lebens.

Aus Agrigent berichtet Seume von einem Weg durch die sizilische Insel, der ihn auf eine Wüste blicken läßt, wie er sie in Amerika nicht schlimmer gesehen hatte. »Zu Mittag war im Wirtshause durchaus kein Stückchen Brot zu haben. Die Bettler kamen in den jämmerlichsten Erscheinungen, gegen welche die römischen auf der Treppe des spanischen Platzes noch Wohlhabenheit sind; sie bettelten nicht, sondern standen mit der ganzen Scham ihres Elends nur mit Blicken flehend in stummer Erwartung an der Türe. Erst küßte man das Brot, das ich gab, und dann meine Hand. Ich blickte fluchend rund um mich her über den reichen Boden und hätte in diesem Augenblicke alle sizilischen Barone und Aebte mit den Ministern an ihrer Spitze ohne Barmherzigkeit vor die Kartätsche stellen können.«

Derartige Züge freilich findet man bei Goethe nicht: Elend dieser Art erscheint bei ihm stets als individuelles Unglück, niemals deutlich als Folge verantwortungslosen Verhaltens der herrschenden Gruppen und Cliquen.

Freilich hat Seume recht, wenn er seinen Freund wissen läßt, er habe keine »topische, statistische, literarische oder vollständige kosmische Beschreibung von den Städten« zu geben vor, in denen er sich aufhält: das versuchten Reisende von Profession oder Wissenschaftler solcher Disziplinen, die das auch besser verstünden. Sein Aufenthalt sei dafür auch zu kurz. »Ich erzähle Dir nur freundschaftlich, was ich sehe, was mich vielleicht beschäftigt, und wie es mir geht.«

Ihn beschäftigen aber in besonderer Weise die sozialen Verhältnisse. In Catania, das immerhin einen gewissen Grad von Aufklärung und Liberalität aufweist, wo griechischer Geist wieder aufleben konnte, bedenkt er, daß Wohlstand und Blüte der Gegend den Verhältnissen auf der Insel, wie er sie sonst hat antreffen müssen, Hohn sprechen. Hier könnte er auch leben. »Hier fängt man wenigstens an, das Unglück des Vaterlandes, die Unordnungen und Malversationen aller Art, die schrecklichen Wirkungen der Unterdrückung und des dummen Aberglaubens recht lebhaft zu fühlen. Die Mönche haben den dritten Teil der Güter in den Händen, und wenn ihre Mast das einzige Uebel wäre, das sie dem Staate verursachen, so könnte der gräßliche Druckfehler des Menschenverstandes doch vielleicht noch Verzeihung finden. Aber – mein Gott, wer wird ein Wort über die Mönche verlieren! Bonaparte wird sich zu seiner Zeit ihrer schon wieder ebenso tätig annehmen wie der übrigen, da sie mit ihnen zu seinem System gehören.«

Seume zeigt hier wie an anderen Stellen seiner Reisedarstellung, daß er mit dem Napoleon-Buch des Grafen Schlabrendorf, das er später zitiert, durchaus übereinstimmt, genauer als dies etwa Goethe in seiner Rezension des Buches erkennen läßt. Daß Napoleon die Revolution preisgibt und den Weg zur Despotie einschlägt, beschäftigt Seume noch unter der Sonne Siziliens: die lebendigen Zeugnisse überalterter Privilegierung und Bevormundung sind hier nicht zu übersehen. Die Mönche von St. Martin zwischen Messina und Palermo sollen, so drückt er es aus, »die prächtigste Mast in der ganzen Christenheit haben. Wenn das Christentum Schuld an allem Unheil wäre, das man bei seinen Priestern und durch seine Priester sieht, so wäre der Stifter der hassenswürdigste der Menschen«.

Der aufklärerische Affekt gegen Kirche und Mönchswesen, Priesterschläue und religiös gefärbte Bevormundung zeigt zuweilen durchaus voltaireschen Ingrimm. Zu Recht: jede Form der Unterdrückung, der Ungerechtigkeit, empört ihn. »Freund, wenn ich ein Neapolitaner wäre, ich wäre in Versuchung, aus ergrimmter Ehrlichkeit ein Bandit zu werden und mit dem Minister anzufangen.«

Selbsthilfe, die den Anschein der Gesetzlosigkeit gewinnt, ist ihm durch die Situation, die den normalen Rechtsweg nicht mehr offen läßt, im Sinn des Naturrechts gerechtfertigt. »Welche Regierung ist das, die so entsetzlich mit dem Leben ihrer Bürger umgeht! Kann man sich eine gröszere Summe von Abscheulichkeit und Niederträchtigkeit den-

ken?« fragt er angesichts der Tatsache, daß ein vielfacher Mörder nur wegen Bagatellvergehen kurzfristig belangt wird, weil die Regierung ihn brauchen kann: »Die Amnestie des Königs hat die Armee und die Provinzen mit rechtlichen Räubern angefüllt. Er nahm die Banditen auf, sie waren brav, wie ihr Name sagt; er belohnte sie königlich, gab ihnen Ämter und Ehrenstellen, und jetzt treiben sie ihr Handwerk als Hauptleute der Provinzen gesetzlich.«
Das von den Franzosen ›befreite‹ Land jedoch führt die alte Hierarchie wieder ein; die Klöster nehmen ihren Besitz zurück, die Kirchen sind wieder geheiligt, und die Prälaten behaupten sich in alter Unangefochtenheit. »Da mästen sich wieder die Mönche, und wer kümmert sich darum, daß das Volk hungert? Die Straßen sind nicht allein mit Bettlern bedeckt, sondern diese Bettler sterben wirklich daselbst vor Hunger und Elend. Ich weiß, daß bei meinem Hiersein an einem Tage fünf bis sechs Personen vor Hunger gestorben sind. Ich selbst habe einige niederfallen und sterben sehen. Rührt dieses das geistliche Mastheer? Der Ausdruck ist empörend, aber nicht mehr als die Wahrheit.«
Das also ist Rom im Jahre 1802; die Trauerfeierlichkeiten für Pius VI. haben Unsummen verschlungen, für den Toten wurde verschwendet, während die Lebenden im Elend existieren. »Rom ist die Kloake der Menschheit gewesen, aber vielleicht nie mehr als jetzt«, heißt es nun. Die revolutionäre Selbsthilfe erscheint ihm in dieser Situation legitim. Auch die Erinnerungen an die großen Gestalten der römischen Republik werden auf die Gegenwart bezogen: er habe auf dem Kapitol den schönen Brutus vermißt, heißt es, weil die Franzosen viele Kunstschätze nach Paris verschleppt hatten. Was soll, fragt Seume, »was soll Brutus in Paris? Vor fünfzig Jahren wäre es eine Posse gewesen, und jetzt ist es eine Blasphemie. Dort wachsen die Cäsaren wie die Fliegenschwämme«.
Seume weiß auch in Paris, womit er zu tun hat, die späteren »Apokryphen« zeigen es deutlich genug. Aber noch in

den »Spaziergang« geht es ein, Republikanismus ist der basso sostenuto seiner Darstellung: »Seitdem Bonaparte die Freiheit entschieden wieder zu Grabe zu tragen droht, ist mir, als ob ich erst Republikaner geworden wäre. Ich bin nicht der Meinung, daß eine große Republik nicht dauern könne.«

Rom bietet selbst ein Gegenbeispiel, und nur in der Republik sind Menschenwürde, Gerechtigkeit und allgemeine Glückseligkeit möglich. »Wo nicht der Knabe, der diesen Abend in der letzten Strohütte geboren wurde, einst rechtlich die erste Magistratur seines Vaterlandes verwalten kann, ist es Unsinn, von einer vernünftigen Republik zu sprechen. Privilegien aller Art sind das Grab der Freiheit und Gerechtigkeit.«

Daß freilich der akkumulierte Reichtum wieder neue, stillschweigende Privilegien schafft, kommt dem republikanischen Manne nicht in den geraden Sinn; deswegen sieht er doch die Antike mit kritischem Blick, wie seine Studien zu Plutarch es zeigen.

Der Ingrimm über die menschlichen Verhältnisse, die politische sind, aber keine freien und gerechten, macht ihn noch nicht blind für die alte, geschichtsreiche Landschaft. Zwischen Feigengärten und Kastanienwäldern gelangt er zu einem Kloster oberhalb von Neapel am Berge: »Von Neapel sieht man zwar nicht viel«, sagt er, »weil es fast ganz hinter dem Posilippo liegt, nur der hohe Teil von Elmo, Belvedere und einige andere Stückchen sind sichtbar. Aber rund umher liegt das ganze schöne, magische, klassische Land unter einem Blick. Portici, das auf der Lava der Stadt des Herkules steht, der sich emportürmende Vesuv mit dem Somma, Torre del Greco, Pompeji, Stabiä, Sorrent, Massa, Capri, der ganze Posilippo, Nisida, Ischia, Proeida, der ganze Meerbusen von Bajà mit den Trümmern der Gegend, Misene, die Thermen des Nero, der Lukaner See und hinter ihm versteckt der Averus, die Solfarata, bei heiterem Wetter die Berge von Cumä, der Gaurus

und weiterhin die beschneiten Apenninen, unter der Ag-
nano mit der Hundsgrotte, deren Eingang nur ein hervor-
springender Hügel bedeckt; der neue Berg hinter der Solfarata, alte und neue Berge, ausgebrannte und brennende
Vulkane, alte und neue Städte, Elysium und die Hütte: –
all dieses fassest Du mit Deinem Auge, ehe Du hier eine
Zeile liest. Tief, tief in der Ferne sieht man noch Ponza
und einige kleinere Inseln.«

Die Kunst der Landschaftsbeschreibung, Naturdarstellung
und Stimmungswiedergabe übt Seume, vielleicht absichtlich,
fast nicht oder nur ausnahmsweise. Was die Landschafts-
erfassung seit dem »Werther« bis hin zu den idealen Landschaften Jean Pauls und den genauen in der Prosa Alexander v. Humboldts auszeichnet, die Entwicklung, die Heinse
und Forster und die Romantik umgreift, scheint Seume
kaum gestreift zu haben. Man darf dennoch nicht sagen,
daß er unberührt von landschaftlichen Eindrücken bleibt,
seine Nüchternheit läßt Begeisterung erahnen, die bloße
Aufzählung wird durchaus zur Erfassung, aber das subjektive Moment bleibt, fast verschwiegen, nur einige Adjektive
lassen es anklingen. Die knappe Erwähnung von Namen
ist schon nicht frei von Evokation, sie ist beschwert mit
Bedeutung, mit Assoziationen, die jede schmückende Erläuterung wieder überflüssig zu machen scheinen.

Viele Abschnitte dieser Art liefert Seume freilich nicht, er
dosiert wohl sehr bewußt, und auffallend werden solche
knappen, gefühlfreien Erfassungen gerade in ihrer Seltenheit, würden sie sich wiederholen, müßte sich der rasch auf-
leuchtende Glanz wieder abschwächen. Zwischen Caserta
und Neapel durchreist er, zur Abwechslung doch einmal
im Wagen, die campanische Landschaft: »Dieses ist also
das schöne, reiche, seelige Kampanien, das man, seit es so
bekannt ist, zum Paradiese erhoben hat, für das die römischen Soldaten ihr Kapitol vergessen wollten! Es ist
wahr, der Strich zwischen Aversa, Kapua, Kaserta, Nola
und Neapel, zwischen dem Vesuv, dem Gaurus und den

hohen Apenninen, oder das sogenannte Kampanertal, ist von allem, was ich in der alten und neuen Welt bis jetzt noch gesehen habe, der schönste Platz, wo die Natur alle ihre Gaben bis zur höchsten Verschwendung ausgegossen hat. Jeder Fußtritt trieft von Sagen. Du pflanzest einen Baum, und er wächst in kurzer Zeit schwelgerisch breit und hoch empor; Du hängst einen Weinstock daran, und er wird stark wie ein Stamm, und seine Reben laufen weitausgreifend durch die Krone der Ulme; der Ölbaum steht mit bescheidener Schönheit an dem Abhange der schützenden Berge, die Feige schwillt üppig unter dem großen Blatte am gesegneten Aste, gegenüber glüht im sonnigen Tale die Orange, und unter dem Obstwalde wellt der Weizen, nickt die Bohne in reichlicher, lieblicher Mischung.«

Das ›Schwelgerische‹ liegt hier nur im Rhythmus der Prosa und in einigen Epitheta. Man sieht an solchen ›Exkursen‹, daß für Seume, der aus kargerem Lande stammt, nicht zuletzt die Fruchtbarkeit der Landstriche es ist, die ihn berührt. Denn das bedeutet die Verheißung von Fülle, die leichtere Befriedigung der unmittelbaren Bedürfnisse und damit die mögliche Freiheit von alltäglichem Zwang. Denn Fülle vermittelt immer auch ein Empfinden von Glück, Genuß und Freiheit, wie irrtümlich dies auch objektiv sein mag, vor allem aber tut sie dies dem Reisenden gegenüber, der an solchen Orten nicht verweilt, um hier für die Erhaltung des eigenen Daseins Sorge zu tragen. Dann wäre er auch kein Reisender mehr – und die Landschaft stellte anders sich dar. Sein Blick wäre verändert. Die Landschaft, die Seume beschaut, ist übrigens immer gezähmt, ist Nutzlandschaft.

Vielgerühmte Gegenden und Städte tut er absichtlich kurz ab, Stadtbeschreibungen liefert er eigentlich gar nicht; mit absichtvoller Nachlässigkeit spricht er sogar von Venedig: »Den dritten Februar, wenn ich mich nicht irre, kam ich in Venedig an und lief sogleich den Morgen darauf mit einem alten, abgedankten Bootsmann, der von Lissabon bis Konstantinopel und auf der afrikanischen Seite zurück die ganze Küste kannte und jetzt den Lohnbediensteten machen mußte, in der Stadt herum; sah mehr als zwanzig Kirchen in einigen Stunden (...). Wenn ich Künstler oder nur Kenner wäre, könnte ich Dir viel erzählen von dem, was da ist und was da war. Aber das alles ist Dir wahrscheinlich schon aus Büchern bekannt, und ich würde mir vielleicht weder mit der Aufzählung noch mit dem Urteile große Ehre erwerben. Der Palast der Republik sieht jetzt sehr öde aus, und der Rialto ist mit Kanonen besetzt.«

Der kurze Nachsatz enthält, was ihm wichtig ist. Enthusiastisch wird man das nicht nennen, eher schon leichtfertig. Man erkennt, wie sehr ihm, dem literarischen Kenner, die literarische Beschreibung und der Bildungsgehalt zu selbstverständlich sind, um der Anstrengung oder der Erwähnung überhaupt noch zu bedürfen. Auch hat er stets noch Wichtigeres, lebendige Gegenwart nämlich, zu sehen und zu vermitteln. Die Fahrten des alten Bootsmanns finden breitere Erwähnung als zahllose berühmte Kirchen der Adria-Republik.

Ausnahmen freilich gibt es auch hier: der klassisch orientierte Kunstsinn Seumes verweilt bei einem modernen Werk klassizistischer Bildhauerei: »Jetzt ist meine Seele voll von einem einzigen Gegenstande, von Canovas Hebe. Ich weiß nicht, ob Du die liebenswürdige Göttin dieses Künstlers schon kennst; mich wird sie lange, vielleicht immer beherrschen. Fast glaube ich nun, daß die Neuen die Alten erreicht haben. Sie soll eins der jüngsten Werke des Mannes sein, die ewige Jugend. Sie steht in dem Hause Albrizzi, und der Besitzer scheint den ganzen Wert des Schatzes zu fühlen. Er hat der Göttin einen der besten Plätze, ein schönes, helles Zimmer nach dem groszen Kanal angewiesen. Ich will, ich darf keine Beschreibung wagen; aber ich möchte weissagen, daß sie die Angebetete der Künstler und ihre Wallfahrt werden wird.«

Statt der Beschreibung wagt Seume allerdings ein mittelmäßiges Huldigungsgedicht, und er gesteht, er sei ein wenig außer sich gewesen, diese einzige Viertelstunde, meint er, habe ihm schon seine ganze Reise bezahlt, er schämt sich seines Enthusiasmus nicht. Statt der Beschreibung wagt er die Wiedergabe der Empfindungen und zeigt doch dabei, wie sehr seine Strenge und Schärfe und Kühle gelernte Verhaltensweisen sind, angebildete, also zweite Natur. Er ist der raschen Schwärmerei sehr wohl fähig, doch das ganze Buch, aus solchen Stellen zusammengesetzt, wäre nicht zuletzt deshalb unerträglich, weil dieser Enthusiasmus begrifflos und unkritisch bleibt.

Das ist vielleicht als Zwischenzustand zu ertragen, kaum aber als Grundsatz. Den wahren Seume wird man in solchen Phasen der Darstellung, die sowieso Ausnahmen sind, nicht suchen dürfen, d. h. nicht im Privaten, wohl aber dort, wo er in der ihm eigentümlichen Weise das private Empfinden zur objektiven Geltung zu erheben sucht. In Rovigo etwa sieht er den Freiheitsbaum mit der Mütze und im Café ein lockeres Gewimmel von Italienern und Franzosen, deren gezügelte Ungebundenheit ihm wohltut, wenn er sich an die gedrückte Furchtsamkeit in Wien oder Venedig erinnert. Er atmet freier, »so wenig ich auch eben diese Freiheit für mich behalten und sie überhaupt den Menschenkindern wünschen möchte«.

Immer wieder entfaltet Seume gerade im bescheidenen Nebenbei seiner Darstellung die ungezwungene Kunst, die ihm eignet: »Wenn ich nun ein ordentlicher, systematischer Reisender wäre, so hätte ich von Rimini rechts hinauf auf die Berge gehen sollen, um die selige Republik San Marino zu besuchen; zumal da ich eine kleine Liebschaft gegen die Republiken habe, wenn sie auch nur leidlich vernünftig sind. Aber ich ging nun gerade fort nach Cattolica und Pesaro.«

Oder eines der polemisch geprägten Beispiele dieser selbstverständlich beiläufig sprechenden Darstellung: »Nepri könnte ein herrlicher Ort sein, wenn die Leute hier etwas fleißiger sein wollten; aber je näher man Rom kommt, desto deutlicher spürt man die Folgen des päpstlichen Segens, die durchaus wie Fluch aussehen.«

Das Jesuitenkloster zu Catania ist dem Etablissement für eine Manufaktur gewichen, und obschon es damit noch nicht weit her ist, »so ist doch durch die Vernichtung des Klosters schon viel gewonnen«, konstatiert Seume.

Man vergißt wohl überhaupt bei diesem Gegenstand, der italienischen Fußreise, in welchem Maße dieses Buch ein polemisches ist. Aber der polemische Gehalt ist nicht zu trennen von Seumes republikanischer Gesinnung: »Man sagt wohl, Italien sei ein Paradies, von Teufeln bewohnt, das heißt der menschlichen Natur Hohn gesprochen. Der Italiener ist ein edler, herrlicher Mensch; aber seine Regenten sind Mönche oder Mönchsknechte; die meisten sind Väter ohne Kinder, das ist Erklärung genug. Ueberdies ist es der Sitz der Vergebung der Sünde.«

Er wolle nun machen, daß er aus dem Lande komme, heißt es schließlich, man werde ihn sonst für bissig und bösartig halten; in der Tat, bösartig wirkt hier der Chamfort verwandte Zynismus, dieser in dem von F. Schlegel bestimmten Sinne: Republikanismus, Natürlichkeit, Simplizität, Strenge, Skepsis und Unabhängigkeit. »In Rom arbeitet man mit allen Kräften an der Wiederherstellung aller Zweige der Hierarchie und des Feudalsystems: Gerechtigkeit und Polizei werden schon folgen, soweit sie sich nämlich mit beiden vertragen können. Die Mönche glänzen von Fett und segnen ihren Heiland Bonaparte. Das Volk hungert und stirbt oder flucht und raubt, nachdem es mehr Energie oder mehr fromme Eselsgeduld hat.«

So begibt sich Seume nach Paris, wie um sich gegen Napoleon und die anhebende Wiederkehr der alten Zustände unter seinem Konsulate, das die Alleinherrschaft schon ahnen läßt, in seinem Republikanismus trotzig bestätigen zu lassen, einem Republikanismus, der, das ist nun das Paradoxe, schließlich doch privat bleiben sollte. Aber der Mann, der mit kritischem Blick zu Fuß ging, war nicht hinter seiner

Zeit zurück; zu Fuß zu gehen war für ihn schon ein Protest, Protest gegen den Verfall des Humanen. So wird die Bildungsreise bei Seume schon zur sozialkritischen Darstellung wie bei Wekhrlin, Riesbeck oder Rebmann, bleibt aber noch Bildungsweise, freilich eine, die ihren politischen Gehalt als selbstverständlich hingenommen wissen möchte.

VI
ENZYKLOPÄDISCHE UND PHILOSOPHISCHE
WELTANEIGNUNG

Nicht immer, wenn ein Philosoph reist, wird daraus eine
philosophische Reise; die auf die Objekte gerichtete wissenschaftliche Expedition, wie etwa bei Le Gentil oder
bei Niebuhr, wird ebensowenig dazu, wie ihr die subjektiv ausgerichtete Bildungsreise schon grundsätzlich widerspricht. Auch die sozialkritischen Reiseberichte etwa
eines Riesbeck oder Radistschew bilden dazu keine
Antithese, und die Reisen in die Hauptstadt der Revolution wie die von Campe, Halem, Reichardt, Young und
anderen bedürfen eines reisenden Subjekts mit philosophischem Blick. Nicht eigentlich eine neue Formvariante der
Gattung Reisebeschreibung entsteht hier, sondern ein neues
Niveau wird hier erreicht. Tatsächlich wird aber doch damit
so etwas wie ein neuer Typus hervorgebracht, weil sich der
Anspruch verändert wie die Sehweise und die Art der Erfahrung, d. h. der Aufnahme von Weltstoff, die von historischem Wissen und zeitgenössischer Kritik geprägt wird.
Die Reise hört dabei auf, Zufall und Neugier, Abenteuerlust und höheren Auftrag, künstlerische Absicht und Bil-
dungsdrang zu ihren Voraussetzungen zu haben; wo sie ihn
gehabt haben mag, wird das alles im Überblick über das
Erfahrene wieder aufgehoben sein.
Nicht nur das Fremde zu sehen und zu beschreiben, gar es
erst zu entdecken, kennzeichnet solches Reisen, sondern die
Fähigkeit, sich und das Vertraute wie nur Bekannte, die
eigene Welt also, anders zu betrachten, so daß sich allmählich die Kategorien zu vertauschen drohen: das Fremde erscheint als vertraut, fremder wird das Vertraute. In der
Reflexion hört beides auf zu sein, was es einmal war, und
nur als durchdrungener, angeeigneter Weltstoff gewinnt die
erfahrene Fremde ihre Identität zurück. Erst hier ist
das Subjekt wieder bei sich; es hat in der Reflexion den

Aufbruch, den Abstand, die Ausgeliefertheit und die Rückkehr noch einmal durchgemacht, es hat gelernt, sich so in Frage zu stellen wie den Wert seines Tuns, seiner Entdeckungen oder seiner sogenannten Erfolge. Es hat aber auch gelernt, daß die Welt nicht notwendig so ist, wie sie sich darstellt, daß sie, die endgültig umschiffte und im wesentlichen auch bekannte, wennschon nicht endgültig auch erkannte, veränderbar ist, daß die Begegnungen mit fremden Völkerschaften und Landstrichen, mit vergangenen Epochen und historisch zurückgebliebenen Lebensformen Einwirkungen bedeuten, die nicht mehr umkehrbar sind. Der Kult der exotischen Idylle entspricht ihrer allmählichen Umgestaltung oder gar Zerstörung, das geographische oder historische Heimweh dem aktuellen Überdruß oder Ungenügen. Der Müdigkeit des ›nichts Neues unter der Sonne‹ erwidert die Lichtenbergische Ermunterung ›Kolumbus überall‹. Herders Utopie der Umgestaltung ganzer Teile Europas durch eine philosophische Pädagogik erwidern die Schüsse europäischer Schiffsoffiziere auf Eingeborene, die Nägel stehlen oder ein Beil. Die Unschuld des Reisens ist zweifellos im 18. Jahrhundert verlorengegangen, damit die Unbefangenheit der Darstellung, die nur bei völliger Unangefochtenheit des Gemüts erhalten bleiben konnte. Und wer wollte, konnte Fremdes und Befremdendes auch in der nächsten Nachbarschaft entdecken.

Friedrich Nicolai, das Haupt der Berliner Aufklärung, der die »Beschreibung einer Reise durch Deutschland und die Schweiz im Jahre 1781. Nebst Bemerkungen über Gelehrsamkeit, Industrie, Religion und Sitten« in ganzen zwölf Bänden von 1783 bis 1796 vorlegt, reist mit enzyklopädischem Anspruch immerhin en philosophe im Sinn des 18. Jahrhunderts. Aus der siebenmonatigen Reise wurde ein vielbändiges Kompendium, das überaus erfolgreich war. Er weiß, wie man reisen sollte, er weiß vor allem, daß man sich nicht dem Unbekannten einfach ausliefern dürfe, er fordert, daß das Reisen Ziel und Zweck haben sollte, dementsprechend läuft auch ein vorformuliertes Programm ab, alles Gesehene muß in die ausgearbeitete Theorie passen oder in seinen Augen als sinnlos erscheinen. So darf eigentlich nur der Fachmann reisen, wer aber wäre mehr Fachmann für das Allgemeine als der Philosoph?

Ein Schreiben an den Kriegsrath Dohm fungiert als Vorwort, in ihm wird die Absicht dieses wissenschaftlichen und schriftstellerischen Unternehmens ausgesprochen: »Fast niemand hält es der Mühe werth, eine Reise durch Deutschland zum Hauptzwecke zu machen, und unpartheyisch zu beobachten, wie es in Deutschland aussiehet. Wenn die Einwohner der verschiedenen deutschen Länder, anstatt bloß zu Hause, und bei den angebohrenen Vorurteilen zu bleiben, oder durch unüberlegte Reisen ins Ausland noch mehrere zu holen, lieber Deutschland in seinem ganzen Umfange durchreiseten; so würden sie sich besser kennen und richtiger von einander urtheilen lernen, würden einsehen, daß in allen Ländern Gutes und Fehler anzutreffen sind, würden auf den Theil von Deutschland, wo sie zu Hause gehören, die nützlichste Anwendung machen, würden sich einander ertragen und lieben lernen. Hierzu könnten Reisebeschreibungen die nützlichsten Dienste thun (...)«[1]

Das klingt wie das etwas pedantische, aber wohlmeinende Programm eines aufklärerisch und im Wortsinn der Epoche patriotisch eingestellten Volksschriftstellers, der Vorurteile bekämpfen und durch Vermittlung von Kenntnissen Verständnis fördern will. Deshalb genügt ihm auch sein Reisejournal schließlich für die Abfassung der Beschreibung seiner Reise nicht mehr. Die »Begierde gemeinnützig zu seyn«, läßt ihn über die Journalnotizen hinausgehen. So gibt er sich große Mühe im Sinn der von ihm geforderten Objektivität, die ersten Eindrücke im nachhinein zu verifizieren, Versäumtes nachzutragen, Unklarheiten aufzuhellen, dies zum Nutzen der künftigen Reisenden. Deshalb nimmt er auch Gedrucktes auf. Er sieht aber eine große Schwierigkeit darin, freimütig reden zu müssen, denn dergleichen führt Feindschaften mit sich. »Und wenn man Vorurtheile in Religionsgebräuchen, Mängel in Verfassungen, in Gelehrsamkeit, in Industrie, Besonderheiten in Sitten bemerken, und seinen Namen dabey nennen, und die Scene weder nach Griechenland noch nach Marokko verlegen will, sondern ganz simpel heraussagt ›In diesem Lande oder Ort in Deutschland findet sich dieses oder jenes!‹ so ist es wohl sehr schwer zu sagen, wo man anfangen und wo man aufhören, was man sagen oder verschweigen soll, wenn man Wahrheit hervorbringen, durch Wahrheit Nutzen stiften und doch wissentlich nicht beleidigen, und doch schonen will, was des Schonens würdig ist. Hier ist es, und auch bey der redlichsten Gesinnung, fast unmöglich, die rechte Gränzlinie zu ziehen, und derjenige, welcher dieß jemals versucht, und nie dabey gefehlt hat, werfe den ersten Stein auf den, welchen er hierin fehlen siehet.«

Umständlich wie die Vorbereitungen sind eben auch die Vorüberlegungen zur Darstellung dieser Reise des Friedrich Nicolai, er hat Skrupel, weil er alles Wichtige aufnehmen, weil er ganz objektiv sein und niemanden verletzen will. Viele, so stellt er besorgt fest, hielten solche Erwägungen für belanglos und berufen sich auf die Freiheit. Die aber nennt er ein leeres Wort, oft freilich mehr als ein Wort, was er wie folgt erläutert: »Ich spreche von der allgemeinen Meinung der meisten unserer Zeitgenossen, welche an dem Herkommen fest halten und wahrhaftig noch keinen Sinn dafür haben, daß über alle Gegenstände frey- und ohne Umschweife dürfe räsonniret werden. Vielen ist es sogar ungelegen, wenn manche Dinge nur ans Licht gezogen werden, und gesagt wird, daß sie existiren. Die Menschen die nach dem Schatten zu sehen gewohnt sind, dünken sich nie größer als bey untergehender Sonne, und hassen das Mittagslicht, weil sie sich da so gar klein vorkommen. Man spricht in Deutschland wohl von Freymüthigkeit, aber man kann schon von weitem her Freymüthigkeit sehr wenig ertragen.«

So will denn auch niemand, daß über den Zustand seines Landes öffentlich geurteilt werde, es sei denn, es handle sich um ein Lob. Auch große Städte Deutschlands zeigen sich hierin als durchaus kleinstädtisch. Noch von dem, was alle wissen und niemand verhehlen kann, darf dennoch nicht öffentlich gesprochen werden. Nicolai, dem es in diesem Sinne um Öffentlichkeit geht, der noch mit seinem Reisewerk die Kenntnis, damit auch die Kommunikation befördern will, plädiert für die Unterscheidung von Freimütigkeit und Wahrheitsliebe zum einen, Mutwillen und Absicht zu beleidigen zum anderen. Es sei schon früh sein Schicksal gewesen, wenig opportune Wahrheiten auszusprechen, gesteht er dem Leser, und das gelte nun auch für den Abend seines Lebens. Wahrheit, so dekretiert er, ist nützlich, Wahrheit muß ausgesprochen werden. So stockt dann die Feder zuweilen, weil unterschieden werden muß zwischen dem, was man glaubt ohne Schaden übergehen zu dürfen, und dem, was des allgemeinen Nutzens wegen ausgesprochen werden muß. Hier zu entscheiden ist sehr schwer, am schwersten aber, wenn man, wie Nicolai dies ausspricht, ein Herz hat, das für Wahrheit und Aufklärung schlägt.

Die Einleitung zum Reisewerk ist von grundsätzlicher Art: »Ein jeder Reisender sollte, ehe er die Reise antritt, den Zweck derselben wohl überlegen und festsetzen; denn wer alles sehen und thun will, sieht und thut nichts. Freylich kann alles für einen denkenden Mann sehenswürdig seyn, aber wenn er sich nicht zu sehr zerstreuen, und eine beschränkte Zeit gut eintheilen will; so muß er, was ihm nicht dienet lieber ganz weglassen, und sich auf das einschränken, was seinen Zwecken gemäsz ist.«

Nicolai sieht ein, daß man nicht alles begreifen, also nicht richtig sehen kann, der eine versteht sich auf Landwirtschaft, der andre auf Gemäldegalerien oder auf naturhistorische Kabinette, wer sonach falsch reist, kommt beim falschen Gegenstand an, d. h. er kann sich wohl damit die Zeit vertreiben, mit ihm fremden Gegenständen sich abgebend, er wird aber »keinen Nutzen« haben, vielmehr Zeit damit verlieren, die ihm fehlt, um anderes zu betrachten, was ihm verständlich, also auch von Nutzen gewesen wäre. So ist es auch sehr nötig, daß man seine Reise erst nach einer gründlichen Vorbereitung antrete; man muß eben wissen, was wo zu sehen und zu unternehmen ist. So ist er denn auch selbst verfahren, seine Reise sollte ja nicht nur anderen, sondern auch ihm selber von Nutzen sein.

»Ich hatte«, so heißt es, »nachdem ich den Weg, den ich nehmen wollte, festgesetzt, und die Zeit, welche zur eigentlichen Reise nöthig war, berechnet hatte, die Zeit unsers Aufenthalts an jedem Orte ungefähr bestimmt. Ich machte nunmehr ein Verzeichnisz der Gelehrten und anderer merkwürdiger Personen, die wir besuchen wollten; ich zeichnete die Sehenswürdigkeiten auf, welche unserm Zwecke nach die nothwendigsten waren, und was wir sonst an jedem Orte berrichten, oder wornach wir uns erkundigen wollten. Ich bediente mich dazu nicht bloß der gewöhnlichen Handbücher; sondern mein Sohn hatte auf meine Veranlassung aus vielen Sammlungen und Büchern allerhand Art, viele Nachrichten von neuesten Veränderungen und Anstalten in verschiedenen Städten und Ländern zusammen getragen, (...)«

Statistisch interessiert, erkundigt er sich nach dem Verhältnis von Geburten- und Sterberate in manchen Orten, sieht deshalb die Kirchbücher durch und stellt Folgerungen an. Um die bestehenden Angaben über die Entfernungen zu überprüfen, läßt er sich einen Wegmesser bauen und an der Radachse befestigen, Catel hilft ihm, die Welt zu messen. Denn der Catelsche Wegmesser ist nun das Signum der Meßbarkeit von Welt, an ihm wird das abstrakte Verfahren höchst konkret sichtbar.[2] Wie die Reise nützlich sein soll, nicht Abenteuer, Lust oder Bildung, so ist die Welt selbst meßbar und wägbar geworden. Deshalb weiß F. Nicolai auch, wo er hinzufahren, was er zu sehen, wie lange er sich aufzuhalten hat. Was der feudalen Welt das Protokoll und die Etikette als die Regel der Repräsentation, das ist der bürgerlichen der Nutzen und die gewollte Brauchbarkeit als die Regel der entwickelten Rationalität. Die Reduzierung auf reine Gegenständlichkeit macht die Welt freilich quantitativ unendlich und Selektion zum unlösbaren Problem, hier zu entscheiden muß die Berufung auf den gesunden Menschenverstand herhalten, der sich nur aufgrund seiner Robustheit für so gesund halten kann. Von hier aus läßt sich auch jeder Aberglaube kritisieren und auch, was dem Verstande als solcher erscheint.

Bestimmte Erscheinungen, ungewöhnliche Naturphänomene etwa, können bei Nicolai nicht mehr vermittelt werden, sie sind dann nur noch »fürchterlich schön«; was geschieht, kann vielleicht noch empfunden, aber nicht mehr ausgedrückt werden. Unvergeßliche Eindrücke bekommen dann ihre Vergewisserung für das Bewußtsein nur noch durch das Zitat, Affekte selbst, weil sie ja der Vernünftigkeit – man sollte hier von Vernunft nicht sprechen – widerstehen, erhalten den Charakter des Allgemeinen. Vorsicht, so heißt es einmal, sei immer nötig. »Im Dunkel sind dabei mehrere Schwierigkeiten.« Stehen die Affekte dann unter der Kontrolle der Vernunft, entsteht ein genau kontrollierter Gemütshaushalt – schließlich hat doch jeder ein Herz im Leibe und leider auch Nerven wie Empfindungen. Was hier sich begibt, ist der von Hegel in der »Phänomenologie des Geistes« beschriebene Kampf der Aufklärung mit dem Aberglauben. Vernunft ist die neue Hierarchie, im Grunde nichts als ein enger Rationalismus, der seine eigene Orthodoxie entwickelt.

Letztlich sind aber die Ansprüche Nicolais, die er in der Vorrede entwickelt, durchaus noch bescheiden und akzeptabel, er ist sich tatsächlich der Widersprüchlichkeit seiner Lage durchaus nicht bewußt. »Denn wenn mir auch all der Nutzen, den ich durch mein Unternehmen zu stiften hoffe, fehlschlagen sollte, so würde ich schon zufrieden seyn, wenigstens *den* Zweck zu erreichen, daß Deutsche auf Deutschland mehr aufmerksam gemacht werden, daß deshalb mehrere Reisen durch Deutschland geschehen, und daß was jedes deutsche Land für sich eigenes und merkwürdiges hat, nach seiner wahren Gestalt in den andern deutschen Ländern bekannter werde.«

Je mehr man nachdenkt, den Widerspruch in sich aufnimmt, soll sich nach Nicolai auch die Wahrheit entfalten, Umschütteln, so heißt es einmal, lasse die Spreu verfliegen, so daß der Weizen rein erscheint – das ist in der Tat der naive Vernunftglaube in seiner reinsten Gestalt, nämlich der einer über sich selbst nicht aufgeklärten Aufklärung. Selbst das bescheiden formulierte Ziel, im Medium der Reisebeschreibung die deutschen Länder sozusagen in einen Dialog zu bringen und sehr bescheiden Aufklärung und Öffentlichkeit durch das gedruckte Werk zu realisieren, wird so nicht erreicht. Nicolai reist im Grunde nicht, er bestätigt durch seine Fahrt nur, was er wissen, sehen und begreifen will. Fremdes hat in diesem Reisen keinen Platz, kein Abenteuer, kein Umweg; übertrieben ausgedrückt, reist hier kein Subjekt, sondern eine Maschine, die Welt und Menschen, soziale wie ökonomische Verhältnisse lediglich zu registrieren vermag. Insofern stimmt es wohl, daß man Jean Pauls Satire von der Reise des Rektors Florian Fälbel mit seinen Primanern in das Fichtelgebirge als die Parodie auf Nicolai lesen darf.[3] Wenn nicht Nicolai selbst, so ist doch der Geist von seinem Geiste gemeint, will man hier von ›Geist‹ noch sprechen.

Insofern ist es nicht nötig, von der Person des Friedrich Nicolai zu sprechen, sondern eher von dem abstrakten Identitätsdenken, für das er steht. Rationalistisches und empirisch-positivistisches Denken bestimmen in gleicher Weise das Verfahren Nicolais, der sich nicht traut, zu seiner Subjektivität sich zu bekennen, aber auch nicht begreift, daß Wahrnehmung und Erfahrung letztlich von der Theorie bestimmt werden. Da er weiß, was er suchen und finden muß, könnte er eigentlich auch zu Hause bleiben und sich schriftlich dessen versichern, was er meint, nötig zu haben – abgesehen von dem, was er meint neuerdings ausmessen zu sollen. Die Normen, unter deren Gesetz er Welt aufnimmt, sind bereits festgelegt, und er wird niemals wagen, sie von den Gegenständen selbst in Frage stellen zu lassen. Insofern ist er gewiß der Erfahrung unfähig. Es gibt nichts Offenes mehr bei dieser Art zu reisen, der Horizont ist immer schon verstellt von dem, was der so Reisende weiß und beabsichtigt.

Reise ist nur noch bewältigter Abstand zwischen Abfahrt und Heimkunft, und damit erledigt sich Nicolais Forderung nach richtigen Begriffen, Reise ist die Differenz zwischen Gedrucktem, Bekanntem und den Ergebnissen einer neuen Überprüfung; seine leere Neugierde entspricht der Fülle der gleichförmig bedeutungslosen Gegenstände, die eher registriert als begriffen werden. Die Vernunft, auf die Nicolai pocht, ist nur die der Stufe einer unmittelbaren Gewißheit, der, alle Wahrheit und selbst alle Gewißheit zu sein. Nicolai scheitert an den Anforderungen einer wirklichen Objektivität; die Bestimmungen des Bewußtseins als solche auch der Wirklichkeit entgehen ihm.

Der leere Objektivismus Nicolais fühlt sich durch offenkundige Irrtümer stets neu herausgefordert und sucht sich im Eingeständnis der im nachhinein wieder korrigierten Irrtümer dann doch noch zu behaupten. Diesem Sich-Anklammern an die bloße Objektivität entspricht die leere Subjektivität, die keinerlei Vermittlung zu leisten in der Lage ist und im Grunde nur noch passiv reagiert, d. h., mit Jean Paul gesprochen, sich den »Exkrementen des Zufalls« überläßt. Hier sucht sich ein sozusagen absoluter Empirismus zu behaupten, der sich nun der reinen Beschreibung ausliefert, deren Widersprüche und deren disparate Momente keine eingestandene und als solche dann bewußte Subjektivität mehr zur Einheit zusammenfaßt. Ganz konsequent endet Nicolai in einer leeren Unendlichkeit, wenn er dem von ihm vertretenen Anspruch voll gerecht werden will. In der unangefochtenen Selbstbezüglichkeit mußte er die Differenz erkennen, und in der Beschreibung des anderen, des ihm Fremden, fand die Vernunft nur sich selbst, so daß die Reise in der Tat als Kreislauf erscheint, als eine durchgehaltene Unruhe ohne Ankunft, eigentlich doch auch ohne Abfahrt, letztlich dann auch ohne eine andere als die meßbare Bewegung. Die philosophische Weltsicht erweist sich dergestalt als blind.

Es ist das Verdienst des jungen Jean Paul, dieses Denken in seiner dürftigen Eigenart und seiner Ohnmacht überführt zu haben. Sein Rektor Fälbel nimmt »mit den lymphatischen Milchgefäßen des Papiers (...) den gelehrten Milchsaft auf, den eine Reise kocht«, heißt es spöttisch; dann aber bemerkt er bewundernd: »Sogar die sechs Hunde reiseten nicht völlig ohne Beobachtungsgeist, sondern strichen und merkten überall, wo sie auf etwas Erhebliches stieszen, es sofort mit Wenigem an und hoben beteuerungsweise das Hinterbein auf. – Nein, eine so gescheite Reise kann gar nicht mehr gemacht werden, so lange die Erde auf ihrer ist.«

So freut es Fälbel denn auch, bei Gelegenheit die schon beschriebenen und gedruckten Sachen in der Wirklichkeit wiederum vor sich zu haben und das Gewußte so bestätigt zu finden. Darauf beschränkt sich dann beinahe sein Begriff von Erfahrung: es ist der einer statistisch erfaßbaren, ausgemessenen und in Karten wie Büchern stets schon reproduzierten Welt. Wo dieses Werk der Bestandsaufnahme, denn darauf reduziert sich alles bei Fälbel wie schließlich auch bei Nicolai, zu Ende geführt ist, da lohnt sich dann für sie und ihresgleichen das Reisen nicht mehr. Wo die Welt schon inventarisiert ist, ist das Reisen überflüssig geworden, denn die inventarisierte ist die erfaßte und auf der Stufe dieses Bewußtseins auch schon ›erkannte‹ Welt. Denn es weiß die Gegenstände nicht qualitativ zu unterscheiden, sie sind benennbar, bestimmbar, wägbar, zählbar und meßbar, das ist alles, dadurch aber werden sie dem anmaßenden Bewußtsein auch verfügbar, das meint, sich durch einen solchen Zugriff ihrer bereits bemächtigt zu haben. Nur darum geht es, und das eben macht dieses Denken, ohne daß das Subjekt dies überhaupt zu ahnen, geschweige denn zu begreifen vermöchte, gewalttätig, ja zerstörerisch.

Nicolai selbst wäre erstaunt gewesen, wenn man ihm das vorgehalten hätte, und die Satire, die im »Rektor Fälbel« wie auf ihn geschrieben wurde, hätte er als solche nicht erkannt.

Nicolais pseudophilosophisches Reisen war schon ein Anachronismus; Georg Forster hatte die Beschreibung seiner Weltumseglung bereits vorgelegt und das Beispiel eines philosophisch geprägten Reisewerks damit geliefert, philosophisch aber meint hier noch mehr als den kritischen Blick auf die europäischen Zustände, wie ihn die Südsee-Erfahrung ihm vermittelt, meint auch mehr als die Reflexion auf den Sinn des eigenen Unternehmens, durch den Aufklärung ihren affirmativen Charakter wiederholt preiszugeben gezwungen wurde. Eine solche Beschreibung sollte, wie die Reise selbst, so formulierten es Johann Reinhold und Georg Forster in einem Ankündigungsprospekt, Kenntnis und den ganzen Bereich der Erfahrung mehren wie befestigen, die Sitten befördern und den Geschmack verfeinern, zur gesellschaftlichen Bildung beitragen, von Vorurteilen befreien und dem Menschen den Charakter seiner Perfektibilität bewußt machen.[4] Das heißt aber auch, daß die Summe der Fakten und das ausgebreitete Einzelwissen die intellektuelle Anschauung nicht unterdrücken sollen, die nach Humboldt das Werk der dichterischen Spontaneität ist; sie »hat vielmehr selbst an Umfang und an Erhabenheit des Gegenstandes zugenommen (...)«. Nur zu lange war in Deutschland das Naturgefühl an die Idylle, den Schäferroman und das Lehrgedicht gebunden, aber auch das hat sich im 18. Jahrhundert geändert: »Erst als das Studium der Erdräume an Tiefe und Mannigfaltigkeit gewann, als die Naturwissenschaften sich nicht mehr auf tabellarische Aufzählungen seltsamer Erzeugnisse beschränkten, sondern sich zu den großartigen Ansichten einer vergleichenden Länderkunde erhoben, konnte jene Ausbildung der Sprache zu lebensfrischen Bildern ferner Zonen benutzt werden.«[5]

Die neuere Kultur hat uns, bemerkt Humboldt in diesem Zusammenhang, »die unausgesetzt fortschreitende Erweiterung unseres Gesichtskreises« beschert, mehr noch: »die wachsende Fülle von Ideen und Gefühlen, die thätige Wechselwirkung beider«. Neue Anforderungen sind damit an die Reiseliteratur zu stellen; es geht um die Richtung, »in welcher das Darstellungsvermögen des Beobachters, die Belebung des naturbeschreibenden Elements und die Vervielfältigung der Ansichten auf dem unermeßlichen Schauplatze schaffender und zerstörender Kräfte als Anregungs- und Erweiterungsmittel des wissenschaftlichen Naturstudiums auftreten können. Der Schriftsteller, welcher in unsrer vaterländischen Litteratur nach meinem Gefühle am kräftigsten und am gelungensten den Weg zu dieser Richtung eröffnet hat, ist mein berühmter Lehrer und Freund *Georg Forster* gewesen. Durch ihn begann eine neue Aera wissenschaftlicher Reisen, deren Zweck vergleichende Völker- und Länderkunde ist.«

Humboldt erläutert im folgenden, was er damit meint: »Mit einem feinen ästhetischen Gefühle begabt, in sich bewahrend die lebensfrischen Bilder, welche auf Tahiti und anderen, damals glücklicheren Eilanden der Südsee seine Phantasie (wie neuerlichst wieder die von Charles Darwin) erfüllt hatten, schilderte Georg Forster zuerst mit Anmuth die wechselnden Vegetationsstufen, die klimatischen Verhältnisse, die Nahrungsstoffe in Beziehung auf die Gesittung der Menschen nach Verschiedenheit ihrer ursprünglichen Wohnsitze und ihrer Abstammung. Alles, was der Ansicht einer exotischen Natur Wahrheit, Individualität und Anschaulichkeit gewähren kann, findet sich in seinen

Werken vereint. Nicht etwa bloß in seiner trefflichen Beschreibung der zweiten Reise des Capitän Cook, mehr noch in den *kleinen Schriften* liegt der Keim zu vielem Großen, das die spätere Zeit zur Reife gebracht hat.«

Zur vielfältigen Materialbeherrschung tritt die geistige Durchdringung, die Reflexion auf die Bedeutung, auch auf die Entstehung bestimmter, niemals isoliert gesehener Phänomene, ein Vorgang, der für Forster auch über die Darstellung der Weltreise hinaus charakteristisch ist; tatsächlich wird die Weltumseglung in Teilen der »Kleinen Schriften« Georg Forsters fortgeführt. In ihnen kann man die genauere Entwicklung mancher Gesichtspunkte und der sich ankündigenden Perspektiven verfolgen.

»Das Studium der Natur und des Menschen«, bemerkt Forster, »welches gegenwärtig so schnell und sicher zu den wichtigsten Resultaten führt, ist gleichsam ein neuer Organ geworden, vermöge dessen man von der Nationalwohlfahrt und vom Einfluß lokaler Verhältnisse auf die Beschäftigungen, die Organisation und die Denkart der Menschen richtigere Begriffe erlangt; man ist in der Anwendung jener wichtigen Wahrheit, daß große Wirkungen von der Vollkommenheit der Werkzeuge abhangen, weiter fortgeschritten, und schon gibt es in der Hand des ächten Staatsmannes kein edleres, göttlicheres Instrument, als die fesselfreie, reife, entwickelte Vernunft; schon gibt es keine falsche Politik als diejenige, die der individuellen Bildung und der Spontaneität des Bürgers entgegenwirkt.«[6]

Der Essay über den Brotbaum beginnt mit den folgenden Worten: »Seit mehr als drittehalb hundert Jahren zieht Europa durch seinen alles verschlingenden Handel die asiatischen Naturgeschenke und die des vierten und fünften Welttheils an sich, und gibt ihnen durch neue Arten der Anwendung einen Werth, den sie in ihrem Vaterlande nicht hatten.«

So verändern Handel und Entdeckung nicht allein das Bewußtsein der Völker, sondern auch den Gebrauch und damit den Wert der Naturprodukte, so wie nun die entdeckten Länder selbst in neue Zusammenhänge hineingezogen werden. Aber wie jeder einen anderen Gebrauch von den Objekten macht, so hat auch ein jeder seine Art zu sehen und zu deuten. In seiner Vorbemerkung zu einem spanischen Manuskript über O-Taheiti erläutert Forster: »Ein Jeder hat Gelegenheiten zum Sehen gehabt, die ihm eigen waren, und sich keinem andern darboten. Ein Jeder hat aber auch seine eigne Art zu sehen. Nationalcharakter, Nationalpolitik, Erziehung, Klima, und was sonst nicht Alles? sind eben so viele Häutchen im Auge, deren jedes die Strahlen anders bricht, wenn schon das anatomische Messer sie nicht finden kann. Allein, wenn der Spannier, der Franzos, der Engländer und der Deutsche, ein jeglicher anders sehen, und sich darauf berufen, ihr humor aqueus, vitreus und crystallinus sei so gut beim einen wie beim andern; – alsdann mag der Philosoph berechnen, welche Farben jene unkörperlichen Brillen spielen, und aus allen den bunten Resultaten die klare lautere Wahrheit zusammenschmelzen.«

Ein unmöglicher Auftrag, aber er ist nicht so wichtig wie das Eingeständnis der unvermeidlichen Bedingtheit aller Sehweise und alles Begreifens, vor dem die Forderung absoluter Objektivität – nicht Wahrheit! – bloße Forderung bleiben muß. Vorsichtig nimmt Forster deshalb auch Stellung zu den bescheidenen, wiewohl interessanten Nachrichten und erklärt, soweit er befugt sei, halte er sie für zuverlässig. »Fast durchgehends hat unser Spanier das Physische so gesehen wie seine Vorgänger, und nicht selten stimmt er ihnen auch alsdann noch bei, wenn sie von dem Charakter und Temperament der Einwohner, ihren Sitten und Gebräuchen, und ihrer politischen Verfassung handeln.«

Auch die Lage der Insel und ihre äußere Beschaffenheit, die Bemerkungen, die Produkte und Bewohner betreffen, stimmen alle mit den Angaben von Wallis, Bougainville, Cook und ihm, Forster, überein.

364

Noch einmal bricht die Erinnerung an die exotische Idylle durch: es fehlt die extreme Hitze, so fehlen auch die heftigen, alles aufweichenden Regengüsse: »Sondern das ganze Jahr hindurch küssen sich Frühling und Herbst. Zu allen Zeiten steigen Dünste aus dem Meer, hängen sich an die Berge, und träufeln im Morgenthau herab; zu allen Stunden des Tages kühlt der Ostwind die Ebene, und mildert die Gewalt der Sonnenstrahlen, und des Nachts fährt jene wohlthätige Landluft, der Zephyretten jüngste, mit thautriefenden Schwingen von den Berggipfeln hernieder.«[*]

Die Freigebigkeit der Natur machte es dem Menschen nicht schwer, ihr Werk zu vollenden; auch auf die Schönheit der Einwohner kommt Forster noch einmal zurück: hier spielen das gesunde Klima, die nahrhaften Lebensmittel, die bequeme Art, sich zu kleiden, dazu auch Reinlichkeit im

---

[*] In einem Gedicht von J. M. R. Lenz erfolgt die radikale Absage an alle Vorstellungen von der großen Güte einer sinnvoll wirkenden Natur; ein solcher Einspruch muß hier zumindest erwähnt werden, weil er den Kontrast abgibt zu den Vorstellungen religiöser Geborgenheit wie auch einer innerweltlichen Vernünftigkeit. Das wenig bekannte Gedicht lautet wie folgt:
»Lied eines schiffbrüchigen Europäers, auf einer wüsten Insel, von der man von Zeit zu Zeit Rauch aufsteigen sehen, aber wegen einer heftigen Brandung nicht zu Hilfe kommen konnte. Diese Insel schien Kapitän Wallis, als er vorbeisegelte, ein völlig unwirtbarer Felsen.
Wenn ich's bedenke –
Auf der langen Seereis' – überall –
Wo die Luft so feucht war, gab sie Wein,
Auf Madera, an dem frohen Cap –
Wo sie scharf war, wuchsen Kokosnüsse –
Wo es kalt war, flößte sie uns Holz zu.
Riesen sahen wir, wie David,
Und bezwangen sie mit kleinen Steinchen;
Wilde Teufel sahen wir, sie sangen
Uns die kauderwelschen Friedenslieder
Daß wir ihrer Gutheit lachten –
Ach! wohltätige Natur!
Ost- und westwärts – überall!
Sieh! dies letzte Scheitchen Holz
Leg' ich auf. Sein Rauch verschwindet
In die Luft – und niemand meldet sich – – –
Allbedenkende Natur!
Hast du mich vergessen?«
(aus: J. M. R. Lenz. Gesammelte Schriften. Hg. v. Franz Blei, Erster Band, München u. Leipzig 1900, S. 139)

Physischen wie in den Sitten eine entscheidende Rolle. Schließlich will er, da von dem Verhalten der Einwohner die Rede ist, ihre Anlagen, ihre Verschlagenheit, den Hang zum Diebstahl keineswegs verhehlen, aber er plädiert für gerechtere Beurteilung, weil Tugend und Laster im Hinblick auf den jeweiligen Nationalcharakter doch nur relative Begriffe sind: wir müssen uns hüten, ihnen unsere Gedanken und Vorstellungen zu unterschieben und sie daraufhin zu verurteilen. »Wenn man von den Diebereien der Taheitier spricht, sollte man billig allemal bedenken, daß der Anblick europäischer Waaren sie den unwiderstehlichsten Versuchungen aussetzte. Erwähnt man ihres Müßiggangs, so wisse man zugleich, daß ihre wenigen Bedürfnisse leicht befriedigt werden und daß der Fleiß nur ein Kind des Mangels ist. Nennt man sie gierig und gefräßig, so rufe man sich die Beschreibung von ihrem großen Wuchs, ihrer auszeichnenden Stärke im Ringen und ihrer Corpulenz zurück. (...)

Die Wollust der Taheitier ist unstreitig die schlechteste Seite ihres Charakters. Wenn man aber bedenkt, wie leicht der physische Mensch hier über die Grenze, vom Bedürfniß zum Übermaß schreitet; wenn man zu allen Zeiten, in allen Welttheilen dieselbe Unenthaltsamkeit antrifft; wenn man ferner beobachtet, daß der starke Beweggrund des Christenthums für die Keuschheit, in den mittlern Zeiten fast durchgehends selbst von dem Priesterstande aus den Augen gesetzt ward, und daß der reine tugendhafte Wandel der einen Hälfte unserer Zeitgenossen, den grenzenlosen Ausschweifungen der andern kaum die Wage hält, – so möchten die Taheitier vielleicht keine größere Schuld als manche andre Völker auf sich laden.«

Und noch die Gastfreiheit, welche die eigenen weiblichen Angehörigen den Fremden bietet, wird von Forster eher als übertriebene Gutherzigkeit oder als eine Schwäche bezeichnet, verurteilt aber wird sie nicht. Bei Gelegenheit macht er auch darauf aufmerksam, daß manches, was man genauer beobachtet, schließlich den anfänglich lächerlich wirkenden Charakter rasch verlieren kann.

Dann ist es der nach dem Tode des Weltumseglers erschienene Aufsatz »Cook der Entdecker«, in dem Forster die Erörterung der Entdeckungen, ihrer Folgen, ihrer Berechtigung und ihrer Ungerechtigkeit noch einmal aufnimmt. Am schärfsten hatte sich Wehrlin aus Anlaß von Cooks Tod geäußert und wissen lassen, der Mann habe schließlich nichts anderes verdient; später hat er dann unter dem Eindruck von Lichtenbergs Essay über Cook seine Anwürfe zurückgenommen. Auch Forster scheint, wiewohl er ihn nicht nennt, auf Wehrlin Bezug zu nehmen. So ließ sich Wehrlin in den »Chronologen« vernehmen: »Wenn die Bewohner von St. Salvador und Quito es mit Colombo und Pizarro gemacht hätten wie die Sandwich-Insulaner mit Cook, so wäre Europa der Last entbunden, die ihm Amerika macht, und der Menschheit wären abscheuliche Schandflecke erspart worden. Wer gibt uns das Recht, die friedlichen Gefilde ferner Nationen aufzusuchen, und da unsere Wappenpfähle aufzustecken? mit Sechspfündern und Doppelhacken drein zu schießen, und sie in Fesseln zu legen? Diese Völker sind Barbaren, sagt ihr – Barbaren? Die Sandwich-Insulaner zeigten Verstand genug, als sie Cook totschlugen. Die hochmüthigen Barbaren, die es nicht wagen, in Marocc oder China eine Pluderbüchse loszubrennen, erschüttern die Atmosphäre friedlicher unbewehrter Insulaner mit ihrem Donner, und wird ihnen ein Nagel oder Tau gestohlen, so feuern sie ihre Flinten unter die Haufen, und verbrennen ihre Hütten – sie – die ganze Inseln stehlen! Was diese Entdecker in Europa zu Galgen und Rad führen würde, stellt sie hier an die Seite der Alexander und Gengiskan – und was kosten sie nicht den Entdeckten in Hinsicht der Sitten, der Bevölkerung und der Gesundheit? ist die Bereicherung unserer Naturalien-Cabinette Aequivalent?«[7]

Es sind dies Überlegungen, die Forster, grundsätzlich, schon während der Niederschrift seiner Weltreise angestellt hätte, wiewohl minder heftig und dabei gewillt, schärfer zu differenzieren. Selbstverständlich war ihm der europäische Eingriff in die fremde Lebenswelt keineswegs, die Übergriffe waren es erst recht nicht. Aber weder Columbus noch Cook durften für ihn zusammen mit einem Pizarro fungieren, und wenn er schließlich die Entdeckungsfahrten als notwendige historische Entwicklung verstehen will, deren Folgen akzeptiert werden müssen, so will er deswegen noch keine Gewalttat entschuldigen. Hier nähert er sich der Position an, die Kant in seiner Auseinandersetzung mit Herder einnimmt.[8]

»Wer nun im Stande ist, die Verhältnisse unserer Gattung mit festem, allumfassendem Blick zu durchschauen, Plan und Absicht, nach einem bestimmten Ziele strebenden Entwicklung, und sichern Fortgang zur Vollendung aus dem verworren scheinenden Chaos ihrer Schicksale herauszufinden: der entwerfe jene vollständige beziehende Darstellung von Cook's Verdiensten, und lehre uns, wie weit er sein Jahrhundert in Erkenntniß und Aufklärung fortgeführt, welchen Zuwachs die menschliche Glückseligkeit durch sein Bestreben gewonnen, und welche neue Aussichten in die goldene Zukunft einer allgemein vollendeten Bildung sein Genius uns eröffnet habe.«

Dieser Überblick, meint Forster, ist noch nicht möglich, doch will er von dem sprechen, was sich, auf niederer Ebene, erfassen läßt, er will die bescheidenen Umrisse zu künftiger Ausführung zeichnen. Zuvor aber stellt er noch die Frage, nach welchem Gesichtspunkt der sittliche Wert der Entdeckungen zu beurteilen sei. Es könnte immerhin doch jener Mann recht haben, »welcher von einer blos physischen Bestimmung des Menschen, als der einzig wahren, sprach, und Wissenschaft die Quelle alles menschlichen Elends nannte? Wäre es alsdann nicht um den vermeintlichen Ruhm aller Entdecker geschehen? Wenigstens ist so viel gewiß, daß dieses Paradoxon über manche schwache Einwendung siegte, und daß man Blößen gab, wenn man sich gegen die Evidenz der darin behaupteten Thatsachen sträubte. Wer könnte auch im Ernste die Zerrüttungen leugnen, die von der Entwicklung verschiedner Fähigkeiten im Menschen unzertrennlich sind? Allein, wenn man diese Unzertrennlichkeit zugibt, so bleibt noch unerwiesen, daß die Ausbildung des Menschengeschlechts einen andern Gang hätte nehmen können, als sie wirklich genommen hat; und ehe man dies beweiset, ruft man uns vergebens in die Wälder zurück.«

Es genügt, um den Gesichtspunkt zu verwirren und zu täuschen, die Perfektibilität als ein der Natur entgegengesetztes Extrem anzusehen. Nur eine »konsequente Philosophie« kann hier wieder Klarheit bringen. Denn diese entdeckt in allen Begebenheiten eine »Kette von Verhältnissen«, die »nothwendig, wie Ursach und Wirkung in einander greifen, und die Möglichkeit vernichten, daß ein Stäubchen sich anders bewegt haben könnte, als es sich bewegt hat. Wie das Unendliche ans Endliche, so ist, über alle Grenzen menschlicher Begriffe hinaus, Freiheit an Nothwendigkeit geknüpft, und hiemit zwischen dem innigen Bewußtsein des kühnsten Denkens, daß seinen Handlungen Gedanken vorhergehen, und der ehernen Wahrheit, daß keine Idee aus Nichts entstehen kann, ein ewiger Kampf erregt.«

Sind also die Verhältnisse des Menschen nicht von ihm selbst abhängig, so ist es die Entwicklung seiner Fähigkeiten auch nicht, dann aber gehört die wissenschaftliche Ausbildung mit allen ihren Konsequenzen zu den Natureinrichtungen, und der Kontrast von physischer und sittlicher Bestimmung des Menschen bleibt eine bloße Abstraktion, denn »Fähigkeiten, welche nur den Stoß eines äußern Verhältnisses erwarten, um sich nothwendig und unaufhaltsam zu entwickeln, sind berechnete Anlagen der Natur; und das Wesen, in welchem sich diese Entwicklung vollendet, ist nicht minder ihr Eigenthum, erfüllt nicht minder ihre Absicht, als das, in welchem sie anfängt«.

Also gibt es, erklärt Forster, keine bloß physische oder tierische Bestimmung des Menschen, sein Charakter ist Sittlichkeit, und mit Anlagen, die der Natur zu widersprechen scheinen, bedeutet der Mensch nicht einmal eine Ausnahme in ihrem Haushalt. Auch in der Natur gibt es widerstreitende Verhältnisse, weil wir dort schon Absichten sehen wollen, wo wir Beziehungen feststellen können. »So wie jedes Wachsthum Zerstörung voraussetzt und sich wieder in Zerstörung endigt, so ist auch die Entwicklung einer Anlage Unterdrückung einer andern. In einer Welt, wo die größte Mannigfaltigkeit der Gestalten nur durch das Vermögen einander zu verdrängen, bewirkt wird, hieße es in der That die einzige Bedingung ihres Daseins aufheben, wenn man diesen immerwährenden Krieg und diese anscheinende Unordnung abgestellt wissen wollte.«

Es läßt sich vermuten, daß auch die extremen Punkte, zwischen denen jede Teilkraft schwanken und der benachbarten Abbruch tun, gar sie zerstören kann, ihre festen Positionen besitzen. Das Mittel zwischen den Extremen, das viele suchen, ist das Gleichgewicht der Kräfte, ist jene Ruhe, welche die des Todes ist. Auch wenn sie zuweilen den Schein der Überlegung erwecken, so gehören doch die Vernunft und das Bewußtsein eines abstrakten Ich allein dem Menschen, und hier liegt der Unterschied zur Natur der Tiere. Und aus ihr allein entwickeln sich die Phänomene der Perfektibilität. »Hier aber, wie allerwärts in der Natur, ist es Wirkung und Gegenwirkung, was die schlafenden Kräfte offenbart. Wenn das Bedürfniß eine Sprache schuf und eben dadurch das Bewußtsein weckte, so übte hingegen jeder neue Grad der Erkenntniß das Begehrungsvermögen. Wenn bei einem überwundenen Widerstande Begriffe von Können und Wollen entstanden, so folgte bald ein Wollen aus Vorsatz und mit Bewußtsein. Brachten endlich erschütternde Erfahrungen den Menschen auf eine höhere Stufe der Besonnenheit, und lehrten sie ihn, daß er nicht alles dürfe, was er kann und will; so führte eben die-

ser Druck der äußern Verhältnisse zu Begriffen vom Glücke
des Lebens, die zwar nach Klima und Lebensumständen
verschieden, im Ganzen aber Werkzeuge der ferneren Bildung und Entwicklung sind.«

Der allgemeinen Anerkennung der Rechte der Menschen
ging der »Kampf der Ungebundenheit« voraus, aber so
entstanden Begriffe der Sicherheit, der Freiheit, des Eigentums und wechselseitiger Pflichten, ein relativer Glückszu-
stand wurde durch wechselseitige Selbstbeschränkung möglich gemacht. Der Handlungsspielraum wurde notwendig
als Folge der Vergesellschaftung eingeschränkt, allein, heißt
es nun, »bei diesem unvermeidlichen, sowohl negativen als
positiven Zwange, hatte die Vernunft einen Schritt vorwärts gethan, und der Mensch fühlte seine Würde nun nicht
mehr in körperlicher Stärke, sondern im Erkennen und
Auswählen dessen, was recht und gut ist. Hier entstanden
Gesetzgebung und bürgerliche Verfassung; künstliche, zer-
brechliche Maschinen, die aber der höheren Kultur den Weg
bahnten, und desto mehr Kräfte zur Entwicklung brachten, je gewaltsamer und schneller sich ihre Räder durch
einander wälzten. Unzählige Nüancen der Organisation
und der äußern Verhältnisse erzeugten verschiedene Mischungen des Charakters. Durch Erziehung, Beispiel und
Gewohnheit hervorgerufene und bestimmte Leidenschaften,
Einsichten und Fertigkeiten, setzten ihr Spiel mit einander
fort, und wirkten unaufhörlich auf einander, so wie aufs
Ganze zurück. Wie dieser Wirbel jeden anders modificirten
Menschen faßte und mit sich riß, so vollendete er dann
seinen wohlthätigen oder zerstörenden Lauf. Der Wechsel
der Verhältnisse, der Zusammenstoß streitender Kräfte,
der Contrast entgegengesetzter Ereignisse – die hin und
her strömende Fluth im Ocean der Menschheit läutert und
bestimmt überall die Begriffe, und gibt ihnen auch Einfluß
auf Handlungen. Tugend und Laster sind daher überall
und gleichzeitige Erscheinungen; denn auch die Tugend
wird nur durch Widerstreben möglich; wo weder Feind noch

Gefahr vorhanden ist, da gibt es weder Kampf noch Sieg.«

Dem Rousseauschen Einspruch gegen die Entwicklung der Zivilisation als einer ›demoralisierenden‹ Ereignisfolge wird ein dynamisches, auf Antagonismen beruhendes Prinzip entgegengehalten, nachdem es der Menschheit gar nicht mehr möglich sein dürfte, zwischen Naturzustand und Zivilisation eine Entscheidung zu treffen; die zivilisatorische Entwicklung mit all ihren Negativitäten ist selbst schon Folge jener Natur, die allem zugrunde liegt und der es gefällt, sich dadurch selbst zu erfüllen, daß sie alle Anlagen zur Entfaltung zu bringen sucht. So kann Forster auch noch einmal versichern – und zielt dabei wiederum auf die Vorwürfe, die ja schließlich auch die Entdecker treffen müssen – daß die meisten Systeme auf grundlosen Hypothesen beruhen, denn: »Was in Asien vor etlichen Jahrtausenden, in Peru und Mexico vor wenigen Jahrhunderten geschah, was in den Inseln des Südmeers noch vor unsern Augen geschieht, würde unter ähnlichen Umständen, so oft auch das Menschengeschlecht in den angeblichen Stand der Natur zurück träte, immer wieder geschehen. Die ersten Kriege, selbst der Wilden, enthalten einen Keim der Kultur; denn indem der Eroberer seines Sieges genießt, vermehren sich seine Bedürfnisse. Luxus, Kunst und Wissenschaft, die Kinder Einer Geburt, vermählen sich mit einander und bringen eine neue Brut – Ungeheuer und Genien – zur Welt.«

Freilich gesteht er, daß die relative Moralität dabei nicht immer gewinnen müsse, aber, so lautet nun das Gleichnis, mit dem er die Argumentation zur Evidenz bringen will, »dieselbe Sonne, die das Wachs erweicht und schmelzt, härtet hingegen den Thon.«

Empirisch ist für Forster schließlich auch das Argument, daß die Fortschritte der Aufklärung der Tätigkeit, »welche die Hauptbedingung zum Glück der Menschen ist, einen stärkern Schwung« geben; sie bringen neue Verhältnisse in Umlauf, »wodurch die Industrie mit der immer steigenden

Vermehrung der Bedürfnisse wieder ins Gleichgewicht kommt«.

Keineswegs hypothetisch sind darum für Forster die wirklichen Verdienste Cooks, insofern als seine Reisen und Entdeckungen »neue Aussichten für den Flor seines Vaterlandes eröffnen, wenn sie seine Mitbürger zu neuer Thätigkeit aufmuntern, und die allgemeine Aufklärung aller gesitteten Völker befördern; wer raubt ihm dann den unsterblichen Ruhm, für das Glück vieler Tausender gearbeitet, ja selbst sich hingeopfert zu haben?«

Es ist der sich weltweit entfaltende Handel, der feste Posten und Niederlassungen, bald auch Pflanzstädte wird entstehen lassen. Die Republik der amerikanischen Oststaaten gibt das Beispiel, das in den nächsten Jahrhunderten auch für die Westküste gültig werden wird. Denn die Kolonien, sobald sie selbst bestehen können, beginnen sich zu emanzipieren, eine Entwicklung, die er auch für die spanischen Besitzungen in Amerika sich anbahnen sieht; zugleich faßt er bereits die Kolonisierung der australischen Küsten ins Auge und die damit verbundenen Handelsmöglichkeiten. Neuholland werde Indien mit Amerika verbinden und verändernd auf die ganze südliche Halbkugel einwirken können. Wenn die allgemeine Aufklärung, der Fortschritt der Gattung, die Aussicht auf eine Art von Glückseligkeit, wie die Welt sie noch nicht gekannt hat, nicht nur Chimären sind, dann ist die Entdeckungsepoche Cooks und der Zeitpunkt, wo eine neue Entwicklung der Gattung und ihrer Kräfte einen Anfang nimmt, von ungeheurer Wichtigkeit, auch das alte Asien erliegt dem Ansturm der Aufklärung. Trotz allem bleibt der Blick Forsters hierbei noch eurozentrisch; er wagt den, wie er selbst gesteht, kühnen Gedanken, daß viele hundert Millionen Menschen noch nicht ahnen, wie nahe der Zeitpunkt schon ist, wo eine Revolution in ihrem Denken und Tun vor sich gehen wird, »wo Lehren der Weisheit aus Europa, vielleicht auch aus Amerika und den Südländern, mit unwiderstehlicher Macht der Ueberredung sie auffordern werden, ihrer lange gewohnten Sclaverei, ihrer natürlichen Weichlichkeit und Indolenz, dem desultorischen Gange ihrer in Bildern spielenden Vernunft, kurz den angeerbten, klimatischen Irrthümern und Mängeln ihres Verstandes und Herzens zu entsagen, und dafür die Wahrheit zu erkennen und anzunehmen, welche den europäischen oder aus Europa entsprungenen Selbstdenker glücklich macht!«

Das aber ist immerhin unleugbar, daß wenn die ganze Erde besiedelt wird und neue, große Staaten entstehen in einer Weltgegend, die bis dahin kaum bewohnt gewesen, dies wichtige Veränderungen für den Gesamtzusammenhang der Welt zur Folge haben muß; manches läßt sich so schon prognostizieren, und der empirische Forscher muß es befremdend finden, daß die Ereignisse der Vergangenheit den Vorausblick nicht gestatten sollen. Das aber gibt er zu bedenken, daß die Geschichte, die wir befragen möchten, nur »gleichsam von gestern« ist; innerhalb von 3000 Jahren sind weite Weltteile und ihre Bewohner fast unverändert geblieben, insofern sind dann schon die europäischen Vorstellungen rastloser geistiger Tätigkeit auf die alten Verfassungen Asiens kaum anwendbar. Was Cook nun der Fülle unserer Erkenntnisse hat hinzufügen können, wird tiefe Wurzeln schlagen »und lange den entscheidendsten Einfluß auf die Thätigkeit der Menschen haben (...) Künstliche, vervielfältigte, complicirte Bedürfnisse, wie die unsrigen, und Leidenschaften die sich darauf beziehen, sind vielleicht unmäßig in ihren Forderungen; allein sie geben den menschlichen Kräften zugleich einen Schwung, wodurch sie oft unglaubliche Dinge verrichten«.

Diese Aufsätze aus den »Kleinen Schriften« stellen in der Tat den Übergang zur 2. großen Reisebeschreibung Forsters dar, den berühmten und von den Zeitgenossen bewunderten »Ansichten vom Niederrhein, von Brabant, Flandern, Holland, England und Frankreich, im April, Mai und Junius 1790«, Produkt einer Reise, die er von Mainz aus mit dem jungen Alexander von Humboldt gemeinsam unternommen hat und deren Gehalt der Titel der französischen Übersetzung signalisiert: »Voyage philosophique et pittoresque sur les rives du Rhin fait en 1790«; der Doppelsinn von Ansichten als dem Gesehenen und den daraus entwickelten Meinungen wie Räsonnements wird durch die Adjektive deutlich wiedergegeben. Aber das Pittoreske ist mehr als die zaubrische Gestalt der Landschaft, das Philosophische reicht von ökonomischen und sozialkritischen Erwägungen bis zu einer Theorie der Revolution.[9]

Insofern ist dieses dreibändige Reisewerk, wie es schon die Stichworte des Inhaltsverzeichnisses andeuten, nicht allein durch die Fülle der Gegenstände, sondern auch durch die Vielfalt der Überlegungen, Exkurse und Erörterungen überaus kontrastreich. Aber nicht nur die Kontraste, die raschen Wechsel machen das Werk, wie man das nennt, ›lebendig‹, es ist auch die Behandlungsart, Leichtigkeit der Darstellung bei großer Genauigkeit und die Spannung einer niemals nachlassenden Reflexion, wozu noch die in der Briefform vermittelte Anrede an den Leser kommt, die den stets neu wieder entstehenden Kontakt garantiert.

Nicht ohne Ironie ist schon im ersten Brief im Hinblick auf den trüben Tag von Beschäftigung mit exotischen Gegenständen die Rede: »Auf der Fahrt durch das Rheingau hab ich, verzeih es mir der Nationalstolz meiner Landsleute! eine Reise nach Borneo gelesen und meine Phantasie an jenen glühenden Farben und jenem gewaltigen Pflanzenwuchs des heißen Erdstrichs, wovon die winterliche Gegend hier nichts hatte, gewärmt und gelabt.«[10]

Unmittelbar leitet Forster dann über zum Eindruck, den die Weinberge zu dieser Jahreszeit machen, die »krüppelhafte Figur der Reben« läßt die Landschaft als kleinlich erscheinen; »die dürren Stöcke, die jetzt von Laub entblößt und immer steif in Reih und Glied geordnet sind, bilden eine stachliche Oberfläche, deren nüchterne Regelmäßigkeit den Augen nicht wohl thut. Hier und dort sehen wir indeß doch ein Mandel- und Pfirsichbäumchen und manchen Frühkirschenstamm mit Blüthenschnee weiß oder röthlich überschüttet; ja selbst in dem engeren Theile des Rheinlaufs, zwischen den Bergklüften, hing oft an den kahlen, durch die Rebenstöcke verunzierten Felswänden und Terrassen ein solches Kind 'des Frühlings, das schöne Hoffnungen auf die Zukunft in uns weckte«.

Die Landschaft tritt wieder in den Blick, der Lauf des Rheins zwischen den Gebirgswänden, die seine Entstehung erahnen lassen, dann leitet Forster über zu Fragen des Weinbaus, behandelt die Einwirkung von Klima und Bodenbeschaffenheit auf seine Qualität und seinen Geschmack. Die nackte Eintönigkeit des verengten Rheinufers unterhalb von Bingen wird von alten Ritterburgen geschmückt, die aber Forster ohne romantische Sehnsucht nach Gotik und Mittelalter zur Kenntnis nimmt: »Das Gemäuer verfallener Ritterfesten ist eine prachtvolle Verzierung dieser Scene; allein es liegt im Geschmack ihrer Bauart eine gewisse Aehnlichkeit mit den verwitterten Felsspitzen, wobei man den so unentbehrlichen Kontrast der Formen sehr vermißt. Nicht auf dem breiten Rücken eines mit heiligen Eichen oder Buchen umschatteten Berges, am jähen Sturz, der über eine Tiefe voll wallender Saaten und friedlicher Dörfer den Blick bis in die blaue Ferne des hüglichen Horizonts hinweggleiten läßt, – nein, im engen Felsthal, von höheren Bergrücken umschlossen, und wie ein Schwalbennest, zwischen ein paar schroffen Spitzen klebend, ängstlich hängt hier so mancher zertrümmerte, verlassene Wohnsitz der adelichen Räuber, die einst das Schrecken des Schiffenden waren. Einige Stellen sind wild genug, um eine finstre Phantasie mit Orkusbildern zu nähren und selbst die Lage der Städtchen, die eingeengt sind zwischen den senkrechten Wänden des Schiefergebirges und dem Bette des furchtbaren Flusses, – furchtbar wird er, wenn er von geschmolzenem Alpenschnee oder von anhaltenden Regengüssen anschwillt – ist melancholisch und schauderhaft.«

Auffallend ist neben der anklingenden Kritik eine Eigentümlichkeit, die Leser in diesem Buch Forsters öfter auffinden werden, daß nämlich bei Natur- und zuweilen auch anderen, etwa politischen Schilderungen der Blick nicht allein den Gegenstand in seinem augenblicklichen, so dem Reisenden sich darbietenden Zustand aufnimmt, sondern die Reflexion zugleich auf andere mögliche Zustände hinführt, Genese oder Veränderungen, die sich konkret nicht erblikken lassen, mit umfaßt. An den Gegenständen ist sozusagen nicht nur das Momentane sichtbar und wichtig, das wäre Impressionismus, sondern ihr voller, naturbedingter, oder ihr möglicher, sozial zu konstruierender Entwicklungsgang. Die Reflexion haftet nicht am Bestehenden und Sichtbaren, sondern drängt über dieses hinaus, sie erscheint daher durchaus als eine besondere Form von denkerischer Phantasie.

Auch zu Beginn des XX. Kapitels, bei der Zeichnung einer flandrischen Landschaft, greift diese reflexive Phantasie über das Wirkliche und Gegenwärtige hinaus: die farbig geschilderte Landschaft konnte an diesem Tage, zu dieser Jahreszeit, so farbig kaum erscheinen, läßt sich rasch erschließen; Forster gesteht, daß der Anblick an einem hellen Sommertage überaus ansprechend sein würde. Er folgt nun den Umrissen der Landschaft, auffallenden Punkten, den Linien, die sie gliedern, Schatten und Begrenzungen werden vermerkt, die vom Baumbestand abhängig sind. Dabei hat er nicht mehr vor Augen, als das eben erneuerte Grün der feuchten Wiesen, der eben erst aufsprießenden Saat. Die Obstblüte liegt unter Regen, die Ferne wird vom Nebel verhüllt, es läßt sich das Bild dieser Landschaft in Wahrheit nicht nachzeichnen, sie ist nichtsdestoweniger wirkliche Landschaft. Forster sieht sie anders, als der Tag sie ihm zu bieten in der Lage ist. Hier muß man sagen, daß der Autor jener Realität, die der Zufall ihm bietet, mit der Wahrheit der landschaftlichen Physiognomie begegnet, die er über die zufälligen, willkürlichen Umstände des Tages hinaus zu erkennen vermag. Auch hier interessiert ihn das zufällige Moment, der rasch vorübergehende Aspekt, wie die Reisesituation sie ihm vermittelt, nicht anders denn als Ausgangspunkt für die Erfassung der wahren, d. h. der nicht nur an Wetter und Jahreszeit und andere willkürliche Bedingungen gebundenen landschaftlichen Struktur. Der Verfasser erkennt mehr, als er im Augenblick zu sehen vermag. Sein Realismus ist nicht der der statistischen oder veristischen Wiedergabe.

Der 2. Brief, aus Andernach, berichtet vom Aufstieg zum Ehrenbreitstein. Die Bedeutung der Festung scheint ihn wenig zu interessieren, nicht eine Kanone, die zur Sehenswürdigkeit geworden ist, nicht die anderen Bestückungen und was das Zeughaus enthalten mag, nicht einmal die Aussicht vom höchsten Gipfel auf das ganze Moseltal; davon könnte er wohl berichten, aber es hat nicht den Eindruck auslöschen können, den die Gefangenen auf ihn machten, »als sie mit ihren Ketten rasselten und zu ihren räucherigen Gitterfenstern hinaus einen Löffel steckten, um dem Mitleiden der Vorübergehenden ein Almosen abzugewinnen. Wäre es nicht billig, fiel mir dabei aufs Herz, daß ein Jeder, der Menschen zum Gefängnisz verurtheilt, wenigstens einen Tag im Jahre mit eigenen Ohren ihr Gewinsel, ihre himmelstürmende Klage vernehmen müßte, damit ihn nicht der todte Buchstabe des Gesetzes, sondern eigenes Gefühl und lebendiges Gewissen von der Rechtmäßigkeit seiner Urtheile überzeugte? Wir bedauern den unsittlichen Menschen, wenn die Natur ihn straft und physisches Uebel über ihn verhängt; wir suchen sein Leid zu mildern und ihn von seinen Schmerzen zu befreien: warum darf nicht Mitleid den Elenden erquicken, dessen Unsittlichkeit den Arm der beleidigten Bürgerordnung reizte? Ist der Verlust der Freiheit kein hinreichendes Sühnopfer und fordert die strenge Gerechtigkeit noch die Marter des Eingekerkerten? Mich dünkt, die Abschaffung der Todesstrafe hat uns nur noch grausamer gemacht.«

Das Leben ist nicht das einzige heilige und unantastbare Gut, auch die Zwecke des Lebens gehören dazu, ohne welche der Mensch nicht mehr Mensch sein kann, dazu aber ist die Freiheit zu rechnen. Das Leben wird durch Gefängnisstrafe zu einer fortwährenden Qual und nur zum Leiden noch erhalten; ist dies, fragt Forster, nicht eine zwecklose Grausamkeit? Sollte es nicht doch vielleicht besser sein, es dann durch ein Todesurteil zu endigen? Es wird natürlich hier von lebenslänglicher, nicht von kurzbefristeter Haftstrafe gesprochen. Zwar hält sich noch immer die Täuschung, der so Bestrafte könne Zeit zur Einkehr und Reue gewinnen, sich sittlich bessern und so mit Gott versöhnen, doch will Forster nur auf die Erfahrung verweisen, die Auskunft geben könnte, ob derartige Bekehrungen wirklich die Folgen der unbefristeten Qualen sind. Im Gegenteil: »Die finstern, modernden Gewölbe der Gefängnisse und die Ruderbänke der Galeeren würden, wie ich fürchte, hierüber schauderhafte Wahrheiten verrathen, wenn man auch nicht, durch richtiges Nachdenken geleitet, schon im voraus überzeugt werden könnte, daß die Bekehrung im Kerker zwecklos sein müsse, weil sie unfruchtbar bleibt, und daß ein Augenblick wahrer Reue so viel werth sei, als ein in Thränen und Büszungen hingeschmachtetes halbes Jahrhundert.«

Nur die allgemein verbreitete Furcht vor dem Tode kann einen Richter überhaupt dazu veranlassen, lebenslängliche Haftstrafe als Begnadigung auszusprechen, den Verurteilten lehrt allein sie, dafür auch noch dankbar zu sein. Forster resümiert aphoristisch und prägnant: »Auch hier wirkt also die Furcht, wie sie sonst immer zu wirken pflegt: sie macht grausam und niederträchtig.«

Hierfür allerdings ist das strenge Gesetz weniger verantwortlich zu machen als die allgemeine Einstellung der Menschen. Wenn Menschen das Leben in den Ketten und im Kerker noch als ein Gut ansehen können, so kann man auch den Richter nur bedauern, der gar nicht weiß, welch ein

Geschenk er dem Verurteilten macht, er läßt sich nur vom Geist seines Zeitalters leiten.

Nicht allein, daß hier die Freiheit als Grundrecht dem Leben, dessen Zweck sie sein soll, gleichgeordnet wird, ist bedeutsam, sondern auch die Wendung gegen die Abstraktionen der Strafgesetzgebung und gegen die Grausamkeit eines Strafvollzugs, der lebenslängliche Haft als unbegrenzte Marter bestehen läßt, die allerdings keinen Sinn mehr hat, denn auch die Reue ist sinnlos, wo sie unfruchtbar bleiben muß; die Gesellschaft, die dergestalt ausgrenzt, wer sich gegen sie vergangen hat, macht sich einer unnötigen Grausamkeit schuldig und versündigt sich an der Humanität, in deren Namen sie doch ihre Strafen glaubt rechtfertigen zu können.

Der Blick auf die sozialen Verhältnisse verleidet ihm auch den Aufenthalt in Köln, dessen unvollendeten Dom er bewundert und damit eine der ersten nachdrücklichen Rechtfertigungen der gotischen Kunst vorlegt, welche die deutsche Literatur nach Goethes enthusiastischem Aufsatz über den Meister des Straßburger Münsters hervorgebracht hat; gleichzeitig lassen sich hier schon die Voraussetzungen für die späteren Gemäldebeschreibungen aus Düsseldorf und ihre Implikationen erkennen: die Bewunderung gotischer Kathedralkunst steht in engem Zusammenhang mit der geschichtsphilosophisch begründeten Absage an klassizistische Kunsttheorie und -forderung.

Köln nennt Forster finster und traurig: »Wie wenig stimmt das Innere dieser weitläufigen, aber halb entvölkerten Stadt mit dem vielversprechenden Anblick von der Flußseite überein. Unter allen Städten am Rhein liegt keine so üppig hingegossen, so mit unzähligen Thürmen prangend da. Man nennt sowohl dieser Thürme als überhaupt der Gotteshäuser und Altäre, eine so ungeheure Zahl, daß sie meinen Glauben übersteigt. Gleichwohl ist neben so vielen kein Plätzchen mehr übrig, wo die Christen, die den Papst nicht anerkennen, ihre Andacht frei verrichten dürfen.«

Zwar hatte der Magistrat den Protestanten die freie Ausübung ihrer Religion innerhalb der Ringmauern bereits bewilligt, mußte aber diese Erlaubnis wieder zurückziehen, weil das Volk mit Aufruhr und Gewalttat zu drohen begann. Der aufgebrachte gewaltige Volkshaufen müßte, meint Forster, nur anders gelenkt werden, um Köln wieder ansehnlich zu machen. »Traurig ist es freilich, wenn man auf einer Strecke von beinahe dreißig deutschen Meilen so manche zum Handel ungleich vortheilhafter als Frankfurt gelegene Stadt erblickt, und es sich nun nicht länger verbergen kann, daß mehr oder weniger eben dieselben Ursachen überall dem allgemeinen Wohlstande kräftigst entgegengewirkt haben, der sich nur in Frankfurt entwickeln konnte.«

In Köln sollen allerdings viele reiche Familien beheimatet sein, gibt er zu verstehen und fügt hinzu: »allein das befriedigt mich nicht, so lange ich auf allen Straßen nur Scharen von zerlumpten Bettlern herumschleichen sehe.«

Er vergleicht diesen Eindruck mit dem von Frankfurt, wo auch der sog. gemeine Mann tätig, reinlich und anständig gekleidet erscheint. Der Ausdruck des Wohlstandes ist für Forster in dieser Situation einer des Fleißes, Fleiß aber ist für ihn so sehr eine moralische Kategorie wie Handel eine progressiv-aufklärerische genannt werden kann. Der Fleißige verwirklicht sich selbst und folgt seiner Bestimmung, eben der, tätig zu sein, der Müßiggänger hingegen entwürdigt sich selbst.

Noch kann sich Forster den Ausbruch auch aus dieser, auf Konkurrenz und Gelderwerb gegründeten Gesellschaft gar nicht vorstellen, so sehr scheint sie ihm das Recht des Tüchtigen und Tätigen gegenüber willkürlicher oder ererbter Privilegierung zu garantieren; der auf der materiellen Ebene einsetzende konsequente Egoismus ist immerhin doch ein Moment der Emanzipation. Wie nötig diese ist, zeigt eben das Regiment der Bevormundung und der Aufwiegelung, das er in Köln vorfindet, wo ihm ein Reichtum nicht imponiert, der die Verelendung und Abhängigkeit weiter Teile der Bevölkerung zur Voraussetzung hat, obwohl ihm die darin liegende Gesetzlichkeit durchaus verborgen bleibt.

»Wer begreift nicht«, so fragt er den Leser, »daß die zahlreiche Bande von sitten- und gewissenlosen Bettlern, die auf Kosten der arbeitenden Klasse leben, hier den Ton angeben muß? Allein da sie träge, unwissend und abergläubisch ist, wird sie ein Werkzeug in der Hand ihrer theils kurzsichtigen, sinnlichen, theils ränkevollen, herrschbegierigen Führer. Die Geistlichen aller Orden, die hier auf allen Wegen wimmeln und deren ungeheure Menge auf einen Reisenden immer einen unangenehmen Eindruck macht, könnten zur Moralität dieser rohen, ungezügelten Menge auf das heilsamste wirken, könnten sie zum Fleiß, zur Ordnung anführen und ihnen billige Gesinnungen gegen ihre anders denkenden Mitbürger, ein Gefühl von Ehre und Schande, von Eigenthum und Recht einimpfen. Dies und noch weit mehr könnten, sollten sie thun, da sich ihr Stand nur durch diese Verwendung für das gemeine Beste zur Existenz legitimiren kann. Allein sie thun es nicht und – sind! Die Bettlerrotten sind ihre Miliz, die sie am Seil des schwärzesten Aberglaubens führen, durch kärglich gespendete Lebensmittel in Sold erhalten und gegen den Magistrat aufwiegeln, sobald er ihren Absichten zuwider handelt. Es ist wohl niemand so unwissend, daß er noch fragen könnte, wer den Pöbel gereizt habe, sich der Erbauung eines protestantischen Gotteshauses zu widersetzen?«

So genau beschreibt Forster den Geist der Intoleranz und die Voraussetzungen, unter denen er wirken kann: eben die materielle Abhängigkeit macht jene, die im Grunde nichts zu verlieren haben, zu gefügigen Werkzeugen im Dienste der Hierarchie, aber es ist nicht Feindschaft gegen den Klerus, die ihn so sprechen läßt, sondern Mitgefühl mit den Mißbrauchten, die ihren eigenen Interessen zuwiderhandeln, weil sie über diese niemals sind aufgeklärt worden.

Von daher wird dann der Widerspruch, den Forster erhebt, zu einem moralischen: der Klerus vergeht sich gegen seine Verantwortung, er handelt im Interesse der eigenen Sache, nicht im Interesse der ihm anvertrauten Menschen.

Forster kommentiert diese Situation mit den folgenden Worten: »Die Zeiten, sagt man, sind vorbei, da der Scholastiker fragen durfte, was Aristoteles von diesem oder jenem Geheimnisse der katholischen Lehre, zum Beispiel von der Jungfrauschaft der Mutter Gottes, gehalten habe? Ich hingegen behaupte, daß diese Zeiten nie ganz aufhören können, so lange es kein Mittel gibt, den Menschen Ehrfurcht gegen das Edelste, was ihrer Natur zum Grunde liegt, gegen ihre eigene Vernunft, einzuflößen. Wo diese Ehrfurcht fehlt, da wird man sich immerfort Ungereimtheiten erlauben, da wird man, sobald politische Verhältnisse es gestatten, intolerant sein und die Gewissen mit Zwang beherrschen wollen.«

Er warnt sogar vor der Rache der Vernunft denen gegenüber, die sie so lange verachteten und verfolgten – und in solchen Nebenbemerkungen zeigt sich schon der Schriftsteller, der wenig später, zur entsetzten Überraschung vieler, die Partei der Französischen Revolution ergreift.

Verfassungsprobleme in Aachen, Manufakturen in Burscheid, Aufstände in Flandern und Brabant, Handel- und Stadtentwicklung in Amsterdam, das alles sind Themen der folgenden Briefe, dazwischen stehen die Beschreibungen von Gemäldesammlungen und Naturalienkabinetten; Bemerkungen über die Vernachlässigung der Landwirtschaft, etwa später in der Nähe von Bristol, sowie Beobachtungen über englische Sitten, das Theater, englische Parklandschaften finden sich im unausgearbeiteten dritten Band der »Ansichten«.

»Ungeachtet des Kohlendampfes und der metallischen Ausdünstungen ist Birmingham, selbst nach den Aussprüchen des unglückweissagenden Doktors Price, eine der gesundesten Städte in England, da es einen trockenen Boden hat und auf Hügeln liegt, die vom Winde bestrichen werden. Dabei sind Arbeiter nicht so zusammengedrängt, wie in einigen deutschen Manufakturstädten, zum Beispiel Aachen, Berlin und Schmalkalden, wo einer dem andern die Luft vergiftet.«

In einem Jahrhundert hat die Bevölkerung um das Fünfzehnfache zugenommen, vor 1690 gab es hier bereits Manufakturen, aber nur für die groben Eisenprodukte. Nach der Revolution stieg die Industrie rasch an, Birmingham wurde der Konkurrent Londons in der Waffenproduktion, aber die Hauptstadt fiel zurück, weil man in London nur minder billig zu produzieren vermochte. Birmingham beherrscht den Auslandsexport. »Bequemere Ausfuhr durch Verbindung schiffbarer Kanäle und Flüsse, ist für keine Art der Manufakturen so nothwendig als für Metallfabriken, die eine Menge Brennmaterialien und schwere, rohe, unverarbeitete Waaren bedürfen … Birmingham hat seit 1768 eine bequeme Ausfuhr nach allen Meeren, welche die Insel umfließen. Die Steinkohlen sind seit dem Abzuge des Old Kanal (1786) nach den Kohlengruben von Wednesbury beinahe um die Hälfte wohlfeiler geworden.«

Die billigere Steinkohle wird jetzt sogar nach London verschifft, weshalb Newcastle seine Preise hat senken müssen. Birmingham aber, als eine der wichtigsten Industriestädte des Landes, hat keine chartered privileges, so daß es auch nicht im Parlament vertreten ist. Daß sechzigtausend Menschen, so überlegt Forster, »deren Wohl in so manchen auswärtigen politischen Verhältnissen gegründet ist, und die wiederum einen so wesentlichen Einfluß auf den Reichthum Englands haben – daß diese 60,000 keinen Antheil an den öffentlichen Berathschlagungen nehmen dürfen, während daß die armseligen Einwohner von Oldborough über die Herrschaft des Meeres entscheiden: dieses Recht, oder Unrecht, ist weder in dem republikanischen System des Plato, noch in andern klugen Träumereien neuerer Weisen gegründet. Der Fehler einer ungleichen Repräsentation ist der englischen Verfassung zu oft vorgeworfen, um ihn hier nochmals zu rügen«.

Doch ist der Einwand, England habe sich dabei bis jetzt doch immer gut befunden, zu trivial, um ernst genommen zu werden, man kann erwidern, »daß jedes endliche Gute kein höheres ausschließe und daß es Unwissenheit verräth, Werke des Zufalls, wie doch alle Regierungsformen der bekannten Welt sind, für vollendete Werke menschlicher Ueberlegung zu halten«.

Zwar gibt es Stimmen, die es begrüßen, daß die Situation der Arbeiter durch keinen Parteigeist und durch Wahlen gestört wird, aber das heißt schließlich wenig, weil die Entwicklung anderer, innerer Kräfte dadurch wiederum behindert wird, was eben der mitfühlen kann, der aus Erfahrung weiß, »wie sehr die Arbeit gewisser mechanischer Künste die Seele stumpf läßt; wie streng auch in den freiesten Ländern die Disciplin einer großen Manufaktur ist, und wie sehr der durch stete Nahrungssorgen gedrückte Geist es bedarf, wenigstens periodisch erweckt, auf größere Zwecke geleitet und des wohlthätigen Gefühls von seinem eigenen Werthe kundig zu werden«.

So haben auch bei Forster statistische Angaben ihren Platz, doch stehen sie in den »Ansichten« nicht, um als reines Faktum gebracht zu werden, sie sind Ausgangspunkt weiterer Überlegungen, erklären das Wie und Warum bestimmter Phänomene, ihre Herkunft und die Folgerungen, die aus ihnen zu ziehen sind. Das gilt denn auch für das Birmingham-Fragment, in dem politische Betätigung als Teil der allgemeinen Bildung im Sinn der Selbstbestimmung des Menschen verstanden wird, deren er um so nötiger bedarf, als die Last entfremdeter Arbeit ihm sein Selbstgefühl allmählich zu zerstören droht.

Aufklärungs-Grundsätze, die Forster in seinem Brief aus Amsterdam ausspricht, sind nicht weniger politisch; die Entwicklung der großen Stadt, die demokratische Gesinnung mancher hervorragender Kaufleute, die Möglichkeit,

Handelsinteressen mit den Gedanken der Aufklärung produktiv zu verbinden, gestattet ihm die Erwägung heiterer Aussichten in die Zukunft. »Es kann nun gleichgelten, welche Partei das Recht auf ihrer Seite hatte: das erste Bedürfniß des Staates ist die Aufhellung der Begriffe und Läuterung des Geschmackes, denn nur auf diesem Wege wird ein richtiges Urtheil über das wahre Interesse des Bürgers möglich.«

Dem folgt der nachdrücklich ausgesprochene Grundsatz: »Unwissenheit ist der große allgemeine Unterdrücker aller gesellschaftlichen Verträge, und diesen zu stürzen durch sanfte, wohlthätige Verbreitung des Lichtes der Vernunft ist fürwahr die edelste Rache.«

Selbst bestimmte, stets vorausgesetzte Tugenden können in entwürdigender Lage nicht mehr als vorhanden angenommen werden: Reine Vaterlandsliebe wird nur bei einer geringen Anzahl Auserwählter anzutreffen sein, »und in unseren Zeiten, wo auf der einen Seite blinde Anhänglichkeit an altes Herkommen, auf der andern tiefes Sittenverderbniß und vermessene Neuerungssucht herrschen, wäre es kein Wunder, wenn diese erhabene Tugend beinahe gänzlich ausgestorben schiene. Der Kampf des unvernünftigen Vorurtheils mit aufgeblasenem Halbwissen bringt überall der wahren Bildung der Nationen mehr Schaden als Gewinn, und hält die Menschheit vom Ziele ihrer Vervollkommnung entfernt. Ohne die zarteste Reizbarkeit des moralischen Gefühls kann die Entwickelung der übrigen Geisteskräfte genau so gefährlich werden, als ihre Vernachlässigung es bis dahin gewesen ist; die Ertödtung aber jenes Gefühls, diese unverzeihliche Sünde des religiösen und politischen Despotismus, der die Menschheit in den Ketten der mechanischen Gewöhnung gefangen hält, bereitet jene furchtbaren Zerrüttungen vor, die von der jetzigen Art der Fortschritte im Denken unzertrennlich sind«.

Die soziale und politische Lage wird zum Ausgangspunkt allgemeiner Erwägungen von höchster Aktualität; auch

386

wenn Forster von Holland spricht, so sind hier die deutschen Verhältnisse auf grundsätzliche Weise mit beschrieben. Doch muß gesagt werden, daß, wenn so über die aktuellen despotischen Verhältnisse geschrieben wird, diese ihren Schrecken schon verloren haben. So vernimmt man in den »Ansichten« an mehr als einer Stelle schon den Widerhall der Französischen Revolution.

Ein weiteres wichtiges Kapitel von geschichtsphilosophischer Tragweite ist Forsters Kunstkritik und Gemäldebeschreibung, in welcher der Begriff der Moderne präzisiert, der falsche Klassizismus preisgegeben und der Erbaulichkeit im Kunstwerk Absage erteilt wird, wie den Vorstellungen einer naturgetreuen Mimesis. Veränderung und Wechsel sind die Grundsätze der Welt: »Der ewige Reihentanz bringt immer neue Verhältnisse, neue Verwikkelungen, neuen Kampf unserer Kräfte mit den Kräften des Weltalls hervor, und, frei heraus bekannt, wäre nicht der Dienst der schönen Ideale gestürzt, so hätten wir noch keinen Raffael, keinen Tizian und keinen Corregio, wir hätten in der Kunst keine individuelle, menschliche Schönheit, keinen Farbenzauber und keine Anmuth.« Und er fragt weiter: »Was sollen uns die alten Lappen, wären sie auch noch so schön, auf dem neumodigen Kleide? Griechische Gestalten und griechische Götter passen nicht mehr in die Form des Menschengeschlechts, sie sind uns so fremd, wie griechisch ausgesprochene Laute und Namen in unserer Poesie.«

So bleibt von den griechischen Idealen kaum mehr als ein Andenken, der heutige Künstler arbeitet für eine andere Menschheit, der Sinn für das einstige Ideal ist verschwunden, damit auch die Möglichkeit, es wieder zu erreichen. Aber: »Die Mannigfaltigkeit des Individuellen ersetzt uns indeß diesen kaum mehr empfundenen Verlust.«

Wieder liefert die geschichtsphilosophische Besinnung die Rechtfertigung der eingetretenen Verluste, weil die jeweiligen Rückschritte Bedingungen der neueren Entwicklungen sind, eine Argumentation, die Forster wie im Bereich der Ästhetik, so auch in dem der Wissenschaftsentwicklung und der geschichtlich bedeutenden Entdeckungen anzuwenden wagt.

Und die Erinnerung an die erste Weltumseglung taucht auch in den »Ansichten« an einer Stelle charakteristisch auf: es ist dies in Dünkirchen, wo Forster nach zwölf Jahren das Meer wieder erblickt; er wagt nicht zu schildern, was dabei in ihm vorgeht, deutet es aber an: »Dem Eindrucke ganz überlassen, den dieser Anblick auf mich machte, sank ich gleichsam unwillkürlich in mich selbst zurück, und das Bild jener drei Jahre, die ich auf dem Ocean zubrachte und die mein ganzes Schicksal bestimmten, stand vor meiner Seele. Die Unermeßlichkeit des Meeres ergreift den Schauenden finstrer und tiefer als die des gestirnten Himmels. Dort an der stillen, unbeweglichen Bühne funkeln ewig unauslöschliche Lichter. Hier hingegen ist nichts wesentlich getrennt; ein großes Ganze und die Wellen nur vergängliche Phänomene. Ihr Spiel läßt nicht den Eindruck der Selbständigkeit des Mannigfaltigen zurück; sie entstehen und thürmen sich, sie schäumen und verschwinden; das Unermeßliche verschlingt sie wieder. Nirgends ist die Natur furchtbarer als hier in der unerbittlichen Strenge ihrer Gesetze; nirgends fühlt man anschaulicher, daß, gegen die gesammte Gattung gehalten, das Einzelne nur die Welle ist, die aus dem Nichtsein durch einen Punkt des abgesonderten Daseins wieder in das Nichtsein übergeht, indeß das Ganze in unwandelbarer Einheit sich fortwälzt. – –«

Hier versteht man genau, warum F. Schlegel bei Forster den Gedanken von der Perfektibilität des Menschen und den von der strengen Geltung der Naturgesetze für charakteristisch hielt, und was hier pessimistisch klingt, wird an anderer Stelle enthusiastisch akzentuiert. Der hier vergegenwärtigte Augenblick der Erinnerung Forsters verbindet die »Ansichten vom Niederrhein« mit der »Reise um die Welt«, sie wird einige Jahre später noch einmal indirekt aufgenommen, als Alexander von Humboldt nach der Durchquerung des südamerikanischen Halbkontinents an die Gestade des Pazifischen Ozeans gelangt ist.

Alexander von Humboldt hat Zeit seines Lebens nicht vergessen, was er seiner Freundschaft, seiner Reise mit Georg Forster, seinem Beispiel und seinen Belehrungen verdankt, so wenig, wie er aus seiner Erinnerung löschte, daß er auf dem Rückweg von England in Paris für den Freiheitstempel »Sand gekarrt« hatte. Philosophische, naturhistorische und gesellschaftlich-politische Einsichten hat Forster ihm vermittelt, Humboldt wußte, warum er den Freund auch seinen Lehrer nannte. So schnell auch die Reise gewesen sei, schreibt Humboldt am 3. 1. 1791 an F. H. Jacobi, so sei sie doch äußerst lehrreich gewesen, »besonders hab' ich an naturhistorischen Kenntnissen, teils durch die übergroße Gefälligkeit von Banks, teils durch eine mineralogische Tour nach dem Peak von Derbyshire, viel gewonnen. Forsters Name verschaffte mir überall Eingang und ich wurde in wenigen Wochen mit so viel vorzüglichen Menschen bekannt, als ich vielleicht allein in ebensoviel Jahren nicht hätte kennengelernt. Die Flüchtigkeit der Reise selbst, das Versetzen von dem unruhigen Belgien, welches das weltliche Joch mächtig abgeschüttelt hatte, um sich der Pseudotheokratie zu unterwerfen, in das erschöpfte Holland, welches unter dem Schimmer gesetzmäßiger Freiheit an der Ruhe träger Despotien krankt, das Versetzen von einem Volke, dessen Handel und Gewerbe sinken, in das glückliche und arbeitsame Inselvolk, das an seiner festgegründeten, aber unpassenden Konstitution und an seinen Sitten wie der Hebräer an seinem Zeremonialgesetz und seinen Sitten hängt, das Versetzen von einer Menschenrace, die bei ertöteter Phantasie an Vernunft und Abstraktionskraft so trefflich begabt sind, unter die geistreichen Franzosen, die eben auf dem wichtigen Punkte stehen, Religion, Regierungsform und Sitten umzuschmelzen – eben dies stete Uebergehen von einem Extrem zum andern machte die moralischen Eindrücke desto tiefer und unauslöschlicher. Forsters Ansichten, die nun bald erscheinen, werden Ihnen das alles wahrer und in edlerer Sprache schildern. So wie vielleicht für die Geschichte des europäischen Menschgeschlechts keine Zeit wichtiger als die jetzige ist, so wird mir auch diese kurze Epoche meines Lebens immer die lehrreichste und unvergeßlichste sein. Der Anblick der Pariser, ihrer Nationalversammlung, ihres noch unvollendeten Freiheitstempels, zu dem ich selbst Sand gekarrt habe, schwebt mir wie ein Traumgesicht vor der Seele«.[11]

Das kurze briefliche Resümee bestätigt die Bedeutung der Reise und wirft ein rasches Licht auf das, was Forster dann berichtet; noch steht Humboldt ganz unter der Eindrucksfülle jener knappen drei Monate, Jahre später vermag er dann die Anwendung zu machen, so daß sich in seinem Werk die wissenschaftlich naturkundliche, die geographische Entdeckungsreise und die philosophische Weltaneignung erst erfüllen.

Auch der Naturbegriff Forsters hat auf Humboldt entscheidend eingewirkt, jene Ganzheitsvorstellung eines Naturhaushalts, dessen Einheitlichkeit durch Verschiedenheit bestimmt wird, der im Zusammenspiel stets antagonistisch ist. Als ›natürlich‹ gilt hier auch, daß keine der im Menschen vorhandenen Anlagen unentwickelt bleiben, aber auch keine auf Kosten der übrigen sich vervollkommnen sollte.[12] Dieser Grundsatz wird jedoch offenkundig von der Wirklichkeit widerlegt, die Natur hält sich an diese Regel nicht, die also erst von Menschen in gesellschaftlichen Verbindungen programmatisch verfolgt werden könnte, so daß der Mensch als Naturwesen erst in der Befreiung von der Natur, d. h. im Prozeß der Geschichte, die Natur gewissermaßen auf ihren Begriff bringen und die von ihr selbst nicht eingehaltenen Intentionen zu Ende führen müßte. Ja, vielleicht bringt so erst der Mensch die Natur zu der in ihr noch schlummernden Vollkommenheit.

Eine andere mögliche Interpretation wäre die, daß im Naturzusammenhang die Kräfte zwar gleichmäßig verteilt sind, die Mannigfaltigkeit des Ganzen jedoch gerade im einzelnen eine Überentwicklung, Disproportioniertheit, extreme Ausbildung verlangt, so daß Ausgeglichenheit und Gleichgewicht kaum mehr als Mittelmäßigkeit bedeuten würden und wirklich große Anlagen im Individuum notwendig auf Kosten anderer Kräfte gehen. Dabei sind aber die Ursachen solcher Abweichungen nicht erkennbar. Und, was für das Individuum gilt, gilt auch für die Völker: die Natur wiederholt am einzelnen Menschen ihre gesamte Entwicklung, an Völkern vollführt sie, scheint es, die Bewegungen des Einzelwesens und führt sie durch verschiedene Bildungsstufen. Zunächst scheint die Natur nur für Erhaltung zu sorgen, wenn dann die Quellen der Subsistenz ausreichen, setzt die Vermehrung ein, dann folgen große Bewegungen, die zu Herrschaft und Genuß führen, endlich aber beginnt die Entwicklung des Verstandes, der Verfeinerung der Empfindung, »und die Vernunft besteigt ihren Thron«.

Geschichte und Naturkunde müssen so zusammengehen, um die Prinzipien der anthropologischen Entwicklung zu ergründen, aber erst der philosophische Blick wird sie auch zu deuten wissen, um nicht bei den kruden Fakten, welche die Empirie ihm liefert, stehenzubleiben. Naturbeschreibung und Naturgeschichte sind als Hinwendungen auf »Theile eines Ganzen« zu betrachten und zu behandeln. Was der Naturbeschreibende als ein gelöstes Problem ansehen kann, ist für den Naturhistoriker noch immer ein Anlaß zur Überlegung. Denn seine Geschichte zeigt ja gerade, daß der Mensch der Natur zu Hilfe kommen kann; als erkennendes Wesen tritt der Mensch, selber Natur, aus ihr heraus und wirkt mit an ihrer Vollendung. Naturkunde ist nicht auf die bloße Anbetung der Wunder Gottes zu reduzieren oder abzuschaffen zugunsten einer allgemein sentimentalen Schwärmerei. Sie ist in Forsters Sinn vielmehr gemeinnützig, denn sie hilft dem Menschen, sich selbst zu erkennen, in dieser Erkenntnis freilich sich nicht zu beruhigen, sondern sie weiterzutreiben.

Natur ist hier Vorsehung, Gattung, Geschichte, Umwelt und Forschungsgegenstand, wir müssen in jedem Moment neu überlegen, in welchem Sinne Forster den Begriff verwendet, um eine genauere Bestimmung geben zu können. Doch zeigt sich im Lauf der Jahre, nach der Weltumseglung erst, eine Wandlung und Verschärfung des Begriffs. Der Widerstreit der Einzelteile als Voraussetzung der Harmonie des Ganzen, das ist erst eine der späteren Einsichten Forsters. So wendet er sich mehr und mehr der Betrachtung des Wirkungszusammenhanges zu, in dem auch das Einzelne steht, wie etwa in seinem Aufsatz über den Brotbaum. Und eben hier liegen die Ansätze zu dem, was Humboldt dann weiter verfolgen und großartig ausbauen sollte; Beschreibung genügt nicht, und Geschichte allein genügt auch nicht, beide müssen zusammengebracht werden, die Anschauung darf nicht bei den Fakten stehenbleiben, sondern muß Ursprünge, Wandel und künftige Entwicklung mit erfassen. Klassifikation und Signalement sind weniger wichtig als Charakterisierung und Genese, d. h. der Zusammenhang zwischen natürlicher Form als einer gewordenen und der Umwelt, in der diese sich entfaltet.

Der Zusammenhang von Landschaft und Vegetation wird denn auch für die Pflanzengeographie Humboldts entscheidend. Noch die Vorstellungen von der Perfektibilität des Menschen und die gemeinsame Natur der Gattung, d. h. dann auch der notwendig zu fordernden Gleichheit sozialer und politischer Rechte sind bei Forster vor- und ausgebildet. Das hat dazu geführt, daß die Darstellung der großen Reise in die Äquinoktialgegenden nicht allein Naturforschung und Expeditionsbericht bleiben konnte, sondern durchsetzt ist mit sozialkritischen, speziell kolonialkritischen Beobachtungen und letztlich als Instrument der Rehabilitierung der sog. Wilden, damit auch als Voraussetzung zur Befreiung der

Kolonien empfunden werden konnte. So steht neben den »Ansichten der Natur« der bedeutende soziologisch-statistische, geographisch-landeskundliche »Essai sur le Royaume de la Nouvelle Espagne«.

Ganz aus dem Geist der »Kleinen Schriften« Forsters stammen wohl auch Humboldts einführende Bemerkungen zum »Kosmos« von 1844; die Beschäftigung mit den zahllosen Einzeldisziplinen – Botanik, Geognosie, Chemie, Astronomie, Erdmagnetismus u. a. als Vorbereitung seiner vieljährigen Expedition habe doch immer noch einem höheren Zwecke gedient, erklärt Humboldt: »Was mir den Hauptantrieb gewährte, war das Bestreben die Erscheinungen der körperlichen Dinge in ihrem allgemeinen Zusammenhange, die Natur als ein durch innere Kräfte bewegtes und belebtes Ganzes aufzufassen.«[13]

Dahinter steckt die Einsicht, ohne Streben nach Einzelerkenntnissen sei wohl »die allgemeine Weltanschauung nur ein Luftgebilde«. Doch sind die Einzelheiten dazu angetan, innerhalb des Wissenszusammenhanges einander zu befruchten. Von der Botanik kam er zur Pflanzengeographie, die aber den Blick auf die Gesetze der Klimate, der Meteorologie verlangte und weiter wirtschaftsgeographische Reflexionen nach sich ziehen sollte.

Von der physischen Erdbeschreibung gelangte Humboldt zum Begriff einer physischen Weltbeschreibung. Die Schwierigkeiten der Naturdarstellung sind ihm gerade im Zusammenhang mit der Fülle des ihm vorliegenden Materials deutlich geworden. »Den Naturschilderungen«, so heißt es, »darf nicht der Hauch des Lebens entzogen werden, und doch erzeugt das Aneinanderreihen bloß allgemeiner Resultate einen eben so ermüdenden Eindruck als die Anhäufung zu vieler Einzelheiten der Beobachtung.«

Gründlichkeit in der Detailbehandlung muß nicht notwendig Farblosigkeit der Darstellung nach sich ziehen. Der Darstellende darf sich nicht empirisch bornieren lassen. Auch die wissenschaftliche Veraltung als Überholbarkeit der Ergebnisse nimmt Humboldt in Kauf. »Ein Versuch, die Natur lebendig und in ihrer erhabenen Grösze zu schildern, in dem wellenartig wiederkehrenden Wechsel physischer Veränderlichkeit das Beharrliche aufzuspüren, wird (...) auch in späteren Zeiten nicht ganz unbeachtet bleiben.« Grund hierfür ist: Liebe zum Naturstudium und Beseelung durch das, was er seine Würde zu nennen wagt, verhindern jede Entmutigung angesichts einer künftigen Vervollkommnung des menschlichen Wissens.

Humboldt trennt auch in diesem Zusammenhange nicht das Naturstudium und die Naturdarstellung von der Geschichte der Naturkunde selbst: »Wie seit Jahrtausenden das Menschengeschlecht dahin gearbeitet hat, in dem ewig wiederkehrenden Wechsel der Weltgestaltungen das Beharrliche des Gesetzes aufzufinden und so allmählig durch die Macht der Intelligenz den weiten Erdkreis zu erobern, lehrt die Geschichte dem, welcher den uralten Stamm unseres Wissens durch die tiefen Schichten der Vorzeit bis zu seinen Wurzeln zu verfolgen weiß.«

So ist dann Humboldts »Kosmos« schließlich das Resultat »langer, mühevoll gesammelter Erfahrungen«. An die Stelle dumpfer Ahnungen des Gemüts sind Erkenntnis und Definition getreten; die Natur ist, allgemein gesprochen, der denkenden Betrachtung »Einheit in der Vielheit, Verbindung des Mannigfaltigen in Form und Mischung, Inbegriff der Naturdinge und Naturkräfte, als ein lebendiges Ganze«.

Es gilt, im Mannigfaltigen die Einheit zu erkennen, vom einzelnen alles zu umfassen, was in den letzten Zeitaltern war entdeckt worden, die Details zu unterscheiden, ohne doch der Masse des Stoffes dabei zu erliegen, denn der auf Erkenntnis gerichtete Geist hat »den Geist der Natur zu ergreifen, welcher unter der Decke der Erscheinungen verhüllt liegt. Auf diesem Wege reicht unser Bestreben über die enge Grenze der Sinnenwelt hinaus, und es kann uns gelingen, die Natur begreifend, den rohen Stoff empirischer Anschauung gleichsam durch die Ideen zu beherrschen«.

Dabei ist nun die ästhetische als eine vielleicht prärationale oder neben der rationalen sich behauptende Rezeption der Naturphänomene und Landschaften, der Genuß, der Empfindungen und Ideen zu wecken vermag, in keiner Weise ausgeschlossen oder diskreditiert. Hier tritt die Natur dem Menschen wie als ein individueller Charakter in Umriß, Gruppierung, Form und Farbton entgegen, nicht als das stille und schaffende organische Treiben und Wirken der natura naturans. Noch das Ungeheure und Schreckliche kann zur Quelle genußvoller Empfindungen werden: es übersteigt die menschliche Fassenskraft, so daß die Phantasie ihr freies Spiel daran entfalten kann. Das menschliche Gemüt besitzt hier der Natur gegenüber wie sonst auch eine starke Assimilationskraft. Das erhabene Schauspiel, die anmutige Erscheinung, noch der bedrohliche Anblick, all das affiziert das menschliche Gemüt, das aber darin nicht ausruht und sich selbst zu genießen trachtet, sondern das weiterschreitet zu Einsichten, die für den Forscher als lebendige auch solche des Geistes sind. So fehlt bei Humboldt der unterwerfende, auf Ausbeutung gerichtete Zugriff. Natur ist niemals das mechanistisch begriffene tote Objekt. Auch sie liefert noch Aufschluß über den Menschen, und wie der Mensch mehr ist als die cartesianische res cogitans, ist die Natur auch mehr und anderes als bloße res extensa.

Die starre Subjekt-Objekt-Beziehung gibt Humboldt preis; Außenwelt existiert für uns nur, wo wir sie aufnehmen, aber indem wir sie aufnehmen, gestaltet sie sich für uns und in uns zur Naturanschauung. So schmilzt, wagt er zu sagen, »die Außenwelt mit dem Innersten im Menschen, mit dem Gedanken und der Empfindung zusammen«.

Nicht zufällig, sondern erkenntnistheoretisch konsequent folgt hier ein Hegel-Zitat: »Die äußerlichen Erscheinungen werden so in die innerliche Vorstellung übersetzt.« Aber die ›innerliche Vorstellung‹ ist mehr als Empfinden – sie enthüllt uns die Bildungskräfte der Natur.

Fehlte bislang die Bestimmung von dem, was Natur heißen

muß, so wurde doch durch Reflexion auf ihre Wirkung, auf die ihrer Gegenstände wie das Vorgehen des Erkennenden, der Naturbegriff schon charakterisiert. In die Definition gehen Voraussetzungen ein, die mit dem Begriff des Menschen zusammenhängen: »Natur, in der vielfachen Deutung des Wortes, bald als Totalität des Seienden und Werdenden, bald als innere, bewegende Kraft, bald als das geheimnisvolle Urbild aller Erscheinungen aufgefaszt, offenbart sich dem einfachen Sinn und Gefühle des Menschen vorzugsweise als etwas Irdisches, ihm näher Verwandtes. Erst in den Lebenskreisen der organischen Bildung erkennen wir recht eigentlich unsere Heimath.«

Auch hier ist die Anschauung Erkenntnis der Grundsätze in der Entwicklung der Naturformen und ihrer zahllosen Gestalten. Deshalb ist die Naturschilderung allein nicht ausreichend, wenn sie sich einfach auf die äußeren Gegenstände beschränkt, auf die Resultate der Forschung, so wenig wie sie etwa genug haben dürfte an der bloß gemütvollen Beziehung des Einzelnen zu dem, was ihn anspricht oder interessiert. Die Natur ist nach Humboldt so darzustellen, wie sie sich im Inneren des Menschen widerspiegelt, »wie sie durch diesen Reflex bald das Nebelland physischer Mythen mit anmuthigen Gestalten füllt, bald den edlen Keim darstellender Kunstthätigkeit entfaltet«.

Erst dann wird die Natur in ihrer ganzen Größe, Gewalt und Würde sichtbar werden. Ihr eigentliches Geheimnis ist die bis in den Menschen hinein wirksame Gesetzlichkeit in der Ausbildung der Gestalt und die darin so ökonomisch verwendete Energie. Deshalb ist Humboldts Pflanzengeographie ein Muster der vergleichend-morphologischen Darstellung botanischer Phänomene; die Physiognomik der Pflanzenwelt aber ist ihm nur eine Vorstufe, das Ziel war der Nachweis einer Harmonie der Formen, die sich vielfältig über die Erde hin verstreut finden; eben deshalb kann er nicht allein von einer Geographie, sondern auch von einer Geschichte der Pflanzen sprechen.

Die Kunst, einzelne Himmelsstriche in ihrer ganzen Naturwahrheit zu schildern, findet seine Bewunderung, wo er sie trifft, bei Forster, Goethe oder Buffon und Chateaubriand, aber er macht darauf aufmerksam, daß derartige Schilderungen nicht bloß dem Gemüt einen edlen Genuß verschaffen, »nein, die Kenntniß von dem Naturcharakter verschiedener Weltgegenden ist mit der Geschichte des Menschengeschlechtes und mit der seiner Cultur auf's innigste verknüpft«.

Humboldt wendet sich so dem Einfluß der geographisch-materiellen, der klimatischen und vegetativen Bedingungen der nationalen Kulturentwicklung zu, dem Punkt also, wo Natur und Geschichte ineinandergreifen, da auch die Kultur in ihrer Rückwirkung auf die Natur dieser eine Art von Geschichte aufnötigt. »Der Einfluß der physischen Welt auf die moralische, das geheimnißvolle Ineinanderwirken des Sinnlichen und Außersinnlichen giebt dem Naturstudium, wenn man es zu höheren Gesichtspunkten erhebt, einen eigenen, noch zu wenig erkannten Reiz.«

Der höhere Gesichtspunkt ist der philosophische, der sich weder mit dem Aufreihen zahlloser Einzelheiten begnügt, noch die Einbildung zuläßt, in der systematischen Gliederung schon den Schlüssel zu allem Naturgeschehen gefunden zu haben. Die Zusammenhänge von Geschichte und Natur, wie Humboldt sie interessieren, täuschen auch nicht darüber hinweg, daß die Natur bei allem Einfluß, dem sie durch die Arbeit der Menschen unterliegt, doch gleichzeitig in einer quasi zeitlosen Wiederkehr so etwas wie das ahistorische Moment sich fortzeugenden Lebens darstellt. Sie ist somit zugleich geschichtlich und nicht-geschichtlich.

Es ist seltsam zu beobachten, wie sich in Humboldt die klassisch-romantische, man könnte auch sagen Goethesche Naturauffassung mit modern-pragmatischen Gesichtspunkten durchdringen. Naturforschung auf der Höhe der modernen Wissenschaften – bei Humboldt ist der Plural angebracht – seiner Epoche und Naturanschauung gehen ganz eng zusammen; der Mechanismus der schon nicht mehr ganz modernen Naturwissenschaften liegt ihm so fern, wie ihm die Bildungsgesetze der Natur, die ihn fesseln, vertraut sind; aufsteigend von den Erscheinungen der anorganischen Welt gelangt er schließlich zu den Lebensformen der Menschen, die keine organischen heißen können, doch auf der Basis von Natur sich entfalten und die ihn auch im sozialen, ökonomischen, d. h. dann weiter im politischen Bereich fesseln und faszinieren. Daher gibt es für Humboldt auch noch keine Spezialmethode, welche die seine wäre: er faßt als letzter die einzelnen Fächer der Naturwissenschaften überlegen zusammen, wie ihm auch als Naturforscher das einzelne Objekt nur wichtig war, wo er von ihm Aussagen über den Zusammenhang des Ganzen erhoffen konnte.

Die Natur erscheint ihm noch nicht als das zufällige Nebeneinander, in welches der Mensch willkürlich bis zu der durch Ausbeutung endlich erreichten Vernichtung des Planeten eingreifen dürfte, sondern als ein in sich sinnvolles, zusammenhängendes Gebilde, an dem der Mensch erst vorgegebenen, dann wieder bewußten Anteil hat. So zeugt auch Humboldt für jene »zarte Empirie, die sich mit dem Gegenstand innigst identisch macht und dadurch zur eigentlichen Theorie wird. Diese Steigerung des geistigen Vermögens aber gehört einer hochgebildeten Zeit an«.[14]

In der Vorrede zur ersten Auflage der »Ansichten der Natur«, nur wenige Jahre nach seiner Rückkehr aus Südamerika veröffentlicht, erklärt Humboldt, er übergebe dem Publikum nur schüchtern eine Reihe von Aufsätzen, die, wie er sagt, »im Angesicht großer Naturgegenstände, auf dem Ocean, in den Wäldern des Orinoco, in den Steppen von Venezuela, in der Einöde peruanischer und mexicanischer Gebirge, entstanden sind. Einzelne Fragmente wurden an Ort und Stelle niedergeschrieben, und nachmals nur in ein Ganzes zusammengeschmolzen. Überblick der Natur im großen, Beweis von dem Zusammenwirken der Kräfte, Erneuerung des Genusses, welchen die unmittelbare

Ansicht der Tropenländer dem fühlenden Menschen gewährt, sind die Zwecke, nach denen ich strebe. Jeder Aufsatz sollte ein in sich geschlossenes Ganzes ausmachen, in allen sollte eine und dieselbe Tendenz sich gleichmäßig aussprechen. Diese ästhetische Behandlung naturhistorischer Gegenstände hat, trotz der herrlichen Kraft und der Biegsamkeit unserer vaterländischen Sprache, große Schwierigkeiten der Composition. Reichthum der Natur veranlaßt Anhäufung einzelner Bilder, und Anhäufung stört die Ruhe und den Totaleindruck des Gemäldes. Das Gefühl und die Phantasie ansprechend, artet der Styl leicht in eine dichterische Prosa aus. Diese Ideen bedürfen hier keiner Entwicklung, da die nachstehenden Blätter mannigfaltige Beispiele solcher Verirrungen, solchen Mangels an Haltung darbieten«.[15]
Humboldt, der große Forscher, spricht hier als der reisende, Reise beschreibende Schriftsteller. Denn der war er, wie man leider zu wenig weiß, in nicht geringerem Maße. –

An Bord der Fregatte »Pizarro« verläßt Humboldt den Hafen von La Coruña; ein längerer Aufenthalt in Madrid, wo er für sich und seinen Begleiter Aimé Bonpland die günstigsten Reisebedingungen für die spanischen Kolonien erwirken konnte, war dem Aufbruch zu dieser letzten großen Reise des 18. Jahrhunderts vorausgegangen, die einige Jahre in das 19. Jahrhundert hinein dauern und deren Wirkung sich weit über dieses hinaus erstrecken sollte, wie dann selbst die Ausarbeitung zwei ganze Jahrzehnte in Anspruch nahm. Geplant ist eine Weltreise, nicht nur die Durchquerung Südamerikas, Humboldt will Beobachtungen zu einem Werk über die Konstruktion des Erdkörpers sammeln; die Beobachtungen, die er anstellen will, sind nicht der Hauptzweck, es geht ihm immer um das Zusammenwirken der Naturkräfte, den Zusammenhang der unbelebten mit der belebten Welt.
Er scheut sich aber nicht, für den Teil seines Werks, der

nicht speziell der wissenschaftlichen Darstellung gewidmet ist, sondern der eigentlichen Reise, der ›Relation historique‹, und die leider Fragment geblieben ist, ausführlich von sich und seiner Situation, den Motiven und Empfindungen zu sprechen, die ihn bewegen. Noch eine Besonderheit hält er für erwähnenswert: er reist nicht im Auftrag einer Regierung, genießt auch all die Förderung nicht, die amtliche Expeditionen bis in die Ausstattung und Sicherheit hinein sonst zu finden pflegen. Der Privatmann ist schließlich auch, was die Kosten betrifft, ganz auf sich selbst gestellt. »Wohl mag sich der Reisende einen Plan entwerfen, wie er ihm für seine wissenschaftlichen Zwecke und bei den staatlichen Verhältnissen der zu bereisenden Länder der angemessenste scheint; er mag sich die Mittel verschaffen, die ihm ferne vom Heimathland auf Jahre die Unabhängigkeit sichern; aber gar oft widersetzen sich unvorhergesehene Hindernisse seinem Vorhaben, wenn er eben meint es ausführen zu können. Nicht leicht hat aber ein Reisender mit so vielen Schwierigkeiten zu kämpfen gehabt als ich vor meiner Abreise nach dem spanischen Amerika. Gerne wäre ich darüber weggegangen und hätte meine Reisebeschreibung mit der Besteigung des Pic von Teneriffa begonnen, wenn nicht das Fehlschlagen meiner ersten Plane auf die Richtung meiner Reise nach der Rückkehr vom Orinoco bedeutenden Einfluß geäußert hätte. Ich gebe daher eine flüchtige Schilderung dieser Vorgänge, die für die Wissenschaft von keinem Belang sind, von denen ich aber wünschen muß, daß sie richtig beurtheilt werden. Da nun einmal die Neugier des Publikums sich häufig mehr an die Person des Reisenden als an seine Werke heftet, so sind auch die Umstände, unter denen ich meine ersten Reiseplane entworfen, ganz schief aufgefaßt worden.«[16]

Dazu gehört weiter der biographische Gesichtspunkt, wobei Humboldt wiederum auf Forster hinweist. Bis in die Kindheit greift er zurück: »Von früher Jugend auf lebte in mir der sehnliche Wunsch, ferne, von Europäern

wenig besuchte Länder bereisen zu dürfen. Dieser Drang
ist bezeichnend für einen Zeitpunkt im Leben, wo dieses
vor uns liegt wie ein schrankenloser Horizont, wo uns
nichts so sehr anzieht als starke Gemüthsbewegungen und
Bilder physischer Fährlichkeiten.«

Allmählich nehmen die Pläne Kontur und Gestalt an:
»Wenn es mich noch immer in die schönen Länder des heis-
zen Erdgürtels zog, so war es jetzt nicht mehr der Drang
nach einem aufregenden Wanderleben, es war der Trieb,
eine wilde, großartige, an mannichfaltigen Naturproduk-
ten reiche Natur zu sehen, die Aussicht, Erfahrungen zu
sammeln, welche die Wissenschaften förderten.«

Auch anekdotische Einzelheiten sind in diesem Zusammenhange wenn auch nicht wichtig, so doch interessant und
aufschlußreich. Humboldt gesteht: »Auf einem Ausflug
nach Hières und Toulon fanden wir in letzterem Hafen
die Fregatte Boudeuse, die Bougainville auf seiner Reise
um die Welt befehligt hatte. Ich hatte mich zu Paris, als
ich mich brüstete, die Expedition des Capitäns Baudin mitzumachen, des besondern Wohlwollens des berühmten Seefahrers zu erfreuen gehabt. Nur schwer vermöchte ich zu
schildern, was ich beim Anblick des Schiffes empfand, das
Commerson auf die Inseln der Südsee gebracht. Es gibt
Stimmungen, in denen sich ein Schmerzgefühl in alle unsere Empfindungen mischt.«

Nach sechsjähriger intensiver und planvoller Vorbereitung
ist es dann so weit; Humboldt verläßt Europa an Bord
eines spanischen Schiffes, er ist anhaltend beschäftigt, beobachtet Strömungen und die Meeresfauna, stellt Messungen und Lotungen an und besteigt beim Aufenthalt auf
den Kanarischen Inseln den Pic von Teneriffa. »Ich wünsch-
te in so bedeutender Höhe wie die, welche wir am Pic von
Teneriffa erreicht hatten, den Moment des Sonnenaufgangs
genau zu beobachten. Kein mit Instrumenten versehener
Reisender hatte noch eine solche Beobachtung angestellt.
Ich hatte ein Fernrohr und ein Chronometer, dessen Gang

mir sehr genau bekannt war. Der Himmelsstrich, wo die Sonnenscheibe erscheinen sollte, war dunstfrei. Wir sahen den obersten Rand um 4 Uhr 48′ 55″ wahrer Zeit, und, was ziemlich auffallend ist, der erste Lichtpunkt der Scheibe berührte unmittelbar die Grenze des Horizonts; wir sahen demnach den wahren Horizont, das heißt einen Strich Meers auf mehr als 43 Meilen Entfernung. Die Rechnung ergibt, daß unter dieser Breite in der Ebene die Sonne um 5 Uhr 1 Minute 50 Secunden, oder 11 Minuten 51,3 Secunden später als auf dem Pic hätte anfangen sollen aufzugehen. Der beobachtete Unterschied betrug 12 Minuten 55 Secunden, und dieß kommt ohne Zweifel von der Ungewißheit hinsichtlich der Refractionsverhältnisse für einen Abstand vom Zenith, wofür keine Beobachtungen vorliegen.«

Aber darauf beschränkt sich die Beobachtung nicht, gemessen zu haben, ist ihm nicht genug, er will sehen: »Wir wunderten uns, wie ungemein langsam der untere Rand der Sonne sich vom Horizont zu lösen schien. Dieser Rand wurde erst um 4 Uhr 56 Minuten 56 Secunden sichtbar. Die stark abgeplattete Sonnenscheibe war scharf begrenzt; es zeigte sich während des Aufgangs weder ein doppeltes Bild noch eine Verlängerung des untern Randes. Der Sonnenaufgang dauerte dreimal länger, als wir in dieser Breite hätten erwarten sollen, und so ist anzunehmen, daß eine sehr gleichförmig verbreitete Dunstschicht den wahren Horizont verdeckte und der aufsteigenden Sonne nachrückte. Trotz des Schwankens der Sterne, das wir vorhin im Osten beobachtet, kann man die Langsamkeit des Sonnenaufgangs nicht wohl einer ungewöhnlich starken Brechung der vom Meereshorizont zu uns gelangenden Strahlen zuschreiben; denn, wie le Gentil es täglich in Pondichery und ich öfters in Cumana beobachtet haben, erniedrigt sich der Horizont gerade bei Sonnenaufgang, weil die Temperatur der Luftschicht unmittelbar auf der Meeresfläche sich erhöht.«

Die Besteigung des Vulkans ist aber nicht nur wegen der wissenschaftlichen Beobachtungen unternommen worden, Humboldt spricht von der Größe der Natur, von der Fülle malerischer Reize und gibt zu, wie schwer es sei, derartige Empfindungen zu schildern, »sie regen uns desto tiefer auf, da sie etwas Unbestimmtes haben, wie es die Unermeßlichkeit des Raums und die Größe, Neuheit und Mannigfaltigkeit der uns umgebenden Gegenstände mit sich bringen«.

Aber Humboldt verzichtet nicht auf die Beschreibung der Landschaft, er erzählt: »Wir lagerten uns am äuszern Rande des Kraters und blickten zuerst nach Nordwest, wo die Küsten mit Dörfern und Weilern geschmückt sind. Vom Winde fortwährend hin und her getriebene Dunstmassen zu unsern Füßen boten uns das mannigfaltigste Schauspiel. Eine ebene Wolkenschicht zwischen uns und den tiefen Regionen der Insel, dieselbe, von der oben die Rede war, war da und dort durch die kleinen Luftströme durchbrochen, welche nachgerade die von der Sonne erwärmte Erdoberfläche zu uns heraufsandte. Der Hafen von Orotava, die darin ankernden Schiffe, die Gärten und Weinberge um die Stadt wurden durch eine Öffnung sichtbar, welche jeden Augenblick größer zu werden schien. Aus diesen einsamen Regionen blickten wir nieder in eine bewohnte Welt; wir ergötzten uns am lebhaften Contrast zwischen den dürren Flanken des Pics, seinen mit Schlacken bedeckten steilen Abhängen, seinen pflanzenlosen Plateaus, und dem lachenden Anblick des bebauten Landes; (...)«

Genauigkeit der Beobachtung und Glanz der darstellenden Prosa widersprechen sich nicht; nachdem Humboldt die fünf Vegetationszonen der Insel charakterisiert hat, resümiert er knapp: »Überblicken wir die Vegetationszonen von Teneriffa, so sehen wir, daß die ganze Insel als ein Wald von Lorbeeren, Erdbeerbäumen und Fichten erscheint, der kaum an seinen Rändern von Menschen urbar gemacht ist, und in der Mitte ein nacktes steiniges Gebiet umschließt, das weder zum Ackerbau noch zur Weide taugt.«

Nach sechs Tagen Aufenthalt segelt die »Pizarro« bei günstigen Winden weiter: »Am 25. Juni Abends verließen wir die Rhede von Santa Cruz und schlugen den Weg nach Südamerika ein. Es wehte stark aus Nordost und das Meer schlug in Folge der Gegenströmungen kurze gedrängte Wellen. Die canarischen Inseln, auf deren hohen Bergen ein röthlicher Duft lag, verloren wir bald aus dem Gesicht. Nur der Pic zeigte sich von Zeit zu Zeit in Blinken, wahrscheinlich weil der in der hohen Luftregion herrschende Wind dann und wann die Wolken um den Piton verjagte. Zum erstenmal empfanden wir, welchen lebhaften Eindruck der Anblick von Ländern an der Grenze des heißen Erdgürtels, wo die Natur so reich, so großartig und so wundervoll auftritt, auf unser Gemüth macht. Wir hatten nur kurze Zeit auf Teneriffa verweilt, und doch schieden wir von der Insel, als hätten wir lange dort gelebt.«

Zwei Tage später schneidet die rasch segelnde »Pizarro« schon den Wendekreis des Krebses, der Weg von 900 Meilen wird in zwanzig Tagen zurückgelegt, indes sie Landvögel noch ein paar Tage lang begleiten. Es ist genau die Route, die seit der ersten berühmten Fahrt des Kolumbus alle Schiffe benutzten, die zu den Antillen segeln. Humboldt stellt physikalische und zoologische Beobachtungen an, immer wieder wird die Erklärung der Phänomene in die Beschreibung hineingenommen, wissenschaftliche Darstellung und künstlerischer Reisebericht sind hier zu einer vollkommenen Synthese geführt. Auch für die Momente reiner Bewunderung ist in der Reisebeschreibung Platz: »Seit unserem Eintritt in die heiße Zone wurden wir nicht müde, in jeder Nacht die Schönheit des südlichen Himmels zu bewundern, an dem, je weiter wir nach Süden vorrückten, immer neue Sternbilder vor unsern Blicken aufstiegen. Ein sonderbares, bis jetzt ganz unbekanntes Gefühl wird in einem rege, wenn man dem Äquator zu, und namentlich beim Übergang aus der einen Halbkugel in die andere, die Sterne, die man von Kindheit auf kennt, immer tiefer hinabrücken und endlich verschwinden sieht. Nichts mahnt den Reisenden so auffallend an die ungeheure Entfernung seiner Heimath, als der Anblick eines neuen Himmels. Die Gruppierung der großen Sterne, einige zerstreute Nebelflecke, die an Glanz mit der Milchstraße wetteifern, Strekken, die sich durch ihr tiefes Schwarz auszeichnen, geben dem Südhimmel eine ganz eigenthümliche Physiognomie. Dieses Schauspiel regt selbst die Einbildungskraft von Menschen auf, die den physischen Wissenschaften sehr ferne stehen und zum Himmelsgewölbe aufblicken, wie man eine schöne Landschaft oder eine großartige Aussicht bewundert.«

Dann steigt das Sternbild des Schiffs am Horizont auf, die Magellanschen Wolken werden sichtbar. Schließlich erblickt Humboldt das Kreuz des Südens, an das er schon vor vielen Jahren mit Verlangen gedacht hatte: »Die niedrigen Luftregionen waren seit einigen Tagen mit Dunst erfüllt. Erst in der Nacht vom vierten zum fünften Juli, unter 16° Breite, sahen wir das südliche Kreuz zum erstenmal deutlich: es war stark geneigt und erschien von Zeit zu Zeit zwischen den Wolken, deren Mittelpunkt, wenn das Wetterleuchten dadurch hinzuckte, wie Silberlicht aufflammte.«

Humboldt fügt hinzu: »Wenn es einem Reisenden gestattet ist, von seinen persönlichen Empfindungen zu sprechen, so darf ich sagen, daß ich in dieser Nacht einen der Träume meiner frühesten Jugend in Erfüllung gehen sah.«

Der Umgang mit Karten, die Lektüre von Beschreibungen früherer Seefahrten hatten bereits eine unerklärliche Vorliebe für bestimmte Länder und Klimate in ihm geweckt, und als er die Sterne kennenzulernen trachtete, empfand er, wie er weiter gesteht, »eine bange Unruhe, die Menschen, die ein sitzendes Leben lieben, ganz fremd ist. Der Hoffnung entsagen zu sollen, jemals jene herrlichen Sternbilder am Südpol zu erblicken, das schien mir sehr hart«.

Am 16. Juli 1799 erreicht das Schiff die Küste des südamerikanischen Halbkontinents bei Cumana. »Küsten, aus der

Ferne gesehen, verhalten sich wie Wolken, in denen jeder Beobachter die Gegenstände erblickt, die seine Einbildungskraft beschäftigen. Da unsere Aufnahmen und die Angabe des Chronometers mit den Karten, die uns zur Hand waren, in Widerspruch standen, so verlor man sich in eitlen Muthmaßungen. Die einen hielten Sandhaufen für Indianerhütten und deuteten auf den Punkt, wo nach ihnen das Fort Pampatar liegen mußte, andere sahen die Ziegenheerden, welche im dürren Thal von San Juan so häufig sind; sie zeigten die hohen Berge von Macanao, die ihnen halb in Wolken gehüllt schienen.«

Tatsächlich ist das Schiff in der Nähe einer unbewohnten Insel vor Anker gegangen, und erst nach einer mehrstündigen Fahrt wird die ersehnte Küste erreicht. Der indianische Lotse, den sie aufgenommen hatten, unterhält Humboldt während des nächtlichen Lavierens von den Tieren und Pflanzen seines Landes. Bei Tagesanbruch liegt dann die grüne Küste vor den Reisenden, die wolkenverschleierten Berge von Neuandalusien, die Stadt Cumana mit ihrem Schloß zwischen hohen Kokosbäumen; das Schiff wirft Anker gegenüber der Mündung des Manzanares; das Licht, die Formen der Pflanzen, die Buntheit der Vögel, alles trägt hier für Humboldt schon den Stempel der tropischen Natur.

Sofort aber treten auch soziologische Gesichtspunkte deutlich hervor: dem Boden bleibt auch in den stark bevölkerten Ländern der Tropen der Charakter der Wildheit erhalten, der in gemäßigten Zonen dem Getreideanbau weichen muß. »Unter den Tropen nehmen die ackerbauenden Völker weniger Raum ein; die Herrschaft des Menschen reicht nicht so weit; er tritt nicht als unumschränkter Gebieter auf, der die Bodenoberfläche nach Gefallen modelt, sondern wie ein flüchtiger Gast, der in Ruhe des Segens der Natur genießt. In der Umgegend der volkreichsten Städte starrt der Boden noch immer von Wäldern oder ist mit einem dichten Pflanzenfilz überzogen, den niemals eine Pflugschar zerrissen hat. Die wildwachsenden Pflanzen beherrschen noch durch ihre Masse die angebauten Gewächse und bestimmen allein den Charakter der Landschaft. Allem Vermuthen nach wird dieser Zustand nur äußerst langsam einem andern Platz machen.«

Art und Ertrag der Gewächse bestimmen aber das gesellschaftliche Moment der Verbindung oder der Isolierung der Pflanzerfamilien, den rascheren oder langsameren zivilisatorischen Fortschritt, schließlich dann auch die Gestalt und den Anblick der Landschaft. Von einem Sandsteinhügel aus genießt Humboldt den Ausblick auf das Meer, das Vorgebirge und eine Halbinsel: »Ein ungeheurer Wald breitete sich zu unsern Füßen bis zum Ocean hinab; die Baumwipfel, mit Lianen behangen, mit langen Blüthenbüscheln gekrönt, bildeten einen ungeheuren grünen Teppich, dessen tiefdunkle Färbung das Licht in der Luft noch glänzender erscheinen ließ. Dieser Anblick ergriff uns um so mehr, da uns hier zum erstenmal die Vegetation der Tropen in ihrer Massenhaftigkeit entgegentrat.«

Aber es wäre falsch, wollte man die Reiseschilderung auf eindrucksvolle Stellen dieser Art hin absuchen, um sie herauszuziehen, es gibt deren zu viele, und man liest sich immer wieder fest. Man täte Unrecht, zu verschweigen, daß Humboldt in Cumana auch unangenehme Erfahrungen machen muß, er hat sie selber nicht verschwiegen, nur aus ›gereinigten‹ Ausgaben sind sie inzwischen verschwunden. Von seinem Haus in Cumana kann er sehr günstig meteorologische Beobachtungen anstellen, wird aber auch Zeuge empörender Vorgänge: der Platz davor ist mit Bogengängen umgeben, über denen eine hölzerne Galerie läuft. Und hier werden Neger, die von der afrikanischen Küste herübertransportiert worden waren, zum Erwerb angeboten. »Die zum Verkauf ausgesetzten Sklaven waren junge Leute von fünfzehn bis zwanzig Jahren. Man lieferte ihnen jeden Morgen Cocosöl, um sich den Körper damit einzureiben und die Haut glänzend schwarz zu machen. Jeden Augenblick erschienen Käufer und schätzten nach der Beschaffenheit der Zähne Alter und Gesundheitszustand der Sklaven; sie rissen ihnen den Mund auf, ganz wie es auf dem Pferdemarkt geschieht. Dieser entwürdigende Brauch schreibt sich aus Afrika her, wie die getreue Schilderung zeigt, die Cervantes nach langer Gefangenschaft bei den Mauren in einem seiner Theaterstücke vom Verkauf der Christensklaven in Algier entwirft. Es ist ein empörender Gedanke, daß es noch heutigen Tages auf den Antillen spanische Ansiedler gibt, die ihre Sklaven mit dem Glüheisen zeichnen, um sie wieder zu erkennen, wenn sie entlaufen. So behandelt man Menschen, die andern Menschen die Mühe des Säens, Ackerns und Erntens ersparen.«

Entsprechend wendet sich Humboldt gegen weitverbreitete Vorurteile, er gesteht, daß er den Ausdruck ›wild‹ in solchem Zusammenhange ungern gebrauche, denn er setze zwischen den unterworfenen und in den Missionen lebenden und den freien Indianern einen Unterschied der Kulturstufe voraus, der sich nicht durch die Erfahrung bestätigen läßt. Es gibt friedliche Stämme, die Pisang, Baumwolle und anderes anbauen oder verarbeiten. Sie sind nicht weniger zivilisiert als die anderen Indianer in den Missionen, »die man das Kreuz hat schlagen lehren«. Wiederholt wird Humboldt sich so äußern und auch die barbarischen Praktiken weißer Missionare und den von ihnen organisierten Menschenraub anprangern.

Seine Fahrt, zum Teil mit dem Boot auf den unbekannten, gefährlichen Wassern des Orinoko unternommen, wird zu einer nicht endenden Folge von Erkundungen, Entdeckungen und auch Gefahren; aus ihnen zieht er immer wieder neu manch allgemeine Erfahrung. Denn neben scharf, farbig und genau gezeichneten Landschaftsbildern stehen warnende Worte, die bis in unsere Tage noch ihre Aktualität behalten haben. Von der Darstellung der Natur leitet er immer wieder über zu den Verhältnissen der Menschen, die ihre höchstentwickelten, am meisten gefährdeten und zugleich so gefährlichen Geschöpfe sind.

Das Verhältnis von Kolonie und Mutterland führt ihn zu ausführlichen Erörterungen der Geschichtslosigkeit der neuen Gründungen, die auch die Überlieferung ihrer Stammlande, anders als einst die griechischen Kolonisatoren, weitgehend preisgegeben haben; der andere Himmel, das andere Klima und die physischen Gegebenheiten wirken stärker auf die gesellschaftlichen Zustände der Kolonien ein als die gänzliche Abspaltung vom Mutterland. Humboldt lernt hier Weltgegenden kennen, die ohne Geschichte, ohne Literatur, schließlich auch ohne politisches Leben sind, weil dieses nicht gefördert wird, so daß die Bevölkerung vollkommen passiv in der Weltgeschichte steht, ja eigentlich ohne ein Bewußtsein von diesem Zustand entwickeln zu können.

Die Folgen der Grausamkeit des einst auch an den Eingeborenen dieser Weltgegend praktizierten Sklavenhandels erkennt er immer wieder; Habgier und Golddurst der Weißen haben zu empörenden Formen des Machtmißbrauchs geführt, bis die Missionen hier eine gewisse Linderung herbeiführten. Die Missionen mit ihrem Bemühen, Ackerbau und Ansiedlung zu fördern, haben dem Blutvergießen und der Menschenjagd ein Ende bereitet. Doch auf der anderen Seite geschieht nun eigentlich nichts, die Indianer vor der Verstumpfung zu bewahren und den möglichen allgemeinen Fortschritt zu befördern. Die strenge, ritualisierte Zucht der Mönche drückt alle geistige Entwicklung nieder, und das Resultat ihres Wirkens ist eine allgemeine Unkultur. Immer wieder beklagt Humboldt die traurige Verdrossenheit, die Trägheit, den Starrsinn der Indianer, die aber erst in solcher Situation das geworden sind, als was sie nun auf so unvorteilhafte Weise erscheinen; Humboldt nennt die Herrschaftsverhältnisse beim Namen und entbindet die Kolonialherren nicht von ihrer Verantwortung.

Er handelt ausführlich von der Lebensweise, den Sitten der Indianer, von den Unterschieden der einzelnen Stämme, von ihrer Sprache als dem verbindenden Glied. Auch die Lage der Frau, die wesentlich Arbeitstier ist, wird von ihm nicht verschwiegen, und er vermutet in den Legenden von den Amazonen übertreibende Berichte von Gruppierungen der dieser häuslichen Sklaverei entlaufenen Frauen. Daß auch Missionsangehörige schimpflich die Jagd auf Eingeborene veranstalten, wird im 22. Kapitel an einem erschütternden Beispiel selbstloser Mutterliebe offenkundig gemacht; die Geschichte ist mehr als eine Ausnahme, sie wird zum Exempel, zum Einspruch gegen die Unterdrückung und allgemeine Rechtlosigkeit, der die Indianer ausgesetzt sind.

Es scheint nichts zu geben, was seine Aufmerksamkeit nicht fesselt, was nicht beschrieben und gedeutet wird: die Art der Indianer, den Zitteraal zu fangen, indem man Pferde ins Wasser treibt und sie an ihnen ihre Elektrizität erschöpfen läßt, der Kuhmilchbaum, die Brüllaffen, der auf- und wieder abschwellende Rhythmus der Tierstimmen im nächtlichen Urwald, die Quellgebiete der tropischen Riesenströme, die Minerale noch nicht bestiegener Gipfel, der Zusammenhang der Vulkane, die tödliche Feindschaft der Gattungen. In dieser Neugier aber zeigt sich mehr als nur ein Drang zu wissen und zu beschreiben, nämlich eine seltene Sympathie mit den Erscheinungsformen der Natur, man möchte fast sagen: ein heimliches Einverständnis. Niemals werden die einzelnen Phänomene isoliert, immer stehen sie, den Stationen der Reise folgend, im Zusammenhang, so daß auch die großen Naturbilder – außer etwa in den »Ansichten der Natur« – niemals für sich alleine stehen und die sozialkritischen Abschnitte eben nicht zu zusätzlichen Exkursen werden. Hier tritt die Savannenlandschaft in seinen Blick, dort das gefährlich lauernde Krokodil, der auf den tödlichen Sprung noch wartende Jaguar und viele andere Gefahren, die schon bei kleinen Wegen sich erheben, Himmelserscheinungen faszinieren ihn, aber auch die oft folgenschwere Existenz der Moskitoschwärme. Er ist kaum mehr als drei Monate im Lande, da erlebt er ein Erdbeben: »Zwischen dem 28. Oktober und 3. November war der röthliche Nebel dicker als bisher; bei Nacht war die Hitze erstickend, obgleich der Thermometer nur auf 26° stand. Der Seewind, der meist von acht oder neun Uhr Abends die Luft abkühlt, liesz sich gar nicht spüren. Die Luft war wie in Gluth; der staubigte, ausgedörrte Boden bekam überall Risse. Am vierten November gegen zwei Uhr Nachmittags hüllten dicke, sehr schwarze Wolken die hohen Berge Brigantin und Tantaraqual ein. Sie rückten allmählich bis ins Zenith. Gegen vier Uhr fing es an über uns zu donnern, aber ungemein hoch, ohne Rollen, trockene, oft kurz abgebrochene Schläge. Im Moment, wo die stärkste elektrische Entladung stattfand, um 4 Uhr 12 Minuten, erfolgten zwei Erdstöße, 15 Secunden hinter einander. Das Volk schrie laut auf der Straße. Bonpland, der über einen Tisch gebeugt Pflanzen untersuchte, wurde beinahe zu Boden geworfen. Ich selbst spürte den Stoß sehr stark, obgleich ich in einer Hängematte lag. Die Richtung des Stoßes war, was in Cumana ziemlich selten vorkommt, von Nord nach Süd. Sklaven, die aus einem 18-20 Fuß tiefen Brunnen am Manzanares Wasser schöpften, hörten ein Getöse wie einen starken Kanonenschuß. Das Getöse schien aus dem Brunnen herauf zu kommen, eine auffallende Erscheinung, die übrigens in allen Ländern Amerikas, die den Erdbeben ausgesetzt sind, häufig vorkommt.«

Es ging ein Sturm voraus, dem ein elektrischer Regen folgte. Humboldt bewahrt, wie es die Sätze ahnen lassen, seine Ruhe: »Ich beobachtete sogleich die Elektricität der Luft mit dem Voltaschen Elektrometer.« Bei bedecktem Himmel folgt eine die ganze Nacht hindurch anhaltende Windstille. Der Sonnenuntergang war dann von besonderer Schönheit. »Der dicke Wolkenschleier zerriß dicht am Horizont wie zu Fetzen, und die Sonne erschien 12 Grad hoch auf indigoblauem Grunde. Ihre Scheibe war ungemein stark in die Breite gezogen, verschoben und am Rande ausgeschweift. Die Wolken waren vergoldet und Strahlenbündel in den schönsten Regenbogenfarben liefen bis zur Mitte des Himmels auseinander. Auf dem großen Platze war viel Volk versammelt.«

Gegen neun Uhr abends folgt ein dritter Stoß, schwächer, aber geräuschvoll. Der Barometer ist gefallen und steigt dann wieder, entsprechend den Gesetzen der barometrischen Schwankungen, wie Humboldt lakonisch vermerkt.

Wie die sachliche Erklärung in die Darstellung eingeht, so auch immer wieder die Reflexion auf die Voraussetzung von Wahrnehmung und Erkenntnis. Die Erfahrung ist keineswegs subjektiv und privat, das würde die Darstellung auf Eindrücke und Empfindungen einschränken, sie wird allgemein verbindlich: »Wenn ein eben aus Europa angekommener Reisender zum erstenmal die Wälder Südamerikas betritt, so hat er ein ganz unerwartetes Naturbild vor sich. Alles was er sieht, erinnert nur entfernt an die Schilderungen, welche berühmte Schriftsteller an den Ufern des Mississippi, in Florida und in andern gemäßigten Ländern der neuen Welt entworfen haben. Bei jedem Schritt fühlt er, daß er sich nicht an den Grenzen der heißen Zone befindet, sondern mitten darin, nicht auf einer der antillischen Inseln, sondern auf einem gewaltigen Continent, wo Alles riesenhaft ist, Berge, Ströme und Pflanzenmassen. Hat er Sinn für landschaftliche Schönheit, so weiß er sich von seinen mannigfaltigen Empfindungen kaum Rechenschaft zu geben. Er weiß nicht zu sagen, was mehr sein Staunen erregt, die feierliche Stille der Einsamkeit, oder die Schönheit der einzelnen Gestalten und ihre Contraste, oder die Kraft und Fülle des vegetabilischen Lebens. Es ist als hätte der mit Gewächsen überladene Boden gar nicht Raum genug zu ihrer Entwicklung. Überall verstecken sich die Baumstämme hinter einem grünnen Teppich, und wollte man all die Orchideen, die Pfeffer- und Pothosarten, die auf einem einzigen Heuschreckenbaum oder amerikanischen Feigenbaum wachsen, sorgsam verpflanzen, so würde ein ganzes Stück Land damit bedeckt. Durch diese verwunderliche Aufeinanderhäufung erweitern die Wälder, wie die

Fels- und Gebirgswände, das Bereich der organischen Natur. Dieselben Lianen, die am Boden kriechen, klettern zu den Baumwipfeln empor und schwingen sich, mehr als hundert Fuß hoch, von einen zum andern. So kommt es, daß, da die Schmarotzergewächse sich überall durcheinander wirren, der Botaniker Gefahr läuft, Blüthen, Früchte und Laub, die verschiedenen Arten angehören, zu verwechseln.«

Auch von der die Fassungskraft übersteigenden Fülle läßt Humboldt sich nicht hinreißen, selbst die so gewaltig vervielfältigte Natur wird in ihren Einzelzügen verfolgt. Noch hier gilt, was er bei Gelegenheit der Veränderungen durch Erdbeben in Cumana erklärt: »Dem Plane dieses Werkes entsprechend, suchen wir vielmehr die Ideen unter allgemeine Gesichtspunkte zu bringen, und alles, was mit diesen schrecklichen und zugleich so schwer zu erklärenden Vorgängen zusammenhängt, in einen Rahmen zusammenzufassen. Wenn Naturforscher, welche die Schweizer Alpen oder die Küsten von Lappland besuchen, unsere Kenntniß von den Gletschern und dem Nordlicht erweitern, so läßt sich von einem, der das spanische Amerika bereist hat, erwarten, daß er sein Hauptaugenmerk auf Vulkane und Erdbeben gerichtet haben werde.«

Jeder Erdstrich liefert eigenes Material, und wenn auch die Ursachen der Naturphänomene nicht ergründet werden können, so gilt es doch, ihre Gesetze zu erfassen und durch Vergleich der Fakten das Wiederkehrende und ihnen Gemeinsame von dem zu sondern, was wechselhaft und nur zufällig ist. So ist die Forschung ein unendlicher Progreß, die Natur ihre unerschöpfliche Quelle, »und im Maaß, als die Wissenschaft vorschreitet, bietet sie dem, der sie recht zu befragen weiß, immer wieder eine neue Seite, von der er sie bis jetzt nicht betrachtet hatte«.

Wie nebenbei äußert Humboldt im Vorwort zur deutschen Ausgabe dieser Reise, was eigentlich doch programmatisch ist, »in dem Entwicklungsgange physischer Forschungen wie in dem der politischen Institutionen ist Stillstand durch unvermeidliches Verhängniß an den Anfang eines verderblichen Rückschritts geknüpft«.

Nicht zufällig, sondern seinem Denken gemäß ist, daß er hier die wissenschaftliche Erfahrung mit der politischen Einsicht durch selbstverständliche Verbindung zusammendenkt.

Freilich gibt es auch Stellen, die solcher Auffassung zu widersprechen scheinen; so findet sich in den »Ansichten der Natur« eine Reflexion, die den Eindruck vermittelt, als finde Humboldt in der endlosen Unerschöpflichkeit der Naturvorgänge so etwas wie Beruhigung und Trost über das Schicksal des Menschengeschlechts, das dem Untergange ausgeliefert ist. Er hat eine Höhle besucht, die zur Grabstätte eines untergegangenen Indianerstammes geworden war. »Es war eine der heiteren und kühlen Nächte, die unter den Wendekreisen so gewöhnlich sind. Mit farbigen Ringen umgeben, stand die Mondscheibe hoch im Zenith. Sie erleuchtete den Saum des Nebels, welcher in scharfen Umrissen, wolkenartig, den schäumenden Fluß bedeckte. Zahllose Insecten gossen ihr röthliches Phosphorlicht über die krautbedeckte Erde. Von dem lebendigen Feuer erglühte der Boden, als habe die sternenvolle Himmelsdecke sich auf die Grasflur niedergesenkt. Rankende Bignonien, duftende Vanille und gelbblühende Banisterien schmückten den Eingang der Höhle. Über dem Grabe rauschten die Gipfel der Palmen.«[17]

Nun folgt die Erinnerung an das eben Gesehene, und Humboldt fährt dann fort: »So sterben dahin die Geschlechter der Menschen. Es verhallt die rühmliche Kunde der Völker. Doch wenn jede Blüthe des Geistes welkt, wenn im Sturm der Zeiten die Werke schaffender Kunst zerstieben, so entsprießt ewig neues Leben aus dem Schooße der Erde. Rastlos entfaltet ihre Knospen die zeugende Natur: unbekümmert, ob der frevelnde Mensch (ein nie versöhntes Geschlecht) die reifende Frucht zertritt.«

Es irrt aber, wer meint, dies sei das letzte Wort seiner »denkenden Naturbetrachtung«, seiner philosophischen Weltaneignung, es ist der Akzent, mit dem dieser Essay »Über die Wasserfälle des Orinoco« sehr pointiert endet – Humboldt zielt hier vor allem auf die Objektivität der Natur in ihrem für unsere Erkenntnis unendlichen Zusammenhang, der aber dem Erkennenden, das ist das Entscheidende, keine Schrecken mehr einflößt, so wie dieser in der »vollendeteren Bildung« auch der Mythen nicht mehr bedarf, die er deswegen doch keineswegs schon verachtet: sie sind die Wahrheit einer von ihm zurückgelassenen Stufe.

Gleichfalls in den »Ansichten der Natur« spricht Humboldt auch vom Streben nach Naturwahrheit im Erfassen dieser Welt als dem Zweck der Naturbeschreibung. Derselbe werde am leichtesten erreicht »durch Einfachheit der Erzählung von dem Selbstbeobachteten, dem Selbsterlebten, durch die beschränkende Individualisierung der Lage, an welche sich die Erzählung knüpft. Verallgemeinerung physischer Ansichten, Aufzählung der Resultate gehört in die Lehre vom Kosmos, die freilich noch immer für uns eine inductive Wissenschaft ist; aber die lebendige Schilderung der Organismen (der Thiere und der Pflanzen) in ihrem landschaftlichen, örtlichen Verhältniß zur vielgestalteten Erdoberfläche (als ein kleines Stück des gesammten Erdenlebens) bietet das Material zu jener Lehre dar. Sie wirkt anregend auf das Gemüth da, wo sie einer ästhetischen Behandlung großer Naturerscheinungen fähig ist«.

Die ausführliche Zitierung solcher Beispiele und Grundsätze läßt sich wohl rechtfertigen, denn was Humboldt hier fordert und entwirft, ist doch zugleich als der gültige Kommentar zu seinem eigenen gewaltigen Werk zu begreifen.

Eine wirkliche Geschichte des Reisens, der Weltreisen wie
der Orient- oder der Italienfahrten, hätte die Entwicklung
der Reisewege wie des Handels, der Reisemittel und ihrer
Ausstattung, die Fahrten zu Fuß, die Reisen zu Pferde und
im Wagen zu berücksichtigen, auf die Entwicklung des
Schiffsbaus wie die der nautischen Instrumente und die der
Kartographie zu achten, ja eine Geschichte der Herbergen
wie des Gasthofes würde dafür von Nutzen sein, von der
Folge der Entdeckungen einmal ganz abgesehen. Darum
aber ging es hier nicht, so fehlt denn auch eine Übersicht
über topographische und frühe Reisehandbücher.

Es war auch keine Geschichte der Gattung beabsichtigt, die
etwa vom Tagebuch zum Bericht, vom Logbuch zur Rechenschaft, von der immer noch diaristisch geprägten Briefform weiterführt zur zusammenhängenden, durchgearbei-
teten Darstellung unter bestimmten Gesichtspunkten. Ein
solches Verfahren würde schon in seinem es rechtfertigen-
den Anspruch durchaus trügerisch sein, denn die Geschichte
der Gattung liegt gerade weniger in der Ausbildung bestimmter Formen, die oft verschieden erfüllt und damit
schon wieder modifiziert werden, als vielmehr, im Zusammenhang mit den mannigfachen und eben stets fremden
Inhalten, in der Ausbildung der Sehweise, der Interpretation im Übergang zur wissenschaftlichen Durchdringung
und philosophischen Aneignung des Weltstoffes. Und wenn
man Erinnerungen wirklich als Reisen in die Vergangenheit
betrachten kann, so sind Reisen immer Gegenwart, die kein
Erinnern fordert, sondern die Erfassung der Phänomene im
Raum; was im Zeitlichen durch die Kraft der Vergegenwärtigung sich erst herstellt, wird hier aber als vollkommene Anwesenheit geleistet. Dennoch ist klar, daß einer so
wenig alles aufnehmen wie sich stets an alles immer erinnern kann. Aber die Bedingungen für die Aufnahme sind
nicht nur subjektiv, sie sind auch historisch, und nicht zu al-

len Zeiten sind alle Erfahrungen in gleicher Weise möglich. Wenn es nun scheint, als habe niemand so viel Welt aufgenommen und erfahren wie Alexander von Humboldt – selbst wenn andere im äußerlichen Sinne mehr gesehen haben –, so ist das gewiß kein Zufall.

Die Schwierigkeiten der Typologie sind evident; vom Tagebuch über die Erzählform bis zur Landeskunde ist alles denkbar, eine Gliederung nach geographischen Gesichtspunkten wäre so absurd wie die nur chronologische, weil diese der Ungleichzeitigkeit des Bewußtseins nicht Rechnung trägt, jene aber nur stumpf nach Entfernungen und Kontinenten oder Sprach- und Landesgrenzen verfährt. Was Reisen ist – und der Bericht davon –, hat das 18. Jahrhundert reflektiert wie keine Epoche zuvor, die Renaissance war noch zu sehr auf das Neue und Geheimnisvolle als solches aus, diese Reflexionen aber sind, wo wir sie als erfüllte Ansprüche wiederfinden, ein Indiz für die Entwicklung, die sich vollzieht. Innerhalb ihrer wird die Reiseliteratur, nicht nur in der Form der aktuellen sozialkritischen Berichterstattung, zur Kritik an der eigenen Welt, in der man, das ist nun schon erfahren worden, fremder sein kann als im südlichen Afrika, in Arabien oder in Ostasien. Die unpersönliche Gleichförmigkeit der Reiseberichte ist allmählich einer zugleich subjektiveren und kritischeren Darstellungsform gewichen, und wie die Landschaft, tritt nun auch der Reisende viel deutlicher hervor.

Anders als bei der Autobiographie läßt sich eine Typologie der Reiseliteratur am ehesten noch nach der Typologie des Reisenden entwickeln, der stets auch Resultat seiner Epoche ist, so daß, was Humboldt vermochte, im 17. Jahrhundert so wenig schon zu leisten gewesen wäre wie die Fahrten Cooks im Zeitalter Marco Polos.

Wenn Dante im 26. Gesang des »Inferno« Odysseus die folgenden Worte sprechen läßt:

> »Non vogliate negar l'esperienza,
> Diretro al sol, del mondo senza gente.

Considerate la vostra semenza:
Fatti non foste a viver come bruti,
Ma per seguir virtute e connoscenza«[1],
dann ist, wenn auch jenseits der Säulen des Herkules der
Untergang auf die Besatzung des Schiffes wartet, das vom
Meer verschlungen wird, in diesen Versen das Bewußtsein
auf fast hybride Weise seiner Zeit voraus. Kolumbus und
Magellan, Léry und andere haben es erst wahr zu machen
begonnen, das 18. Jahrhundert, Cook und Forster und
Humboldt haben diese Wahrheit dann erfüllt. Freilich
wurde nicht immer so gereist, auch das ist sichtbar geworden, und es wäre noch deutlicher zu zeigen gewesen, hätte
die parodistische Reisebeschreibung, Sturz, der die Kavalierstour satirisch behandelt, Knigge, der Lavater seines
falschen Anspruchs überführt, Jean Paul, der Nicolai ver-
fälbelt, gleichfalls in angemessener Weise dargestellt werden können. Zugleich aber wird an der Publikation solcher
Reiseberichte auch wieder deutlich, wie häufig, schließlich
wie konventionell und beliebig das Reisen und die Beschreibung davon im 18. Jahrhundert schon geworden
sind.[2]
Immerhin ist die Darstellung der Reiseliteratur zu dem
Punkte geführt worden, wo es zu unterscheiden gilt zwischen einer Weiterführung der Gattung im rein geschichtlichen Sinne, d. h. einer Behandlung des Übergangs in das
19. Jahrhundert, in dem Humboldts Auswertung des großen Unternehmens erfolgt, zu Pückler-Muskau einerseits,
zu Heine andererseits und auch zu Goethes »Italienischer
Reise«, weiter dann zu Fallmerayer und zu Victor Hehn,
zur rein wissenschaftlich bestimmten Reise und einer Typo-
logisierung, die sich eben dann erleichtern würde, wenn
man die Reiseliteratur, die sich auf Deutschland selbst
bezieht, konfrontierte mit den Resultaten der vorhergehenden Kunst- und Bildungsreisen, um dann etwa
an Seume und F. Th. Vischer gegensätzliche Positionen
sichtbar zu machen – von Gregorovius ganz zu schweigen.

Denn wie in der Autobiographie setzt auch hier eine Ver-
bürgerlichung des literarischen Genres ein, Erfahrung, die
früher sozusagen noch nicht zu leisten war, wird hier insofern nicht mehr möglich, als sie zum Cliché erstarrt.*
Es fehlen auch die sozialkritischen Reiseberichte wie auch
die imaginäre, oft genug aus politischen Gründen satirisch
geprägte Reise, in der utopisches Denken seinen Ausdruck
erlangt. Man darf schließlich nicht vergessen, daß es ohne
die vorhergehende Reiseliteratur keine Robinsonaden,
keine »Insel Felsenburg« geben würde. Es fehlt weiter in
diesem Zusammenhange auch die Behandlung eines der interessantesten Themen der nicht-fiktionalen Literatur des
18. Jahrhunderts, nämlich die in Tagebuchnotizen, Briefen,
Korrespondenzberichten und Reisebeschreibungen, wie auch
in feuilletonistischen Darstellungen, so etwa bei Lichtenberg, bei G. Forster, auf besondere Weise bei Sébastian
Mercier, doch auch in den Reisebriefen Karamsins deutlich
sich abzeichnende Entdeckung der Großstadt.
Hier tritt dem Reisenden des 18. und frühen 19. Jahrhunderts, dem deutschen zumal, der als solcher doch immer
noch aus der Provinz kommt, der Städte wie Paris und
London, doch auch wie Rom, das aber vor allem die Kapi-
tale der Antike ist, nicht kennt, etwas völlig Neues entgegen. Hier sollte man an die sozialkritische Reisedarstellung
anknüpfen und an jene besondere Form der Reisebeschreibungen, welche die Beobachtung und Erkundung, Vermittlung und Deutung der Französischen Revolution zum Ziele
haben; sie sind, wie bei Campe, bei Reichardt und Halem
Entdeckungen der den Deutschen fast wie die Weltmeere
verschlossenen politischen und gesellschaftlichen Welt.
In der Großstadt aber sieht sich der Reisende einem neu-
artigen ›Naturzustand‹ gegenüber, der, weil er keiner mehr

* Auch hier war Jean Paul an der Schwelle des 19. Jahrhunderts satirisch seiner Zeit voraus, als er das Tagebuch einer Luftreise veröffentlichte. Aber nicht
Gianozzo ist der neue Typus des Reisenden; wenn sich Leser wie Reisende des
späten 18. Jahrhunderts in Sternes Yorik wiedererkannten, so die des frühen
19. Jahrhunderts in Byrons Childe Harold.

ist, als ›Natur‹ nicht einfach mehr erfaßbar wird. Es wäre aufschlußreich, dem Zusammenhang nachzugehen, der sich darin andeutet, daß eben zu der Zeit, als man die letzte reale Idylle, das exotische Eden von Tahiti entdeckt und zu zerstören beginnt, dieses Gegenbild aller Idylle, die Großstadt mit der Masse ihrer Bewohner, die oft gerade in der Masse ihre Einsamkeit erfahren wie die Veränderung ihrer bis dahin noch quasi natürlich eingebundenen sozialen Lebensverhältnisse, in den Blick der Reisenden tritt. Dazu haben dann auch Börne und vor allem Heine, schließlich auch Gutzkow im frühen 19. Jahrhundert Wichtiges zu sagen. Tahiti war Bild der Vergangenheit des Menschengeschlechts, die revolutionäre Großstadt kündet seine Zukunft an.

Eine weiterführende genaue Typologie wird tatsächlich erst möglich sein, wenn wir ohne jede Schematik diesen Übergang in das folgende Jahrhundert und damit auch in die Moderne, zu Poes »Man of the crowd«, dem neuen Mythos der Masse, weiter zu den Stadtbildern als Landschaft in der Lyrik Baudelaires verfolgen.

So gesehen, scheint hier fast so viel zu fehlen, als auf den beschriebenen Seiten tatsächlich zu lesen steht; eines aber sollte deutlich werden, und zwar die Entwicklung aus dem chronikalischen und dem begrifflos-neugierigen Aufnehmen von Welt zur autobiographisch intentionierten Bildungsreise zum einen und dann zum anderen zur Vollendung der Entdeckungs- wie der wissenschaftlich zielgerichteten, die Ergebnisse konsequent auswertenden Reise, die eine zweite Entdeckung heißen muß, in ihrer bei G. Forster und A. v. Humboldt ausgebildeten klassischen Gestalt.

Man wird schließlich auch bedenken müssen, daß bestimmte Reisen nicht mehr zu machen sind; seit Cook weiß man doch eigentlich, daß es auf der Erde nicht mehr viel, vor allem keine neuen Länder mehr zu entdecken gibt, die mit Kolumbus anhebende Entdeckungsreise ist als solche nicht mehr möglich, auch Humboldt reist nicht in ein unbekanntes Land, wiewohl er es zum zweiten Mal entdeckt. Etwas anderes tritt hinzu; Lévi-Strauss hat darauf aufmerksam gemacht, daß nämlich die Zeit der klassischen Reisen vorüber ist. Nicht zuletzt deshalb sind seine »Tristes tropiques« so traurig. Den ersten Abschnitt hat er »La Fin des voyages« betitelt, denn es gibt für den Ethnographen das Abenteuer nicht mehr, die Welt ist längst beschrieben und wirkungsvoll photographiert, der Leser stürzt sich auf die Publikationen, und alles ist allen bekannt.[3] Schlimmer: die Reisen halten ihre Versprechungen nicht mehr. Die aufgeregte europäische Zivilisation hat wie ein Krebsgeschwür die Welt überzogen, die Meere wie die Tropen verdorben, unser Verlangen erstickt, und unsere Erinnerungen sind angefressen. »Ce que d'abord vous nous montrez, voyages, c'est notre ordure lancé au visage de l'humanité.«

Man wird sich hüten müssen, das als sehnsuchtsbeschwerten Neo-Romantizismus abzutun und darauf hinzuweisen, daß schon G. Forster nicht der erste war, der Tahiti sehen durfte, daß schließlich auch Humboldt immer wieder in den südamerikanischen Landschaften auf die Spuren der Zerstörung stieß. Damit ist die Einsicht nicht abgetan, daß der europäische Fortschritt in seiner technologischen Phase mehr als je zuvor die Merkmale der Zerstörung zu tragen beginnt und seine Unaufhaltsamkeit die Katastrophe signalisiert. Deshalb kann Lévi-Strauss auch die Leidenschaft für Reiseberichte verstehen: »Ils apportent l'illusion de ce qui n'existe plus et qui devrait être encore, pour que nous échappions à l'accablante évidence que 20 000 ans d'histoire sont joués. Il n'y a plus rien à faire: la civilisation n'est plus cette fleur fragile qu'on préservait, qu'on développait à grand-peine dans quelques coins abrités d'un terroir riche en espèces rustiques, menaçantes sans doute par leur vivacité, mais qui permettaient aussi de varier et de revigorer les semis. L'humanité s'installe dans la monoculture; elle s'apprête à produire la civilisation en masse, comme la betterave. Son ordinaire ne comportera plus que ce plat.«

Wurde einst die Welt beschrieben und vermessen, so könnte man sagen, so wird sie nunmehr photographiert, das Publikum will die Bilder und weiß selbst nicht, welches der Grund solchen Verlangens ist; Lévi-Strauss hat die böseste mögliche Erklärung bereit: »Non satisfait encore ni même conscient de vous abolir, il lui faut rassasier fievreusement de vos ombres le cannibalisme nostalgique d'une histoire à laquelle vous avez déjà succombé«, sagt er, scheinbar an die Adresse der Eingeborenen gerichtet. Aber die Klage ist monologisch, denn die, welche er erreichen möchte, verstehen ihn nicht. So bleibt monologisch, aber dafür doch nicht weniger wahrhaftig, auch die Klage, er wollte gern zur Zeit der wahren Reisen gelebt haben, als sich das ganze Schauspiel in noch unverfälschtem Glanz darbot. Wann, so fragt er, hätte man Indien, wann die Wilden des brasilianischen Urwalds besuchen müssen, um die volle Genugtuung, die wirkliche Kenntnis zu erlangen? Im 18. Jahrhundert mit Bougainville? Im 16. mit Léry? Das sind bloße Konjekturen, gesteht er sofort: »Mais je connais trop les textes pour ne pas savoir qu'en m'enlevant un siècle, je renonce du même coup à des informations et à des curiosités propres à enrichir ma réflexion.«

Und hier erkennt er den Zirkel: je weniger die Kulturen der Menschheit in Kontakt waren, und also auch nicht imstande, sich wechselweise zu vergiften oder zu verfälschen, um so weniger waren ihre Vertreter auch in der Lage, Reichhaltigkeit und Bedeutung der Verschiedenheit zu begreifen. So hätte er als ein Reisender früherer Epochen das einst glanzvolle Schauspiel gesehen – ohne es erkennen zu können, ja es hätte ihn vielleicht mit Spott und Ekel erfüllt, doch als der moderne Reisende läuft er nur noch den Resten verschwundener Wirklichkeiten nach. In jedem Fall hat er verloren. Er weiß genau: »Dans quelques centaines d'années, en ce même lieu, un autre voyageur, aussi désespéré que moi, pleurera la disparition de ce que j'aurais pu voir et qui m'a échappé. Victime d'une double infirmité, tout ce que j'aperçois me blesse et je me reproche sans relâche de ne pas regarder assez.«

Das wird als Gesetz verstanden, und auch Humboldt, seine Briefe zeigen es – er ist sehr alt geworden – hat dies bereits geahnt. Es ist der Preis des Fortschritts, wachsender Erkenntnis, wachsenden Bewußtseins, ihn will der große Reisende nicht ignorieren. Aber auch daran bestätigt sich wieder, daß dieselbe Reise nicht zweimal unternommen werden, nicht zu verschiedenen Zeitaltern wiederholt werden kann. Hier nun beginnt die eigentliche Philosophie des Reisens, die mehr ist als die Reflexion auf das Gesehene.

Vielleicht würde eine Konfrontierung mit modernen Reisebeschreibungen, etwa von W. Koeppen, E. Kästner, W. Katzanzakis oder Graf Keyserling das deutlicher machen, aber ein solcher Versuch ist niemals wirklich auf Vollständigkeit hin anzulegen. Das Material überfordert einen einzelnen, wenn er nicht bloß katalogisieren will und durch die Bibliotheken reisen wie einst Nicolai durch die deutschen Provinzen. Und wenn es um beispielhafte Texte im guten wie im weniger guten Sinne geht, so heißt das auch, daß ein solcher Versuch stets der Ergänzung bedarf, der Erweiterung und, wenn es gelingen sollte, auch der Fortführung.

Anmerkungen

Vorbemerkung

1 A. v. Humboldt, Kosmos 2. Bd., S. 337 f.

Einleitung. Weltentdeckung und Aufklärung

1 Humboldt, Kosmos II, S. 7
2 ib. S. 54 f.
3 ib. S. 58
4 ib. S. 65
5 ib. S. 71
6 ib. S. 72
7 ib. S. 74
8 I. Kant, Kleinere Schriften zur Geschichtsphilosophie, Ethik und Politik (Phil. Bibl. Bd. 471, S. 45)
9 I. Iselin, Ueber die Geschichte der Menschheit, Carlsruhe 1784, Bd. 1, sowie auch Hoxie N. Fairchild, The Noble Savage. A Study in Romantic Naturalism (1928) New York 1961, und René Gonnard, La Légende du Bon Sauvage. Contribution à l'étude des origines du socialisme. Paris (1946)
10 Iselin a. a. O., S. 242
11 vgl. ib. S. 248 f.
12 ib. S. 249
13 ib. S. 268
14 ib. S. 271
15 ib. S. 282 f.
16 ib. S. 291
17 ib. S. 295
18 ib. S. 296
19 ib. S. 325
20 ib. S. 362
21 ib. S. 367 f.
22 ib. S. 373
23 Bd. II, S. 363 f.
24 Essais p. 185
25 p. 243, Des Cannibales
26 Werke, Berlin u. Weimar 1969, Bd. 5, S. 348 ff.
27 Auch eine Philosophie der Geschichte zur Bildung der Menschheit, Frankfurt am Main 1967, S. 89; zur Ausplünderung der anderen Kontinente: S. 128
28 Einleitung zur allgemeinen vergleichenden Geographie, Berlin 1852, S. 178 f.

29 Forster, Sämmtliche Schriften, Leipzig 1843, Bd. 4, S. 6
30 ib. S. 8
31 Cook der Entdecker, s. Schr., Bd. 5, S. 162 f.
32 ib. S. 166

I. Voraussetzungen. Reisen in der Zeit der Renaissance

1 Humboldt, Kosmos II, S. 266 f. Vgl. S. 69 über die Reisenden des
Mittelalters, die unbefangen vor ein dem Staunen sich öffnendes
Publikum treten: »Das Interesse der Reisen war damals fast ganz
dramatisch, ja die nothwendige und dazu so leichte Einmischung des
Wunderbaren gab ihnen beinahe eine epische Färbung. Die Sitten
der Völker werden minder beschrieben als sie sich durch den Contact
des Reisenden mit den Eingeborenen anschaulich machen. Die Vegetation bleibt namenlos und unbeachtet (. . .)«
2 ib. S. 300
3 Des Girolamo Cardano von Mailand eigene Lebensbeschreibung,
S. 159
4 Goethes Werke, Vollst. Ausg. letzter Hand, 6. Bd., Stuttgart u.
Tübingen 1827, S. 187
5 Marco Polo, Von Venedig nach China, Tübingen u. Basel 1972,
S. 91, 125, 145, 256 f., 338. Vgl. hierzu auch die etwas jüngere
Reisebeschreibung des Ibn Battuta, Reisen ans Ende der Welt 1325-
1353, 2. Aufl. Tübingen u. Basel 1975, vor allem zu Peking S. 269 ff.
6 Kosmos II, S. 300
7 ib. S. 302 f.
8 Christoph Columbus, Das Bordbuch 1492, 2. Aufl. Tübingen u.
Basel 1971, S. 87, 96, 100, 101 f., 117, 128
9 Die Eroberung von Peru. Pizarro und andere Conquistadoren 1526-
1712, Tübingen u. Basel 1973, S. 137 (Celso Gargia)
10 ib. S. 274 (Gaspar de Carvajal)
11 Jean de Léry, Brasilianisches Tagebuch 1557, Tübingen u. Basel
1967, S. 53, 184, 192, 199 f., 215, 226, 249, 268 f., 275, 355 f.
12 Antonio Pigafetta, Die erste Reise um die Erde, Tübingen u. Basel
1970, S. 58, 60, 82, 84, 162 f.
13 Francesco Carletti, Reise um die Welt 1594, 2. Aufl. Tübingen u.
Basel 1970, S. 13, 22, seine Skrupel s. S. 27, wie S. 36, 61, 70, 134,
139, 167, 205
14 Andreas Josua Ultzheimer, Wahrhaffte Beschreibung Ettlicher Reisen in Europa, Africa, Asien und America 1596-1610. Tübingen u.
Basel 1971, S. 164, 189 f. Vgl. hierzu auch Leonhard Rauwolf,
Aigentliche beschreibung der Raisz, so er vor diser zeit gegen Auffgang inn die Morgenländer, furnemlich Syriam, Judaeam, Arabiam,

Mesopotamiam, Babyloniam, Assyriam, Armeniam u.s.w. nicht ohne geringe mühe und grosse Gefahr selbs volbracht (...)« Lauingen 1582 (4. Bd. 1583), jetzt nur in einer Bearbeitung zugänglich, die kaum mehr als ein Hinweis sein kann: L. Rauwolf, Ein schwäbischer Arzt, Botaniker und Entdeckungsreisender des 16. Jahrhunderts, bearbeitet v. Fritz Junginger, Heidenheim 1969, (Schwäbische Lebensläufe, Bd. 2). Sachlich und kompetent wird Rauwolf charakterisiert von Friedrich Ratzel, Allgem. Deutsche Biographie, Bd. 27, S. 462 ff.

15 A. Dürer, Schriften, Tagebücher, Briefe, Stuttgart 1961, S. 36, 39, 41, 47 f., 55, 71; die Luther-Klage s. S. 74 f., S. 86

16 Thomas und Felix Platters (...) Lebensbeschreibungen, München 1911, S. 231, 240, 249, 255, 259 f.

17 Michel de Montaigne, Tagebuch einer Badereise, Stuttgart 1963, S. 80, 116, 125, 126, 294. Vgl. hierzu auch die nur wenig jüngere Reisebeschreibung von Thomas Coryat, die »Crudities«, die einen anders gearteten, weniger aufnahmefähigen, gewiß aber abenteuerlicheren Reisenden erkennen lassen. Was er ironisch und als understatement im Hinblick auf Venedig erklärt, ist nichtsdestoweniger doch – cum grano salis – wahr: »Die unvergleichliche und lautere Majestät dieser Stadt verdient einen weitaus feineren Pinsel als den meinigen, um in ihren wahren Farben gemalt zu werden. Ich bekenne unbefangen meine Unzulänglichkeit und gestehe ein, unter Zehntausenden der Unwürdigste zu sein, eine so schöne, berühmte und herrliche Jungfrau (...) zu beschreiben.« S. Thomas Coryate, Die Venedig- und Rheinfahrt 1608, Stuttgart 1970. Erfahrung ist für ihn identisch mit eigener Beobachtung, mehr aber ist sie nicht, doch genügt dies schon, um den herrschenden Vorurteilen, über deren Entstehung er spöttisch ein überzeugendes Beispiel vorlegt (s. S. 113), durch Rechenschaft vom Gesehenen entgegenzutreten. Über Coryat in Italien s. auch L. Schudt, Italienreisen im 17. und 18. Jahrhundert, S. 56. Zu Montaigne s. auch: Zbigniew Herbert: Ein Berber in einem Garten, Frankfurt am Main 1977, S. 377 ff.

II. Reisen als Erfahrungsbereich und Bildungsmittel in der Reflexion...

1 Montaigne, Essais, p. 1090, p. 1108, vgl. auch p. 1068, 1088

2 Bacon, The Essays, London, Paris, New York 1903, p. 64-66, Of Travel; s. hierzu auch noch einmal Th. Coryat, der sich rechtfertigend in seinen Crudities auf das Lob des Reisens durch Hermann Kirchner beruft: Unbezweifelbar sei, heißt es hier, daß der Brauch der Deutschen, die Alpen zu überschreiten oder nach Übersee zu ge-

hen, empfehlenswert sein könne, »wenn sie dabei ein rechtschaffenes Reiseziel ins Auge fassen«. Was das sei, wird durch das Gegenteil erkennbar: »Wer wird hingegen die alberne Gewohnheit unserer Männer loben, die auf ihren Reisen, nachdem sie Rhone, Seine, Tiber und Po befahren und die baufälligen Theater der Römer und das Durcheinander ihrer zerrütteten Gebäude untersucht haben, dann auch noch in alle Schwitzbäder, Freudenhäuser und Bordellos Italiens kriechen müssen!« (a. a. O., S. 203) Kirchner will schließlich verdeutlichen, daß in Deutschland zu reisen dem Reisen in allen anderen Ländern vorzuziehen sei (S. 209).

3 The Works of John Locke, A New Edition, London 1823, Vol. IX, Some Thoughts concerning Education, Par. 212, p. 201-203
4 Rousseau, Emile, Paris 1964, p. 574-581
5 A. v. Haller, Tagebuch seiner Beobachtungen über Schriftsteller und über sich selbst, zweyter Theil, Bern 1787, Vom Nutzen der Reisebeschreibungen, S. 133-139
6 Henry Fielding, The Works of . . ., Vol XI, London 1893, A journey from this world to the next and a voyage to Lisbon, p. 147-155
7 Denis Diderot, Œuvres compl., Tome XVII. p. 365 ssq.
8 Chr. Martin Wieland, Ausgew. Prosa aus dem Teutschen Merkur, hg. v. H. W. Seifert, Marbach am Neckar 1963, S. 90, 92 f., 95 f., 99
9 Aug. Ludw. Schlözers Reise-Colleg, hg. v. W. Ebel, Göttingen 1962, S. 12, 16, 18, 25 ff., 29, 37, 40, 51 f., 58, 60
10 Der reisende Engelländer, Frankfurt u. Leipzig 1734, S. 33 f., 52
11 G. Forster, Sämmtl. Schriften, Leipzig 1843, Bd. 4, S. 114 f., 185 f.
12 Goethe's Werke, Vollst. Ausg. letzter Hand, Stuttgart u. Tübingen 1827, Bd. 6, S. 219
13 A. v. Humboldt, Kosmos II, S. 65
14 ib. S. 139

III. Auftrag und Abenteuer

1 Joh. Chr. Gottsched, Ausgew. Werke, hg. v. J. Birke, 1. Bd. Berlin 1968, S. 407 ff.
2 P. C. Thunberg, Voyage de P. C. Th. au Japon, Tome Premier, Paris 1796, p. xxv
3 zit. nach Hanno Beck: Engelbert Kaempfer, der größte Reisende der Barockzeit und Erschließer Japans, in: Engelbert Kaempfer, Philipp Franz von Siebold Gedenkschrift, Tokyo 1966, S. 17
4 Engelbert Kaempfer »Seltsames Asien«, in Auswahl übers. v. Karl Meier-Lemgo, Detmold 1933, das Zitat in E. Kaempfer, Siebold Gedenkschrift a. a. O., S. 53

5 Kaempfer, Histoire naturelle, civile ... de l'Empire du Japon, Amsterdam 1732, Tome I, p. II sq., 90, 137, 162 sq., 176 sq., 191, Tome II, p. 81, 208 sq., 307, 320 sq., 373 sq. Vgl. auch die Kaempfer-Auszüge in Herbert Scurla: Reisen in Nippon, Berichte deutscher Forscher des 17. und 19. Jahrhunderts aus Japan, 3. Aufl. Berlin 1974, S. 31-246

6 Carl von Linné, Lappländische Reise, Übers. v. H. C. Artmann, Frankfurt am Main 1964, S. 15, 21, 24 ff., 26 f., 29 f., 38, 45, 48 f., 70, 77 (vgl. hierzu auch S. 97), 87, 97, 114 f., 131, 133 ff., 154 f., 184

7 Der Lady Mary Pierrepont Wortley Montagu Reisebriefe, hg. v. H. H. Blumenthal, Wien 1932, S. 45, 91, 94, 104 f., 107 f., 110 (an Alexander Pope), 161 f., 169, 171, 207, 210; als türkisches Gegenstück aus dem 17. Jahrhundert s. Evliya Çelebi: Im Reiche des Goldenen Apfels. Des türkischen Weltenbummlers E. Ç. denkwürdige Reise in das Giaurenland und in die Stadt und Festung Wien anno 1665, übers. v. R. F. Kreutel, Graz, Wien, Köln 1960

8 Goethes Werke, Vollst. Ausg. letzter Hand, Band 6, S. 4, 219

9 Carsten Niebuhr, Entdeckungen im Orient, Reise nach Arabien und anderen Ländern, 1761-1767, hg. u. bearb. v. Robert u. Evamaria Grün, Tübingen u. Basel 1973. Der Grad der Bearbeitung macht diese Ausgabe allerdings für unsere Zwecke unbrauchbar. Zitiert wird nach Herbert Scurla, Reisen im Orient. Berichte deutscher Forscher aus dem 18. u. 19. Jahrhundert, 3. Aufl. 1966, S. 33-153; S. 34, S. 37 f., 50, 54 f., 121, 150 f.

10 Le Gentil, Voyage dans les Mers de l'Inde, en Suisse 1780, Tome I, p. 12, 52, 54, 199, Tome II p. 59, 85 sq.

11 G. Forster, Sämmtl. Schriften, Leipzig 1843, Bd. 5, S. 347, 363 f., vgl. auch S. 399 ff.

12 Le Vaillant, Voyage de Monsieur Le V. dans l'Interieur de l'Afrique, par le Cap de Bonne-Espérance dans les années 1780, 81, 82, 83, 84 & 85, A Paris 1790, Tome I, p 98 sq., 126, 132, 209, 305, Tome II, p 100, 116 sq., 126, 143, 212 sq., 297 sq., 325

13 Reise um die Welt, von Philipp Carteret, Esq. Befehlshabern der englischen Schaluppe Swallow, in den Jahren 1766, 1767, 1768 und 1769, Troppau 1785 (Sammlung der besten Reisebeschreibungen, Sechster Band), S. 7 f., 14, 33 f., 36, 69, 81, 96, 121 f., 144 f.; tatsächlich hat das Schild, das Carteret auf S. 146 erwähnt, nicht lange gehalten, Bougainville findet bald darauf die mühsam zu entziffernden Reste (s. Voayage autour du monde, Chap. XII, Genève o. J., p 191); die weiteren Zitate s. S. 128, 141, 173, 178, zum Erlebnis in Celebes s. S. 223 ff.

IV. Tahiti: Die Entdeckung der exotischen Idylle

1 Ernst Bloch, Das Prinzip Hoffnung, 2. Bd., Frankfurt am Main 1959, S. 874

2 ib. S. 800

3 Antoine de Bougainville, Voyage Autour du Monde Par la Frégate ›La Boudeuse‹ et la Flûte ›Etoile‹ (. . .) Préface par Pierre Sabbagh, Genève, p. 3 sq., 20, 36, 111 sq., 118, 120 sq., 122 sq., 124, 136, 138, 146, 149

4 Philibert de Commerson, in: Bougainville, a. a. O., p. 283 sq.

5 Denis Diderot, Supplément au Voyage de Bougainville, in: Œuvres philosophiques, Textes par P. Vernière, Paris 1961, p. 502; vgl. hierzu Hans Hinterhäuser, Utopie und Wirklichkeit bei Diderot, Heidelberg 1957, sowie auch Karl Rosenkranz, Diderot, Leipzig 1866, Bd. 2, S. 267

6 Diderot, a. a. O., p. 511

7 ib. p. 457 sq., 463, 468

8 Georg Forster, Sämmtl. Schriften, Bd. 4., S. 4, Bd. 5., S. 76; die Ergebnisse der Fahrten von James Cook betreffend Bd. 5., S. 148 ff.

9 James Cook, Captain, Entdeckungsfahrten im Pacific. Die Logbücher der Reisen von 1768 bis 1779, hg. v. A. Grenfell Price, übers. v. R. Wagner u. B. Willms, Tübingen u. Basel 1971, S. 126, S. 183

10 ib. S. 37 ff., hierzu auch G. Forster, S. Schr. Bd. 5, S. 294, Cook a. a. O., S. 74, vgl. S. 80, 86, 183, 209 f., 210 f., 248 ff.

11 Georg Forster, Sämmtl. Schriften, Bd. 1, S. 3, 16, ib., S. 7, 8 f., S. 183 f., vgl. hierzu auch Uwe Japp, Aufgeklärtes Europa und natürliche Südsee. Georg Forsters ›Reise um die Welt‹, in: Piechotta (Hg.), Reise und Utopie. Zur Literatur der Spätaufklärung, Frankfurt am Main 1976, S. 10-56. Die folgenden Zitate bei Forster a. a. O., Bd. 1, S. 212, 214, 215, 216, 241, 242 f., 251 f., 276, 277, 296 f., 299, Bd. 2. S. 37, 50, 85

12 Göttingisches Magazin der Wissenschaften und Litteratur, hg. v. G. Ch. Lichtenberg und G. Forster, 1. Jahrgang, 6. Stück 1780, S. 397 ff.

13 ib. S. 397

14 Heinrich Zimmermann, Reise um die Welt mit Kapitän Cook, hg. v. Hans Plischke, München 1966 (Erstveröffentlichung Mannheim 1781), S. 1 f., 2, 10, 26, 30, 32, 52, 60, 71

V. Die Künstler- und Bildungsreise

1 Herder's Werke, hg. v. Th. Matthias, 1. Bd. Leipzig, Wien o. J.,
   S. 287, 291 f., 294, 297 f., 301, 306 f., 311, 324, 391, 395

2 Boswells Große Reise, Deutschland und die Schweiz 1764, hg. u.
   eingel. v. F. A. Pottle, deutsch v. Friedrich Güttinger, Stuttgart
   u. Konstanz 1955, S. 24, 25 f., 40, 41, 103, 123, 125, 136, 141, ib.,
   144, 151

3 Charles Burney, Tagebuch einer musikalischen Reise durch Frankreich, Italien (...) 1772/1773, Faksimile-Neudruck, hg. v. R.
   Schaal, Kassel, Basel ... 1959, S. VII, XII, 27, 35 f., 39, 99 f., 110,
   138, 170, 278 f., 295 f., dann Zweyter Band, S. 70, 81, 145, 165,
   Dritter Band, S. 55, 113, 145, 146, 251 f.

4 Goethe's Werke, Vollst. Ausg. letzter Hand, Stuttgart u. Tübingen
   1828, 16. Bd., Briefe aus der Schweiz, S. 198, 200 f., 202, 206, 222,
   223, 236 f., 243 f., 244 f., 257, 269 f., 296, 302

5 Tagebuch der Italienischen Reise, hg. v. H. Rüdiger, Reinbek bei
   Hamburg 1961 (Rowohlts Klassiker), S. 70 f., 76, 91 f., 128, 136,
   152, 164, 182 f., 212; vgl. auch Josef Hofmiller in Über den Umgang mit Büchern, München 1948, S. 63 ff.

6 Goethe's Werke, vollständige Ausgabe, nachgelassene Werke 3. Bd.
   Stuttgart u. Tübingen 1833, S. 19 f., 27, 37, 52, 125, 172 f.

7 (Karl Philipp) Moritz, Werke in zwei Bänden, Ausgew. u. eingel.
   v. J. Jahn, Berlin u. Weimar 1973, 1. Bd., S. 3, 4, 11, 23 f., 44 f., 51,
   100 f., 110 f., 116, 125, 135, 137, 138, 147, 149, 153, 161, 165, 166,
   177, 179 ff., 187, 197, 341 f.

8 Daniel Chodowiecki, Journal gehalten auf einer Lustreyse von Berlin nach Dreszden Leipzig Halle Deszau etc. Anno 1789, hg. v. R.
   Hamann u. E. Lehmann, Berlin 1961, S. 12 f., 30, 53 f.,; vgl.
   hierzu als Zeugnis einer nur für den privaten Gebrauch gedachten
   Folge privater Reisenotizen das Tagebuch von Johann Friedrich
   Abegg, Reisetagebuch von 1798, Erstausgabe, hg. v. W. u. J. Abegg
   in Zusammenarbeit mit Zwi Batscha, Frankfurt am Main 1976, in
   dem vor allem die Gespräche mit Freunden und berühmten Zeitgenossen aufgezeichnet werden.

9 Nikolaj M. Karamsin, Briefe eines reisenden Russen, aus dem Russischen übertragen v. Johann Richter, München 1966, S. 51 (vgl.
   S. 443), 71, 78, 109, 134 f., 227, 229, 278, 297 f., 374, 402, 421, 434,
   437, 486, 493

10 J. G. Seume, Spaziergang nach Syrakus im Jahre 1802, in: J. G. S.,
   Prosaschriften, mit einer Einleitung v. Werner Kraft, Köln 1962,
   S. 172, 327 f., 350, 377, 402 f., vgl. auch S. 247 f., 252, 261, 274,
   303, 325 f., 337, 392, 409, 451, 471 f., 484, 487, 490, 543, 566 f.

Vgl. zu Seume auch: Inge Stephan, Johann Gottfried Seume.
Ein politischer Schriftsteller der deutschen Spätaufklärung, Stuttgart 1973, vor allem S. 141-155. Reisebericht ist auch Seumes bedeutende Schrift Mein Sommer, mit ihren deutlichen sozialkritischen
Abschnitten vor allem im Hinblick auf die baltischen Provinzen, in
denen die Peitsche als das Symbol der Landesgesetze gilt (Prosaschriften, S. 701).

VI. Enzyklopädische und philosophische Weltaneignung

1 Friedrich Nicolai, Beschreibung einer Reise durch Deutschland und
die Schweiz im Jahre 1781, 12 Bände, Berlin 1783-1796, Bd. 1,
S. VIII ff., 12 f.

2 s. hierzu H. J. Piechotta, Erkenntnistheoretische Voraussetzungen
der Beschreibung: Friedrich Nicolais Reise durch Deutschland und
die Schweiz im Jahre 1781, insbesondere den Abschnitt: Konstruktion abstrakter Identität, S. 100 ff. in: H. J. Piechotta (Hg.), Reise
und Utopie, Frankfurt am Main 1976. Das folgende Zitat zum
Zweck der Reise in Nicolai, Reise, Bd. 1. S. XVIII, ferner S. 105 ff.

3 Vgl. R.-R. Wuthenow, Deformation im Schuldienst, in: Piechotta
(Hg.), Reise und Utopie, a. a. O., S. 151 ff. Das Zitat aus Jean
Paul, Sämmtl. Werke, 3. Aufl., Berlin 1860, 3. Bd., S. 232

4 Ungedruckte Briefe Georg Forsters, III, hg. v. A. Leitzmann in:
Archiv f. d. Studium d. neueren Sprachen und Litteratur, Bd. 90.
1893, S. 34 ff. Den Aufsatz: Schilderung des Nordens von Amerika
beginnt Forster mit den Worten: »Der langsame Fortschritt des
Menschen von einem beinahe vegetirenden, zu einem blosz thieri-
schen, und von diesem endlich zum vernünftigen Leben, kann jeden
unbefangenen Beobachter überzeugen, dasz die Erziehung zwar auf
ein System von abstrakten Grundbegriffen zurückführen darf, dasz
sie aber von Erfahrungen, die den Unterscheidungssinn üben, ausgehen musz, weil ohne sie schlechterdings keine Abstraction verstanden wird. Kraft und Wille thätig zu wirken, gehen dem Bewuszt-
sein, wie gewirkt werden solle und dürfe, lange vorher; ja, damit
dieser Gang der Natur unveränderlich bleibe, erneuert sich das Menschengeschlecht immer wieder um die Zeit, wo eine Generation anfängt zum vollen Gebrauch ihrer Vernunft zu gelangen. Im einzelnen Menschen, der von Bedürfnisz zu Begierde, und von dieser zur
Leidenschaft geleitet wird, entwickelt sich stufenweise durch neue
Erfahrungen, neuen Genusz und neuen Drang der Verhältnisse jedes
wirksame Princip.« (Sämmt. Schr. Bd. 4., S. 111)

5 A. v. Humboldt, Kosmos II, S. 65, 69, 71 f.

6 Georg Forster, Sämmtl. Schriften, Bd. 4. S. 5, 204 f., 217, 220,
234 f., 328

7 G. L. Wekhrlin, Chronologen V; zit. nach: Der Geist Wilhelm Ludwig Wekhrlin's von Wekhrlin junior, Stuttgart 1837, S. 58 (C. J. Weber's Sämmtl. Schr. Bd. 15)

8 Im. Kant, Kleinere Schriften (. . .) a. a. O.; vgl. R.-R. Wuthenow, Vernunft und Republik, Bad Homburg 1970, Natur und Geschichte, S. 33 ff. Die folgenden Bemerkungen Forsters in: Sämmtl. Schriften, Bd. 5, S. 61 ff., 64 ff., 157 f., 162 f., 164

9 Vgl. R.-R. Wuthenow, Vernunft und Republik, a. a. O., S. 57 ff., ferner R.-R. W., Das Problem der Revolution in Georg Forsters Schriften, GRM, Neue Folge, Bd. xxv, Heft 4, 1975, S. 422 ff., und die sachkundige, umfassende Monographie v. Ludwig Uhlig, Georg Forster. Einheit und Mannigfaltigkeit in seiner geistigen Welt, Tübingen 1965

10 Georg Forster, Sämmtl. Schriften, Bd. 3, S. 3 f., 6 f., 10 f., 33 ff., 74 f., 253, 398 ff.

11 Albert Leitzmann, Georg und Therese Forster und die Brüder Humboldt, Urkunden und Umrisse, Bonn 1936, S. 165 f.

12 Georg Forster, Sämmtl. Schriften, Bd. 5, S. 230 f. Vgl. auch S. 256 ff., ferner im Göttingischen Magazin der Wissenschaften und Litteratur, 1. Jahrg. 1. Stück, S. 347 f.

13 A. v. Humboldt, Kosmos 1, S. vi, viii, xvi, 4, 70, 83, Bd. ii, S. 4, 19 f.

14 Goethe's Werke, Vollständ. Ausg. letzter Hand, Stuttgart u. Tübingen 1829, Bd. 22, S. 248

15 A. v. Humboldt, Ansichten der Natur, dritte verb. u. verm. Ausgabe, Stuttgart u. Tübingen 1849, 1. Bd. S. vii f.

16 A. v. Humboldt's Reise in die Aequinoctial-Gegenden des neuen Continents. In deutscher Bearbeitung v. Herm. Hauff, Stuttgart 1859, 1. Bd., S. iv, 1 ff., 9, 111 f., 122 f., 153 f., 168, 179, 181 f., 199, 233, 251 (vgl. auch S. 285), 293, 295, 302 f., 2. Bd. S. 61 ff.

17 Ansichten der Natur, a. a. O., S. 285 f., 321

Rück- und Ausblick

1 Dantis Alagherii Opera Omnia, Leipzig 1921, T. 1, p. 105; die Stelle lautet in der Übersetzung von Rudolf Borchardt, Dante Deutsch, München 1930, S. 123:
»wollet nicht weigeren die auferschliessung
– der sonnen nach – der welt da nichts mehr wohnet!
Betrachtet in euch selber eure spriessung!
ihr kamt nicht her zu leben gleich getier,
ja zu befolgen mannheit und entschliessung.«

2 s. hierzu in: Piechotta (Hg.), Reise und Utopie, a. a. O., von Klaus

Laermann den Beitrag Raumerfahrung und Erfahrungsraum. Einige
Überlegungen zu Reiseberichten aus Deutschland vom Ende des
18. Jahrhunderts, S. 57-97
3 Claude Lévi-Strauss, Tristes Tropiques, Paris 1955, p. 38 sq., 42,
44 sq.

Literaturverzeichnis

A. Quellen und Sammlungen:

Abegg, Johann Friedrich: Reisetagebuch von 1798. Erstausgabe, hg. v. Walter u. Jolanda Abegg in Zusammenarbeit m. Zwi Batscha, Frankfurt am Main 1976

Addison, Joseph: Remarks on several parts of Italy &c. In the years 1701, 1702, 1703. The fourth edition. London 1733

Anonym: Der reisende Engelländer, welcher, die Schwermuth seiner Gedancken zu vertreiben, Durch die vornehmsten Länder reiset (. . .), Frankfurt und Leipzig, 1734

Arndt, Ernst Moritz: Reise durch einen Theil Deutschlands, Ungarns, Italiens und Frankreichs in den Jahren 1798 und 1799. Band 1-6, Leipzig 1801-03

– Reise durch Schweden im Jahre 1804. Neu hg. u. eingel. v. Heinz von Arndt. Tübingen und Basel 1976

Atterbom, Per Daniel: Reisebilder aus dem romantischen Deutschland. Neu hg. v. Elmar Jansen. Stuttgart 1970

Beckford, William: Dreams, Waking Thoughts and Incidents in a Series of Letters. London 1783

(Blumauer, Johann Aloys): Zwey und vierzigste Beylage zu den ersten zwey Bänden der Reisebeschreibung des Herrn Nikolai. Nebst einem Prologus und Epilogus. (Ohne Ortsangabe) 1784

Boswell, James: B. on the Grand Tour: Italy, Corsica and France, 1765-1766. Ed. by Frank Brady and Frederick A. Pottle. Melbourne, London, Toronto 1955

– B's Grozse Reise, Deutschland und die Schweiz. Hg. v. Frederick A. Pottle, deutsch v. Fritz Güttinger, Stuttgart u. Konstanz 1955

de Bougainville, Louis Antoine: Voyage autour du Monde par la Frégate ›La Boudeuse‹ et la Flûte ›L'Etoile‹. Préface par Pierre Sabbagh. Genève

de Brosses, Charles: Lettres familières sur l'Italie, publiées d'après les manuscrits avec une introduction et des notes par Yvonne Bézard, Tome I, II. Paris 1931

– Des Präsidenten de B. vertrauliche Briefe aus Italien an seine Freunde in Dijon 1739-40. Bd. I, II. Dt. Übers. v. Werner Schwarzkopff. München 1918-1922

Burney, Charles: Tagebuch einer musikalischen Reise durch Frankreich, Italien, Flandern, die Niederlande und am Rhein bis Wien, durch Böhmen, Sachsen, Brandenburg, Hamburg und Holland. 1772/1773. Faksimile-Neudruck, hg. v. Richard Schaal. Kassel, Basel, London, New York 1959

Campe, Joachim Heinrich: Reise von Braunschweig nach Paris. Braunschweig 1790

Carletti, Francesco: Ragionamenti del mio Viaggio Intorno al Mondo, a cura di Gianfrancesco Silvestro. Torino 1958
– Reise um die Welt 1594. Aus d. Italienischen übertr. v. Ernst Bluth. 2. Aufl. Tübingen 1970

Carteret, Philipp: Reise um die Welt (. . .) in den Jahren 1766, 1767, 1768 und 1769. Troppau 1785 (Sammlung d. besten Reisebeschreibungen 6. Bd.)

de Carvajal, Gaspar: Das Tagebuch des Fray G. de C. in: Die Eroberung von Peru. Pizarro und andere Conquistadoren 1526-1712. Hg. u. bearb. v. Robert u. Evamaria Grün. Tübingen u. Basel 1973

Çelebi, Evlya: Im Reiche des Goldenen Apfels. Des türkischen Weltenbummlers E. Ç. denkwürdige Reise in das Giaurenland und in die Stadt und Festung Wien anno 1665. Übers. v. R. F. Kreutel. Graz, Wien, Köln 1960

Chodowiecki, Daniel: Journal gehalten auf einer Lustreyse von Berlin nach Dreszden Leipzig Halle Dessau etc. Anno 1789. Hg. v. R. Hamann u. E. Lehmann, Berlin 1961

Columbus, Christoph: Bordbuch, Briefe, Berichte, Dokumente. Hg. v. E. C. Jacob. Bremen o. J. Das Bordbuch 1492. Leben und Fahrten des Entdeckers der Neuen Welt in Dokumenten und Aufzeichnungen. Hg. u. bearb. v. R. Grün. 2. Aufl. Tübingen u. Basel 1971

Cook, James: An Account of a Voyage round the World 1768-71. London 1773
– Fahrten um die Welt. Hg. u. bearb. v. P. Beyer, Leipzig 1963
– Entdeckungsfahrten im Pacific. Die Logbücher der Reisen von 1768-1779. Hg. v. A. Grenfell Price. Übers. aus d. Engl. v. R. Wagner u. B. Willms. Tübingen u. Basel 1971

Coryat, Thomas: C's Crudities hastily gobled up in five Months travells in France, Savoy, Italy, Rhetia (. . .). By T. C. Vol I, II. Glasgow 1905
– Die Venedig- und Rheinfahrt A. D. 1608. Übers. u. m. einer Einführung, Erläuterungen u. Nachwort v. H. E. Adler, Stuttgart 1970

Dürer, Albrecht: Schriften, Tagebücher, Briefe. Auswahl u. Einleitg. v. M. Steck. Stuttgart 1961

Dupaty, Charles: Lettres sur l'Italie en 1785. Vol. I, II. A Rome (Paris) 1788

Ennin: Journal d'un Voyageur en Chine au IXe Siècle. Tranzlation et Introduction par Roger Lévy. Paris 1959

Fallmerayer, Jakob Philipp: Schriften und Tagebücher. In Auswahl hg. u. eingel. v. H. Feigl u. E. Molden. München u. Leipzig 1913

436

Forster, Georg: Ansichten vom Niederrhein, von Brabant, Flandern, Holland, England und Frankreich, im April, Mai und Junius 1790. Erster–Dritter Theil. Berlin 1791-1794
- G. F's sämmtliche Schriften. Hg. v. dessen Tochter u. begleitet m. einer Charakteristik Forster's v. G. G. Gervinus. In neun Bänden. Leipzig 1843
- Werke. Band I bis IV. Hg. v. Gerhard Steiner. Frankfurt a. Main 1967 ff.
- ferner: Aufsätze in: Göttingisches Magazin der Wissenschaften und Litteratur. Hg. v. C. Ch. Lichtenberg u. G. Forster. Jahrgang 1-4. Göttingen 1781-1785
le Gentil: Voyages dans les Mers de l'inde, fait par ordre du Roi, A l'occasion du passage de Vénus sur le disque du soleil le 6 juin 1761, & le 3 du même mois 1769. Tome I, II. En Suisse 1780
Goethe, Johann Wolfgang: G's Werke. Vollständige Ausgabe letzter Hand. Band 1-55. Stuttgart und Tübingen 1827-1833
- Römische Elegien   Venetianische Epigramme   Tagebuch der italienischen Reise. Mit einem Essay (...) v. H. Rüdiger. Reinbek bei Hamburg 1961 (Rowohlts Klassiker d. Lit. u. d. Wissenschaft. Dt. Lit. Bd. 8)
von Halem, Gerhard Anton: Blicke auf einen Theil Deutschlands, der Schweiz und Frankreichs bey einer Reise (...) Hamburg 1791
Herder, Johann Gottfried: Werke. Hg. v. Th. Matthias. 1. Bd. Leipzig, Wien o. J.
von Humboldt, Alexander: Reise in die Aequinoctial-Gegenden des neuen Continents. In deutscher Bearbeitung v. Hermann Hauff. Bd. I-IV. Stuttgart 1859
- Ansichten der Natur mit wissenschaftlichen Erläuterungen. Bd. 1 und 2. Dritte verb. u. verm. Ausgabe. Stuttgart u. Tübingen 1849
- Versuch über den politischen Zustand des Königreichs Neu-Spanien, enthaltend (...) Band I-III, Tübingen 1809-1812
- Kosmos. Entwurf einer physischen Weltbeschreibung. Band I-IV. Stuttgart 1845-1858
- ferner: Georg und Therese Forster und die Brüder Humboldt. Urkunden und Umrisse von Albert Leitzmann. Bonn 1936
Ibn Battuta: Reisen ans Ende der Welt 1325-1353. Neu hg. v. H. D. Leicht. 2. Aufl. Tübingen u. Basel 1975
Kaempfer, Engelbert: Geschichte und Beschreibung von Japan. Aus den Originalhandschriften des Verfassers hg. v. Christian Wilhelm Dohm. Unver. Nachdruck des 1777-1779 im Verlag der Meyerschen Buchhandlung in Lemgo erschienenen Originalwerks. Mit einer Einführung v. H. Beck. Stuttgart 1964
- Historie naturelle, civile, et ecclésiastique de l'Empire du Japon:

Composée en Allemand par Engelbert Kaempfer, Docteur en Médecine (...) Amsterdam 1732 (Bd. I-III)

– Seltsames Asien (Amoenitates exoticae). In Auswahl übers. v. Karl Meier-Lemgo. Detmold 1933

Karamsin, Nikolaj M.: Briefe eines reisenden Russen. Aus dem Russischen übertragen v. Johann Richter. München 1966

Kerner, Georg: Briefe über Frankreich, die Niederlande und Teutschland. Altona 1797

Ki no Tsurayuki: Das Tosa Nikki. Hg. v. Mirok Li. Übertr. v. A. v. Bosse. Bergen 1948

de Léry, Jean: Brasilianisches Tagebuch 1557. Übers. v. Ernst Bluth. Tübingen u. Basel 1967

Lévi-Strauss, Claude: Tristes Tropiques. Paris 1955

von Linné, Carl: Lappländische Reise. Übers. v. H. C. Artmann, Frankfurt a. Main 1964

de Montaigne, Michel: Tagebuch einer Badereise. Hg. v. G. A. Narciss. Aus d. Französischen v. Otto Flake. Stuttgart 1963

Lady Montagu, Mary Wortley: Letters. London 1934 (Everyman's Library 69)

– Reisebriefe. Hg. v. H. H. Blumenthal. Wien 1932

Moritz, Karl Philipp: Werke in zwei Bänden. Ausgew. u. eingel. v. J. Jahn. Berlin u. Weimar 1973

Niebuhr, Carsten: Reisebeschreibung nach Arabien und andern umliegenden Ländern. Band I u. II. Kopenhagen 1774 (Dritter Band Hamburg 1837).

– Entdeckungen im Orient. Reise nach Arabien und anderen Ländern. 1761-1767. Hg. u. bearb. v. Robert u. Evamaria Grün. Tübingen u. Basel 1973

Nicolai, Friedrich: Beschreibung einer Reise durch Deutschland und die Schweiz im Jahre 1781. Nebst Bemerkungen über Gelehrsamkeit, Industrie, Religion und Sitten. Band I-XII, Berlin 1785-1796

Petrarca, Francesco: Dichtung und Prosa. Hg. v. H. Heintze. Berlin 1968

Pigafetta, Antonio: Die erste Reise um die Erde. Ein Augenzeugenbericht von der Weltumseglung Magellans. Hg. u. übers. v. Robert Grün. Tübingen u. Basel 1970

Pinto, Fernão Mendez: Wunderliche und merkwürdige Reisen des ... Mit einem Nachwort v. H. A. Teweleit, Berlin 1978

Platter, Felix: Thomas und Felix Platters (...) Lebensbeschreibungen. Hg. v. Otto Fischer. München 1911

Polo, Marco: Von Venedig nach China. Die größte Reise des 13. Jahrhunderts. Neu hg. u. kommentiert v. Theodor A. Knust. Tübingen u. Basel 1972

Radistschew, Alexander N.: Reise von Petersburg nach Moskau. Übers. v. Günter Dalitz. Berlin 1961

Rauwolf, Leonhard: Aigentliche beschreibung der Raisz, so er vor diser zeit gegen Auffgang inn die Morgenländer, fürnemlich Syriam, Iudeam, Arabiam, Mesopotamiam etc. (...) vollbracht: neben vermeldung etlicher (...) frembden und auszländischen Gewächsen, (...). 4 Teile. Lauingen 1583

– L. R. – ein schwäbischer Arzt, Botaniker und Entdeckungsreisender des 16. Jahrhunderts. Bearb. v. F. Junginger. Heidenheim an der Brenz 1969. (Schwäbische Lebensläufe Bd. 2)

Rebmann, Georg Friedrich: Kosmopolitische Wanderungen durch einen Teil Deutschlands. Hg. u. eingel. v. Hedwig Voegt. Frankfurt a. Main 1968 (sammlung insel 34)

Riesbeck, Johann Kaspar: Briefe eines Reisenden Franzosen über Deutschland An seinen Bruder zu Paris. Bd. I. u. II. Zweyte, betr. verm. Ausgabe. Ohne Ortsangabe [Zürich] 1784

– Briefe eines reisenden Franzosen über Deutschland an seinen Bruder zu Paris. Hg. u. bearb. v. W. Gerlach. Stuttgart 1967

Sander, Heinrich: Beschreibung seiner Reisen durch Frankreich; die Niederlande, Holland, Deutschland und Italien in Beziehung auf Menschenkenntnis, Industrie, Literatur und Naturkunde insonderheit. Bd. I u. II. Leipzig 1783

Seume, Johann Gottfried: Prosaschriften. Mit einer Einleitung v. Werner Kraft. Köln 1962

von Siebold, Philipp Franz: Nippon. Archiv zur Beschreibung von Japan. Hg. v. seinen Söhnen. Bd. I u. II. Würzburg u. Leipzig 1897

– Nippon. Archiv zur Beschreibung von Japan. Auswahl u. Nachwort v. Ralph-Rainer Wuthenow. Tokyo 1965

Sturz, Helfrich Peter: Schriften. Erste u. Zweyte Sammlung. Carlsruhe 1784

Thunberg, Carl Peter: Voyages de C. P. Th. au Japon, Par le Cap de Bonne-Espérance, les îles de la Sonde, &. Tome I-IV, Paris 1796

Ultzheimer, Andreas Josua: Wahrhaffte Beschreibung ettlicher Reisen In Europa, Africa, Asien und America 1596-1610. Nach d. alten Handschrift bearbeitet v. Sabine Werg. Tübingen u. Basel 1971

Le Vaillant, François: Voyage de Monsieur Le Vaillant dans l'Intérieur de l'Afrique, par le Cap de Bonne-Espérance, dans les Années 1780, 81, 82, 83, 84 & 85. Tome I-IV, Paris 1790

Zimmermann, Heinrich: Reise um die Welt mit Kapitän Cook. Hg. v. Hans Plischke. München 1966

Sammlungen:

Borchardt, Rudolf: Der Deutsche in der Landschaft. München 1927

Ehrmann, Theodor Friedrich: Geschichte der merkwürdigsten Reisen, welche seit dem 12. Jahrhundert zu Wasser und zu Lande unternommen worden sind. Bd. I-XXII. Frankfurt a. Main 1791-1799

Forster, Johann Reinhold: Magazin von merkwürdigen neuen Reisebeschreibungen. Aus fremden Sprachen übers. u. m. erläuternden Anmerkungen begleitet. Bd. I-XXX. Wien 1792-1804

Scurla, Herbert: Reisen im Orient. Berichte deutscher Forscher aus dem 18. und 19. Jahrhundert. 3. Aufl. Berlin 1966

– Jenseits des Steinernen Tores. Reisen deutscher Forscher des 18. und 19. Jahrhunderts durch Sibirien. 4. Aufl. Berlin 1979

– Reisen in Nippon. Berichte deutscher Forscher des 17. und 19. Jahrhunderts aus Japan. 3. Aufl. Berlin 1974

Sprengel, Matthias Christian: Bibliothek der neuesten und wichtigsten Reisebeschreibungen. Bd. I-XXX. Weimar 1800-1814

Zimmermann, Ernst A. W.: Taschenbuch der Reisen oder unterhaltende Darstellungen der Entdeckungen des 18. Jahrhunderts. Leipzig 1802-1817

B. Ergänzende Literatur (Philosophie und Kritik):

Bacon, Francis: The Essays the Wisdom of the Ancients New Atlantis. London, Paris, New York, Toronto & Melbourne 1907

Bloch, Ernst: Das Prinzip Hoffnung. Bd. I-III. Frankfurt a. Main 1959

Diderot, Denis: Œuvres compl. éd. Assézat et Tourneux. Tome XVII, Paris 1876. Nachtrag zu ›Bougainvilles Reise‹. Nachwort v. H. Dieckmann. Frankfurt a. Main 1965 (sammlung insel 4)

Fielding, Henry: The Works of H. F. Ed. by George Saintsbury. Vol XI. London 1893

Genty, Abbé: L'influence de la découverte de l'Amérique sur le bonheur du genre humain. Paris 1788

Gottsched Johann Chr.: Ausgewählte Werke. Hg. v. Joachim Birke. 1. Bd. Berlin 1968

von Haller, Albrecht: Tagebuch seiner Beobachtungen über Schriftsteller und sich selbst. Zur Karakteristik der Philosophie und Religion dieses Mannes. Hg. v. J. G. Heinzmann. Bd. I u. II. Berlin 1787

Herder, Johann Gottfried: Auch eine Philosophie der Geschichte zur Bildung der Menschheit. Nachwort v. Hans-Georg Gadamer. Frankfurt a. Main 1967. (Theorie 1)

Iselin, Isaac: Über die Geschichte der Menschheit. Bd. I u. II. Carlsruhe 1784

Kant, Immanuel: Kleine Schriften zur Geschichtsphilosophie, Ethik und Politik. Hg. v. Karl Vorländer. Hamburg 1959. (Philosoph. Bibliothek Bd. 471)

de Las Casas, Bartholomé: Kurzgefaszter Bericht von der Verwüstung der westindischen Länder. Deutsch v. D. W. Andreä. Hg. v. Hans Magnus Enzensberger. Frankfurt a. Main 1966. (sammlung insel 23)

Lichtenberg, Georg Christoph: Schriften und Briefe. Bd. i-iv. Hg. v. Wolfgang Promies. München 1967-1972

Locke, John: The Works of J. L. A new edition, correctes. Vol. ix. London 1823

Meiners, Christoph: Grundrisz der Geschichte der Menschheit. Frankfurt a. Main u. Leipzig 1786

de Montaigne, Michel: Essais. Texte établi et annoté par Albert Thibaudet. Paris 1950 (Bibliothèque de la Pléiade)

Jean Paul (J. P. F. Richter): Werke in zwölf Bänden. Hg. v. Nobert Miller. München 1975

Ritter, Carl: Einleitung zur allgemeinen vergleichenden Geographie, und Abhandlungen zur Begründung einer mehr wissenschaftlichen Behandlung der Erdkunde. Berlin 1852

Rousseau, Jean-Jacques: Emile ou de l'Education. Introduction bibl. notes et index analytique par F. et P. Richard. Paris 1964

Robertson, Wilhelm: Dr. W. R's Historische Untersuchung über die Kenntnisse der Alten von Indien und die Fortschritte des Handels mit diesem Lande vor der Entdeckung des Weges dahin um das Vorgebirge der guten Hoffnung. Aus dem Englischen, mit einer Vorrede v. Georg Forster. Berlin 1792

Schlegel, Friedrich: Kritische Schriften. Hg. v. Wolfdietrich Rasch. 2. Aufl. München 1964

Schlözer, August Ludwig: Reise-Colleg. Hg. v. W. Ebel. Göttingen 1962

Wieland, Christoph Martin: Ausgewählte Prosa aus dem Teutschen Merkur. Hg. v. H. W. Seifert. Schiller National-Museum. Marbach a. N. 1963 (Turmhahn-Bücherei. Neue Folge 4)

C. Sekundärliteratur:

Atkinson, Geoffroy: Les relations de voyage du xviie siècle et l'évolution des idées. Contribution à l'étude de la formation de l'esprit du xviiie siècle. Paris 1924

Beck, Hanno: Alexander von Humboldt. Bd. i u. ii. Wiesbaden 1959-1961

Beckmann, Johann: Litteratur der älteren Reisebeschreibungen. Bd. i u. ii. Göttingen 1807-1809

Bayne-Powell, Robert: Travellers in 18th century England. London 1951

Bitterli, Urs: Die ›Wilden‹ und die ›Zivilisierten‹. München 1976

Borchardt, Rudolf: Deutsche Reisende – Deutsches Schicksal in: Prosa III. Hg. v. Marie Luise Borchardt unter Mitarbeit v. Ernst Zinn. Stuttgart 1960

Brunner, Horst: Die poetische Insel. Inseln und Inselvorstellungen in der deutschen Literatur. Stuttgart 1967

Burney, James: A Chronological History of North-Eastern Voyages of Discovery; and of the Early Eastern Navigations of the Russians. London 1819. Reprint Amsterdam and New York 1969

Dischner, Gisela: Ursprünge der Rheinromantik in England. Zur Geschichte der romantischen Ästhetik. Frankfurt a. Main 1972 (Studien zur Philosophie des neunzehnten Jahrhunderts, Band 17)

Fairchild, Hoxie Neale: The Noble Savage. A Study in Romantic Naturalism. New York 1961

Hazard, Paul: Die Krise des europäischen Geistes. Mit einer Einführung v. Prof. Carlo Schmid. Aus d. Französischen übertr. v. Harriet Wegener. 5. Aufl. Hamburg 1939

– Die Herrschaft der Vernunft. Das europäische Denken im 19. Jahrhundert. Aus d. Französischen übertr. v. Harriet Wegener. Hamburg 1949

Hinterhäuser, Hans: Utopie und Wirklichkeit bei Diderot. Heidelberg 1957

Hofmiller, Josef: Über den Umgang mit Büchern. München 1948

von Klenze, Camillo: The Interpretation of Italy during the last two Centuries. Chicago 1907

Lange, Thomas: Idyllische und exotische Sehnsucht. Formen bürgerlicher Nostalgie in der deutschen Literatur des 18. Jahrhunderts. Kronberg/Ts. 1976 (Hochschulschriften Literaturwissenschaft Bd. 23)

Lepenies, Wolf: Das Ende der Naturgeschichte. Wandel kultureller Selbstverständlichkeiten in den Wissenschaften des 18. und 19. Jahrhunderts. München 1976

– Soziologische Anthropologie. Materialien. München 1971 (Reihe Hanser 80)

Link, Manfred: Der Reisebericht als literarische Kunstform von Goethe bis Heine. Köln 1963

Mead, William Edward: The Grand Tour in the Eighteenth Century. Boston and New York 1914

Moravia, Sergio: Beobachtende Vernunft. Philosophie und Anthropologie in der Aufklärung. München 1973

Piechotta, Hans Joachim (Hg.): Reise und Utopie. Zur Literatur der Spätaufklärung. Frankfurt a. Main 1976 (edition suhrkamp 766)

Possin, Hans Joachim: Reisen und Literatur. Das Thema des Reisens in der englischen Literatur des 18. Jahrhunderts. Tübingen 1972

Prutz, Robert: Über Reisen und Reiseliteratur der Deutschen. In: Schriften zur Literatur und Politik. Hg. v. Bernd Hüppauf. Tübingen 1973 (Deutsche Texte 27)

Ratzel, Friedrich: Glücksinseln und Träume. Gesammelte Aufsätze aus dem Grenzboten. Leipzig 1905

Rychner, Max: Alexander von Humboldt. In: Arachne. Zürich 1961

Schudt, Ludwig: Italienreisen im 17. und 18. Jahrhundert. Wien u. München 1959

Stephan, Inge: Johann Gottfried Seume. Ein politischer Schriftsteller der deutschen Spätaufklärung. Tübingen 1973

van Tieghem, Paul: Le Sentiment de la Nature dans le Préromantisme Européen. Paris 1960

Uhlig, Ludwig: Georg Forster. Einheit und Mannigfaltigkeit in seiner geistigen Welt. Tübingen 1965

Varenius, Bernhardus: Descriptio Regni Japoniae. Beschreibung des Japannischen Reiches. Amsterdam 1649. Ins Deutsche übertragen v. E.-Chr. Volkmann. Unter Mitarbeit v. L. Brüll hg. u. komm. v. Martin Schwind u. Horst Hammitzsch. Darmstadt 1974

Witte, Karsten: Reise in die Revolution. Gerhard Anton von Halem und Frankreich im Jahre 1790. Stuttgart 1971 (Texte Metzler 21)

Wuthenow, Ralph-Rainer: Vernunft und Republik. Studien zu Georg Forsters Schriften. Bad Homburg, Berlin, Zürich 1970

- Das Problem der Revolution in Georg Forsters Schriften. In: GRM Neue Folge. Band xxv, Heft 4. 1975

- Die Erwerbung der Welt. In: Forschung und Fragmente. Alexander von Humboldt und Georg Christoph Lichtenberg. Tokyo 1960

Montaigne

31 »Nicht nur nach der Sitte unserer Noblesse sich zu belehren (wieviele Schritte die Santa Rotonda im Umfang enthält oder wie fein die Leibwäsche der Signora Livia sei oder, wie andere, um aufs genaueste zu wissen, wieviel ein Neronskopf, der in einer Ruine gefunden, breiter oder länger ist, als eben derselbe auf einer ähnlichen Medaille), sondern um vorzüglich den Charakter dieser Nationen, ihre Sitten und Gesetze kennen zu lernen, um unser Gehirn an dem ihrigen zu reiben und zu glätten!«

»Die Menschen in der neuen Welt sind wild, in eben dem Verhältnisse, wie wir die Früchte wild nennen, welche die Natur von selbst und nach ihrem eignen Fortschritte hervorgebracht hat, unterdessen es im Grunde diejenigen eigentlich sind, die wir durch unsre Künstelei verstellt und aus der gewöhnlichen Ordnung herausgerissen haben, welche wir so nennen sollten.«

»Diese Völker scheinen mir also nur insofern barbarisch, als sie noch sehr wenig Bildung von menschlichem Witze empfangen haben und noch sehr nahe an die Unbefangenheit des rohen Urstandes der Natur grenzen.«

86 »Die Seele ist dabei in einer ständigen Übung, unbekannte und neue Dinge in sich aufzunehmen. Wie ich schon mehrfach gesagt habe, wüßte ich keine bessere Schule für das Leben, als der Seele ständig die Vielfalt anderer Lebensweisen, (c) anderer Vorstellungen und Gebräuche (b) vor Augen zu halten und sie an der nicht endenden Mannigfaltigkeit der Erscheinungen unserer Natur kosten zu lassen. Der Körper ist dabei weder müßig noch überbeansprucht, und diese maßvolle Bewegtheit regt ihn an.«

»Beim Reisen erquickt mich schon, daß ich ohne Schaden irgendwo verweilen und den Ort ebenso leicht wieder verlassen kann.«

Bacon

87 »Es ist seltsam, daß Leute auf Seereisen, wo sie nichts als Himmel und Wasser erblicken, Tagebücher führen, dagegen auf Landreisen, wo es so viel zu beobachten gibt, es meistens unterlassen. Als ob Zufälligkeiten sich besser zum Aufzeichnen eigneten, als sorgfältige Beobachtungen. Es empfiehlt sich also, sich ein Tagebuch anzulegen.«

87 f. »Soll ein junger Mann übrigens trotz begrenzter Ausdehnung der Reise und beschränkter Zeit möglichst viel Nutzen von ihr zie-

hen, so ist folgendes zu empfehlen. Zuerst muß er, wie gesagt, einigermaßen in die Fremdsprache eingedrungen sein, ehe er abreist; ferner muß ihm ein solcher Hofmeister oder Erzieher beigegeben werden, der, wie ebenfalls bereits erwähnt, das fremde Land kennt. Auch möchte er tunlichst eine Karte oder ein Buch bei sich führen, in welchem das Land, das er bereist, beschrieben ist, was ihm als erwünschter Wegweiser dienen wird. Ebenfalls soll er ein Tagebuch führen. Er darf auch nicht lange an einem Ort oder in ein und derselben Stadt verweilen; freilich, je nachdem der Ort es verdient, allein nicht lange. Ja, wenn er in der gleichen Stadt bleibt, so soll er sogar von einem Ende oder Viertel zum andern umziehen, der beste Weg, um neue Bekanntschaften zu machen. Er muß sich von der Gesellschaft seiner Landsleute fernhalten und an solchen Plätzen speisen, wo die gute Gesellschaft der Gastnation verkehrt. Bei seiner Übersiedelung in einen andern Ort muß er sich Empfehlungen an Personen von Stand verschaffen, die in dem Orte wohnen, wohin er zieht, um ihre Vermittlung zu genießen bei Besichtigungen und Erkundigungen. Auf diese Weise kann er seine Reise, ohne dabei zu verlieren, abkürzen.«

Locke

89f. »Gewöhnlich ist das Reisen der letzte Teil der Erziehung, von dem man gemeinhin denkt, daß er das Werk abschließt und den Gentleman vervollständigt. Ich gestehe, das Reisen in fremde Länder besitzt große Vorzüge, doch die Zeit, die man gewöhnlich wählt, um junge Leute ins Ausland zu senden, ist, so meine ich, unter allen anderen die, welche sie am wenigsten fähig macht, diese Vorteile zu ernten. Diejenigen, die man vorschlägt, weil sie die wichtigsten sind, lassen sich auf zwei einschränken: Zuerst die Sprache, zweitens die Entwicklung von Weisheit und Klugheit, indem sie Menschen sehen und mit Leuten von Temperament, Sitten und Lebensart, die untereinander verschieden sind und insbesondere von denen ihrer Gemeinde und ihrer Nachbarschaft. Jedoch von 16 bis 21, was gewöhnlich das Reisealter ist, sind die Männer in ihrem ganzen Leben am wenigsten für eine solche Förderung geeignet.«

90 »Und Beobachtungen im Hinblick auf das machen, was er in anderen Ländern für wert hält bemerkt zu werden und was ihm nach seiner Rückkehr von Nutzen sein kann: wenn er überdies sehr gut bekannt ist mit Gesetzen und Bräuchen, den natürlichen und geistigen Vorzügen wie den Fehlern seines eigenen Landes, so

hat er etwas im Ausland auszutauschen im Gespräch mit denen, von denen er Kenntnisse zu ernten hoffte.«

»Behalten sie Geschmack und Gedächtnis von jenen Dingen, durch die ihre Freiheit den ersten Schwung erfuhr, anstatt von dem, was sie nach ihrer Rückkehr besser und weiser machen sollte. In der Tat, wie kann es anders sein, wenn sie in dem Alter ins Ausland gehen wie sie tun und unter der Aufsicht eines anderen, der sie mit dem Notwendigen versorgen und für sie beobachten soll?«

91 »Doch seine Auslandsreise ist von wenig Nutzen, wenn ihm das Reisen nicht zuweilen die Augen öffnet, ihn vorsichtig und achtsam macht und ihn nicht gewöhnt, über die Außenseite hinwegzusehen und unter dem harmlosen Schutz eines höflichen und verbindlichen Verhaltens sich frei und sicher zu bewahren im Gespräch mit Freunden und jeder Art von Menschen ohne dabei ihrer guten Meinung verlustig zu gehen.«

Rousseau

91 f. »Man muß die Bürger dieser großen Stadt in der Nähe gesehen, man muß unter ihnen gelebt haben, um zu glauben, daß man bei so viel Verstand so beschränkt sein kann. Es ist wunderlich, daß jeder von ihnen vielleicht schon zehnmal die Beschreibung des Landes gelesen hat, von dem ein Einwohner ihn dann so sehr in Staunen versetzt.«

92 »Ich halte es für einen unbestreitbaren Satz, daß, wer nur ein Volk gesehen hat, nicht etwa die Menschen kennt, sondern nur die Leute, unter denen er gelebt hat. Wir stellen daher die Frage über das Reisen noch von einem anderen Standpunkte aus so: Genügt es, daß ein gut erzogener Mann nur seine eigenen Landsleute kenne, oder ist es von Wert für ihn, die Menschen im allgemeinen zu kennen? Diese Frage läßt weder Streit noch Zweifel übrig.«

93 »Andere lernen nichts, weil sie sich nicht unterrichten wollen. Ihr Zweck ist so ganz und gar ein anderer, daß der unsrige sie gar nicht berührt; es ist ein großer Zufall, wenn man das, um was man sich gar nicht bemüht, genau sieht. Die Franzosen reisen unter allen Völkern der Erde am meisten; aber, ganz von ihren eigenen Gewohnheiten eingenommen, verwirren sie alles, was diesen nicht gleicht. Es gibt Franzosen in allen Winkeln der Erde. In keinem Lande trifft man mehr gereiste Leute als in Frankreich; bei allem dem kennt das Volk, welches in Europa die meisten anderen Völker sieht, dieselben am wenigsten.«

»Weil sie, weniger fortgeschritten als wir in unseren wertlosen

Studien und weniger befangen von den Zielen unserer eiteln Neugier, ihre ganze Aufmerksamkeit auf das wahrhaft Nützliche richten.«

93 f. »In dem Maße, in dem sich die Rassen vermischen und die Völker sich vermengen, sieht man allmählich jene nationalen Verschiedenheiten verschwinden, welche ehemals beim ersten Blick auffielen. Ehemals blieb jede Nation mehr in sich selbst geschlossen, es gab weniger Verbindungen, weniger Reisen, weniger gemeinsame oder sich bekämpfende Interessen, weniger politische und bürgerliche Beziehungen von Volk zu Volk, nicht so vieles Gezänk der Könige unter dem Namen von Unterhandlungen, keine regelmäßigen oder ständigen Gesandtschaften; große Seefahrten waren selten; man hatte wenig Handelsverkehr mit entlegenen Ländern, und das Wenige, was es von solchen Dingen gab, wurde entweder von dem Fürsten selbst veranstaltet, welcher sich dabei Fremder bediente, oder durch wenig geachtete Personen, welche für niemanden den Ton angaben und die Nationen einander nicht nahe brachten. Jetzt bestehen hundertmal mehr Verbindungen zwischen Europa und Asien als ehemals zwischen Gallien und Spanien; Europa war ein viel zusammenhangloseres Land, als es heute die ganze Erde ist.«

94 »Wenn ihnen der Vorteil bekannt ist, den sie aus dem gegenseitigen Verkehr erzielen können, was brauchen sie noch weiter zu erfahren?«

94 f. »Wir dagegen, für die das bürgerliche Leben eine Notwendigkeit ist und die nicht mehr darauf verzichten können, Menschen zu essen, wir haben ein allgemeines Interesse, diejenigen Orte zu bewohnen, wo man am meisten Menschen zu verzehren findet. Deshalb strömt alles nach Rom, Paris und London zusammen. In den Hauptstädten ist das Menschenblut immer billiger zu haben. So kennt man nur die großen Völker, und diese sehen sich alle ähnlich.«

95 »Die Reisen treiben jeden nach seiner natürlichen Richtung weiter fort und machen den Menschen vollends gut oder böse. Wer die Welt durchwandert hat und wieder nach Hause kommt, ist nach seiner Rückkehr, was er sein ganzes Leben hindurch sein wird; es kommen mehr Verdorbene als Gute zurück, weil mehr fortgehen, die zum Schlechten, als die zum Guten geneigt sind.«

95 f. »Alles, was aus vernünftigen Gründen geschieht, muß seine Regeln haben. So auch das Reisen, wenn es als ein Teil der Erziehung angesehen wird. Reisen, um zu reisen, heißt herumirren, Landfahrer sein; auch reisen, um sich zu belehren, ist noch ein zu unbestimmter Zweck: die Belehrung, die nicht ein bestimmtes Ziel

hat, taugt nichts. Ich möchte dem jungen Mann ein greifbares Interesse geben, sich zu belehren, und wenn dieses gut gewählt wäre, würde es auch die Art der Belehrung bestimmen. Dies ist immer die Folge der Methode, welche ich praktisch durchzuführen mich bemüht habe.«

Fielding

101 »Es sind vielleicht keine Studien gefälliger und nützlicher unter allen, die ihr Hauptziel in der Unterhaltung haben, als die von Reisen oder Fahrten, wären sie geschrieben wie sie es sein könnten und sollten, mit einem Blick für die Unterhaltung und die Belehrung der Menschheit zugleich. Wenn das Gespräch der Reisenden so eifrig gesucht wird, wie es der Fall ist, können wir annehmen, daß ihre Bücher eine noch angenehmere Gesellschaft sein würden, wenn sie im allgemeinen noch instruktiver und unterhaltender sein würden.«

»Um einen Reisenden einem Manne von gesundem Menschenverstand zu einem angenehmen Gefährten zu machen, ist es nicht allein nötig, daß er viel gesehen hat, sondern daß er auch viel Überblick über das besitzt, was er gesehen hat. Die Natur ist nicht, nicht mehr als ein großes Genie auch, immer bewundernswert in ihren Hervorbringungen; deshalb sollte der Reisende, der ihr Kommentator genannt werden könnte, nicht erwarten überall Gegenstände zu finden, die seiner Aufmerksamkeit wert sind.«

»Die letzteren sollten niemals eine Bemerkung des Vorgenannten entschuldigen, welche nicht einige Kenntnis vermittelt, von der sie merken, daß sie sie nicht möglicherweise von selbst gefunden haben würden.«

102 »Daß die Sache wahr ist, reicht hin, ihr dort einen Platz zuzuweisen, ohne zu beachten, ob sie in der Lage ist, dem Leser zu gefallen oder ihn zu überraschen, zu zerstreuen oder zu informieren.«

»Daß es mein Ziel ist, Belehrung im Mittel der Unterhaltung anzubringen.«

Diderot

103 »Wer aus der Ferne kommt, der hat gut lügen.«

Thunberg

129 »Da Neuerungen oder Veränderungen in Japan sehr selten sind, habe ich geglaubt, alle, die von Kaempfer an bis zu meinem

Aufenthalte in diesem Königreich vorgefallen sind, sorgfältig anmerken zu müssen.«

»Könnte ich von den Reisenden, die auf meinen Spuren wandeln, das vorteilhafte Zeugnis erhalten, das ich diesem ausgestellt habe!«

Le Gentil

176 »Wenn die Reise, die ich soeben gemacht hatte, meinen Erwartungen nicht entsprach, so hat sie mir zumindest über die Monsune Kenntnisse vermittelt, die ich zuvor nicht besaß; ich machte dabei mit Hilfe des Mondes eine ganze Reihe von Beobachtungen über die Längengrade.«

177 »Im Januar und Februar sind die Nächte auf Pondichéry von der größten Schönheit; man kann sich keine Vorstellung von dem schönen Himmel machen, den diese Nächte bieten, wenn man sie nicht gesehen hat. Nirgends hatte ich den Jupiter so klar gesehen mit meinem 15 Fuß langen Fernglas als ich ihn nunmehr erblickte; die Sterne funkelten überhaupt nicht: ich habe mein Glas sehr oft während der Nacht für mehrere Stunden der Luft ausgesetzt und zwar in vertikaler Lage, ohne daß das Objektiv die leichteste Feuchtigkeit anzog.«

»Es schien so, als hätte ich solche Meeresweiten nur durcheilt und mich von der Heimat entfernt, um Beobachter einer fatalen Wolke zu sein, die sich grad vor die Sonne in dem Augenblick meiner Beobachtung gelegt hatte, um mir die Frucht meiner Mühen und meiner Müdigkeiten zu rauben.«

178 »Schließlich ist Indien ein Land, daß sozusagen voll ist von Magie und Bezauberung; wer hier den Fuß hinsetzt, findet sich in gewisser Hinsicht verwandelt, wenn dieser Ausdruck gestattet ist. Darin würde dieses Land gewiß der Insel mit dem verzauberten Palast der Circe ähneln, von wo Odysseus sich nur mit Mühe losriß.«

»Um 3-4 Minuten vor 7 Uhr, ungefähr im Moment, wo die Venus hervortreten sollte, sah man am Himmel eine leichte Wolke, die einen vermuten ließ, wo die Sonne stand; ohne Fernglas unterschied man nichts.

Nach und nach strichen die Winde gen Osten und Südosten, wo sie um 9 Uhr kleiner Zeit waren, die Wolken wurden heller und man sah die Sonne stark leuchtend, man sah sie während des ganzen Restes des Tages, obschon der Himmelsgrund mit einer weißlichen Wolke tapeziert blieb.«

179 »Alle diejenigen, die vor mir von Indien gesprochen haben, haben uns nur eine sehr unvollkommene Beschreibung der verschiedenen

Jahreszeiten gegeben, die das Jahr an der Küste von Coromandel unterteilen, sei es nun, daß sie nicht genug Aufmerksamkeit besessen, ohne Zweifel abgelenkt von wichtigeren Gegenständen, sei es, daß sie sich auf das bezogen, was man ihnen davon hatte sagen können. Was mich betrifft, so habe ich mich gezwungen, während meiner Reise nichts von den Vorfällen des täglichen Wetters mir entgehen zu lassen. Ich schrieb mein Tagebuch mittags vor dem Essen und abends eh' ich zu Bett ging; ich achtete auf die geringste Schwankung die im Wetter erfolgte, und aufgrund dieses Mittels besitze ich für Pondichéry (ohne die astronomischen Beobachtungen, die ein Tagebuch für sich ausmachen) fast zweihundert Folioblätter mit Beobachtungen über das Wetter und die Jahreszeiten.«

Le Vaillant

182 »An den Zeichen meines Willens, der überlegen bestimmte, an der Fülle meiner Unabhängigkeit erkannte ich wahrhaftig im Menschen den Monarchen der lebenden Wesen, den absoluten Herrscher über die Natur. Öfter als einmal wird man eine Situation bedrohlich finden, die ich entzückend fand. Diese Bizarrerien ereignen sich seit den ersten Eindrücken meines Lebens. Sie sind nichts anderes als das reine und natürliche Empfinden der Freiheit, die ohne Unterschied alles zurückweist, was ihr Grenzen vorzuschreiben scheint.«

182 f. »Es sind nicht die Handelsspekulationen, keine Liebe für irgend einen Dienst, was mich ans Cap geführt hat; einzig der Drang meines Charakters und das Verlangen, neues kennen zu lernen, haben meine Schritte in diese Weltgegend gelenkt. Vollkommen frei bin ich hier angekommen und in aller Unabhängigkeit des Geistes. Ich bin mit dem Inneren des Landes und den fremden Nationen besser vertraut als mit irgendeiner der Capkolonien und dem Cap selbst, das ich kaum und erst bei meiner Rückkehr kennenlernte. Keinerlei persönliche Interessen machen mich der Parteilichkeit verdächtig.«

183 f. »Mein Zug bestand aus 30 Ochsen, will sagen 20 für die Wagen und die 10 anderen zum wechseln, 3 Jagdpferden, 9 Hunden und 5 Hottentotten; in der Folge habe ich dann noch die Anzahl meiner Tiere und Menschen beträchtlich vermehrt ... Die Zahl der letzten stieg zuweilen bis auf 40. Sie stieg oder sank je nach der Wärme meiner Küche, denn im Schoß der Wüsten Afrikas wie in unseren wissenden Ländern stößt man auf Horden von angenehmen Parasiten, die sich ihres Verhaltens kaum schämen: diese

hier, ohne mir sehr zur Last zu sein, waren mir keineswegs völlig nutzlos und wußten nicht, wie man die Pirouette macht, wenn abgedeckt ist.

Mein Reiseprojekt war in der ganzen Stadt des Caps bekannt. Als mein Aufbruch näher kam, wurde ich von mehreren Personen nachdrücklich angegangen, die mich zu begleiten wünschten. Das war nun wer, mir seine Dienste anzubieten. Wir dachten doch sehr verschieden, diese Herren und ich. Sie bildeten sich ein, ihre Vorschläge würden mir sehr viel Freude bereiten, sie vermochten nicht zu glauben, daß ich mich entschließen könnte, allein zu ziehen. Diese Idee erschien ihnen als Wahnsinn, während ich darin im Gegenteil nur Klugheit und Weisheit erblickte. Ich wußte darüber Bescheid, daß von allen Expeditionen, welche die Regierung zur Entdeckung des inneren Afrikas angeordnet hatte, keine noch erfolgreich gewesen war (...)«

184 »Ich verweilte bei diesen Einzelheiten mit Vergnügen; wenn sie auch nichts für den Fortschritt des menschlichen Wissens bedeuten, so sind sie doch viel für meine unbefangene und unverbildete Seele. Sie rufen mir den süßen Zeitvertreib heiterer und friedlicher Tage zurück und die einzigen Augenblicke meines Lebens, wo ich den ganzen Wert des Daseins kannte.«

»Mein Andenken wird bei den wilden Horden länger und glänzender währen als mit Hilfe der eitlen Trophäen der Eitelkeit der Menschen; ihrer bin ich kaum würdig, ich schwöre ihnen ab, aber du, großherziger Klaas, junger Zögling der Natur, schöne Seele, die unsere glanzvollen Institutionen noch nicht entstellt haben, bewahre stets die Erinnerung an deinen Freund; an dich allein richtet er noch seine Tränen und sein zärtliches Bedauern.«

185 »Ich wage es zu behaupten, daß, wenn es einen Winkel auf Erden gibt, wo der Anstand in Haltung und Sitten noch geehrt wird, so muß man seinen Tempel tief in der Wüste suchen. Der Wilde hat diese Grundsätze weder von der Erziehung noch aufgrund von Vorurteilen, er schuldet sie der Natur; die Liebe ist bei ihm nur ein eingeschränktes Bedürfnis, er hat daraus nicht, wie in den zivilisierten Ländern eine tumultuöse Leidenschaft gemacht, die Unordnung und Verheerung nach sich zieht (...)«

»Ein Physiognomiker oder, wenn man will, ein moderner Schöngeist, würde die Zirkel erfreuen, indem er den Hottentotten in der Kette der Wesen einen Platz zwischen dem Menschen und dem Orang-Utan anweist; ich kann nicht zustimmen und dieses Bild von ihm liefern; die Eigenschaften, die ich an ihm schätze, würden ihn nicht so weit erniedrigen, und ich habe seine Gestalt recht schön gefunden, weil ich in ihm eine recht gute Seele kenne.

Dennoch muß man übereinkommen, daß er in seinen Zügen einen besonderen Charakter hat, der ihn in gewisser Hinsicht von den Menschen im allgemeinen absondert.«

186 f. »Das erste Gefühl, das man den Wilden einflößen soll, wenn man bei ihnen reisen will, ist das Vertrauen; um das ihre zu gewinnen, muß man menschlich sein, wohltätig und niemals ihre Schwächen mißbrauchen, ihnen keine Furcht einflößen, ihnen gegenüber auch solche niemals zeigen; sie gewähren alles, wenn man nichts fordert. Man muß seiner Leidenschaften ziemlich sicher sein, um die strenge Haltung zu bewahren und ihre Frauen nicht zu begehren. Sind sie eifersüchtig, dann habt ihr in ihnen unversöhnliche Feinde (...)«

187 »Im übrigen habe ich zu sehr den Preis meiner Mühen in diesem Teil meiner Tätigkeiten durch alle Fremden erhalten, die mir das Vergnügen, mich frei mit ihnen zu unterhalten, verschafft hat, als daß ich es je bereuen könnte, die Kenntnis dieses einzigartigen Idioms den anderen Sprachen hinzugefügt zu haben, davon die Hauslehrer das Hauptziel der sehr strengen Erziehung gemacht hatten, die ich erhalten habe.«

»So viel Schreckliches, von den Weißen begangen, machte mir zum Gesetz, gegenüber den Wilden auf meine Sicherheit bedacht zu sein, vor denen ich unter allen anderen Umständen mich zu fürchten gehabt haben würde (...)«

»Unglücklich also, jene glücklichen und ruhigen Völkerschaften! Invasionen und Massaker werden die Freiheit bis auf ihre Spuren noch auslöschen.«

188 f. »Meine guten Freunde, meine wahren Freunde, ich werde euch nicht wiedersehen! ... Was auch die Ursache jener zarten Empfindung sei, die ihr mir geschworen habt, seid beruhigt; ihre Quelle ist in Europa nicht reiner als bei euch, seid beruhigt; keine Macht ist fähig, die Erinnerung schwach werden zu lassen; voll Vertrauen in meine Abschiedsworte, mein Bedauern und meine Tränen, werdet ihr vielleicht mich lange Zeit erwartet haben! in eurem Unglück wird euch eure enttäuschende Einfalt vielleicht mehr als einmal zurückgeführt haben zu den teuren Orten unserer Begegnungen, unserer Feste; vergebens werdet ihr mich gesucht haben, vergeblich werdet ihr mich zur Hilfe gerufen haben; ich hätte euch weder trösten können noch euch verteidigen! Weitgedehnte Länder trennen uns auf immer ... Vergeßt mich; daß keine wahnwitzige Hoffnung die Ruhe eurer Tage störe; diese Idee wäre Qual in meinem Leben; ich habe die Ketten der Gesellschaft wieder aufgenommen, ich werde sterben wie viele andere, beschwert von ihrem gewaltigen Gewicht, aber ich könnte

zumindest in meiner letzten Stunde ausrufen: ›Mein Name ver-
lischt schon bei den Meinen, indes die Spur meiner Schritte bei den
Canaken noch eingedrückt erhalten bleibt‹!«

189   »Der Geist der Naturgeschichte dehnt sich weiter aus als man
meint. Das Auge der Metaphysik dringt von Tag zu Tag immer
weiter, die blinde Neugier, die vormals allein unsere Sammlungen zustande brachte, weicht heute vornehmeren und wertvolle-
ren Motiven: es gibt keine kleinen Gegenstände für den Blick des
Philosophen; der Geist der Entdeckungen läßt alles größer werden; die Insekten z. B., vor zwanzig Jahren noch als geringfügig
und beschränkt angesehen, nehmen einen glänzenden Platz in
der Kette der Wesen ein.«

Bougainville

212   »Durch sein Beispiel ermutigt, entdeckten englische und holländische Seefahrer neue Länder und bereicherten Europa durch
Aufklärung. Diese Art Vorrang und Erstrecht auf dem Gebiet
der Entdeckungen hindern die französischen Seefahrer jedoch nicht
daran, mit gutem Recht einen Anteil an dem Ruhm zu verlangen,
der an diese zwar glänzenden, aber mühseligen Unternehmungen
geknüpft ist.«

212 f. »Ich bin Reisender und Seemann, das ist ein Lügner und schwach-
denkender Mensch in den Augen jener Art von bequemen und
stolzen Schriftstellern, welche im Schatten ihres Arbeitszimmers
ins Blaue hinein über die Welt und ihre Bewohner philosophie-
ren und sozusagen die Natur nach ihren eigensinnigen Einfällen
bilden wollen. Es ist in der Tat ein sehr sonderbares und unbe-
greifliches Verfahren, wenn Leute, die selbst nichts gesehen und
keine Erfahrung haben, nur nach den Beobachtungen von Reisenden, denen sie doch das Vermögen zu sehen und zu denken
absprechen, schreiben und ihre Dogmen aufstellen.«

213   »Die Autoren dieser Auszüge haben eine Vorliebe, alles heraus-
zustreichen, was nur der Seefahrt nützlich sein kann; wenn ihnen
einmal irgendein Umstand entgeht, der sich darauf bezieht, so
halten sie aus Unkenntnis der Kunstwörter, deren sich ein Seemann bedienen muß, notwendige Ausdrücke und stehende Wendungen für anstößig und ersetzen diese durch Absurditäten. Ihr
ganzes Ziel besteht darin, ein den verzärtelten Lesern beiderlei
Geschlechts angenehmes Werk zu schaffen, und ihre Arbeit läuft
auf die Herstellung eines für jedermann langweiligen Buches hinaus, das niemandem nützlich ist.«

»Aber die Geographie ist eine Tatsachenwissenschaft; man darf hier nicht in seinem Zimmer nach der Wahrscheinlichkeit schließen, ohne in die größten Irrtümer zu verfallen, die in der Folge erst auf Kosten der Seefahrer berichtigt werden können.«

213 f. »Es ist freilich schwer zu widerstehen, wenn man einen Vergleich anstellt. Hier fließen ruhige Tage in Müßiggang unter einem glücklichen Himmelsstrich dahin, auf See hingegen schmachtet man entkräftet unter dem Druck eines stets mühseligen Lebens und wird durch die schwere Arbeit eher die Schmerzen eines dürftigen Alters verspüren.«

214 f. »Der Anblick der Küste, die sich wie ein Amphitheater erhebt, bot uns ein reizendes Schauspiel. Ob die Berge gleich sehr hoch sind, entdeckt man doch nirgends nackte Felsen, sondern alles ist mit Bäumen bedeckt. Wir trauten kaum unseren Augen, als wir mitten im südlichen Teil der Insel eine sehr hohe, freistehende Bergspitze erblickten, die bis oben hinauf mit Bäumen besetzt war und unter den anderen Bergen hervorragte. Sie schien unten kaum 30 Klafter im Durchmesser zu haben und nahm an Umfang allmählich ab. Von weitem sah sie aus wie eine Pyramide von erstaunlicher Höhe, welche die Hand eines begabten Dekorateurs mit Blättergirlanden geziert hatte. Das weniger hoch gelegene Land ist in Wiesen und kleine Wälder aufgeteilt, und längs der ganzen Küste erstreckt sich am Fuße des höheren Landes ein flacher Landstrich, der mit Pflanzungen bedeckt ist. Hier sahen wir die Wohnungen der Insulaner unter Bananenstauden und Kokosbäumen, die voller Früchte hingen.

Als wir längs der Küste hin fuhren, zog eine prächtige Kaskade, welche von der Höhe der Berge ihr schäumendes Wasser in die See hinabstürzte, unsere Blicke auf sich. An ihrem Fuße war ein Dorf erbaut, und die Küste schien ohne Klippen zu sein.«

215 f. »Je näher wir dem Lande kamen, desto zahreicher umgaben die Einwohner unsere Schiffe. Ihre Anzahl war so groß, daß wir viele Mühe hatten, unsere Schiffe inmitten der Menschenmenge und des Lärms zu befestigen. Alle schrien: »Tayo«, welches soviel heißt wie »Freund«, und gaben uns auf alle Arten ihre Freundschaft zu erkennen. Alle verlangten Nägel und Ohrringe. In den Pirogen fanden sich viele Weiber, die den Europäerinnen in Ansehung ihres schönen Wuchses den Vorzug streitig machen konnten und die auch sonst nicht häßlich waren. Die meisten dieser Nymphen waren nackend, weil die Männer und alten Weiber, die sich bei ihnen befanden, ihnen ihren Schurz, den sie gemeiniglich tragen, weggenommen hatten; sie machten allerlei freundliche Mienen gegen uns, beobachteten aber doch bei aller Naivität eine gewisse Art von Schamhaftigkeit; sei es, daß die

Natur dem anderen Geschlecht allenthalben eine gewisse Scheu eingeprägt hat, sei es, daß sogar in einem Land, wo noch die Freiheit des Goldenen Zeitalters herrschte, die Frauen das zu verhehlen wissen, was sie am meisten wünschen. Die Männer handelten freier und offener; sie suchten uns zu bewegen, eine Frau zu wählen, mit ihr an Land zu gehen, und sie gaben uns zu verstehen, auf welche Art wir uns mit ihr beschäftigen sollten. Man kann sich vorstellen, wie schwer es angesichts eines solchen Schauspiels hielt, 400 junge französische Seeleute, die 6 Monate lang keine Frauensperson mehr gesehen hatten, zu bändigen.«

216 »Sie hatte einen göttlichen Körper.«

217 »Er nahm an dem Erstaunen der anderen über uns keinen Anteil; seine gedankenvolle und ernste Miene schien gleichsam eine Furcht anzudeuten, daß die glücklichen Tage, welche er so ruhig zugebracht, durch die Ankunft der Fremdlinge gestört werden möchten.«

». . . welches sie in Furcht und Erstaunen setzte.«

219 »Wir trennten uns also von diesem gutherzigen Volk, über dessen Kummer bei unserer Abreise ich mich ebensosehr wie über ihr gutes und liebreiches Betragen bei der Ankunft verwunderte.«

219f. »Die Berge, welche das Innere der Insel Tahiti bedecken, sind, verglichen mit der Ausdehnung der Insel, erstaunlich hoch. Sie geben ihr aber kein trauriges und ödes Aussehen, sondern liefern sozusagen bei jedem Schritt ein reizendes und neues Panorama. Die Landschaft ist reichlich von der Natur mit allen ihren Schätzen versorgt und zeigt allenthalben diese leichte Unordnung, welche die Kunst nicht nachzuahmen vermag. Von den Bergen rieseln eine Menge kleiner Bäche herab, die das Land fruchtbar machen und sowohl zur Bequemlichkeit der Bewohner als auch zur Zierde der Landschaft dienen. Das flache Land vom Ufer bis an die Berge ist ganz mit Fruchtbäumen besetzt, unter welche die Häuser der Insulaner ohne jede Ordnung gebaut sind und also niemals ein Dorf bilden. Man glaubt in die elysäischen Felder versetzt zu sein. Die öffentlichen Fußsteige, die klug angelegt sind, werden sorgfältig unterhalten und erleichtern die Verbindung der Einwohner untereinander.«

221 »Die Gewohnheit, beständig ruhig und vergnügt zu leben, macht, daß die Einwohner eine besondere Vorliebe haben für sanfte Scherze. Daher zeigt sich in ihrem Charakter eine Leichtsinnigkeit, über die wir uns täglich verwunderten. Alles rührt sie außerordentlich, aber nichts hält sie beständig bei einer Sache. Wenn wir ihnen auch etwas Neues zeigten, so konnten wir ihre Aufmerksamkeit nie 2 Minuten lang darauf lenken.«

222 »Vorausgesetzt, daß Frankreich von dem Bündnisse mit einem
im Mittelpunkt der schönsten Gegenden der Welt wohnenden
mächtigen Volke Nutzen ziehen wollte, war dies ein wichtiger
Grund, uns dieses Volk auf das stärkste zu verbinden, wenn wir
ihm seinen Mitbürger zurückschickten, nachdem wir ihn wohl bei
uns aufgenommen und in den nützlichsten Wissenschaften und
Kenntnissen unterrichtet hatten. Möchte doch ein gütiges Geschick
unsere guten Absichten gegen den herzhaften Aoturu für ihn
keinen unglücklichen Ausgang nehmen lassen!«

Commerson

224 f. »Dies ist der einzige Winkel der Erde, wo Menschen ohne Laster,
ohne Vorurteile, ohne Bedürfnis, ohne Zwistigkeiten leben. Unter dem schönsten Himmel geboren, von den Früchten einer ohne
Anbau fruchtbaren Erde genährt, beherrscht von Familienvätern
eher als Königen, kennen sie keinen anderen Gott als Amor.
Alle Tage sind ihm geweiht, die ganze Insel ist sein Tempel,
alle Frauen sind sein Altar, alle Männer die Opfernden. Und
was für Frauen, fragt ihr mich? Rivalen der Gergienen an Schönheit und die Schwestern der Grazien in voller Nacktheit. Dort
üben weder Schmach noch Schande ihre Tyrannei: die leichteste
Gaze schwankt nach Wind und Begierde; der Akt, seinesgleichen
zu schaffen, ist eine religiöse Handlung; die Vorspiele werden
von den Wünschen und den Gesängen des versammelten Volkes
angefeuert und das Ende von allgemeinem Beifall gefeiert; jeder
Fremde ist zugelassen, um an diesen glücklichen Mysterien teilzunehmen; es ist sogar eine der Pflichten der Gastfreundschaft
sie einzuladen, dergestalt, daß der gute Utopier entweder un-
unterbrochen das Empfinden des Fremden genießt oder das
Schauspiel derer der anderen.«

Diderot

228 »Aber meine Religion, aber mein Stand . . .«
230 »Bougainville brach mit den notwendigen Kenntnissen und den
für solche Zwecke geeigneten Fähigkeiten auf: philosophische An-
schauungsweise, Mut, Wahrhaftigkeit; er besaß Scharfblick, der
die Gegenstände schnell erfaßt und die Beobachtungszeit ver-
kürzt, Umsicht und Ausdauer; er hatte den Wunsch, viel zu sehen,
sich aufzuklären und zu bilden; Kenntnisse in Mathematik, Mechanik, Geometrie, Astronomie und eine gewisse Beschlagenheit
in Naturkunde.«

230 »Ungekünstelt, sachlich, einfach und klar, . . .«
230f. »Bougainvilles Reisebeschreibung ist die einzige, die mir Zunei-
gung zu einem anderen Land als dem meinigen eingeflößt hat.
Bis zu dieser Lektüre hatte ich gedacht, man fühle sich nirgends
so wohl wie in der Heimat; ja, ich glaubte, dies gelte für jeden
Bewohner der Erde – . . .«
232 »Alles, was wir brauchen und was gut ist, besitzen wir ja. Sind
wir verachtenswert, weil wir es nicht fertiggebracht haben, überflüssige Bedürfnisse zu erfinden? Wenn wir hungrig sind, haben
wir etwas zu essen. Wenn wir frieren, haben wir etwas, womit
wir uns bekleiden können. Du hast unsere Hütten betreten. Was
fehlt dort – deiner Ansicht nach? Treibe das, was du die Annehmlichkeiten des Lebens nennst, soweit du willst; aber erlaube
verständigen Wesen, haltzumachen, wenn sie bei Fortsetzung ihrer
mühsamen Anstrengungen nur eingebildete Güter erlangen könnten. Wenn du uns überredest, die enge Grenze des Bedürfnisses
zu überschreiten, wann werden wir dann aufhören zu arbeiten?
Wann werden wir genießen?«

Lévy-Strauss

421 »Was uns die Reisen in erster Linie zeigen, ist der Schmutz, mit
dem wir das Antlitz der Menschheit besudelt haben.«
421 »Und so verstehe ich die Leidenschaft für Reiseberichte, ihre Ver-
rücktheit und ihren Betrug. Sie geben uns die Illusion von etwas,
das nicht mehr existiert und doch existieren müßte, damit wir der
erdrückenden Gewißheit entrinnen, daß zwanzigtausend Jahre
Geschichte verspielt sind. Es ist nicht mehr zu ändern: die Zivilisation ist nicht länger jene zarte Blüte, die man umhegte und
mit großer Mühe an einigen geschützten Winkeln eines Erdreichs
züchtete, in dem zwar viele robuste und durch ihre Lebenskraft
zweifellos bedrohliche Feldpflanzen wuchsen, die aber die Saat
auch zu verändern und zu kräftigen vermochten. Heute findet
sich die Menschheit mit der Monokultur ab. Sie schickt sich an, die
Zivilisation in Massen zu erzeugen wie Zuckerrüben. Und bald
werden diese auch ihre einzige Nahrung sein.«
422 »Nicht damit zufrieden und sich nicht einmal bewußt, euch vom
Erdboden zu tilgen, versucht es fieberhaft, mit Hilfe eurer Schatten den nostalgischen Kannibalismus einer Geschichte zu befriedigen, der ihr bereits zum Opfer gefallen seid.«
»Aber ich kenne die Texte nur allzu gut, um nicht zu wissen, daß
ich, wenn ich mich um ein Jahrhundert zurückversetze, gleichzei-

tig auf Informationen und Raritäten verzichten muß, die heute mein Denken bereichern.«

422 f. »In einigen hundert Jahren wird am selben Ort ein anderer Reisender ebenso verzweifelt wie ich all den Dingen nachtrauern, die ich heute hätte sehen können und die mir entgangen sind. Als Opfer eines doppelten Unvermögens verletzt mich alles, was ich sehe, und ich werfe mir unablässig vor, nicht genau genug hinzuschauen.«

Bildnachweise